# 비교유아교육

김경철, 고진영, 박혜정, 신설아, 이인선, 정아림

교육과학사

한국교원대학교 유아교육과는 유아교육 콘텐츠와 교수진을 '수출'할 정도로 해외에서도 인정받고 있다. 최근 국내 대학으로는 유일하게 중국 길림성 길림사범대학교와 유아교사 양성 관련 업무협약을 체결했다. 김경철 교수는 "중국도 요즘 유아교육에 많은 관심을 갖고 투자하고 있다. 그런데 양질의 유아교사가 절대 부족하다. 중국 교육부는 길림사범대학교 유아교육과에 학년당 100명(총 400명)을 인가해 줬는데, 그중 30%는 유아교육 선진국의 교수진이 가르쳐야 한다는 조건이 붙었다. 국내 여러 대학 중 한국교원대학교 유아교육과가 선정됐다."고 밝혔다. 이는 중국 교육의 발전을 위해 중국의 각 대학이 선진 외국의 대학과 공동으로 교육과정을 구성할 경우 엄격한 심사를 거쳐 중국 교육부가 인가를 해주는 '중화인민공화국 중·외 합작 운영 프로그램'의 일환으로 미국, 영국, 프랑스, 독일 등 전 세계 14개국 43개 대학 중 유아교육분야는 한국교원대학교와 길림사범대학교의 컨소시엄이 유일하게 인가를 받았다.

출처: 아시아뉴스통신(2015. 09. 18.)

비교교육학은 교육의 과정을 국제적인 관점에서 과학적으로 분석하고 검토하며 각 나라별 비교를 통해 정리함으로써, 더욱 가치 있고 질 높은 교육이론을 형성하는 학문이다. 이러한 학문적 성격의 맥을 같이하여, 본서는 유아교육학에서의 나라별 유아교육제도 비교를 통하여 자국의 교육을 돌아보고 실질적으로 직면한 문제를 진단하며 좋은 방법을 찾아가고자 한다.

세계는 급속한 인터넷의 발달로 하나로 연결되어 있고 교육의 국제적인 이해와 교류가 활발하다. 유아교육에서도 예외가 아닌데, 한국의 유아교육은 이제 교류를 통하여 세계로 뻗어나가고 있고 이러한 시점에서 우리는 세계의 유아교육 현황을 살펴보고 글로벌 시대에 걸맞은 세계 유아교육의 방향을 내다볼 필요가 있었다.

집필진들은 1년여간의 자료수집과 2년여간의 해외 정부기관 및 학교, 유아교육기관의 탐방, 국내·외 비교유아교육 강의를 통한 노하우를 본 서적에 담았다. 지금 세계는 유아기의 교육이 그 어떤 투자보다 가치 있다는 것을 알아가고 있으며, 유아교육의 목표는 개인적, 교육적, 사회적인 측면에서 조금씩 차이는 보이나 자국의 발전을 위하여 유아교육에 대한 지원을 확대하고 있는 추세이다.

본 집필진들은 이 책을 통하여 각 나라의 유아교육을 이해하고 우리나라의 현재 교육상황을 진단하여 앞으로 유아가 진정으로 '놀 수 있는' 환경을 구성하기 위한 개인적, 국가적 차원의 토대가 마련되길 바란다.

이 책은 1장에서 비교교육학과 비교유아교육에 대해 설명하였으며, 2장에서는 서부 유럽의 유아교육(프랑스, 영국, 이탈리아, 독일), 3장에서는 북부 유럽의 유아교육(핀란드, 스웨덴), 4장에서는 아메리카와 오세아니아의 유아교육(미국, 호주), 5장에서는 아시아의 유아교육(한국, 중국, 일본)으로 각 나라별 교육제도, 유아교육의 역사, 행·재정 체제와 교원 제도 및 유아교육과정 등으로 구성하였다. 또한 2장부터 5장까지의 각 장에는 해당 나라와 관련한 읽을거리와 교수·학습 사례를 제시하였다. 아쉬운 점이 있다면 유아교육 선진국을 위주로 하여 현재 발전을 꾀하고 있는 국가들의 유아교육 발전과정을 싣지 못하였다는 점이다. 이 책을 기반으로 추후에는 본서에 실린 각 나라별로 새롭게 변화되고 있는 유아교육의 최근 정보와 함께 다양한 국가들의 유아교육제도를 담아 개정을 거듭할 것을 약속한다.

마지막으로 이 책을 완성하는 데에 힘이 되어준 가족들과 한국교원대학교 유아교육과 대학원생들, 집필의 원동력이 되어준 중국 길림대학교 유아교육과 학생들에게 이 자리를 빌려 깊은 감사의 마음을 전한다. 그리고 마지막으로 이 책의 출판을 허락하고 지원해주신 교육과학사 가족에게 고마운 마음을 전하는 바이다.

2020년 2월 저자 일동

## 제5부 아시아의 유아교육

제1부

# 비교교육학

제1장 비교교육학과 비교유아교육

제 1 장

# 비교교육학과 비교유아교육

## I 비교교육학

### 1 비교교육학의 특징

비교교육학은 교육학의 한 분야이면서 동시에 교육학의 다양한 학문을 포괄할 수 있다는 점에서 하나의 독특한 학문 영역으로 자리매김하고 있다. 교육철학, 교육사회학, 교육정책은 비교교육학의 시각으로 재구성할 수 있으며 각 학문에서의 연구 방법과 접근 방식은 비교교육에서 중요하게 여기고 있다. 또한 시대적 변화와 국가별 변화와 함께 다양한 학술적 변화에 따른 새로운 관점과 이념이 포함되고 있으며, 최근 인터넷의 발달로 인하여 매우 다양한 분야와 관점을 가진 학자들의 비교연구가 가능해졌다. 연구목적과 연구를 수행하는 사람들에 따라서 접근방법이 다르게 나타날 수 있으나, 대부분의 비교교육연구는 교육체제 연구에 초점을 맞추고 있다.

#### 가 비교교육학의 발전단계

비교교육학의 학문적 출발은 19세기 프랑스의 줄리앙(M. A. Jullien)을 시작으로 보는 시각이 우세하다. 비교교육학의 대표적인 학자 베러데이(Bereday, 1964a)는 Comparative Method in Education에서 비교교육의 발달 단계를 다음과 같이 3단계로 나누었다.

| | |
|---|---|
| 1단계 | 차용의 시기(19세기)<br>기술 자료를 목록화하는 것에 강조를 두는 것으로, 자료 비교는 한 국가의 우수사례를 다른 국가에서 모방하려는 의도로 유용하게 활용됨 |
| 2단계 | 예측의 시기(20세기 전반)<br>사회 및 교육제도의 개선을 중요시하며 문화적 · 사회적 · 정치적인 요인을 살펴보는 데 관심을 기울임 |
| 3단계 | 분석의 시기<br>이론과 방법의 발전과 비전의 확장을 위한 비교 절차와 명확한 설계 단계에서의 절차 마련에 강조를 둠 |

## 나 비교교육학의 목적

비교는 비교교육학에만 해당되는 활동은 아니지만 비교교육 연구의 주된 목적은 '비교'이며, 이러한 비교는 인간이 존재하고 있는 삶의 전반적인 영역에 걸쳐서 계속적으로 이루어지고 있다(이병진, 1998). 비교 활동을 통해 마음은 단순한 관념들로부터 좀 더 복합적인 관념들을 획득하게 되는데, 비교의 기능적 의미에서 보면 사물 또는 현상을 관계시키는 일종의 개념화 과정이라고 할 수 있다. 즉, 비교는 사물이나 현상의 관찰에 의해 사고의 분석적 과정을 통하여 정리하고 종합하는 인지적 활동인 것이다. 비교의 본질에 관한 속성으로 힐커(Hilker, 1962)는 다음의 7가지를 말하였다.

- 현상성
  시간과 공간 속에 나타나는 지각할 수 있는 대상
- 복수성
  둘 또는 셋 이상의 비교대상이 제시되고 유사성을 지닌 것이 병치 또는 대치에 의하여 연구되는 것을 의미
- 전체성
  교육제도의 성립에 영향을 미치는 다양한 요인들에 대한 전체적인 이해
- 현상의 비교성
  교육현상의 동일성, 유사성, 상이성 비교

- 동일성
  비교대상의 전부가 일치하는 것

- 유사성
  비교대상 중에서 둘 또는 셋, 혹은 그 이상의 요소의 일치

- 상이성
  비교 대상의 전체가 일치하지 않는 것

이처럼 비교교육에서 '비교'라는 단어가 하나의 개념으로 구성되어 목적성을 갖기 위해서는 둘 또는 둘 이상의 대상이나 수준, 교육적 현상이나 상호 간의 유사점과 차이 등의 요소를 갖추어야 한다. 이를 통하여 비교교육은 자기 나라 교육에 대한 더 나은 이해, 자기 나라와 외국의 교육발전, 개선, 개혁 방향으로 나아가고 있다. 뿐만 아니라 교육과 사회의 관계에 대한 지식, 이론, 원리의 개발, 교육 제도, 과정 및 산출 기술, 교육 제도와 실제의 발달에 대한 재고, 교육과 사회의 상호작용 증진, 그리고 국제 이해와 협조, 국제적인 교육 문제와 다른 문제의 해결에 한 발 나아갈 수 있다(Eckstein & Noah, 1993; Tracy & Trethewey, 2005).

## 2 비교교육학의 연구방법

비교교육학의 연구는 실제로 여러 단계가 공존하고 있고
한 단계에서 다음 단계의 이행 시에도 상호관련성을 갖고 비교 연구되어야 한다.

### 가 일반적 접근법

비교교육학의 연구방법은 크게는 지역연구와 비교연구로 분류한다. 지역연구는 한 나라 또는 한 지역을 집중연구하고, 비교연구는 많은 나라 또는 많은 지역을 동시에 비교・검토하게 되는데, 일반적으로 비교교육학은 지역연구로 시작된다. 이러한 지역연구를 하기 위하여 다음의 세 가지 기본적 요건이 따른다.

• 연구 대상국 혹은 지역의 언어에 익숙해야 한다.
• 그 나라 혹은 그 지역에 거주 또는 여행한 경험이 있어야 한다.
• 관찰자로서 자기의 문화적 · 개인적 편견에서 자유로워져야 한다.

특히, 언어나 여행 경험 등은 번역이나 통역을 통하여 가능하나 '자기의 문화적 · 개인적 편견에서 자유로워져야 한다.'라는 요건은 필수적이다.

## 나 다학문적 접근법

비교교육학은 직접 관찰, 문헌자료의 분석, 개인접촉에 의한 고찰에 의해서 자료를 수집하고 증명하고 해석하는 학문이다. 비교교육학만의 연구방법이 정해져 있는 것은 아니며 단순한 사실을 기술하는 방법에서부터 역사적 설명, 과학적 법칙의 도출에 이르기까지 다양한 방법이 이용되어 왔다는 점에서, 비교교육학의 연구방법은 역사나 사회과학적 접근법, 철학적 접근법, 문제 중심의 접근법 등 다학문적 접근의 연구가 수행될 수 있다. 이와 관련하여 브레이와 토머스(Bray & Thomas, 1995)는 비교교육연구를 위한 입방체 형태의 분석틀을 다음 그림과 같이 제시하였다.

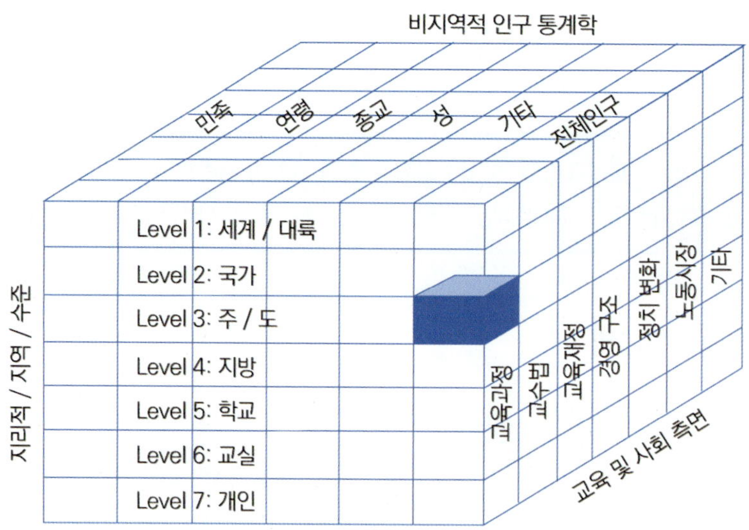


[비교교육 분석틀]

비교교육 분석틀의 전면에는 7개의 지리적·지역 차원의 단위가 있으며, 두 번째 영역에는 인종, 연령, 종교, 성, 다른 집단, 전체 인구 등이 포함된 비지역적 인구통계학적 내용들이 있다. 세 번째 영역은 교육과정, 교수방법, 재정, 경영구조, 정치 변화와 노동시장 같은 교육 및 사회 측면의 내용으로 구성되어 있다. 비교연구는 이러한 각 셀들 중 하나가 되는 것이며 비교교육 분석틀에서 알 수 있듯이 교육현상의 다면적이고 총체적인 분석을 위해서는 다양한 분야의 상호 영향에 대하여 관심을 갖고 다면적인 연구를 할 필요가 있다.

# Ⅱ 비교유아교육

## 1 비교교육 관점에서 본 유아교육

### 가 유아교육

나라마다 유아교육제도는 그 나라만의 독특한 역사, 정치, 경제, 사회적 분위기와 유아기에 대한 철학적 신념과 관련되어 형성되어 가고 있다. 현재 우리나라는 맞벌이 부부의 증가, 결혼과 자녀 양육에 대한 경제적 부담이 저출산·고령화 시대를 초래했다. 그림과 같은 저출산 추세가 계속되면 생산 가능 인구가 급속히 감소하고, 이는 곧 기존의 성장동력을 잃어 심각한 경제적 위기에 빠지게 된다.

출생아 수 및 합계 출산율

출처: 통계청, 「2018년 출생통계(확정), 국가승인통계 제10103호 출생통계」

따라서 현재 유아교육은 어느 때보다 국가 차원에서의 연구가 필요한 때이다. 세계 각국의 유아교육의 이념과 행·재정 체제, 유아교육기관의 취원율 제고 방안, 놀이 중심교육 문화 조성, 교사의 질 관리에 대하여 다양한 국가의 비교연구를 통하여 우리나라 유아교육제도를 확립하고 합리적인 재정 투입을 해야 한다.

## 나 비교유아교육

2000년 노벨 경제학상 수상자인 미국의 제임스 헤크먼 교수는 저소득층 대학생 등록금 지원이 1(투자) 대 1(효과)의 정책효과를 낸다면 초·중등 단계 빈곤층 지원은 1(투자) 대 3(효과)이며, 유아 단계에서는 1 대 8의 정책 효과를 낸다고 주장하였다.

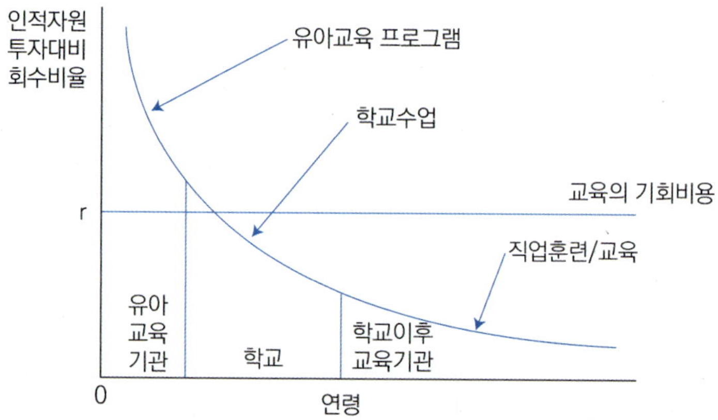


출처: Cunha, Heckman, Lochner, & Masterov(2005). Interpreting the evidence of life cycle skill formation

이처럼 국가경쟁력을 제고하는 요인으로서 교육의 역할과 기능을 고려할 때 교육정책의 방향은 매우 중요한 일이다. 교육에서의 정부의 역할이 점점 확대되고 있으며 이로 인해 국가마다 서로 다른 교육체제가 형성되어왔다. 유아교육 역시 보편적인 가치를 내재하고 있으면서 동시에 각 나라마다 독특한 체계를 갖추어 나가고 있다. 세계 여러 나라의 유아교육을 비교하면서 우리나라의 유아교육이 나아갈 방향을 모색해 보는 것은 의미가 있다. 특히 우리나라의 경우 저출산의 문제를 극복하는 방안으로 유아교육의 공공성 강화를 위한 국가 정책이 중요한 이슈가 되고 있다. 따라서 비교교육의 관점에서 세계 여러 나라의 유아교육과정과 현황, 평가와 체제, 정책을 분석하여 유아교육의 발전을 도모하고 우리나라가 직면한 국가적 문제에 대한 대응책을 마련해야 한다.

### 다 비교유아교육이 나아갈 방향

새들러 경(Sir Michael Sadler)은 올바른 정신과 학문적 정확성을 가지고 수행한 연구의 실제적 가치와 외국의 교육시스템을 배우는 것은 우리 자신의 것을 더 잘 이해하고 더 적합하게 연구할 수 있다고 하였다(Bereday, 1964b). 앞서 살펴봤듯 유아교육은 가정의 행복에서 더 나아가 한 나라의 경쟁력의 초석이 된다. 비교교육적 접근을 통하여 유아교육은 다음과 같은 방향으로 나아가야 할 필요가 있다.

- 비교유아교육 관련 강좌의 개설
- 세계의 유아교육을 전문적으로 집중적으로 연구할 수 있는 인력 확보
- 타 학문과 연계된 연구를 통한 합의 도출
- 국가의 사회구성원들의 삶의 질과 행복 증진
- 선진국과 개발도상국들 간의 국제교류 활성화
- 인류의 평화

## 2 비교유아교육의 실제

연구자들은 우리나라 유아교육 발전을 위하여 질적이고 양적인 접근 방법을 통해 세계 여러 나라의 유아교육과정, 유아교육 평가, 유아교육 프로그램 및 체제, 유아교육정책의 비교분석 연구를 시도하고 있다. 다양한 비교유아교육의 연구들 중 몇 가지를 발췌하여 소개하면 다음과 같다.

## 가 유아교육과정 비교연구

**한국과 미국의 만 5세 유아교육과정 비교 연구(김경철, 성영실, 2017)**

한국과 미국 메릴랜드주의 만 5세 유아교육과정을 비교 분석함으로써 누리과정 개정과 발전 방안에 기초자료를 제공하고 시사점을 주고자 함. 구성방향, 교육목적 및 목표, 영역별 내용범주와 세부내용, 교육과정 특징이라는 분석 준거를 통하여 양 교육과정 비교 분석결과에서 나타난 교육과정의 특징은 유・초 연계성, 교육과정 기술방법, 통합적 운영과 평가의 강조, 사회변화의 특성과 요구를 반영하여 개정될 누리과정에 구체적인 시사점을 제공하고자 함.

**한・중 유아교육과정 과학영역 교육목표의 비교연구(김경철, 김효단, 2019)**

지리적 근접성과 문화적 유사성을 갖춘 양국의 유아과학교육과정 목표 구성의 공통점과 차이점을 이해하고 시사점을 찾는 데 목적을 둔 연구 및 유아교육과정의 과학영역 성격에서 양국은 모두 탐구와 문제해결을 핵심으로 삼았다는 공통점을 보였으며 한국은 탐구하는 태도를 기르는 것, 중국은 탐구하는 능력을 기르는 것을 중요시하여 한국은 문제해결을 과정으로 보아 이를 통해 인지적 측면의 발달을 추구하는 과정으로 본 반면, 중국은 문제해결을 수학적인 능력으로 보는 경향이 있음을 밝힘. 이를 통하여 한국과 중국의 유아과학교육과정 발전에 유용한 시사점을 도출함.

**한국과 미국 유아교육 교육현장 사례에 대한 탐색적 비교-교육과정과 운영의 비교문화적 측면에서(권미량, 하연희, 2019)**

한국과 미국의 유아교육 교육현장 사례를 교육과정과 운영의 비교문화적 측면에서 탐색적으로 비교 분석한 연구임. 연구 결과, 교육활동은 유아가 속한 문화와 연계되고, 유아의 창의적이고 놀이 중심적인 특성을 반영하여 생활 속에 스며들고 있는 공통점을 보였음. 또한 두 나라 모두 교육방법이 유아의 자발적인 놀이와 스스로 행하는 기초학습 사이에서 이루어지고 있었음. 그러나 운영 측면에서는 차이를 보였음. 한국은 국가의 정책을 따라 유아교육기관을 선택하게 되고, 그 속에서도 가정의 상황과 요구에 맞는 기관(예: 어린이집 또는 유치원)을 선택하고 있는 반면, 미국의 경우 만 5세는 K-grade로 초등학교 내 유치원을 다니고, Preschool의 경우 만 5세 미만의 유아를 보내는데 부모가 원하는 시간 및 요일에 따라 선택함.

**남・북한 유아교육과정 비교(장원주, 이화도, 2018)**

남한과 북한의 유아교육과정을 비교 분석하여 통일을 대비하여 유아교육과정의 방향성을 정립하고 통합을 위한 시사점을 제시하는 데 목적을 둠. 유아교육목표와 유아교육과정의 영역 및 일과운영, 교수・학습 방법, 평가의 4가지 측면에서 비교한 결과, 교육이념 차이로 인해 다양한 영역에서 유사점보다는 차이점을 많이 찾을 수 있었음. 시사점으로는 새로운 교육이념의 정립과 정치사상을 적절히 통합할 수 있는 방안 모색의 필요성 등을 제시하는 등 상호교류를 통해 이질성을 극복하기 위한 노력이 지속적으로 이루어져야 한다는 결론을 도출함.

## 나 유아교육평가 비교연구

**한국, 미국(NAEYC), 호주(ACECQA) 유아교육기관 평가 지표의 구조적 · 과정적 질 비교 연구(유선영, 박선혜, 조혜연, 2015)**

한국, 미국, 호주의 유아교육기관 평가지표를 비교・분석하여 향후 평가지표 구성방향을 모색하는 데 목적이 있음. 연구를 통하여 우리나라 평가지표의 구조적인 질과 과정적인 질을 살펴보고 비판적 고찰을 통하여 조정할 필요성을 주장하였고 지속가능발전교육, 아동학대, 정보공개 등 사회적 이슈 관련한 내용을 검증하여 평가지표에 포함시킬 필요가 있으며 교사의 상호작용 강화, 유아평가 포함, 다문화가정 등 지역사회 및 가족연계 보완 등 유아교육의 전반적 방향성을 안내할 수 있는 평가지표가 제시되어 추후 평가지표 구성을 통한 유아교육기관 질 향상에 도움이 되고자 함.

**한국과 미국(ECERS-3) 유아교육기관 평가지표 비교연구(김인애, 이인선, 이현주, 이성주, 2019)**

한국의 어린이집 평가인증 통합지표와 미국의 유아교육환경척도(ECERS-3)를 비교 분석하여 공통점과 차이점을 살펴보는 데 목적이 있음. 연구 결과, 한국의 평가인증 지표에 비해 미국의 ECERS-3이 지표 및 항목의 개수가 많고, 평가방법에도 차이를 보였음. 한국의 경우 평가척도가 간단하게 점수를 줄 수 있는 형식으로 되어 있는 반면, 미국은 매우 세밀하고 단계적으로 평가할 수 있도록 구성되어 있음. 또한 한국의 지표는 건강과 위생, 안전, 기관의 운영관리에 좀 더 강조점을 두는 반면, 미국의 ECERS-3은 언어발달과 교육활동을 위한 환경구성을 좀 더 강조하는 것으로 나타남.

**영 · 유아교육 · 보육기관 통합평가지표의 물리적 환경 평가에 대한 분석: 미국과 호주의 평가 지표와 비교(김희진, 박재진, 2018)**

한국의 유치원과 어린이집 통합평가지표의 4개 카테고리 가운데 물리적인 환경(시설설비, 환경 구성)의 평가를 미국의 NAEYC 지표와 호주의 ACECQA 지표의 물리적 환경 평가지표와 비교 분석한 연구임. 비교 결과, 우리나라의 경우, 시설설비 항목 중 실내・외 시설 설치 여부, 발달 적합성에 관한 내용이 있었지만, 안전 적합성과 장애유아시설에 대한 내용은 나타나있지 않았음. 또한 환경 구성 항목 중 실내・외 공간구성과 발달 적합성과 관련된 내용은 있었지만, 장애유아에 대한 내용과 환경과의 연계에 대한 내용은 나타나지 않았음.

## 다 유아교육체제 비교연구

| 한국 · 미국 · 영국의 유아교육기관 원장리더십 역량 교육체계 비교분석(박수진, 김미경, 2017) |
|---|
| 유아교육기관의 질적 향상과 효율적인 운영을 위해 원장의 리더십 역량을 지속적으로 개발할 수 있는 통합시스템을 구축하기 위하여 미국과 영국의 원장 연수 체계를 비교분석한 연구임. 연구를 통하여 연수 방법의 다양화와 미국과 영국의 원장 및 교장의 역량을 강화시키는 연수제도와 같이 지속적이고 체계적인 연수 프로그램 운영의 도입과 실천을 위해 5년 주기로 자격증을 갱신하는 제도 도입의 필요성과 독립적인 연수기관, 대학, 교사센터, 민간기구나 협회 등 다양한 방법과 다양한 장소에서 협력적으로 체제를 구축하여 유아교육기관 원장의 리더십 역량을 다양한 방법으로 강화할 필요가 있음을 논함. |
| **한국과 일본의 유아교육제도 비교(탁현주, 박한숙, 2018)** |
| 한국과 일본의 유아교육 및 보육제도를 살펴보고, 앞으로 한국의 유아교육 및 보육제도가 나아가야 할 방향을 모색하는 데 목적이 있음. 두 나라의 유아교육제도를 기관, 행정지원체계, 재정지원체계, 법령체계, 교사양성체계, 교육과정의 6가지 영역을 중심으로 비교한 결과, 일본에는 교육과 보육으로 이원화된 기관도 있고, 두 유형이 통합된 '인정 어린이원'이라는 제3의 기관이 있었음. 또한 일본의 행정지원체계는 부분이원화체제로 되어 있고, 부모의 소득에 따라 교육비를 차등으로 지원하는 것으로 나타났으며, 기관에 따라 법령이 다르고, 교원 갱신제를 시행하여 교사 자질 향상을 위해 노력하고 있는 것으로 나타났음. |
| **한국과 핀란드의 유아교육제도 비교연구(윤아영, 박한숙, 2017)** |
| 유아교육과 보육의 일원화체제를 확립하기 위해 다양한 노력을 시도하고 있는 핀란드와 한국의 유아교육제도를 비교분석하여, 핀란드의 정책운용체제가 가져다주는 시사점을 살펴보며, 향후 한국 유아교육제도의 개선방향을 모색하는 데 목적이 있음. 특히 유아교육의 운용체제와 교사양성체제, 교육과정체제를 중심으로 비교한 결과, 핀란드는 교육문화부로 관할부처를 통합하여 재정적, 행정적 접근성을 높이고 있고, 유아교사의 양성수준을 향상시키기 위해 자격기준과 사회적 지위를 높이고, 재교육을 실시하고 있었음. 또한 연령별 보육과 교육과정을 통합하고 인지교육과 인성교육에 중점을 두고 있는 것으로 나타났음. 이러한 분석결과를 토대로 한국의 관계부처 통합과 교사자격 통합에 대한 정책을 재고할 필요성을 논의함. |

## 라 유아교육정책 비교연구

| OECD 주요 국가 간의 유아교육제도 비교 분석(김명순, 박은혜, 신동주, 정미라, 1999) |
|---|
| OECD 교육 선진국으로 평가되는 미국, 영국, 프랑스, 독일, 노르딕 국가, 일본의 유아교육제도를 심층적으로 비교하고 분석함. 그 결과 이들 국가는 모든 유아에 대한 교육의 평등성 및 국가의 교육적 책임을 강조하고, 중앙정부와 지방정부의 협력관계를 구축하고 있으며, 유아의 전인적 발달을 도모하고 미래 사회의 유능한 시민을 양성하기 위해 유아교육기관 취원율을 제고하고 교육의 질적 수준을 향상시키기 위한 다양한 정책을 전개하고 있음. 또한 유치원 교사들에게는 정규대학에서 취득한 교사 자격증을 요구함이 각 나라들에서 공통적으로 나타났음. |
| **한국 · 미국의 유아교육과 학교교육 간의 전이 및 연계 비교(유선영, 이성희, 2017)** |
| 한국과 미국의 유아교육과 학교교육 전이 및 연계교육의 바람직한 방향을 모색하는 데 목적이 있음. 연구 결과, 한국의 경우, 초등학교에 입학함과 동시에 유아에서 초등학생으로 학교교육의 전이가 이루어지는 반면, 미국은 학제에 포함된 K(유치원)로 전이가 이루어지고 있음. 또한 한국은 유치원과 초등학교가 각기 다른 교육과정으로 운영되는 데 반해, 미국은 K~12까지 연계된 교과핵심성취기준에 따라 운영됨. 이와 더불어, 두 나라 모두 유 · 초연계 프로그램을 운영하여 유아의 초등학교 학습 및 생활 적응을 지원하고 있는데, 한국은 유치원과 초등학교 교사가 학교 간 방문과 상호 수업 교류 및 협의가 이루어지는데, 미국은 Preschool 교사와 K 교사가 유아의 정보를 공유하는 방식으로 이루어짐. 마지막으로 한국은 주로 유치원에서 부모교육특강이나 가정통신문을 활용하여 부모를 지원하는데, 미국은 코디네이터를 활용해 전이과정을 지원함. 이러한 결과를 토대로 유아교육과 학교교육의 전이 및 연계를 내실화할 수 있는 방안에 대해 논의함. |

제2부

# 서부 유럽의 유아교육

# 제 1 장 프랑스(France)

## ◉ 에펠탑(Eiffel Tower)

에펠탑은 1889년 프랑스 혁명 100주년을 기념하여 개최된 세계 박람회를 위해 세워진 구조물로, 세계 박람회를 보러 오는 사람들이 비행기에서도 박람회 위치를 잘 볼 수 있도록 건축되었다.

구스타브 에펠(Gustave Eiffel)의 설계로 세워진 에펠탑은 당시 예술의 도시 파리와 어울리지 않는 '추악한 철덩어리'라 하여 미관을 해친다는 이유로 박람회가 끝나면 철거될 예정이었다. 그래서 1909년에 철거될 예정이었으나 다행히 최신 송신 안테나를 세우기에 이상적이라는 이유로 위기를 모면하였고 지금은 파리의 상징이 되었다.

## ◉ 프랑스에 대해 알아볼까요?

| 국가명(공식명칭) | 프랑스 공화국 (La République Française) |
|---|---|
| 수도 | 파리 (Paris) |
| 위치 | 유럽 서부 대서양 연안 |
| 면적 | 약 64만㎢ 한반도의 2.913배 |
| 민족 | 골족 |
| 인구 | 약 6,523만 명 세계 22위 |
| 언어 | 프랑스어 |
| 종교 | 로마가톨릭(83%), 개신교(2%), 이슬람교 |
| 정치체제 | 내각책임제와 대통령제 혼합 |
| 화폐단위 | 1EUR=1283.90원 (2019.04.22 기준) |
| 빅맥 지수 | 5.14$ (Economist, 2018. 01.) |

# I 프랑스의 교육제도

## 1 프랑스 교육의 일반적 특징

프랑스의 교육제도는 자유·평등·박애의 프랑스 혁명 정신에 기초를 두고 있다. 교육은 공교육체제로 국가가 주도하는 한편 국가와의 계약을 통해 지원을 주는 사교육제도를 도입하여, 교육의 자유(공·사립 공존), 무상 공교육, 종교의 무관성, 의무교육(10년, 만 6~16세) 및 국가에 의한 자격과 학위의 관리라는 5가지 원칙을 세워서 운영하고 있다.

### 가 자유, 평등, 박애를 기본으로

프랑스 교육은 프랑스 혁명 사상에 기초하여 자유, 평등, 박애의 개념을 기초로 전개되고 있다. 따라서 프랑스 교육 정책의 중요한 목적은 취업부모를 지원하는 것과 모든 이에게 동등한 교육기회를 보장하는 것이다.

*Liberté • Égalité • Fraternité*
RÉPUBLIQUE FRANÇAISE

[자유, 평등, 박애]
(리베르테, 에갈리테, 프라테르니테)

[민중을 이끄는 자유의 여신 – 외젠 들라크루아]

**교육법전 제 L. 113-1조**

국가는 최우선권을 …(중략)… 교육기회를 균등하게 제공하기 위하여 노력한다.

모든 사람은 자신의 고유한 인성을 개발하고, 교육수준을 높일 권리가 있으며, 사회생활 및 직장생활에 참여하고 시민으로서 살아갈 권리가 있다.

이러한 권리를 보장해 주기 위하여 국가는 각 사람들의 사회 …(중략)… 경제적인 상황을 고려하여 이에 맞는 재정적인 지원 등을 한다.

### 나 무상공교육 원칙

1993년 출산율 1.65를 기록했던 프랑스는 2012년에 출산율이 2.02를 넘어서며 저출산 극복에 성공했다. 프랑스는 경제적인 이유로 출산을 회피하지 않도록 일정 금액의 양육비를 국가가 직접 지원하고 있다.

프랑스 아이의 90% 이상은 국가에서 운영하는 유아학교에서 무상으로 교육을 받고, 만 16세인 초·중등학교까지는 모두 무상으로 교육을 받는다. 이처럼 프랑스는 GDP의 4.7%인 약 150조 원을 출산장려를 위한 보조금으로 지불해 저출산 위기를 극복했다.

[국공립 유치원부터 대학까지
정부에서 교육비 전액 지원]

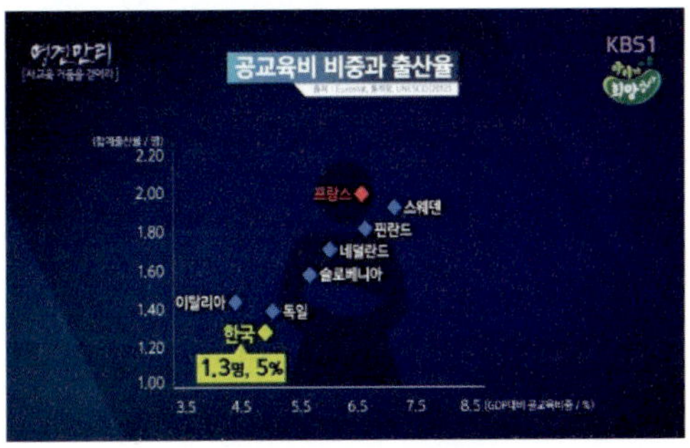


[공교육비 비중과 출산율]
(출처: KBS 명견만리, 2017. 04. 14.)

## 2 프랑스의 교육목표

> 프랑스는 문화예술교육을 중심으로
> 학생이 지루하지 않은 교육을 목표로 하고 있다.

### 가 문화예술교육 강조

유아학교부터 고등학교까지 전 교육과정에 문화예술교육 시간(PAC: Projet Artistique et Culturel)이 편성되어 모든 학생들에게 문화예술교육을 받을 기회를 부여한다. 문화예술교육의 특징은 '공평성', '다양성', '협력'이며, '공평성'은 외국인, 이민자, 장애아를 포함하여 모든 학생들에게 문화예술교육의 기회를 부여하는 것을 의미한다. '다양성'은 연극, 음악, 영화, 무용 등 다양한 형태의 문화예술 기회를 부여하는 것이고, '협력'은 학교와 지역사회 자원이 협력하여 문화예술교육을 실시하는 것이다(더퍼스트, 2014.07.31.).

[에꼴 마떼르넬 파죠르(Eligeeducar, 2016.03.17.)]

## 나 학문간 연계 활성화

수학, 문학 시간에도 미술수업과 연계하여 수업이 진행된다. 예를 들어, 글자 하나를 배워노 찰흙으로 글자를 만들고 복사해서 남겨보는 등 온몸의 감각을 이용하여 즐거운 추억을 갖게 한다. 또한 과학 시간에 시각에 대한 내용을 배우면서 눈에 대한 추상작품을 만들기도 한다.

## 다 개별화 교육

초등에서 중등교육에 걸쳐 무료로 다양한 개인별 맞춤형 교육을 지원한다. 성적이 낮은 학생을 위한 "도우미 프로그램", 개인별 학습방법지도, 개인별 과제 활동지도 등 다양한 방법으로 개별 교육을 지원한다. 예를 들면, 초등학교에서 프랑스어를 전혀 모르는 학생들을 위한 학급이 있고, 정신적 장애가 있는 학생들을 위한 학급이 있다. 또한 학습 곤란이 심한 학생들을 위한 학급, 부적응형 재학생들을 위한 학급도 있다. 이러한 학급의 편성은 학교 운영위원회와 지역 교육청의 결정에 달려있다. 중학교에서도 학습 곤란을 위한 학생들을 위한 학급, 직업교육을 받는 학생들을 위한 학급, 두 개 이상의 언어를 사용하는 이중 언어 학급, 국제학급, 외국어 학급 등이 있다. 이 중 언어학급이나 국제학급에 들어가려면 외국어 성적이 월등해야 하므로 보통 학생으로서는 요구되는 수준을 만족하기 어렵다(고형일, 2008).

### 라 진로교육

모든 중학교에서 직업탐색 교과를 개설해야 하고, 주요교과목에서도 진로지도를 실시한다. 고등학교를 선택할 때 기술계, 직업계, 일반계 등으로 진로를 선택한다. 지역교육청은 중고등학교의 진로지도를 지원하고, 시, 군, 구에 교육청 산하의 진로정보센터를 두어 학생과 학부모에게 진로 관련 정보를 제공한다. 또한 실무교육도 잘되어 있어서 결정한 진로에 따라 고등학교에서는 필요한 자격증 취득과 실무교육을 실시한다.

### 마 의무교육

16세까지가 의무교육이지만 대학을 가도 교육비가 많이 들지 않는다. 사립학교를 제외하고는 대학도 국가가 관장하기 때문에 등록금이 한국과 미국 등 다른 나라에 비할 바 없이 저렴하다. 학비의 부담이 적기 때문에 공부하기를 원하는 사람은 누구나 전공을 심화하여 공부할 수 있는 조건이 되어 있다.

## 3 프랑스의 학제

### 가 영 · 유아교육

프랑스의 유아교육 및 보육 체제는 연령에 따라 이원화되어있으며 각각 다른 정부부처로부터 관리와 재정지원을 받는다. 만 3세 미만의 영아를 대상으로 하는 보육시설(crèche)의 경우 사회복지부(Ministère des affaires sociales)에서 관할하며, 신체 · 정서적인 보호가 주 고려대상이 되고, 학습보다는 학습을 위한 소양을 기르고 감각을 길러주는 것이 목적이다. 만 3~5세 유아를 대상으로 하는 유아학교(Ecole maternelle)는 교육부(Ministère de l'éducation)가 관할하며, 놀이를 통한 유아교육의 특성을 기본으로 하되 학습을 위한 기본적인 소양을 기르고 준비시키는 것을 목적으로 한다.

프랑스는 교육에 많은 투자를 하고 있는 나라이며, 전체 교육 예산의 11.5%를 유아교육에 투입함으로써 풍부한 재정적 지원을 하고 있다. 특히 정부의 재정 지원은 OECD 가입국 중에서도 상위권에 속하며, 초등학교 대비 유아교육 예산의 비율도 1:0.85 정도로 초등교육이 의무교육인 점을 고려할 때 유아교육에 투입하는 예산이 매우 많음을 알 수 있다.

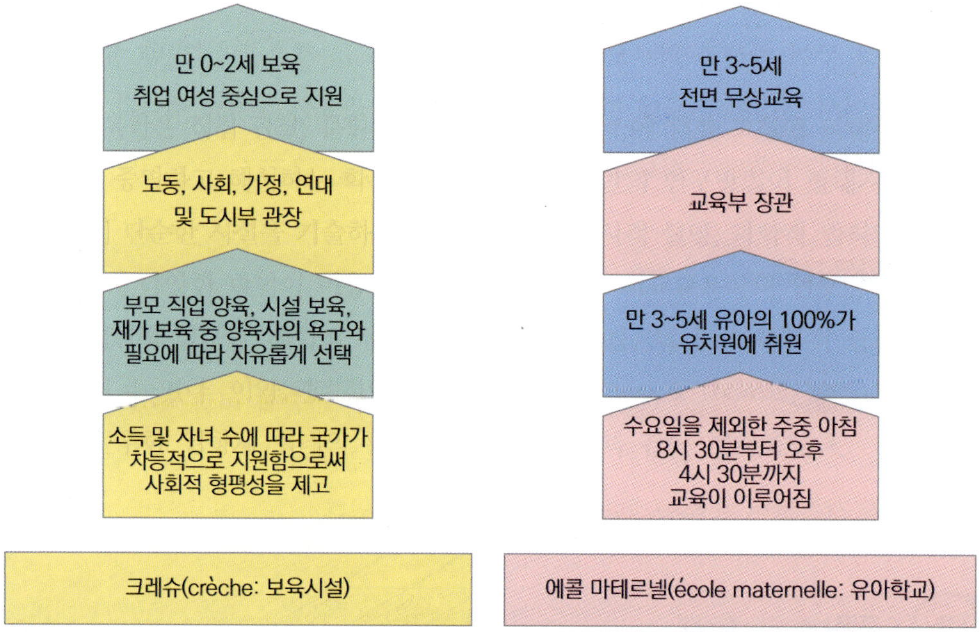


## 나 초등학교(Ecole Primaire)

초등교육은 중학교 교육을 성공적으로 받을 수 있는 기초지식을 길러주고 스스로 사고할 수 있는 방법을 일깨워 주며 자유의 의미를 알게 하는 것이 근본 목표이다. 이러한 교육을 통하여 학생이 자율성과 책임감을 가지고 자신의 능력을 신장하며 활용하는 방법을 알게 하고, 새로운 지식에 대한 욕구를 가지게 하여 초등학교 생활을 통해 문명사회와 민주주의의 기초를 습득하게 하며 나아가 이성으로 진실과 신념을 추구하게 하고 지적인 엄격함과 책임감, 자신과 타인에 대한 존경, 연대감과 협동심

그리고 여러 문화로 구성된 현 세계의 이해, 자유, 평등, 박애를 추구하는 프랑스에 대한 애국심과 긍지를 가지게 하는 것이 교육과정에서 중시된다.

초등학교 과정은 의무교육이며, 공립의 경우 무상교육이다. 유아학교처럼 간식과 식사비는 학부모가 일부 부담하기도 한다. 수업연한은 5년이며, 만 6~10세의 아동이 취학한다. 수업은 주 5일, 주당 26시간 시행한다.

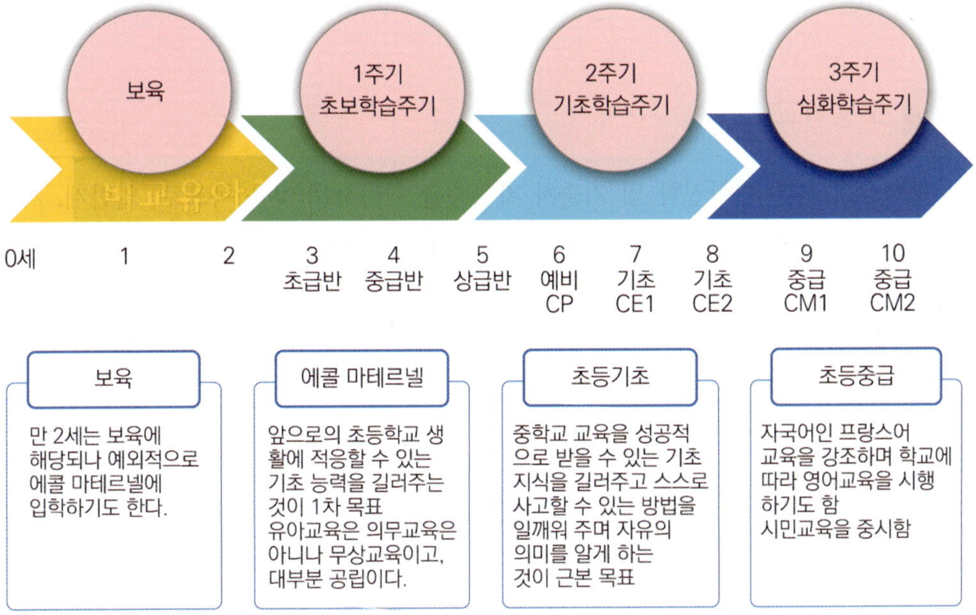


## 다 중학교(Collège)

중학교 교육은 고등학교 교육을 잘 받을 수 있는 지식과 기능을 길러주는 것이 교육 목표이며, 이러한 교육목표에 이르기 위해서는 중학교에서 가르치는 모든 과목이 과목별 목표 이전에 우선적으로 다음 3개의 일반목표에 도달해야 한다고 전제하고 있다. 첫째, 논리적 사고력을 기른다. 둘째, 쓰기, 말하기, 영상표현 등 3가지 능력을 기른다. 셋째, 스스로 학습할 수 있도록 한다.

수업연한은 4년(6ème, 5ème, 4ème, 3ème, 즉 6학년부터 3학년 순)이고 만 11~14세의 학생이 취학하며 이 기간은 의무교육기간에 해당된다. 중학교 교육과정은 적응과정인 6ème, 중심과정인 5-4ème, 진로과정인 3ème로 되어 있으며, 진로과정인 3ème에서는 고등학교 진학을 위한 진로를 선택하게 된다.

중학교 과정의 수료자격은 국가고사인 Brevet(중학교졸업자격 국가고사)로써 인정된다(20점 만점에 10점 이상 합격). 이 시험은 중학교 졸업생의 학력 수준(국가의 교육력)을 평가하는 고사일 뿐, 각종 고등학교에의 진학 여부를 결정하지는 않지만 실제로 고등학교 입학이 학군에 따른 본인의 희망, 내신 성적과 함께 Brevet의 성적이 반영되는 것이 현실이다.

## 라 고등학교(Lycée)

고등학교 교육은 대학진학 및 기술자 자격증을 취득하는 것을 목표로, 일반계, 기술계 및 직업계로 나누어져 있다. 고등학교 교육과정은 3년(Seconde, Premier, Terminal, 즉 2학년, 1학년, 졸업반 순)이다. 일반계 고등학교의 교육은 두 개의 단계로 구성되어 있다. 결정학급인 2학년에서는 바칼로레아(대학입학자격시험)의 방향을 결정하게 하는 과정으로 공통필수과목을 포함한 다양한 선택과목 중심으로 운영되고 있으며, 1학년과 졸업반에서는 계열별 바칼로레아 시험에 따른 교육과정이 운영되고 있다.

바칼로레아는 1995년부터 일반계 3계열(문학, 경제-사회, 과학), 기술계 4계열(산업공학, 실험공학, 사회보건학, 서비스공학)로 개정되어 실시되고 있으며, 한편, 직업계 고등학교는 취득하려는 직업자격증이나 직업계 바칼로레아에 따라 각각의 교육과정이 운영되고 있다.

## 마 대학교(Université)와 그랑제꼴(Grandes Ecoles)

프랑스 고등교육의 특징은 교육과정과 교육수준의 다양성에 있다. 교육기관으로는 높은 기능 인력을 양성하는 단기 기술대, 학문을 연구하는 일반 대학, 그리고 실무에 필요한 전문지식을 집중적으로 교육하는 그랑제꼴로 구분된다. 대학에 입학하기 위해서는 해당 분야의 바칼로레아(Bac)[1]에 합격해야 하며, 대학별로 별도의 제도적인

1) 바칼로레아: 프랑스의 중등과정 졸업시험이면서 논술형 대학 입학 자격 시험

입학시험 절차는 없다. 입학 후엔 단계에 따라 다양한 과정을 거치면서 연구 활동을 하게 된다.

프랑스의 학제를 한국과 비교하여 표로 나타내면 아래와 같다.

<table>
<tr><th colspan="2">구 분</th><th>학년 의미</th><th>학년 명칭</th><th>나 이</th><th>우리나라와 비교</th></tr>
<tr><td colspan="2" rowspan="5">Université</td><td rowspan="3">일반대</td><td colspan="2">박사 (doctorat)</td><td rowspan="3">일반대<br>(2년, 4년)<br>일반대<br>(2년, 4년)</td></tr>
<tr><td colspan="2">석사 (maîtrise)</td></tr>
<tr><td colspan="2">학사 (licence)</td></tr>
<tr><td>그랑제꼴<br>(Grandes Ecoles)</td><td colspan="2">엘리트 실무 인력 양성 대학</td><td>없음</td></tr>
<tr><td>단기 기술대</td><td colspan="2">기술 전문가 양성 대학</td><td>전문대</td></tr>
<tr><td colspan="6">〈 고등학교 학력 인정 국가시험: Bac 〉</td></tr>
<tr><td colspan="2" rowspan="3">Lycée (3년)<br>(일반, 기술,<br>직업계)</td><td rowspan="2">전공과정</td><td>terminale</td><td>17세</td><td>고 3</td></tr>
<tr><td>première</td><td>16세</td><td>고 2</td></tr>
<tr><td>전공탐색</td><td>seconde</td><td>15세</td><td>고 1</td></tr>
<tr><td colspan="6">〈 중학교 학력 인정 국가시험: Brevet 〉</td></tr>
<tr><td colspan="2" rowspan="4">Collège<br>(4년)</td><td>진로과정</td><td>3ème</td><td>14세</td><td>중 3</td></tr>
<tr><td rowspan="2">중심과정</td><td>5ème</td><td>12세</td><td>중 2</td></tr>
<tr><td>4ème</td><td>13세</td><td>중 1</td></tr>
<tr><td>적응과정</td><td>6ème</td><td>11세</td><td>초 6</td></tr>
<tr><td rowspan="8">초등<br>교육<br>(Prem<br>ier<br>degré)</td><td rowspan="5">초등학교<br>(École<br>élémentaire)</td><td rowspan="3">심화학습 주기<br>(Cycle 3)</td><td>CM 2</td><td>10세</td><td>초 5</td></tr>
<tr><td>CM 1</td><td>9세</td><td>초 4</td></tr>
<tr><td>CE 2</td><td>8세</td><td>초 3</td></tr>
<tr><td rowspan="3">기초학습 주기<br>(Cycle 2)</td><td>CE 1</td><td>7세</td><td>초 2</td></tr>
<tr><td>CP</td><td>6세</td><td>초 1</td></tr>
<tr><td rowspan="3">유아학교[2]<br>(École<br>maternelle)</td><td>GS</td><td>5세</td><td rowspan="3">유치원, 어린이집</td></tr>
<tr><td rowspan="2">초보학습주기<br>(Cycle 1)</td><td>MS</td><td>4세</td></tr>
<tr><td>PS</td><td>3세</td></tr>
</table>

출처: 주프랑스대한민국대사관 http://fra.mofa.go.kr/korean

2) 2019학년도부터 의무교육으로 전환

# Ⅱ 프랑스 영 · 유아교육의 역사

## 1 프랑스 영 · 유아교육의 역사

프랑스는 보육이 특정계층만이 아닌 모든 계층의 부모와 아동을 위한다는 원칙하에 국가의 책임과 역할을 강조하고 있으며, 오늘날 보육 및 교육제도의 연령별 이원화를 채택하고 있는, 공보육체계가 가장 잘 갖추어진 국가이다.

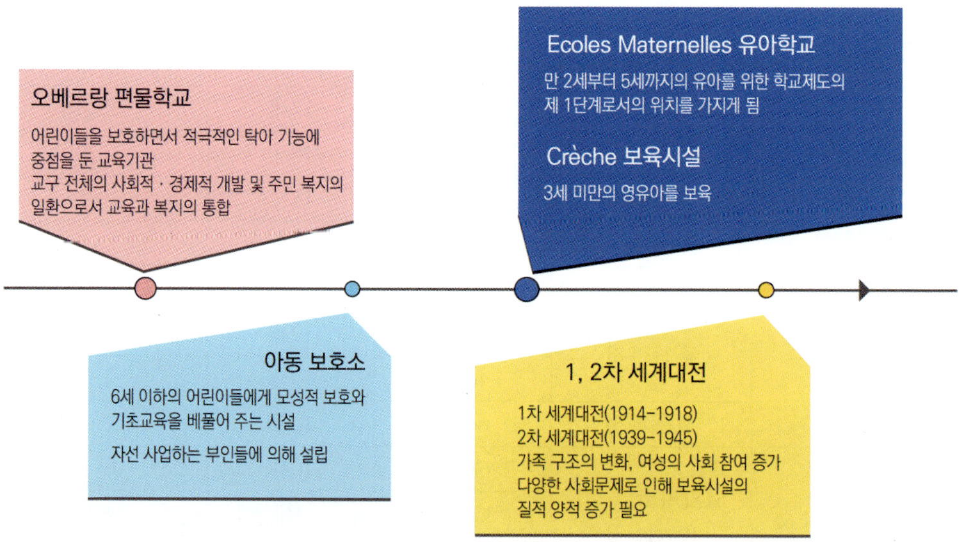

읽을거리

### 프랑스 영 · 유아 교육의 역사

12세기 : 시골에서 올라온 유모가 도시 아이들을 돌보는 것에서 시작하던 일들을 종교/자선 단체들이 조직화하기 시작함

14세기 : 유모들에 대한 임금 체계가 성립되는 등 유모들을 제도화함

1770년 : 오베르랑의 '편물학교' 설립. 부모가 일하는 동안 아동들을 보호하고, 부모를 대신하여 자녀를 보육하는 역할을 함

1801년 : 6개월 이상 된 영 · 유아를 보호하기 위한 '아동위탁소(Chambre de dépot)' 설립

1825년 : 영국에서 오웬의 '유아학교(infant school)' 설립의 영향으로 생후 16개월~6세에 이르는 빈곤계층 영 · 유아를 대상으로 한 '아동보호소(Salle d'asile)' 설립

1844년 : 프랑스의 초기 보육시설인 크레쉬(crèche)가 파리에 최초로 설립

1848년 : 유아학교는 자선의 성격을 넘어 모든 유아를 위한 교육기관으로 명시하여 교육 프로그램의 필요성을 제기함

1881년 : 법령(La loi du 16 Juin, 1881)을 통해 아동보호소(Salle d'asile)가 유아학교(École maternelle)로 전환되고, 유아학교가 "의무교육은 아니지만 무상이며 중립성을 띠는 학교"임을 밝히면서 공교육 체제를 갖추게 됨

1886년 : 유아학교가 초등학교와 함께 기초학습단계로 프랑스 교육의 기본학제에 포함되면서 독립된 교육기관으로서의 정체성 확립

1887년 : 파리 교육대학에 부속 유아학교 설립

1921년 : 유아학교 교사 협회, 전문잡지 등의 등장으로 유아교육 발전

1922년 : 유아학교 운영과 관련된 지방정부 수준의 법규를 만드는 데 도움을 주기 위한 학교법 모델 공포

1975년 : 유아교사의 특수성 강조 - 모성애가 있어야 하고, 관찰자의 역할을 하며 아동발달 단계에 대한 교육적 심리학적 지식을 갖춘 사람이어야 함

1977년 : 유아학교의 궁극적 목적과 목표, 교육방법에 대한 법규 제시, 초등학교 준비기관으로서의 역할과 유아들의 보호기관으로서의 기능을 강조

1986년 : 유아학교와 보육의 기능만 담당하는 크레쉬(보육시설)를 구분하고 초등학교 교육을 위한 준비역할 외에 독창적인 기능과 역할이 있음을 밝힘

1989년 : 법령(La loi d'orientation sur l'éducation, 1989)에 의해 "부모가 원한다면 집에서 가장 가까운 학교나 유아학급에 모든 3세 아들이 다닐 수 있는 것은 그들의 권리임을 밝힘"으로써 모든 아이들을 위한 보편적 교육기관으로서의 정체성 확립

1998년 : 유아학교의 정규 수업 외에 수업 전, 후, 방과 후 예체능활동을 강화

## 2 프랑스 유아교육학자

### 가 장 자크 루소(Jean Jacques Rousseau, 1712~1778)

"조물주의 손을 떠날 때에는 모든 것이 선하지만,
인간의 손으로 넘어오면 모든 것이 악해진다."

#### ① 루소의 출생과 성장과정

루소는 18세기 계몽사상의 대표적인 인물로 1712년 스위스의 제네바에서 출생하였고 생의 대부분을 프랑스에서 보냈다. 어머니가 루소를 낳다가 타계하고 10세 때 아버지마저 집을 나가 숙부에게 맡겨졌으며 공작소 주인의 심부름을 하면서 소년기를 보냈다. 16세가 되어 제네바를 떠나 여러 곳을 방랑하다가 파리에서 바랑(Mine de Warens) 남작부인을 만나, 집사로 일하면서 공부할 기회를 얻은 그는 10년간의 독학을 통해 지식을 습득하고 축적하는 데 매진한다. 이후 젊은 하녀 테레즈(Therese)와 결혼하여 다섯 자녀를 두었으나, 차례로 위탁시설에 맡김으로써 자기 스스로 자녀를 교육시킨 경험은 전혀 없다.

#### ② 루소와 에밀

당대의 철학자로 확고한 명문을 얻은 루소는 1762년 출생에서 사춘기까지의 가설적인 어린이를 나타내는 『에밀(Emile)』이라는 책으로 교육자들에게 가장 많이 기억되고 있다. 루소는 「에밀」의 첫 구절에서 "신은 모든 것을 선하게 만들었으나 인간이 그들을 혼탁하게 만들어 사악해진다."는 성선설을 바탕으로 기성종교를 비판하고 자연종교를 제창하여 파리법원은 이를 금서로 규정하고 체포령을 내렸다. 이 때문에 루소는 스위스, 독일, 영국 등을 전전하면서 자기변론적인 전기 『참회록』을 집필하다가 1770년 파리로 돌아와 『참회록』을 탈고하였다.

### ③ 루소의 교육철학

루소는 아동의 정신발달에 자연적으로 주어진 단계가 있으며, 아동은 능동적인 주체이므로 교사나 교과과정이 아닌 아동이 교육의 중심이 되어야 한다고 주장하였다. 교사는 아동 자신의 자연적 능력에 따라 성장하도록 허용해야 하고, 아동에게 무엇을 강요함으로써 그들의 발달을 억제해서는 안되며, 현 사회의 부패한 영향으로부터 아동을 보호해야 한다고 하였다.

교육학자들은 루소의 교육이 고대 교육과 현대 교육 사이를 가르는 분수령의 위치에 있다고 말할 만큼 루소의 교육철학이 근세의 교육사상에 끼친 공적은 크다. 그의 아동중심·개성중심·생활중심 등의 교육사상은 이후의 페스탈로치와 프뢰벨, 피아제 등으로 계승되었다. 오늘날 어린이에게 자발적이고 자기조절력 신장을 강조하며 풍부한 환경을 제공하려는 개방교육도 루소의 철학에서 그 기본을 이룬다고 할 수 있다.

## 나 오베르랑(Jean Frédéric Oberlin, 1740~1826)

"유럽대륙 최초의 유아학교 편물학교(école à tricoter)"

### ① 오베르랑의 출생과 업적

오베르랑은 1740년 프랑스 동부의 스트라스부르크(Strasbourg)에서 출생하였고 그의 아버지는 이 지역의 김나지움(고전학교) 교사였다. 오베르랑은 스트라스부르크 대학을 졸업하고 성직자가 되어 1767년 27세에 프랑스 동부 보스케(Bosqes)의 작은 마을인 반드라로슈(Ban-de-la-Roche)의 목사로 부임하였다. 그 지역은 척박한 자연환경뿐만 아니라, 30년 전쟁으로 인하여 마을 사람들의 생활은 황폐화되어 있었다. 오베르랑은 마을 사람들의 생활을 향상시키기 위하여 여러 가지 경제적, 사회적, 교육적 개혁을 추진하였다. 그는 농업협동조합을 설립하고 농업기계와 새 경작법을 도입하여 농업 개혁을 추진하는 한편, 다리와 도로를 정비하여 제조공업과 근대적인 기계 생산 공장을 마을에 유치하였다. 더불어 그는 문화의 진흥과 교육의 개혁에도 노력하였는데, 특히 목사로 부임한 후 몇 해 동안에 마을마다 학교를 세웠고, 초등학교, 중간학교, 성인학교라고 명명하였으며, 만 7세부터 16세까지의 단선형의 학교제도를 정비하였다.

오베르랑은 프랑스 대혁명 당시에도 교회 속에서 낡은 질서와 싸웠고, 그의 이런 태도는 비협조적이라고 여겨져 한때 목사직을 박탈당하기도 하였으나, 1818년 당시 프랑스 최고 훈장이었던 레지온 드 누르 훈장을 받았다. 1826년 교구의 많은 사람들이 지켜보는 가운데 만 86세로 생을 마감하였다.

### ② 오베르랑과 편물학교

만 7세 이하 유아들에게 교육의 필요성을 느끼던 그는 사라방제 여사의 집에서 집단 보육의 유형을 발견하게 된다. 이에 1770년 그는 '편물학교(école à tricoter)'를 설립했는데 이것이 프랑스 유아교육의 시작이며, 독일의 프뢰벨에 의하여 1840년 설립된 유아학교보다 70년이나 앞선 시설로서 유럽 대륙에서 최초의 유아학교라 불리고 있다.

이때의 편물학교는 부모가 일터에 있는 동안 만 3~7세 어린이들을 보호하고 교육하기 위한 자선 형태의 탁아중심 유아교육기관이었다. 당시 편물학교의 의의는 무지하고 생업에 얽매여 자녀교육의 역할을 거의 담당할 수 없었던 부모를 대신하여 자녀를 보육하는 것이었고, 다른 한편으로는 직업에 종사하는 여성 근로자들에 의해 야기된 사회적 문제를 해결해주기 위한 것이었다.

# Ⅲ 프랑스 영 · 유아교육의 행 · 재정 체제 및 교원 제도

## 1 영 · 유아교육 행 · 재정 체제

프랑스는 영아기와 유아기로 나누어 보호와 교육을 통합한 서비스를 제공하나, 행정전달체계는 현재 보육은 노동고용건강부(Ministère du Travail, de l'Emploi, et de la Santé)에서, 유아교육은 교육부(Ministère de l'éducation nationale)에서 관장하며 현재 우리나라와 유사하게 이원화 체제로 운영되고 있다. 3개월부터 만 3세까지의 영아에게 질 높은 공보육을 제공하거나 가정보육 시 부모 보조금을 지급하고 있으며 유아에게는 유아교육기관을 통해 무상교육을 제공하는 공교육 체제가 확고하게 정립되어 있다(이혜원, 2013). 프랑스의 교육 · 보육정책은 저출산 극복이라는 목적을 지니고 수당중심 지원체계로 영 · 유아의 보육과 유아의 교육이라는 이원화 체계로 보육시설의 70% 이상이 공립이다(서문희 외, 2014). 프랑스는 모든 부모에게 가족수당 서비스를 제공하지만 소득계층에 상관없이 동일하게 지급하던 가족수당을 2015년부터 가구 소득에 따른 차등지원으로 변경하였다.

### 가 모자보건국(PMI: Protection Maternelle Infantile)

모자보건국은 1945년 산모와 영아 사망률을 줄이고 예방접종을 통해 질병예방(18개월 이전의 의무예방 접종: BCG, 홍역, 풍진, 볼거리, B형 간염 등)을 위한 목적에서 설립되었다.

각 지역의 모자보건센터(Centre de PMI)는 지역 의사 책임하에 있고, 지역 의회로부터 재정지원을 받기 때문에 모든 센터에서 제공하는 서비스가 똑같은 것은 아니다. 모자보건센터에서 실시하는 모든 검사는 의료보험에서 전액 지원되며 대부분 무료이다.

- 미래의 부모를 위한 예방조치: 혼전 건강진단서, 임산부 건강관리, 예비 아버지 검사
- 만 0~6세까지의 유아를 위한 예방조치: 유아 의무 검진, 유아학교(Ecole maternelle)

에 다니는 유아를 대상으로 정기적인 의료진단 실시, 유아 건강지원

- 출산 전후 영·유아 관리서비스 및 만 6세 미만의 영·유아 중심 서비스
  - 산전 관리 및 임신 6개월 이후 발생하는 모든 의료비, 입원비, 치료비는 국가 의료보험이 100% 부담
  - 출산 준비를 위한 교육 제공
  - 출산 후의 진찰
- 가정보육모의 자격인증(agrément)과 가정보육모의 관리·감독, 보수교육

## 나 육아지원제도

프랑스는 '육아와 교육은 정부가 일체 책임진다'는 슬로건 아래 저출산 극복을 목적으로 다양한 수당지원체계가 마련되어 있다. 이를 위해 가족수당지급처(CAF: Caisses d'Allocations familiales) 및 국립가족수당지급처(Cnaf)가 전국에 103개 정도 설치되어 있어 각종 수당을 지급·관리하며(Cnaf, 2015), 구체적으로 다자녀 수당, 가족 보조금, 개학준비 수당, 영아 양육수당 등 가족 관련 수당을 비롯하여, 주거비 보조금, 상애인 보조금, 최저소득 보조금 등이 지급된다.

- **가족 수당**(Allocations familiales): 프랑스에 거주하는 만 20세 미만의 두 자녀 이상을 둔 모든 부모에게 지급하는 수당
- **출산 수당**(Prime à la naissance) **및 영아 양육수당**(PAJE): 출산 시 둘째 자녀부터 등급을 분류하여 지급하며, 만 3세 미만 자녀를 둔 부모에게 지급하는 영아 양육수당은 태어난 달의 다음 달부터 매월 지급함
- **가족 보조금(특별수당)**: 이는 보편적 지원이기보다는 취약계층을 위한 가족보조금으로 자녀가 만 21세 미만인 세 자녀 이상을 둔 저소득층 부모, 장애를 가진 자녀를 둔 부모가 대상임. 이외에 최저소득층 부모에게 초등 이상의 자녀 학업과 관련하여 지원하는 개학수당과 한 부모가정 가족부양수당 등도 있음
- **아이돌보미**(à la garde d'enfant) **보조금**: 소득과 자녀수에 따라 지원하고 있으며, 2015년부터 상위 20% 소득수준 가정을 분류하여 보조금을 삭감
- **육아휴직**: 근로 여성이 자녀 출산에 따른 산전·후 휴가 이후 직장에 복귀하지

않고 집에 남아 자녀를 양육하는 경우 3년간의 육아휴직을 사용할 수 있으며 이 기간 중 6개월 동안 육아휴직 수당이 지원됨

읽을거리

**프랑스 '수요 계획': 모든 어린이들을 위한 교육적 놀이 시간**

• 매주 수요일 어린이들에게 교육적 놀이 시간 제공

2018년 6월 20일, 장-미셸 블랑케 교육부 장관, 프랑수와 니성 문화부 장관, 로라 플레슬 스포츠부 장관이 '수요 계획'에 대해 발표함. 이 계획은 꼬뮌(기초지방자치단체)과 학부모들에 대한 신뢰의 틀 안에서 시행되는 정책으로 수요일마다 어린이들에게 교육적인 놀이 시간을 제공하는 것임. 이는 중앙정부가 지역 교육 프로젝트 구성을 지원하여 학교 교육과의 일관성 속에서 어린이들에게 성취감의 시간을 제공하는 것이 목적임

- 영·유아와 초등학생을 대상으로 양질의 방과후 교육을 제공하고, 어린이들에게 문화와 스포츠를 자주 접할 수 있도록 하여 지역적·사회적 격차를 줄이기 위한 정책임
- 정책 실현을 위해 정부, 가족수당기금(Caf), 유관 협회 등이 협력을 맺고, 법률적 근거를 보다 명확히 하기 위해 제공하는 교육활동에 대한 기준을 세워 이를 준수하는 지자체에 대하여 '수요 계획'이라는 지역 교육 프로젝트를 인증함

출처: 국가별 교육동향. 교육정책네트워크 정보센터(2018.7.11.)

교육부(2018.06.20.)
URL: http://www.education.gouv.fr/cid131930/plan-mercredi-une-ambition-educative-pour-tous-les-enfants.html

## 다 프랑스의 영·유아 교육·보육 이용현황

프랑스의 영·유아는 3개월부터 만 3세까지 보육시설(Crèches)을 이용하며, 유아학교(Ecole Maternelle)는 2년 3개월부터 만 6세 이하 아동이 이용할 수 있다. 만 2, 3세 아동은 두 기관 중 하나를 선택하여 이용할 수 있다(서문희 외, 2014).

프랑스의 영·유아 교육·보육 서비스 이용 현황을 살펴보면, 무상교육의 실시로 거의 대부분의 유아들이 유아학교를 이용하고 있고, 만 3세 미만 영아들은 절반 이상이 부모가 직접 돌보고 있으며, 10%는 어린이집을, 24%는 인가받은 보육사나 아이돌보미를 이용하고 있으며(Cnaf, 2015), 만 3세부터 16세까지 장기 의무교육을 시행하고 있다.

• 보육시설(crèche) 유형은 집단(collectives), 가정(familiales), 부모(parentales) 및

직장(d'entreprise) 어린이집으로 구분할 수 있으며, 유형마다 보육 가능한 영・유아 인원이 정해져 있으며, 보육시설의 70%가 공립이고, 나머지의 경우도 비영리 단체가 설치한 경우가 보편적이다.

- 가정보육모(assistantes maternelles)는 보육모의 집에서 1~4명의 영・유아를 돌보며, 하루 9시간, 주당 45시간 동안 돌본다. 일부의 경우 시설과 연계하여 영・유아를 돌보기도 한다. 이와 더불어 영・유아의 집으로 방문하여 돌봄을 제공하는 가정 내 보육모(garde à domicile)가 있다(신윤정, 2012).
- 보육시설은 어머니의 취업 여부에 따라 종일제(Jardin d'enfants) 또는 시간제 보육(Haltes-garderies)을 이용할 수 있고, 보육료는 무상이 아니며 이용하는 보육시간에 따라 본인 부담금을 지불하며 이는 맞벌이 여부보다는 소득 수준과 자녀 수에 따라 차등지원을 하고 있다.
- 만 3~5세 유아에 대해서는 무상교육을 제공하여, 대부분 공립인 유아학교(Ecole Maternelle)에서는 주 4일 24시간 교육을 실시하며, 일반적으로 초등학교 옆이나 안에 설치되어 있다(프랑스 정부, 2016).
- 만 3~5세 유아 대상 보육 서비스는 방과 후 및 휴일에 부모가 직접 돌보지 못하는 경우에 한해 이루어지며(신윤정, 2012), 점심 급식비용과 연장 방과후 보육료는 부모의 소득에 비례해서 부모가 부담한다.

프랑스 영・유아가 이용하는 영・유아 보육 및 교육 시설을 정리하면 아래 표와 같다.

| | 보육사 | 보육시설 | | | 공립 유아학교 |
|---|---|---|---|---|---|
| 명칭 | 어시스턴트 마떼르넬 assistantes maternelles | 크헤슈 crèche | 알트 갸흐드리 Halte-garderie (일시보육) | 자르뎅 덩팡 Jardin d'enfants (시간제) | 에꼴 마떼르넬 Ecole maternelle |
| 나이 | 통상 만 6세 이하 | 만 2개월~3세 | 만 6세 미만 | 만 2~6세 혹은 방과후 아동 | 만 3~5세 전부 및 2세 중 일부 |

자료: 1) https://www.education.gouv.fr/cid166/l-ecole-maternelle-organisation-programme-et-fonctionnement.html 에서 2015년 9월 18일 인출
2) https://www.service-public.fr/particuliers/vosdroits/N137에서 2016년 11월 2일 인출

# 2 프랑스의 영 · 유아 교원 제도

## 가 유아학교의 교직원

### ① 교장

교장은 유아학교 전반적인 운영을 책임지는 사람으로서 필요시 학부모, 시청, 지역 단체와 협의한다. 학급에 아동을 배정하고 교사들 간의 교육적인 협조를 유도하며, 부모들이 원할 때 면담에 응한다. 원장이 되기 위해서는 5년 이상의 교사 경력이 필요하며 원장 자격시험에 합격해야 한다.

### ② 교사

교사는 학교에서 제안한 교육 프로그램 중에서 유아의 생활 리듬과 발달 상황 등을 고려하여 자신의 학급에 알맞은 교육활동을 계획하고, 하루 프로그램 및 일주일 프로그램을 조직화하는 역할을 한다. 이외에도 유아들의 학습에 대한 전체적이고 종합적인 평가의 의무를 가진다. ESPE 1년차 과정 후에는 교원임용시험에 지원할 수 있는 자격이 주어지며, 교원임용시험에 합격한 경우, ESPE 2년차 과정에 반드시 등록하여 실습교사로서 현장실습교육을 받아야 한다. ESPE에서의 2년간의 교원양성교육이 끝나면, 자격인정평가와 함께 교사자격증을 받을 수 있다. 교사는 하루에 오전, 오후 3시간씩 6시간을 근무하며, 일주일에 27시간 근무한다.

### ③ 보조교사

유아학교의 경우, 지역 유아교육 보조교사(Agent territorial de section d'enseignement maternel: ATSEM)가 교사를 돕는다. 보조교사는 교사들을 도와 여러 가지 잡무를 처리하는 사람으로, 일반적으로 1~2개 반당 1명의 보조교사가 배치되어 있다. 특히, 육체적 작업을 해야 할 경우나 급식 시간에 교사를 도와 유아들을 돌본다.

### ④ 기타

이 외에 식당 직원, 정원사 등이 있으며, 유아학교 운영과 관련하여 매우 중요한 역할을 하는 교직원이 있다. 교직원은 유아학교장, 교사, 학교 심리상담가, 학교 건강 검진 담당의사, 간호사, 사회복지사, 학부모 등으로 구성된다. 교직원은 원생(들)의 상황을 평가할 필요가 있을 때 유아학교장의 요구에 따라 모인다.

## 나 유아학교의 교원 양성과정

프랑스 유아 교사양성체제는 단일교사 양성체계로 초・중등교사와 동일한 교육을 받은 유아교사는 초・중등 교원과 동일한 사회적 지위와 보수를 지급받는다. 이는 1989년 법령에 의해 만 2세부터 11세의 아동을 대상으로 에꼴 마떼르넬과 초등학교의 학제를 통합함으로써 1991년도에 유・초등교사의 양성제도가 통합된 결과이다.

### ① 교원양성제도 ESPE(Les Ecoles Supérieures du Professorat et de l'éducation)

프랑스 교원양성제도는 최근 25년간 3차례에 걸쳐 개편이 진행되었는데, 1991년에 도입된 IUFM에서부터, 2009년 〈IUFM-대학 통합체제〉를 거쳐, 2013년에 새로운 교원양성기관인 ESPE가 도입되어 시행 중이다. ESPE는 교사양성(유아학교에서 대학까지)뿐 아니라 교육전문가를 양성하기 위한 독립적 전문교원양성교육기관으로, 이전 제도의 장점은 최대한 살려 모두 계승하고, 단점은 보완하고자 하였다.

ESPE 입학자격은 모든 전공의 학사 학위자(licence, Bac+3), 혹은 국가수준의 직업 전문가 자격을 가진 사람들(교사자격증 취득을 위한 예비교사들뿐 아니라 기존의 교사자격증 취득자 혹은 교육기관이나 교육관련 직종에서 일하는 경력자)에게 주어지며, ESPE에서의 교원양성교육은 2년간의 교직석사과정(MEEF)으로 이루어진다.

교원양성교육이 이루어지는 교직석사학위(MEEF)과정은 공교육을 담당할 교사양성과정(초등교원, 중등교원, 생활지도교사 또는 실습담당 지도교사-CPE-Conseillers pédagogiques)과 교육 관련 전문가 양성 과정(교육 전문직 및 기술직)으로 구분되는데, 실제상황에서 교사와 교육전문가들 간의 응집력, 이해를 강화시키고자 두 과정에 공통교과목을 운영하고 있다.

교원양성교육이 이루어지는 교직석사과정(MEEF-Métiers de l'enseignement, de l'éducation et de la formation-교사와 교육 관련 전문가)은 1년간의 교과교육과 1년

간의 교육현장실습(의무실습)과정으로 균형 있게 구성된다.

ESPE 개편이 시사하는 바는 다음과 같다.

첫째, 교원양성교육을 석사학위과정과 연계하여 연구하는 교사로서의 위상을 강화한 점이다.

둘째, 교원양성교육에서 이론교육과 현장실습교육의 균형을 추구한 점이다.

셋째, 교원양성교육의 자격 기준이 다양해지고, 석사학위에서 학사학위로 하향화한 점이다.

넷째, 교원양성교육과 교원임용시험 및 교직석사학위취득, 교사자격증 취득은 연계되어 있다는 점이다.

다섯째, 교원양성교육이 교사뿐 아니라 교육전문가 양성의 두 가지 측면에서 이루어진다는 점이다.

결론적으로 프랑스 교원정책은 연구하는 교사로서의 위상 정립과 교원의 질적 향상을 통해 궁극적으로 교육의 질을 높여가겠다는 개혁의 의지를 엿볼 수 있다는 점에서 시사하는 바가 크다(이화도, 2017).

#### ② 에꼴 마떼르넬 보조교사(ATSEM: Agent territorial spécialisé des écoles maternelles)

에꼴 마떼르넬 보조교사는 유아교사를 도와 유아의 생활습관이나 질서유지, 급식 및 학습준비를 돕는 역할을 하며 특별히 유아의 위생과 안전을 담당한다. 보조교사 자격증은 중학교를 졸업한 후 CAP 영·유아 자격증을 준비하는 학교에서 2년 과정을 이수한 후 12주의 실습과정을 거쳐 자격증을 취득할 수 있다. 자격증 취득 후 필기시험과 구두시험에 합격하면 보조교사로서 일을 할 수 있게 된다.

#### ③ 영·유아 보육사(EJE: Educateur de Jeunes Enfants)

2005년 이전에는 영·유아보육사가 되기 위해서 보육전문 양성학교(Institut regional du travail social)에서 2년간의 교육과정을 이수한 후 국가시험에 합격하여야 했었다.

하지만 2005년에 영·유아 보육사 국가자격증(DEEJE: Diplôme d'Etat d'éducateur de jeunes enfants)이 신설되었다. 시험은 4단계로 이뤄지며 논문발표, 교육활동의

3가지 과제에 대한 구두시험, 전문적 의사소통 필기시험, 종합시험을 통과해야 보건사회부서(DRASS: Direction regionale des affaires et sociales)로부터 자격증을 받게 된다.

보육사의 자격유형은 보육전문가(Puériculteur), 준보육사(Auxiliaire de puériculteur), 가정보육모(Assistante maternelle)로 구분되며, 대개 이들이 함께 한 팀으로 일하는 경우가 많다.

### ④ 사회문화교육전문가(Animateur socioculturel)

방과 후 여가센터(Centre de loisirs)에서 근무하는 전문가로 주로 담당하는 활동은 미술, 연극, 노래, 비디오 보기, 책 읽기, 협동놀이, 자전거 타기 등 문화 및 체육활동을 주로 담당한다. 사회문화교육전문가 자격증은 2001년 BPJEPS(Brevet professionnel de la jeunesse, de l'éducation populaire et du sport)로 통합되었다. 유아학교에는 15명의 유아당 1명의 사회문화교육 전문가가 배치되어 있다. 그 외 유아학교의 수업이 없는 수요일과 방학기간에 유아들이 주로 이용하는 방과 후 여가센터에서 근무한다.

| 영역 | 기관 | 연령 | 교사 | 양성 기관 및 교육 |
|---|---|---|---|---|
| 유아교육 | 유아학교 | 2~5 | 유아교사 | ESPE<br>학사+2년간의 교직석사과정(MEEF) |
| | | | 보조교사 | CAP 영・유아 자격증을 준비하는 학교<br>Brevet(중학교)+2년 교육과정 |
| 보육 | 보육시설 | 0~2 | 영・유아 보육사 | 보육전문 양성학교<br>Bac(고등학교)+2년 교육과정 |
| | | | 보육전문가 | 보육전문 양성학교<br>간호사/사회복지사+1년 교육과정 |
| | 기타보육시설 | 0~5 | 준보육사 | 보육전문 양성학교<br>Brevet(중학교)+1년 교육과정 |
| | 가정보육 | 0~5 | 가정보육모 | PMI 모자보건국<br>60시간 교육 |
| 방과 후 활동 | 방과 후 여가센터 | 2~5 | 사회문화교육 전문가 | BPJEPS 자격증 취득 |

### 다 유아교사의 현직교육

교사를 대상으로 하는 현직교육은 ESPE나 지역의 교육 연구를 위한 센터, 고등교육기관에 의해 제공되며 교사가 근무하는 기관에서 계획하는 경우도 있다.

현직 교사 연수 프로그램의 내용은 교원들의 필요나 요구, 제안을 반영하여 사전 설문조사 후 운영함으로써 단순한 교육정책의 전달이 아닌 다양한 정보를 공유하며 적극적으로 참여하는 체계로 운영되고 있다.

보통 유아교사들은 초등교사와 마찬가지로 36주의 재교육 의무를 지닌다. 공식으로 인정된 연수과정에 참여할 경우 급여의 89%를 받고 재교육 과정이 끝난 후 증명서를 발급받는다. 또한 승진이나 새로운 역할 수행을 위해서 재교육을 받기도 한다.

# Ⅳ 프랑스 유아교육과정

## 1 프랑스 유아교육과정

프랑스 유아교육과정의 기본 목적은 모든 유아들에게 동등한 기회를 제공하고, 성공적으로 적응한 사회인으로서 살아갈 수 있도록 하는 데에 있다. 이에 프랑스 유아학교의 목표는 "성공적 학습에 필요한 기본적 지식과 능력들을 습득하도록 하는 것"이다.
여기서 "성공적 학습에 필요한 기본적 지식과 능력"이란 성공적 삶을 영위하고 다가올 사회의 다양한 요구와 도전에 능동적으로 대처하기 위해 개인이 갖추어야 할 역량이다.

## 가 유아학교 교육과정

읽을거리

### 프랑스 유아교육의 위상

- 1989년 교육법이 제정되면서 유아학교와 초등교육의 연계를 도모하고 학업실패를 예방하기 위해 유아학교 3년과 초등학교 5년 전 과정을 통합하여 3단계의 주기별 편성 체제(cycle)를 구성하였다. 3단계 사이클(cycle)로 구성하는 방식은 일 년마다 새 학년을 맞이하는 전통적 구별보다는 학생들의 학습속도와 다양성을 고려한 것이다. 1단계는 유아학교의 만 3~4세 과정으로 "초보학습주기"라 명명하고, 2단계는 "기초학습주기"로 유아학교의 만 5세 과정과 초등학교 1,2학년과정이다. 마지막단계는 "심화학습주기"로 초등학교 3,4,5학년의 과정이다.

- 여기서 주목할 점은 기초학습주기인 2단계에 유아학교 만 5세반이 초등학교 1,2학년 과정과 함께 포함되어 있다는 점이다. 유아학교 만 5세반의 경우 유아교육과정의 대부분을 차지하고 있는 놀이적 특성에 기초하되 읽기, 쓰기 등 초등학교 1,2학년 교육과정의 준비를 하고 있다. 또한 초등 1학년은 초등학교 학습의 준비단계(cours préparatoire: CP)로 유아교육과 초등교육의 연계를 자연스럽게 도모하고 있다. 초등학교에 유아학교도 포함되며, 2019학년도부터 의무교육은 만 3세부터 시작된다. 이미 10명 중 9명의 유아들이 만 3세 때부터 유아학교에 다니고 있다.

출처: 프랑스 교육부 산하 교원 연수 웹사이트(에듀스콜, eduscol)

프랑스의 유아학교 교육과정은 중앙 집중적 접근방법을 채택하고 있다. 프랑스는 2005년 법령을 통해 최근 OECD가 규정한 핵심역량개념에 근거한 기본학습능력(socle commun)이 모든 교육과정 구성의 기본원리임을 밝힌 이후, 교육과정뿐 아니라 교육전반에 걸친 개혁이 진행되고 있다. 프랑스 정부는 2008년 핵심역량에 기반한 새 유아교육과정(Hors-série n°3 du 19 juin 2008)을 발표함으로써 시대적 변화에 부응하는 교육과정개혁을 시도했다.

2008년 새롭게 발표된 핵심역량에 근거한 프랑스 유아교육과정의 영역구성을 살펴보면 다음 표와 같다(이화도, 2012).

〈프랑스 교육핵심역량과 프랑스 유아교육과정 영역(이화도, 2012에서 차용)〉

| 프랑스 교육핵심역량 (core compétences) | 프랑스 유아교육과정 (2002년) | 프랑스 유아교육과정 (2008년) |
|---|---|---|
| 프랑스어 능력(la maîtrise de la langue française)<br>외국어 능력(la pratique d'au moins une langue vivante étrangère) | 언어활동 (langage au cours des apprentissages) | 언어습득하기 (s'approprier le language)<br>쓰기 발견하기 (Découvrir l'écrit) |
| 인본주의적 소양(une culture humaniste et scientique permettant le libre exercice de la citoyenneté)<br>사회성과 시민의식(compétences sociales et civiques)<br>자율성과 주도성(l'autonomie et l'initiative) | 더불어 살아가기 (vivre ensemble) | 학생되기 (Devenir l'élève) |
| - | 움직이기와 신체표현 (agir et s'exprimer avec son corps) | 신체를 이용하여 움직이기 (Agir et s'exprimer avec son corps) |
| 수학의 주요사항과 과학기술지식 (la maîtrise des principaux éléments de mathématiques) | 세상에 대한 이해 (se couvrir le monde) | 세상 탐구하기(Découvrir le monde) |
| 정보통신기술의 숙달(la maîtrise des techniques usuelles de l'information et de la communication) | 민감성, 상상력, 창의력 키우기 (sensibilité, imagination, création) | 인식하기, 느끼기, 상상하기, 창조하기 (Percevoir sentir imaginer créer) |

### ① 언어능력의 강조

프랑스 유아교육과정에서는 특히 언어교육을 강조하고 있다. 구어 능력을 향상시키기 위해서 다른 사람의 말을 이해하고 자신의 생각을 다른 사람에게 이해시키도록 하며, 이야기 듣기나 책 읽기를 통해 문어와 친숙함이 필요하다고 강조한다. 새롭게 추가된 '쓰기 발견하기' 영역은 초등학교에서 시작되는 읽기와 쓰기의 체계적 학습을 준비하기 위한 영역이다. 유아들의 말을 교사가 받아 적어주는 모습을 보면서 유아들이 자연스럽게 쓰기

[그래픽활동]
출처: amazone.co.uk

의 필요성을 알게 하고 쓰기활동으로 연결되도록 한다. 또한 그림 그리기를 통해 자연스러운 방법으로 쓰기 기술을 형성할 수 있도록 하는 그래픽 활동을 장려하고 있다.

### ② 사회성, 시민교육의 강조

사회영역의 목적은 유아가 사회 속에서 더불어 살아가는 법, 민주시민으로서의 자질을 갖춰 사회 현상에 합리적으로 대처해 나갈 수 있는 능력을 길러주기 위한 것이다. 2008년에는 학생되기(Devenir l'élève) 영역으로 명칭이 바뀌게 되는데, 학생(l'élève-교육기관에서 정규교육을 받는 학생)이라는 용어가 유아교육과정에서 사용된 것은 처음이며, 이는 유아학교의 교육기관으로서의 정체성을 강조하는 것이다.

주요 내용은 유아들이 공동생활을 통해 사회적 경험을 하고, 사회생활에 참여함으로써 인성과 성격을 형성하며, 다양한 상황에서 의사소통하는 경험을 함으로써 유아기부터 대화하는 법이나 토론 문화의 정착을 실현하도록 하고 있다.

### ③ 신체활동과 표현

신체를 이용하여 움직이기 영역에서는 신체 운동과 신체 표현 활동을 통해 주변 세계에 대한 이해와 인식을 형성하도록 한다. 주요내용은 기본적인 운동 기능을 갖게 하며, 다양한 신체활동과 연관된 교육활동을 하고, 건강에 필요한 지식과 능력을 갖도록 하는 것이다. 신체운동뿐 아니라 유아의 신체리듬을 반영한 교육을 할 것을 강조하고 다른 영역 활동과 연계하여 미술, 음악, 놀이를 통한 신체활동을 권장한다. 특히 유아의 신체를 외부 세계에 대한 인식이나 표상을 위한 중요한 수단으로 간주하여 창의적 표현활동과 밀접한 관련성이 있다고 보고, 신체활동과 표현활동을 '신체운동과 표현'이라는 별도의 영역 속에서 종합적으로 다루고 있다.

### ④ 주변 세계의 탐색

세상 탐구하기 영역은 유아들이 주변 환경(사물, 생명체, 재료 등)을 탐색하게 하여 관심을 가지게 하는 데 목적이 있다. 주요 내용은 유아들이 능동적으로 주변을 탐색・발견할 수 있는 기회를 자주 제공하고, 유아들에게 적절한 사진, 광고, 그림책 등의 그림 자료나 비디오, TV, 영화 등의 자료, 수 관련 자료 등 시각적 자료를 제시하여 유아들이 자신의 경험을 표상활동으로 재현하도록 격려하는 것이다. 예를 들어, 물체를 구성하는 물질의 개념을 과학적으로 이해하기 위해서는 물질의 특성이나 고유성을 구분할 수 있도록 생물의 특징을 관찰・비교한다. 수학적 개념은 시・공간개념, 크기 분별, 조작능력을 통해 사물을 관찰・비교한 후, 다양한 유형의 기준(형태, 크기, 양, 부피 등)에 따라 분류하는 경험을 제공한다.

### ⑤ 감성(La sensibilité), 상상력(L'imagination), 창의성(La création) 강조

인식하기, 느끼기, 상상하기, 창조하기 영역은 시각적・촉각적 영역과 청각적・음악적 영역이 결합되어 감각적인 접근을 통해 유아의 감성, 상상력과 창의성을 키우는 데 목적이 있다. 유아들이 예술적 감성을 갖게 하기 위해 예술 작품이나 예술가와의 만남을 권장하며, 예술적 감각에 눈뜨게 하기 위해 감상부터 여러 방면의 예술적 표현을 하기의 과정에서 유아의 다양한 표현을 장려한다. 유아의 창의적 활동을 위해 교사는 먼저 유아의 경험과 관련된 것을 표현하도록 하고, 자신이 표현한 그림, 그림책, 사물을 구두로 소개한다. 시각적・촉각적 활동으로 그림, 콜라주, 조형구성(만들기), 영상 제작 등의 조형 활동과 몸짓이나 매체를 사용한 그래픽 표현 활동을 통해 자신만의 코드를 창조하는 즐거움을 갖도록 돕는다. 또한 청각적・음성적 활동으로는 다양한 악기 접하기, 노래 부르기, 여러 장르의 음악을 듣고 표현하기를 통해 청각, 음성적 부분만이 아닌 언어, 동작, 더불어 살기 등의 영역과 연관시켜 활동한다.

〈프랑스 유아학교 교육과정의 예〉

| 언어 습득 | | |
|---|---|---|
| 작은 반(Petite section) | 중간 반(Moyenne section) | 큰 반(Grande section) |
| 이야기 나누기, 말로 표현하기<br>−언어를 통해 타인과의 관계 형성하기<br>−대명사 '나'를 사용해 자신에 대해 이야기하기<br>−교사가 부탁한 것을 이해하고 이에 응하기 | 이야기 나누기, 말로 표현하기<br>−좀 더 구조화된 언어로 자신을 표현하고, 바르게 발음하기(자음이 결합된 복잡한 음절은 발음하기 어려울 수 있음)<br>−약 10개 단어, 노래, 동시를 | 이야기 나누기, 말로 표현하기<br>−활동이나 게임을 마친 후(상황 종료 후), 이에 대해 말하고 묘사하며 설명하기<br>−'왜냐하면'이란 말을 올바르게 사용하여 행동과 거절, 선호를 정당화하기 |

| | | |
|---|---|---|
| - 다른 사람 앞에서 자신을 표현하고, 매우 간단한 동시를 읊으며, 노래 부르기<br>- 그룹 토론 때 역할 맡아보기<br>- 언어를 통해 교실에서 지켜야 하는 규칙 이해하기<br><br>이해하기<br>- 모호하지 않은 상황에서 간단한 지시 사항 이해하기<br>- 조용한 상태에서 이야기나 짧은 동시 듣기<br>- 교사가 말해주는 짧고 간단한 이야기 이해하기: 들은 내용에 대한 아주 간단한 질문에 답하기, 교사나 그림의 도움을 받아 들었던 이야기의 일부분을 다시 말해보기 등<br>- 그림이나 삽화가 있는 동화책을 읽고, 말로 의견 말하기<br><br>프랑스어 습득하기<br>- 필요에 따라 교사가 제공해주는 새로운 언어 도구(어휘 또는 구문)를 활용하여 하고 싶은 말 표현하기<br>- 짧은 문장일지라도 정확한 문장 사용하기<br>- 다음과 같은 어휘(명사 및 동사, 색깔과 모양, 크기와 관련된 형용사)를 이해하고 습득하며 올바르게 사용하기<br>예) 일상적인 행동(위생, 옷입기, 간식, 점심, 휴식)<br>교실 활동(주변 환경, 교구, 재료, 행동)<br>타인과의 관계: 인사(만 | 올바른 발음으로 말하거나 부르기<br>- 다른 영역의 게임 및 활동에 대해 묘사하고, 질문하며 설명하기<br>- 그룹 토의에 참여하고, 다른 사람의 말을 들으며, 자신의 차례 기다리기<br>- 다른 사람이 모르고 있는 일에 대해 말하기: 몇 장의 그림을 활용해 이야기 꾸미기, 책 표지와 그림을 보고 책의 내용 추측하기 등<br>- 각각의 경우, 유아가 한 말을 좀 더 명확하게 하기 위해 질문을 던지거나 의견을 첨부함<br><br>이해하기<br>- 교실 활동에 대한 지시 사항 이해하기(최소 교사와 일대일로 활동할 때만이라도)<br>- 작년보다 좀 더 복잡하지만 길지 않은 이야기를 조용히 듣기<br>- 교사가 읽어준 이야기 이해하기: 그림을 사용하여 논리적이고 시간순으로 다시 말해보기<br><br>프랑스어 습득하기<br>- 일반적인 용어(동물, 꽃, 옷 등) 알기: 실제 아이템이나 그림을 보며 용어별로 분류하고 이름 말해보기<br>- 문장을 점점 길고 정확하게 만들어보기<br>- 성별에 따라 다른 명사와 | - 다른 사람이 모르고 있는 일에 대해 말하기: 프로젝트 발표하기: 이야기 꾸미기(그림을 보며 시작하는 것도 가능)<br>- 다른 사람이 이해할 수 있는 방식으로 말하기<br>- 토의 주제에 맞는 말을 하며 대화에 참여하기<br>- 가사, 동시, 또는 다른 유형의 글을 따라 읽으며 적절한 톤 찾기<br>- 교실에서 배운 노래 10개 정도 부르기<br><br>이해하기<br>- 안내된 지시 사항 이해하기<br>- 교사가 읽어준 이야기 이해하기: 논리적으로, 또 연대순으로 이야기를 재구성하여 다시 말해보기, 이야기를 해석하거나 변형시켜보기(인형극, 동극활동, 그림 그리기)<br>- 교사가 읽은 동화 내용 이해하기: 질문 및/또는 학급에서 배운 내용과 관련짓기<br>- 동시 감상하고, 연상되는(또는 재미있는) 단어를 찾아내며, 감명 받은 것을 그림으로 표현해보기<br><br>프랑스어 습득하기<br>- 복잡한 문장을 올바르게 만들어내기<br>- 과거와 미래를 표현하기 위해 동사 시제를 이해하고 적절하게 사용하기<br>- 다음과 같은 어휘(명사, 동사, 형용사, 부사, 비교어)를 이해 |

| | | |
|---|---|---|
| 났을 때, 헤어질 때), 예의(~될까요?, 감사합니다) | 대명사를 활용하고, 가장 자주 사용되는 전치사를 정확하게 사용하기<br>- 다음과 같은 어휘(명사, 동사, 형용사, 부사, 비교어)를 이해하고 습득하며 올바르게 사용하기<br>예) 일상적인 행동, 학교 활동, 타인과의 관계(인사, 예의, 사과)<br>개인적인 이야기, 들은 이야기 회상(인물, 주변 환경, 논리적 및 연대 관계 설명) | 하고 습득하며 올바르게 사용하기<br>예) 일상 생활, 활동 및 타인과의 관계<br>학교 활동 및 학습, 보편적인 문자 언어<br>개인적인 이야기 및 들은 이야기 회상(등장인물, 서로의 관계, 논리적 및 연대 관계, 공간적 관계 설명)<br>개인적으로 느껴지는 기분과 감정 표현, 또는 다른 사람이 느끼는 것, 아니면 친숙한 이야기에서 등장하는 인물의 감정 표현<br>- 단어의 의미에 관심 가지기: 한 번도 들어본 적 없는 단어를 해석하고, 문맥 내 새로운 단어를 이해하려고 하며, 교사에게 단어의 의미를 물어봄 |

출처: French curriculum kindergarten & primary school. Official Bulletin of French National Education - Special edition no 3 of 19 June 2008.

# V 프랑스 유아학교 운영의 실제

## 1 프랑스 유아학교의 운영 방법

### 가 유아학교의 운영체제

유아학교의 운영은 기본적으로 초등학교와 같은 체제를 유지한다. 월~금요일 주 5일 오전 8:30~11:30, 오후 13:30~16:30 운영하며, 매주 수요일은 오전 수업만 한다. 11:30~13:30까지는 점심 및 휴식 시간으로 유아들은 집으로 귀가했다가 오후에 다시 등교할 수도 있고, 취업모의 자녀들은 학교에 마련된 식당에서 점심식사를 할 수 있다. 교사는 점심시간 동안 유아를 지도해야 할 의무가 없으므로 자신들의 시간으로 활용할 수 있고, 유아들은 보조교사들의 지도하에 식사를 한다.

수요일 오후나 방학 등 유아학교에 가지 않는 날은 학교의 특별활동센터(center dc loisir)에서 여가를 보내기 위하여 다양한 프로그램에 등록하고 있으며, 이러한 비용은 지역사회나 관련 기관에서 지원한다. 최근에는 유아들이 유아학교와 보육시설을 왕래하며 겪는 혼란을 최소한으로 줄이고 학교생활의 적응을 돕는 것은 물론 교육의 일관성을 도모하기 위해 유아학교와 보육시설 종사자들이 협의 체제를 구성하여 종일제 프로그램을 운영하기 위한 시도를 하고 있다.

### 나 유아학교의 학급편성

유아학교는 만 2세에 입학하여 4년간 3개의 반으로 나누어 교육을 실시하고 있는데, 유아의 연령에 따라 세 반으로 나누어 점점 더 복잡한 학습활동으로 이끌어간다. 집단 구성은 각 유아의 발달, 성숙, 능력 정도를 고려하여 연령을 기본으로 기준을 정하되, 유아의 전반적인 발달 수준과 요구를 우선적으로 한다.

① 작은 반(PS: la petite section): 만 2~4세의 아동을 위한 반이다. 아동은 또래 친구들과 노는 법, 함께 지내는 법을 배운다. 그리고 다양한 활동을 통해 자신

의 주변 세상을 알아간다. 의사소통하는 법을 배우며, 신체를 자유자재로 움직이며 균형을 잃지 않을 수 있도록 여러 활동을 한다.

② 중간 반(MS: la moyenne section): 만 4~5세의 아동을 위한 반이다. 아동의 언어능력이 풍부해지고, 점차 글자를 배워가고 논리적 사고를 하게 된다.

③ 큰 반(GS: la grande section): 만 5~6세의 아동을 위한 반이다. 초등학교에 들어가기 위한 준비반이다. 기본적인 학습내용을 습득해야 하는 시기이기도 하다. 아동은 여러 활동을 통해 글자와 수 개념에 친숙해져야 한다. 이를 통해 읽기, 글쓰기, 논리적 사고 등의 과정으로 나아갈 수 있다.

## 다 유아학교의 학급운영과 일과

유아학교의 일과는 유아의 생활 리듬이나 발달 수준을 고려하며 특히 신체운동 활동에 대한 요구나 휴식, 위생, 안전 등에 대한 요구도 고려한다. 유아의 연령 및 발달 수준에 따라 대·소집단 활동과 개별 활동, 자유놀이나 유아중심 활동과 교사중심 활동, 조용한 활동과 활발한 활동, 실내와 실외활동의 조화를 도모하며 안배한다.

작은 반(petite section)에서는 자유선택활동과 개인 및 소집단 활동을 많이 계획하며, 점심식사 후에는 낮잠시간이 있다. 중간 반(moyenne section) 유아들의 경우에는 집단생활을 통한 사회적 유대관계를 증진시키고, 자신이 시작한 활동을 완수하거나 기초적인 지각, 분류, 그리기나 만들기, 표현기술을 증진시키는 활동들을 통해 유아학교에서 초등학교 학습자로 전이하는 데 필요한 능력이나 태도를 서서히 형성할 수 있게 한다. 그 외에 정원 가꾸기나 동물 기르기, 요리하기, 그림책 읽기 등도 포함한다. 큰 반(grande section)에서는 활동의 계획과 결정에 유아들이 직접 참여할 수 있는 기회를 많이 제공한다.

작은 반(petite section)에서는 집단생활에 대한 적응이나 사회화를 강조하며, 큰 반(grande section)에서는 유아의 전반적인 발달을 향상시키고 초등학교 진학을 위한 준비를 중요시한다. 따라서 말하기, 문장구성, 쓰기에 대한 관심 가지기 등과 같은 언어 학습과 감각, 상상력, 창의력의 발달 등을 강조한다.

〈큰 반(GS) 일과 예시〉

| 시 간 | 계 획 | 활 동 내 용 |
|---|---|---|
| 8:23~8:45 | 등교 | 등교 후 각 코너에서 자유 활동(레고, 독서, 데생 등) |
| 8:45~9:00 | 집결<br>아틀리에 활동 | 각자 몇 가지 임무수행(식물 물주기, 토끼 먹이 주기, 날짜 쓰기 등), 아침 교실 담당 선생님 말씀, 아이들 분반 그래피즘(데생), 글쓰기, 산수, 언어 등, 이후 각자 평가 |
| 9:00~10:00 | 간식 | 우유, 파이, 치즈 등 |
| 10:00~10:30 | 운동과 레크리에이션 | 개인운동, 단체운동 한 후 휴식 |
| 10:30~11:00 | 음악 활동 | 노래(종종 다른 반과 합창), 리듬공부, 음악 감상 |
| 11:00~11:30 | 점심식사 | 보조교사들의 지도하에 식사 예절 교육 |
| 11:30~13:30 | 언어 활동 | 포스터나 슬라이드에 코멘트 붙이기, |
| 13:30~14:00 | 아틀리에 활동 | 그룹을 이루어 인형으로 이야기 만들기<br>데생, 회화, 수작업 등 최소 2개 교실에 참여 |
| 14:00~15:00 | 레크리에이션 | 레크리에이션 |
| 15:00~15:30 | 간식 | 오후 간식 |
| 15:30~16:00 | 귀가 | 동화 이야기 듣기 혹은 자유 활동, 귀가 |

읽을거리 **알아두면 재미있는 프랑스 유아교육**

### 프랑스 유아학교 식단표 예 – Ecoles Arandon-Passins ('19.01.07~01.25)

| | 1월 7~11일 | 1월 14~18일 | 1월 21~25일 |
|---|---|---|---|
| 월요일 | 파테 앙 큐르트Pâté en croûte (껍질이 딱딱한 파이)<br>오믈렛<br>호박그라탕<br>제철 과일 | 타불레Taboulé (갈은 밀·쿠스쿠스·파슬리·박하·양파·잘게 썬 토마토 등에 올리브 기름과 레몬즙을 뿌려 만든 샐러드)<br>칠면조 구이<br>베샤멜béchamel 소스(우유, 버터, 밀가루로 만든 걸쭉한 소스)를 곁들인 꽃양배추<br>과일 | 감자/참치 샐러드<br>소고기 찜<br>찐 당근<br>제철 과일 |
| 화요일 | 양상추/크루통/달걀 샐러드<br>송아지고기 스튜<br>제철 채소 볶음<br>요구르트 | 토마토 미트볼<br>쇼트 파스타(마카로니)<br>프로마쥬블랑Fromage blanc (흰 치즈)<br>제철 과일 | 생선 스튜<br>밥<br>블루치즈<br>제철 과일 |
| 목요일 | 유기농 식단<br>파스타 샐러드<br>로스트 치킨<br>녹색의 껍질콩<br>까망베르 치즈<br>과일 | 양배추를 곁들인 소시지 요리<br>감자조림<br>묑스테르산(産) 치즈<br>사과 타르트 | 채썬 당근<br>쿠스쿠스 쌀밥<br>요플레<br>잼과 비스켓 |
| 금요일 | 채썬 당근<br>디에뿌와즈diéppoise 소스를 곁들인 연어<br>밥<br>(고양이 이빨Dent du Chat이라고 불리는 사보이 지방에서 생산되는) 치즈 | 랜틸콩 샐러드<br>생선 튀김 꼬치<br>껍질콩 볶음<br>초콜릿 푸딩 | 양배추 샐러드<br>소시지<br>퓨레<br>애플 파이 |

## [프랑스 관련 활동안 예시]

### 교수 · 학습 과정안

<table>
<tr><td rowspan="2">생활주제</td><td rowspan="2">세계 여러 나라</td><td rowspan="2">활동명</td><td rowspan="2">프랑스의 상징,<br>에펠탑</td><td>활동유형</td><td>자유선택활동<br>(쌓기영역)</td></tr>
<tr><td>활동형태</td><td>소집단</td></tr>
<tr><td>활동목표</td><td colspan="5">• 세계 여러 나라의 다양한 건축물에 관심을 갖는다.<br>• 쌓기영역에 있는 놀잇감으로 프랑스를 상징하는 에펠탑을 만들어볼 수 있다.</td></tr>
<tr><td>누리과정<br>관련요소</td><td colspan="5">• 자연탐구: 수학적 탐구하기 - 공간과 도형의 기초개념 형성하기<br>• 사회관계: 사회에 관심 갖기 - 세계와 여러 문화에 관심 가지기</td></tr>
<tr><td>활동자료</td><td colspan="5">세계 여러 나라의 건축물 사진 자료, 적목블록 등 쌓기영역 놀잇감, 교실에서 활용할 수 있는 기타 재료들</td></tr>
<tr><td>활동과정</td><td colspan="4">활 동 내 용</td><td>유의점</td></tr>
<tr><td>도 입<br>(10')</td><td colspan="4">■ 동기 유발<br>• 세계 여러 나라의 건축물 사진을 보며 이야기 나눈다.<br>− 이 건축물의 모양은 어떠니?<br>− 이 건축물은 왜 지은 것일까?<br>− 이 건축물을 보니 어떤 생각과 느낌이 드니?<br>■ 활동 안내<br>• 오늘의 활동을 안내한다.<br>− 오늘은 프랑스의 수도 파리에 있는 에펠탑을 블록들을 이용해서 만들어볼 거예요.</td><td>− 세계 여러 나라의 건축물 사진을 쌓기영역 벽면에 부착해 둔다.</td></tr>
<tr><td>전개<br>(30')</td><td colspan="4">■ 에펠탑에 대해 이해하기<br>• 에펠탑에 대해 설명해준다.<br>− 프랑스에서 역사를 기념하기 위해 1889년에 세운 320미터 높이의 철탑이다.<br>− 높고 검은 철물이 세워진다는 소식에 많은 사람들이 반대했지만, 역사적으로 의미(산업혁명을 상징함)를 갖게 되면서 프랑스 파리의 대표적인 건축물로 사랑받게 되었다.<br>− 1991년에는 세계문화유산으로 등재되었다.<br>− 특히, 밤에 조명이 켜지면 매우 아름다운 야경을 볼 수 있다.<br>■ 에펠탑 만들기에 필요한 재료 탐색하기<br>• 에펠탑의 모양과 사용된 재료에 대해 이야기 나눈다.<br>− 에펠탑의 모양이 어떠니?</td><td></td></tr>
</table>

<table>
<tr><td></td><td>−에펠탑을 만들기 위해서 어떤 재료들을 사용했을까?<br>• 교실에서 에펠탑을 만들 수 있는 재료를 찾아본다.<br>−에펠탑을 만들기 위해서 우리 교실에서는 어떤 재료를 사용할 수 있을까?<br><br>■ 에펠탑 만들기<br>• 다양한 재료를 활용하여 에펠탑 모양과 비슷하게 쌓아본다.<br>〈참고영상〉 에펠탑 건축과정<br>https://youtu.be/Hkd0m4eqW4Q<br><br></td><td></td></tr>
<tr><td>마무리<br>(10')</td><td>■ 직접 만든 에펠탑 소개하기<br>• 다른 친구들에게 직접 만든 에펠탑을 소개한다.<br>−○○와 친구들이 만든 에펠탑은 어떻게 만들어졌는지 이야기해 주자.<br><br>■ 평가하기<br>• 오늘의 활동을 평가해본다.<br>−프랑스의 에펠탑을 만들어보니 어땠니?</td><td>−유아들의 다양한 의견을 들을 수 있도록 기회를 제공한다.</td></tr>
<tr><td>확장활동</td><td>• 에펠탑의 전개도를 가지고 입체조형 활동을 해본다.</td><td></td></tr>
</table>

제 2 장

# 영국(United Kingdom)

## ◉ 영국 국회의사당(Houses of Parliament)

영국의 국회의사당은 세계 최초 의회제 민주주의를 발달시킨 영국의 상징이다. 영국의 상원과 하원이 열리는 곳으로 영국 런던의 템스 강변에 자리하고 있다. 넓은 부지 위에 뾰족한 지붕이 인상적인 이 건물은 원래는 웨스트민스터 궁전이었으나 16세기부터 의회로 사용되고 있다. 1834년 화재가 발생하여 궁전 대부분이 소실되고 웨스트민스터 홀만이 남았으며, 지금의 의사당 모습은 1840년부터 20년간 공사를 하여 새롭게 건설된 모습이다. 네오고딕 양식의 건물로 중앙에 로비가 있으며, 남쪽은 상원의사당, 북쪽은 하원의사당이다. 그 밖에 국왕이 옷을 갈아입던 방이나 상하원 갤러리, 일반인을 위한 방청석 등이 있다. 의사당의 북쪽에는 빅벤(Big Ben)이라 불리는 유명한 시계탑(The Clock Tower)이 있으며, 남쪽에는 빅토리아 타워가 있다. 높이 95m의 시계탑은 국회의사당의 상징이며, 국제 표준시를 정확히 알리고 있다.

출처: (CC) Alvesgaspar@wikimedia commons

## ◉ 영국에 대해 알아볼까요?

| | |
|---|---|
| 국가명<br>(공식 명칭) | 그레이트 브리튼 및 북아일랜드 연합왕국<br>(United Kingdom of Great Britain and Northern Ireland)<br>일반 명칭은 영국연합왕국(United Kingdom) |
| 수도 | 런던(London) |
| 위치 | 북대서양과 북해 사이에 위치하며, 유럽대륙 서북쪽에 있는 섬나라로, 잉글랜드(England), 스코틀랜드(Scotland), 웨일스(Wales)와 아일랜드 섬 북쪽의 북아일랜드(Northern Ireland)로 구성되어 있음 |
| 면적 | 243,610㎢(한반도의 1.1배) |
| 민족 | 앵글로-색슨족, 켈트족 |
| 인구 | 약 66,040,229명(2017. 기준) |
| 언어 | 영어(공용어), 웨일스어, 스코티시 게일릭, 아이리시 게일릭 |
| 종교 | 성공회(50%), 개신교(30%), 로마가톨릭(11%), 기타(9%) |
| 정치체제 | 입헌군주국 / 의원내각제 |
| 화폐단위 | 파운드(pound/£)(1£ = 약 1,534원, 2019. 05. 10. 기준) |
| 빅맥 지수 | 4.10$ (Economist, 2019. 07.) |

# I 영국의 교육제도

## 1 영국 교육의 일반적 특징

### 가 영국의 교육과정

영국은 네 왕국(England, Scotland, Wales, Northern Ireland)이 모여 한 국가가 형성된 것인 만큼 교육과정 또한 획일적이지 않고, 각각 독자적인 교육과정 및 정책을 시행하고 있다.

그중 England는 1988년 이후, 모든 학생이 균형 있는 교육을 받을 수 있도록 국가수준의 교육과정이 만들어졌고, 모든 공립학교가 이를 준수하고 있다. 이 틀 안에서 학교가 학생의 수준과 요구에 적합한 방식으로 교육내용을 조직하고 계획한다(주영한국교육원, 2019).

### 나 영국의 교육목표

모든 학생이 배우는 것을 즐기고, 각자의 능력을 발달시킴으로써 성공적인 학습자가 되며, 스스로의 삶을 안전하고 건강하게 이끌 수 있는 존재가 되고, 사회에 긍정적인 기여를 할 수 있는 책임감 있는 시민의식을 도모하는 데 있다(주영한국교육원, 2019).

## 2 영국의 학제

영국의 일반적인 학제는 초등 6년, 중등 5년, 대학준비 과정 2년, 대학 2~3년으로 구성되어 있고, Key Stage(KS)라고 불리는 단계에 근거하여 교육과정이 운영된다. 의무교육기간(만 5~16세)을 4단계로 구분하고 유치원 과정을 Foundation Stage로 별도로 정하여 총 5단계로 되어 있으며, 각 단계가 완료되는 시점에 국가수준의 학업성취도 평가가 실시된다.

## 가 유아교육(Foundation Stage)

- 대상: 만 3~4세 유아
- 유치원 과정은 의무 교육 기간은 아니지만 만 3세부터 무상 교육을 받을 수 있다.
- 2002년부터 유치원 교육과정이 국가 수준의 교육과정에 포함된다.
- 유형: 초등 예비반(reception class), 유아원(nursery), 놀이집단(play-group), 유아학교(pre-school), 유아센터(children's center), 가정 탁아모(childminder) 등
- 6개의 교육과정 영역: 성격, 사회성 및 정서 발달 / 의사소통, 언어 및 문해 발달 / 수 개념 발달 / 신체 발달 / 주변 세상에 대한 지식 및 이해 발달 / 창의성 발달
- 평가: 위 6개 영역에 대해 교사가 관찰한 유아의 모습과 성취를 요약한다.

## 나 초, 중등교육

- 대상: 만 5~16세 아동
- 유형: 문법학교(grammar school-우수학생 중심의 엘리트 교육 기관), 일반학교(modern school), 종합학교(comprehensive school), 직업학교(technical school-농업, 공업, 상업 등 산업교육기관), 특수학교(special school), 대안학교(Pupil Referral Unit-학교에서 정학이나 퇴학 받은 학생만 일정 기간 수용하여 가르침), 사립학교(independent school) 등이다(정일용, 2013).
- 만 11세에 초등학교를 졸업하면 국가시험(national test)을 거쳐서 문법학교 또는 직업학교 등에 입학하고, 그 밖의 학생은 자동적으로 일반학교에 입학한다.
- 종합학교는 위 세 학교를 하나로 종합한 곳으로, 만 11세 시험을 폐지하여 초등교육 수료자 누구든 입학할 수 있으며, 점차 증가하고 있다.
- 학년마다 필수 과목(예: 영어, 수학, 과학, 역사, 음악, 체육, 미술, 디자인과 기술, 컴퓨터, 지리, 종교교육 등)과 권장 또는 기타 과목[예: 외국어, PSHE(개인, 사회, 건강교육), 직업교육 등]이 정해져 있다.
- 평가: 교사에 의한 평가와 국가시험을 병행한다.

- KS1(만 7세): 영어, 수학, 과학에 대한 시험 및 과제를 통해 담임교사가 자체 평가를 실시한다.
- KS2(만 11세): 영어(읽기, 쓰기, 철자법), 수학에 대한 국가시험을 거치고, 교사가 과학에 대한 평가를 실시한다.
- KS4(만 16세): 중등교육자격시험(GCSE) 혹은 이에 상응하는 자격증 시험과 내신을 합산한다.

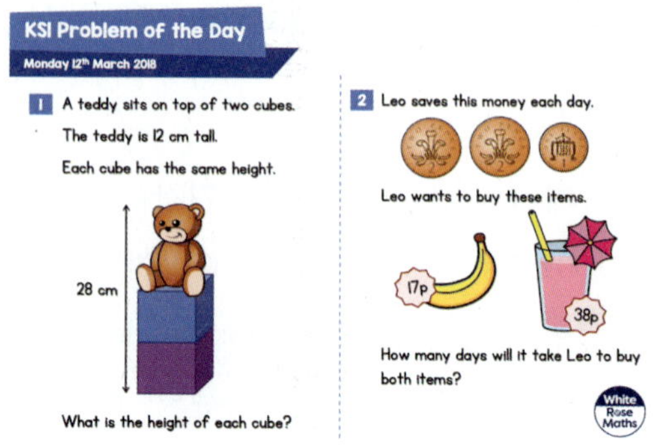


출처: 수학 문제예시 - Tewkesbury C of E Primary

* GCSE(General Certificate of Secondary Education): 우리나라 수능과 비슷한 이 시험은 중등학교를 졸업하면서 치르는 자격시험을 일컫는 말로서, KS3 9학년에 여러 가지 개설과목 중에서 과목선택을 하고 KS4 10~11학년에 선택한 과목에 대한 수업 및 시험 준비를 하여 시험을 치른다. GCSE 과정에서는 영어, 수학, 과학, 종교교육, 체육이 필수과목이고, 이 외에 다양한 선택과목이 개설된다. 많은 학생들이 영어, 수학, 과학의 3과목을 시험과목으로 선택하고 여기에 몇 개의 과목을 추가로 선택하여 시험을 치른다. 최종 시험성적만으로 등급이 결정되는 것은 아니고 학교의 수행평가나 과정평가 성적도 포함된다(주영한국교육원, 2019).

## 다 고등교육

- 유형
  - FE College: 대학 입학시험인 GCE-A 시험을 준비하는 과정, 직업교육이나 중등교육 졸업시험 등을 준비하는 기관, 특수전문대로 나눌 수 있다.
  - 일반대학: 옥스퍼드대학교와 케임브리지대학교와 같은 종합대학과 단과대학으로 구성된다.
- 학교 운영 방식에 따라 지역사회학교(community school), 재단설립학교(foundation school), 자립형 사립학교(voluntary-aided school), 정부지원 사립학교(voluntary-

controlled school), 도시기술학교(City Technology College) 등으로 구분된다.

- 영국의 학제를 한국과 비교하여 표로 나타내면 다음 표와 같다.

<table>
<tr><th>구분</th><th>나이(만)</th><th>학년</th><th>공립학교</th><th>사립학교</th><th>교육과정</th><th>국가시험</th><th>한국과 비교</th></tr>
<tr><td rowspan="6"></td><td>21</td><td>석사 1년</td><td colspan="2">대학원(석사)</td><td rowspan="4"></td><td rowspan="4"></td><td>대학원</td></tr>
<tr><td>20</td><td>3학년</td><td colspan="2" rowspan="3">대학교</td><td>대학4</td></tr>
<tr><td>19</td><td>2학년</td><td>대학3</td></tr>
<tr><td>18</td><td>1학년</td><td>대학2</td></tr>
<tr><td>17</td><td>13학년</td><td rowspan="2">대입준비 칼리지 (Sixth-form college)</td><td rowspan="7">대입준비 중등학교</td><td rowspan="2">KS5</td><td rowspan="2">A-Level(대학준비)</td><td>대학1</td></tr>
<tr><td>16</td><td>12학년</td><td>고3</td></tr>
<tr><td rowspan="11">의무교육 11년 (만 5~15세)</td><td>15</td><td>11학년</td><td rowspan="5">중등학교</td><td rowspan="2">KS4</td><td rowspan="2">GCSE</td><td>고2</td></tr>
<tr><td>14</td><td>10학년</td><td>고1</td></tr>
<tr><td>13</td><td>9학년</td><td rowspan="3">KS3</td><td rowspan="3"></td><td>중3</td></tr>
<tr><td>12</td><td>8학년</td><td>중2</td></tr>
<tr><td>11</td><td>7학년</td><td>중1</td></tr>
<tr><td>10</td><td>6학년</td><td rowspan="6">초등학교</td><td rowspan="4">초등학교</td><td rowspan="4">KS2</td><td rowspan="4">영어, 수학, 과학</td><td>초6</td></tr>
<tr><td>9</td><td>5학년</td><td>초5</td></tr>
<tr><td>8</td><td>4학년</td><td>초4</td></tr>
<tr><td>7</td><td>3학년</td><td>초3</td></tr>
<tr><td>6</td><td>2학년</td><td rowspan="3">유아학교</td><td rowspan="2">KS1</td><td rowspan="2">영어, 수학</td><td>초2</td></tr>
<tr><td>5</td><td>1학년</td><td>초1</td></tr>
<tr><td></td><td>4</td><td></td><td>유치원</td><td rowspan="2">EYFS</td><td></td><td rowspan="2">유치원</td></tr>
<tr><td></td><td>3</td><td></td><td colspan="2">유아원</td><td></td></tr>
</table>

의무교육기간은 초등 6년과 중등 5년으로 총 11년이고, 초등학교 취학 연령은 9월 1일자를 기준으로 해서 만 5세이다. 초, 중등 학교 단계에 Key Stage라고 불리는 단계를 설정하여 이에 근거한 교육과정이 운영되며, 각 단계가 완료되는 시점에 국가수준의 학업성취도 평가를 실시한다. 초등학교는 Key Stage 1(1학년과 2학년)과 2(3~6학년)로 나눠지고, 중등학교는 Key Stage 3(7~9학년)과 Key Stage 4(10~11학년)로 구분된다.

# Ⅱ 영국 유아교육의 역사 및 행·재정 체제

## 1 영국 유아교육의 역사적 배경

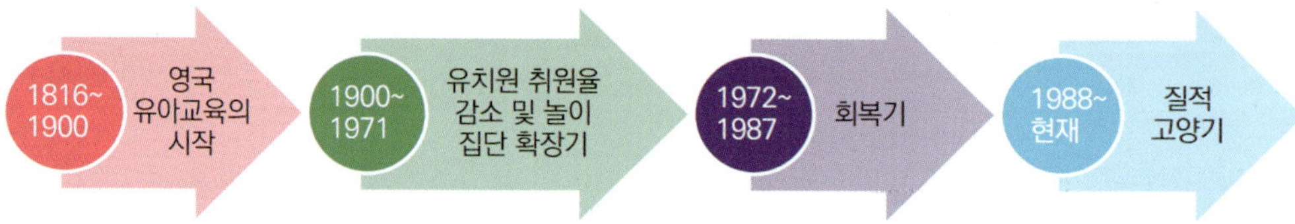


### 가 영국 유아교육의 시작(1816~1900)

- 1816년, 로버트 오웬(Robert Owen, 1771~1858)은 스코틀랜드에서 자신이 운영하던 방직공장 노동자들의 만 2~6세 유아 자녀를 위해 성격형성학원(New Institution for Formation of Character)과 유아원(Infant School)을 세웠다.
- 1851년, 독일인 룽게가 영국 최초의 유치원을 세웠다. 프뢰벨 이론이 그의 유치원을 통하여 소개되기 시작하여 프뢰벨은 영국 초기 유치원에 가장 큰 영향을 주었다.
- 1873년, 공적 재원이 투입된 유아학교가 최초로 샐퍼드(Salford)에 의해 설립되었다.

### 나 유치원 취원율 감소 및 놀이집단의 확장기(1900~1971)

- 제1차, 2차 세계대전 동안에는 공립 보육기관이 확대되었다. 이는 전쟁에 나간 남자 대신 여성이 직장에서 일을 해야 했기 때문이다. 그러나 전쟁이 끝나고 여성들은 가정으로 돌아가고, 대부분의 보육원은 문을 닫았다(나정, 장영숙, 2002b).
- 1945년, 정부는 특수한 상황을 제외하고는 보육시설에서 아동 양육을 담당하는 것을 금지하여 유아교육 기관의 확장을 제한하였다. 그러나 취업모의 증가, 자녀 수의 감소로 인하여 질 높은 유아교육에 대한 요구들이 점차 증가하게 되었고, 부모들의 요구와 유치원 수의 불균형은 놀이집단의 활성화로 이어졌다.

### 다 회복기(1972~1987)

- 1972년, 영국 정부는 「교육: 확장을 위한 기본 틀(Education: A Framework for Expansion)」 백서를 발표하며 유아교육 억제책을 중단하고 유아교육의 확대를 결정하였다. 1982년까지 모든 만 5세 어린이들을 무상으로 교육하고, 유아들의 취원율을 끌어올리며, 빈곤 가정의 유아들에게 우선적인 교육 기회를 제공하도록 하였다.

### 라 질적 고양기(1988~현재)

- 1988년 이후, 교육개혁을 국가 정책의 최우선에 두고 여러 개혁 정책을 추진하고 있다.
- 1997년, 블레어 총리는 「학교교육의 수월성」 교육백서를 발표하고, 2002년까지 모든 유아들에게 수준 높은 조기교육의 기회를 제공하고 우수한 유아교육을 실천하기 위하여 유아교육센터를 설치하는 방안을 추진하였다.
- 1997년, 저소득층 유아들을 위한 'Sure Start'가 시작되었고, 1999년, '유아교육과 보육을 위한 정책'을 발표하여 유아교육의 질적인 성장을 추구하고 있다.

## 2 영국 유아교육학자

### 가 로버트 오웬(Robert Owen, 1771~1858)

- 영국의 근대교육사상가 및 실천가
- 1816년, 노동자 자녀의 교육을 위해 성격형성학원 및 유아학교를 설립하였다.
  - 당시 영국에서는 아동의 취업연령을 일반적으로 만 6~7세로 하고 있었으나 오웬은 만 10세 이상으로 하고 그 이하의 아동을 공장의 부속학교에 입학시켜 자선교육 실시하였다.

–유아학교(만 6세 이하), 초등학교(만 6~10세), 야간학교(만 10~25세)

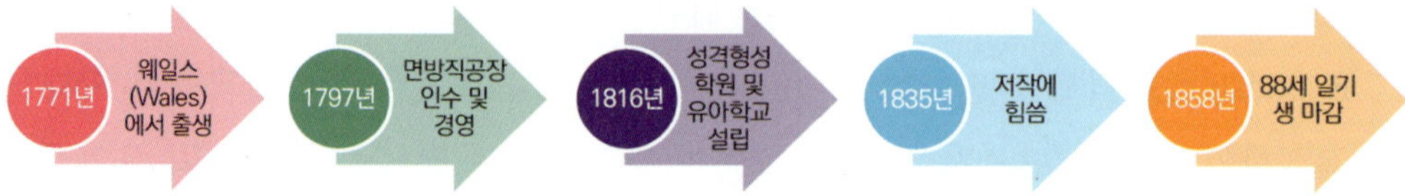


- 성격형성학교의 교육목적: 빈곤한 노동자의 자제들을 좀 더 양호한 환경에서 합리적으로 사고하고 행동하도록 훈련함으로써 일생 동안 실용적인 지식이 지속되도록 가르치는 것이다.
- 교육방법: 엄격주의를 배제한 자유주의적 교육, 서적 중심주의 교육이 아닌 실물 또는 직관 교육, 실내교육을 배제한 야외교육과 주입식 교육 및 처벌교육의 배제 등이다.
- 교육사상: 사람의 성격은 자연적 자질과 환경에서 받는 후천적 영향과의 상호작용에 의하여 형성됨. 즉 인간의 성격형성은 선천적으로 타고난 소질과 외적 조건의 종합적 소산이다.
- 유아기부터 바람직한 성격형성을 위한 교육과 훈련의 필요성을 인식하였다.

> "우리가 해야만 하는 일은 아동들에게 그들이 소유해야만 하는 유익한 성질과 습관에 적절한, 즉 정확하게 알맞은 환경을 제공하는 것이다. 그러면 그 아동은 의도했던 대로의 성질과 습관을 지니게 될 것이다. 그 아동을 둘러싼 저항할 수 없는 좋은 본보기의 힘에 의해서 그 아동의 악한 성향이 완전히 억압되거나 혹은 악한 성향이 해를 주지 못하는 무해한 것으로 변모될 것이다."

## 3 영국 유아교육의 체제

### 가 관련 법규

영국에서 유아교육 체제를 규정하기 위해 제정된 관련 법규와 내용을 살펴보면 다음 표와 같다.

| | |
|---|---|
| 1870년 초등교육법<br>(The Forster Act) | • 국가가 초등학교를 설립하고 법에 의하여 교육제도를 관리하는 권한을 행사하게 됨(이규환, 2010)<br>• 초등교육 제공을 위하여 전국을 수천의 학교 구(district)로 나누고 각 구에 학교위원회를 설치하였으며, 사립학교가 존재하지 않는 지역에 공립학교를 설치하게 됨<br>• 취학 연령을 만 5세로 규정함 |
| 1944년 교육법<br>(The Butler Act) | • 국가에 의한 교육지배가 결정적으로 확립됨<br>• 모든 교육 관련 법안은 이 법에 의하여 현대적인 교육 체계를 갖추게 됨<br>–초등학교가 중등학교에 연결되는 국민교육제도 확립<br>–중앙정부 교육 담당기관을 교육부로 대체함<br>–만 5~15세 학생에 대한 무료 의무교육제도 확립<br>• 유아교육을 공교육 체제 범위 안에 포함시켜 유아학교의 이론적 근거를 제공함 |
| 1989년 아동법 | • 유아교육을 필요로 하는 어린이를 위한 서비스 제공의 책임이 지방 교육 당국에 있음을 공포함 |
| 1996년 교육법 | • 법적으로 교육체제를 규정함 |

## 나 행 · 재정 체제

영국의 유아교육 행정 및 재정 체제를 정리하면 다음 표와 같다.

| | |
|---|---|
| 중앙 행정 조직 | • 1944년, 교육부(DfE: Department for Education) 설치<br>–유아교육을 포함한 모든 교육 총괄 및 책임<br>–교육의 최저 기준을 정함<br>–지방 교육 당국에 재정을 지원함<br>–시설과 교원 수급 관리<br>–교육의 질을 높이기 위한 교사 재교육 계획<br>• 교육부에서는 유아교육의 발전과 확대를 위해 유아발달과 보호 협력체(EYDCP)를 설립하였으며, 지역교육청에 재정을 지원함 |
| 지방 행정 조직 | • 지방교육행정은 지역교육청(LEA: Local Education Authorities)에서 담당<br>• 지방 단위의 교육정책은 대체로 지방의회 소속의 교육위원회에서 결정되며, 집행은 직업공무원으로 구성된 교육사무처에서 담당<br>• 영국은 철저한 지방 분권화에 따라 지방교육청이 상당히 독자적인 자율권을 가지고 정책 결정과 업무를 집행함<br>• 만 3~4세 유아를 위한 유아학교와 유아학급을 관장하며, 학교의 설립, 시설 및 설비 지원, 교사 임용과 해임 등에 관한 권한을 가짐 |

| | |
|---|---|
| 학교운영위원회 | • 학교운영위원회는 모든 학교에 의무적으로 설치되어 있으며, 위원은 학부모, 교사와 지역사회인사로 구성되어 있음<br>• 영국의 학교는 학교운영위원회에 대폭적인 학교 운영권을 위임하여 학교 운영과 관련한 중요한 정책사항을 결정할 수 있는 권한을 부여하고 있음 |
| 교육부 산하기관 | • 정부가 수행하는 기능을 담당하면서도 공무원으로 구성되지 않은 민간 형태의 정부조직이 있음<br>• 크게 NDPB(Non-Departmental Public Bodies)와 NMGD(Non-Ministerial Government Department)로 구분됨. 교육부(DfE)의 NDPB로는 자격교육과정개발원(QCDA: Qualification and Curriculum Development Agency), 교원개발원(TDA: Training and Development Agency)과 대학질관리청(QAA: Quality Assurance Authority for Higher Education) 등이 있고, NMGD로는 교육기준청(Ofsted: Office for Standards in Education)이 있다. 교육기준청에서는 매 6년마다 공립기관에 대해 장학을 실시하고, 재정지원을 받는 사립기관도 포함함 |

### 다 유아교육 지원 정책

• 여성의 경제활동 참가율을 높이기 위한 사회적 지원보다는 자녀를 가족 안에서 키워야 한다는 전통적 성향이 강하고 가정 내 아동을 돌보는 일에 대한 보상으로서 현금지원 정책의 가족수당이 잘 발달되어 있다.

• 보편적 아동수당제도가 활성화되어 부모 소득과 재산 등에 상관없이 만 16세 미만의 아동에게 수당을 지급하고, 중산층 가정을 돕기 위한 세액 공제가 발달되어 있다.

• 무엇보다 영국에서는 비공식 보육을 인정하고, 조부모나 친인척이 자녀를 돌볼 경우도 이를 인정하여 지원한다(강경희, 전홍주, 2013).

## 4 유아교육기관의 유형 및 현황

### 가 유아교육기관의 유형

• 만 5세부터 의무교육이 시작되므로 유아교육은 5세 이전의 교육과 5세 이후의 교육으로 나눌 수 있고, 유아교육기관은 다음과 같이 분류할 수 있다.

〈유아교육기관〉

| 명 칭 | 운영 주체 | 운영 형태 및 특징 |
|---|---|---|
| 유아원*<br>(Nursery School) | 지역교육청<br>(LEA) | • 정부의 재정지원<br>• 만 3~4세 유아교육 담당 |
| 유아학급*<br>(Nursery Class) | 지역교육청<br>(LEA) | • 정부의 재정지원<br>• 초등학교와 유아학교(infant school)의 한 부분으로 운영<br>• 만 3~4세 유아교육 담당 |
| 유아반<br>(Early Years Unit) | 지역교육청<br>(LEA) | • 정부의 재정지원<br>• 만 3~4세 유아교육 담당<br>• 학기 중에만 운영<br>• 종일제 또는 시간제<br>• 무상 |
| 초등예비반<br>(Reception Class or Class R) | 잉글랜드, 웨일스, 북아일랜드의 지역교육청(LEA) | • 만 4~5세 유아교육 담당<br>• 학기 중에만 운영<br>• 오전 9시~오후 3시 30분까지의 종일반<br>• 무상 |
| 유아학교 / 놀이학교**<br>(Pre-School / Play-group) | 지역 또는 자율단체 / 부모 / 사설기관 | • 만 3~5세 유아 대상<br>• 성인 대 유아의 비율은 1:8 |
| 사립 유아원<br>(Private Nursery School) | 개인기업 / 재단 | • 만 3~5세 유아 대상<br>• 시간제 또는 종일제로 제공 |
| 독립학교<br>(Independent School) | 개인기업 / 재단 | • 학기 중에만 운영<br>• 만 3~5세 유아 대상<br>• 시간제 또는 종일제로 제공 |
| 사립 주간 유아원***<br>(Private Day Nursery) | 고용주 / 개인기업 | • 만 3~5세 유아 대상<br>• 시간제 또는 종일제로 제공<br>• 연중 운영<br>• 오전 8시~오후 6시, 그 이후까지 연장 운영 |

* Nursery School/Class(유아원과 유아학급)

- 공교육체제에 포함되어 무상으로 교육이 이루어지지만 의무교육은 아니다.
- 하루에 6시간 정도 운영되나 실제로 잉글랜드와 웨일스에서 대부분의 어린이들(88%)이 오전 3시간 정도만 다닌다.
- 정교사 자격증을 가진 교사들이 교육하며 교사 대 아동의 비율은 1:10에서 1:13 정도이다.
- 전인발달에 초점을 둔 교육, 사회성과 인지 발달을 강조하고 있으며, 학습의 주된 도구는 놀이이며 정해진 교육과정은 존재하지 않는다.

** Play-group(놀이학교)

- 정식 유치원은 아니나 중앙정부에서 지원하는 시설이 부족하기 때문에 전체 유아교육체제에서 상당히

중요한 역할을 담당하고 있다.
- 일주일에 2~3일에 걸쳐 총 10시간 정도 운영한다. 교사는 교직 경력이 있는 부모들이 담당하기는 하지만 그 자격에 제한은 없다.

*** Private Day Nursery(사립 주간유아원)
- 부모들이 등록금을 부담하며 그 액수는 기관에 따라 다양하다.
- 사립기관에 대한 요구가 매우 높아져 1980년대 중반부터 1990년대 중반까지 500% 증가하였다.
- 교사에게 교사 자격증은 필수적으로 요구되는 조건은 아니다.

〈영 · 유아보육기관〉

보육기관의 비용은 보통 부모가 부담한다.

| 명 칭 | 운영 주체 | 운영 형태 및 특징 |
|---|---|---|
| 사립 주간 유아원 (Private Day Nursery) | 고용주 / 개인기업 | • 만 0~5세 유아 대상<br>• 시간제 또는 종일제로 제공, 연중 운영<br>• 오전 8시~오후 6시나 그 이후까지 연장제로 운영 |
| 지역 유아원 (Local Authority Day Nursery) | 지역사회 사업부(SSD) | • 만 0~5세 유아 대상<br>• 종일제 또는 시간제로 운영<br>• 아동과 성인의 비율은 연령에 따라 다양 |
| 가정 탁아모 (Childminder) | 개인 | • 자신의 자녀를 포함하여 만 5세 이하 유아 대상<br>• 부모들은 시간제로 비용을 지불<br>• 지역 사회사업부에 등록, 감사를 받음 |
| 유모 (Nanny) | 개인 | • 돌볼 유아의 가정에서 종일제 또는 시간제로 돌봄<br>• 지역 사회사업부에서 관할 |
| 친구 / 이웃 / 친척 (Friend / Neighbour / Relative) | 개인 | • 형식과 규제에 구애받지 않는 보호 형태<br>• 자신의 집 또는 유아의 집에서 돌봄<br>• 2시간 이상 보수를 받고 일하면 보육사로 등록을 함 |
| 부모와 토들러 집단 (Parents and Toddler Group) | 자원기관 | • 지역 센터에서 운영<br>• 비형식적 집단으로 부모가 유아와 함께 참여 |
| 학교일과 전후 활동 (Before / After School Club) | 지역교육청(LEA) | • 만 3세 이상의 유아 대상<br>• 학교일과 전후, 학교 구내나 사립 보호시설에서 제공<br>• 시간제 보호 형태 |
| 휴일 활동 (Holiday Club) | 지역교육청(LEA) | • 만 3세 이상의 유아 대상<br>• 휴일에 학교나 지역 보호시설에서 제공 |
| 교육과 보호 통합기관 (Combined Education and Child Care) | 지역교육청(LEA)과 사회사업부(SSD) | • 한 장소에서 교육과 보호를 통합하여 제공<br>• 지역의 교육 · 사회사업부에서 함께 재원을 제공하고 규제함<br>• 증가 추세 |

| | | |
|---|---|---|
| 통합 보육원 / 가족 센터 (Combined Nursery / Family Centre) | 지역교육청(LEA)과 사회사업부(SSD) | • 출생에서 만 5세까지의 유아 대상<br>• 교육과 보호를 제공<br>• 성인교육, 훈련 및 상담도 제공 |
| 조기 수월성 센터 (Early Excellence Centre) | 지역교육청(LEA)과 사회사업부(SSD) | • 만 0~5세 유아 및 그 가족 대상<br>• 유아교육과 보호 통합 제공<br>• 만 0~5세 유아에게는 연중 연장제 보호 제공<br>• 만 3~5세 유아에게는 학기 중에 유아교육 장소 제공<br>• 교육특구 내에 있음 |

## 나 유아교육 현황

• 유아교육 · 보육기관은 2013년 기준으로 영국에는 총 139,650개가 있으며, 이 중 보육시설은 122,850개, 유아학교 및 초등학교 내 학급인 유아교육기관은 16,800개이다.

• 시간제 보육시설의 수는 2006년부터 꾸준히 감소하고 있는데 시간제보다는 종일제에 기반을 둔 프로그램을 제공하는 기관 중심 보육을 선호하는 비율이 증가하고 있음을 보여준다(장혜진, 2014).

• 연령별 유아교육 · 보육기관 이용 영 · 유아 비율은 다음 도표와 같다.

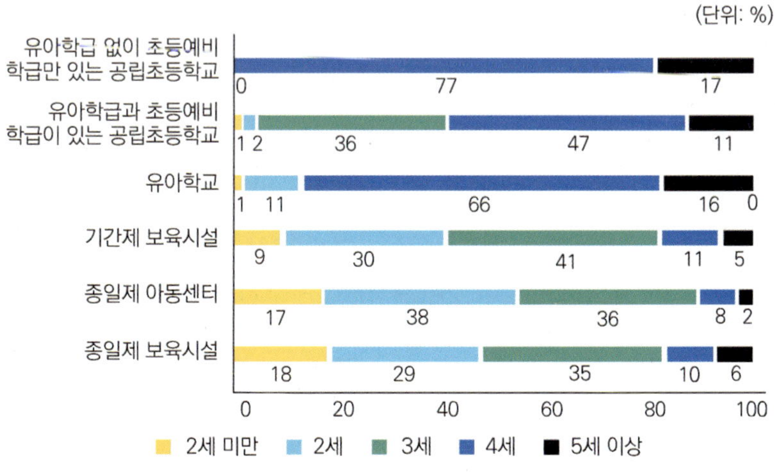


출처: Department of Education(2014). Childcare and Early Years Providers Survey 2013. p. 214-215 내용을 참고로 재구성함

## 5 교원 제도

### 가 ECEC(Early Childhood Education and Care) 교사지위(EYTS) 취득 과정

영국의 공립유아원, 공립초등학교의 유아학급, 초등 예비반에서 담임을 맡으려면, 초중등교사양성과정(Initial Teacher Training, ITT)을 마치고 난 다음, 교사자격 지위(Qualified Teacher Status, QTS)를 취득해야 한다. 그러나 영국 교육부는 QTS 취득 과정 외에 6수준의 ECEC 교사지위(Early Years Teacher Status, EYTS) 취득을 위한 별도 과정인 ECEC 신규교사양성과정(Early Years Initial Teacher Training, EYITT)을 제공하고 있다. EYITT는 만 0~5세 영·유아를 위한 보육과 교육을 모두 다루는 전문적 훈련을 제공하여 질 높은 환경과 교사 지원에 필요한 일반적인 기술, 지식, 경험을 지닌 유아교사를 양성하는 과정으로, 이를 성공적으로 이수하면 EYTS를 얻게 되고, 공립학교 외의 다른 모든 유아보육 및 교육기관에서 일할 수 있다.

EYTS는 대학의 학부과정과 대학원 과정을 통해 취득할 수 있는데, 학부과정은 대학에서 영·유아 관련 전공을 하고 취득하는 경로로, 3~4년 정도 소요된다. 또한 대학원 과정을 통한 경로에는 세 가지 유형이 있는데 첫째, 대학원에 등록하여 풀타임으로 1년간 공부하는 과정, 둘째, 유아교육기관에서 1년간 파트타임으로 일하면서, 대학원 과정을 마치는 과정, 셋째, 스쿨 다이렉트(school direct) 과정으로써, 학교나 유아원에서 제공되는 훈련과 동시에 ECEC 과정을 마치면 교사지위를 취득하게 되는데, 교사지위 취득 후 다시 동일한 훈련 기관에 고용되는 방법이다(그림 참조). 이와 더불어 평가만으로 EYTS를 취득할 수 있는 방법도 있는데, 이는 만 0~5세 영·유아와 일해 본 경험을 가지고 있으며, 더 이상 ECEC 교사지위(EYTS) 취득 경로의 훈련 과정 없이 교사자격 조건을 충족시킬 수 있는 대학원생을 위한 과정이다.

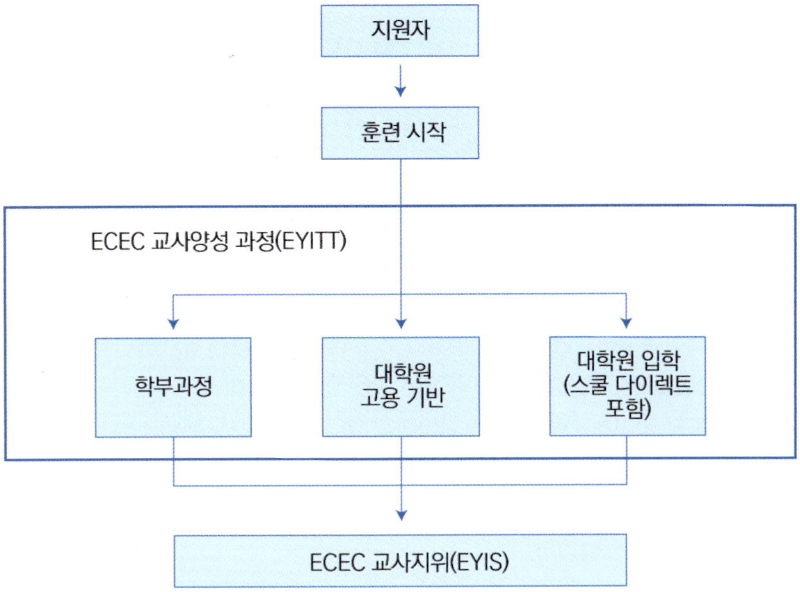


[ECEC 교사지위 취득 과정 (영국 교육부, 2018, p. 14)]

## 나 ECEC 교원 현직교육 제도 및 현황

영국의 ECEC 기관 대부분이 사립이나 자율 및 독립 기관이어서 정해진 승진구조가 없다. 따라서 모든 교사는 승급을 위한 교육보다 자신의 전문성을 지속적으로 개발해야 하는 의무를 가진다. 교사가 스스로 새로운 기술을 습득하고 자신을 발전시키는 과정을 통해 직업에 대한 만족감과 더불어 보육 및 교육 서비스의 질 또한 향상되기 때문에 영국 교육부는 모든 교사가 이 과정에 참여할 수 있도록 지원하고 있다. 하지만 규모가 작은 기관에서는 이를 실행하는 데 어려움이 있고, 지방 정부의 재정 지원도 삭감, 내지 중단되어 온 실정이다. 대부분 교사가 근무하고 있는 기관에서 정규적인 훈련이 이루어지도록 하고 있으며, 교육부에서는 온라인 포털을 개발하여 교사가 효율적으로 전문성을 개발할 수 있도록 모듈을 제공할 예정이라고 밝혔다.

# Ⅲ 영국 유아교육과정 및 유아교육 프로그램

## 1 영국 유아교육과정

아동보육법에 근거하여 2007년에 영·유아기 기초단계 교육과정 EYFS(The Early Years Foundation Stage)를 개발하였다. EYFS는 모든 만 5세 이하 아동이 교육과 보육이 통합된 서비스에 좀 더 쉽게 접근하도록 자격과 교육과정 관리국에 의해 개발되었으며, 표준교육청에 등록된 유아교육기관에서 의무적으로 시행되고 있다.

### 가 목적

안전, 건강, 즐거움과 성취, 긍정적인 기여, 경제적인 안정의 다섯 가지 성과를 달성하도록 돕는 것이다.

### 나 기본 원리

영국 유아교육과정의 기본 원리는 다음 표와 같다.

| | |
|---|---|
| 아동의 고유성<br>(A Unique Child) | • 출생 때부터 아동이 유능한 학습자라고 인식한다.<br>• 아동은 탄력성이 있고 능력이 있으며 자신감 있는 존재이다.<br>• 아동의 고유성에는 아동발달, 포괄적인 실제, 안전, 건강과 안녕이 포함된다. |
| 긍정적 관계<br>(Positive Relationships) | • 아동은 부모 등 중요한 사람과의 안정되며 애정 어린 관계로부터 독립적이며 강인해진다.<br>• 긍정적 관계에는 상호존중, 양육자로서의 부모, 학습지지, 중요인물이 포함된다. |
| 학습 촉진 환경<br>(Enabling Environment) | • 교육환경은 아동의 발달과 학습을 지지하고 확장시키는 데 중요한 역할을 수행한다.<br>• 학습 촉진 환경으로는 관찰, 평가와 계획, 모든 아동지지, 학습 환경, |

| | |
|---|---|
| | 폭넓은 맥락이 포함된다. |
| 학습과 발달<br>(Learning and Development) | • 아동은 다른 방식으로, 다른 속도로 배우고 발달하며, 학습과 발달의 모든 영역은 똑같이 중요하며 서로 관련이 있다.<br>• 아동은 여러 가지 방식으로, 그리고 각자 개별적인 속도로 발달하고 학습한다.<br>• 학습과 발달에는 놀이와 탐구, 활동적인 학습, 창의성과 비판적 사고, 학습과 발달 영역이 포함된다. |

## 2 영국 유아교육 프로그램

### 가 EYFS(Early Years Foundation Stage)

#### ① EYFS 구성 요소

• 아동보육법(Childcare Act, 2006)에 근거하여 학습목표, 교육프로그램, 평가계획의 세 요소로 구성되어 있다.

• 학습목표는 아동이 만 5세가 되는 해에 습득해야 하는 지식, 기술, 이해이며, 교육프로그램은 아동이 배워야 하는 내용, 기술, 과정이다. 또한 평가계획은 아동의 특정한 성취를 평가하기 위한 계획과 준비이다.

#### ② EYFS 교육과정 체제

• EYFS는 교육 프로그램을 제시하고 그에 따른 학습목표와 각 영역이 유아에게 의미하는 바는 무엇인지, 환경이 학습과 발달의 영역에 어떻게 효과적으로 도움을 주는지에 대한 설명을 통해 교육내용을 구체적으로 안내하고 있다.

#### ③ EYFS 영역

• EYFS는 개인적・사회적・정서적 발달, 의사소통, 언어와 문해, 문제해결, 추론과 수, 세계에 대한 지식과 이해, 신체발달, 창의성 발달 등 6개 학습 영역으로 조직되어 있다.

| 영역 | 내용 |
|---|---|
| 개인적 · 사회적 · 정서적 발달 | • 영 · 유아가 스스로 긍정적인 느낌을 갖고 자아개념을 발달시키도록 돕는다.<br>• 영 · 유아의 개인적, 사회적, 정서적 발달을 효과적으로 이뤄나가도록 최상의 기회를 제공하고, 긍정적인 역할 모델을 보여주며 영 · 유아를 격려한다(김진경, 2011). |
| 의사소통, 언어와 문해 | • 다양한 목적을 위한 쓰기, 단순한 교과서 정도의 책 읽기, 다른 상황에서 듣고 말하는 학습을 포함한 학습영역이다.<br>• 영 · 유아에게 다양한 기회를 제공하여 영 · 유아들의 의사소통, 언어와 문해 능력을 효과적으로 발달시키며, 언어발달에 특별한 어려움은 없는지 조기 판별한다. |
| 문제해결, 추론과 수 | • 핵심 기술을 배우고 사용할 때 자신감과 유능감을 고취시킨다.<br>• 수 세기, 분류, 연결, 모양 찾기, 연결하기, 관련성 인식과 수, 모양, 공간과 측정에 대한 할동 등이 포함된다.<br>• 동화, 노래, 게임과 상상놀이와 같은 활동을 통해 영 · 유아들이 즐기면서 배우도록 하고, 영 · 유아들의 학습을 관찰하고 평가하여 연계된 다음 단계를 계획하고 실시한다. |
| 세계에 대한 지식과 이해 | • 자연에 대한 학습에서 지식, 기술, 능력을 발달시킬 수 있다.<br>• 과학, 디자인, 기술, 역사, 지리, 정보통신기술 영역과 관련된 기초지식을 제공한다.<br>• 영 · 유아는 직접 경험을 통해 탐구, 관찰, 문제해결, 예측, 비판적 사고 등을 하며, 성, 종족, 언어, 종교와 문화, 장애와 같은 문제들을 탐색하고 해결하는 기회를 갖는다. |
| 신체발달 | • 협응, 조절, 조작과 동작에 대한 기술을 향상시킨다. 영 · 유아의 신체발달을 효과적으로 촉진하기 위해서 적절한 도전활동을 제공하고, 활동실행을 위한 충분한 실내외 공간을 제공한다. 또한 영 · 유아가 교재, 교구를 충분히 활용할 수 있는 시간적 여유를 주며, 필요하다면 개별적으로 지원해주고 독립성을 증가시키도록 격려한다. 장애아에게는 물리치료사와 직업적 치료사가 함께 활동할 수 있도록 한다. |
| 창의성 발달 | • 창의성 발달을 위한 환경과 활동을 조성하고, 미술, 음악, 무용, 역할극과 상상놀이와 같은 다양한 표현 활동을 통해 자신의 생각을 표현하는 기회를 제공한다. |

• 이 여섯 가지 영역은 다른 영역과 독립적으로 분리되어 이수될 수 없으며, 모든 요소가 동일하게 중요하며 아동의 발달을 위해서는 영역 간에 서로 지지를 해야 한다. 이 모든 영역은 미리 계획되고 의도적이며 성인이 주도하는 것과 아동이 먼저 시작하는 것이 균형을 이룰 때에 성공적으로 이루어진다.

## 나 슈어 스타트(Sure Start)

### ① 개요

- 아동정부 주도하에 아동빈곤과 사회적 배제를 퇴치하는 대표적인 정책으로, 1998년 4세 미만의 아동과 부모에게 양질의 보육, 아동보호, 놀이, 산전 및 기타 의료 서비스를 제공하기 위해 시작되었다.
- 빈곤층으로 열악한 환경에서 자라는 아동이 인생을 어려서부터 확실하게(Sure) 출발하도록(Start) 돕는다는 의미를 갖는다(김미숙, 배화옥, 2006).
- 유아교육에 주력함으로써 빈곤층의 아동이 열악한 환경을 극복하고 학교 중퇴, 비행 및 일탈, 실업, 10대 임신과 같은 문제를 예방하여 성인이 되어서 더 나은 삶을 살 수 있도록 한다.

### ② 목적

- '양질의 통합적 서비스'를 제공하여 궁극적으로 모든 영·유아에게 가정적 배경과는 무관하게 최상의 인생 출발을 하도록 하는 것이다.
- 영·유아와 가족의 건강과 안녕을 증진시킨다는 취지 아래 영·유아의 사회 정서, 건강, 학습능력을 발달시키고 가족과 지역사회 능력을 강화시킨다는 데 근본 목표가 있다. 또한 지역사회에 적합한 지방 프로그램을 통해 영·유아 무상교육과 양질의 보육 제공, 가족지원을 주 업무로 하고 있다.

### ③ 전달체계 및 재정 지원

- 아동과 관련된 11개의 정부부처들이 합동으로 운영위원회를 구성하여 서비스를 담당하고 있다.
- 운영위원회 위원장직은 보건부 장관이 맡고 있고, 교육노동부(교육기술부)에 새로운 기구가 추가로 설치되었다. 지방정부는 모든 가족에게 센터를 홍보하도록 하고 있다. 센터는 지역에 사는 가족들이 자녀를 유모차에 태워서 이동이 가능한 근접한 거리에 위치하도록 권장한다.

④ 서비스 수혜 대상

- 처음에는 만 5세 미만 아동, 특히 저소득층으로서 사회적 지원으로부터 배제된 아동 및 가족을 주요 대상으로 하고 있었는데 점차 늘려서 현재는 청소년(만 16세)까지 포함하고 있다.
- 영국에서는 이 프로그램의 운영을 지역 단위로 하고, 보편적인 서비스로 확대하여 서비스 대상이 낙인을 갖게 되는 것을 최대한 방지하고 있고, 청소년의 취업, 미혼모 지원, 빈곤 아동의 부모 직업훈련 및 취업 지원 등 다양한 지원을 펴가고 있다.

⑤ 서비스 내용

- 보육, 조기교육, 건강, 가족지원 서비스 등이 포함된 통합 서비스를 제공한다.
- 센터들은 서로 연계하여 정보를 주고받고 부모나 보육사를 지원하며, 보건 서비스, 가족지원, 취약가족에 대한 취업 지원 등의 서비스를 제공하고 있다.

⑥ 프로그램 수행기관

- 전적으로 지방자치단체, Primary Care Trust(PCT), 자발적 기관을 중심으로 운영된다. 즉 모든 지역에서 프로그램은 다양한 기구와 입법기구, 자발적 기관이 합동으로 사업을 운영하면서 17개 이상의 다양한 유형의 서비스를 제공하고 있다.
- 각 지역에 Sure Start Children's Centre를 설치하여 이 기구를 중심으로 아동에게 필요한 서비스를 제공한다. 아울러 센터를 통해서 '모든 아동이 중요하다(Every Child Matters: 안전, 건강, 즐거움, 경제적 풍요를 주요 목표로 함)'라는 프로그램을 실행하여 아동의 생활을 개선하는 데 역점을 두고 있다.

**읽을거리**

### 영국의 슈어 스타트 아동센터(Sure Start Children's Center)에 대한 한국 어머니의 인식

영국 내에서 유아를 키우는 한국 어머니들은 지역 사회 내에 쉽게 접할 수 있는 다양한 유아교육 환경, 그중에 특히 종합적인 아동 및 가족을 위한 서비스를 한곳에서 제공받을 수 있다는 점에서 이를 긍정적으로 인식하고 있었다. 센터의 가장 큰 장점으로 조기 교육 서비스 및 지역 내 정보 교환, 다문화 가족과의 만남을 언급하였다. 한국 어머니들은 아동센터가 종합적인 서비스를 제공하는 기관임에도 자녀를 위한 조기교육 프로그램에만 참석하는 것으로 나타났다. 이러한 제한된 서비스 이용의 원인으로, 문화와 언어적 제약에 따른 사회성의 결여, 서비스 정보 제공 부족, 거리 및 서비스 이용시간 등의 물리적 제약 등이 제기되었다.

서비스 한계를 극복하기 위한 방법으로, 본 연구에서는 '적극적 지원 활동자(outreach worker)'의 고용과 '부모 홍보대사(parent ambassador)'의 임명이 제안되었다. 이와 같은 결과는 우리나라의 육아종합지원센터나 지역 내 아동 서비스기관 운영에 있어서 '부모 임파워먼트(parental empowerment)'와 가족 특성에 맞는 다양한 서비스 제공 측면이 고려되어야 한다는 점을 시사한다. 특히 학부모의 요구와 문화를 고려한 프로그램이 개발되어야 하며, 서비스 장소 확보 측면에서는 건물신축이라는 고정된 틀을 넘어서서 기존 지역서비스 제공자와의 장소 공유방안 모색을 제안한다.

출처: 강지애, 조부경(2015)

# 3 영국 유치원 운영의 실제

## 가 영국 유치원 하루 일과 예시 – The Sue Hedley Nursery School

영국 유치원의 하루 일과를 살펴보면 다음과 같다.

| 시 간 | 계 획 | 활 동 내 용 |
|---|---|---|
| 9:00~9:10 | 등원 | 기관에 등원한 유아 및 학부모를 맞이하고, 유아는 간식을 먹는다. |
| 9:10~9:25 | 이야기 나누기 | 모든 유아와 교사가 모여 노래를 부르고 동시를 읽거나, 서로 새 소식과 이야깃거리를 공유한다. |
| 9:25~9:35 | 계획 | 오늘 어떤 놀이를 할지, 어떻게 놀이할지 선택하고 결정을 내리는데 이때 교사의 도움을 받을 수 있다. |
| 9:35~10:15 | 자유선택활동 | 계획한 것을 토대로 자유롭게 하고 싶은 놀이를 할 수 있다. 교재교구를 탐색해도 되고, 새로운 지식을 습득하며, 생각한 것을 시도해도 된다. |
| 10:15~10:25 | 정리정돈 | 놀이했던 교구, 장난감 등을 제자리에 가져다 놓는다. 이는 유아에게 좋은 학습 경험이 되고 자조기술과 책임감을 발달시킬 뿐 아니라 다른 사람과의 협동심도 키울 수 있다. |
| 10:25~10:40 | 간식 및 회상 | 소그룹으로 나누어 교사와 함께 계획하고 실행한 활동에 대해 이야기를 나눈다. 이를 통해 유아는 의사소통과 언어 및 문해 능력을 발달시킬 수 있다. |
| 10:40~11:00 | 소그룹 활동 | 유아교사가 유아를 위해 계획한 활동을 하는 시간이다. 유아는 소그룹으로 모여 초기학습 목표에 도달하기 위해 필요한 핵심 내용을 학습한다. |
| 11:00~11:30 | 바깥놀이 | 모든 유아가 밖에 나가 실외 학습 환경을 탐색하고, 세상에 대한 지식을 습득한다. 신체를 움직이면서 운동 기술도 발달시킬 수 있다. |
| 11:30~12:00 | 점심 | 점심식사 |
| 12:00~ | 하원/방과 후 | 학부모가 유치원에 유아를 데리러 오면 유아의 하루 일과를 공유한다. |

## 나 일일교육계획안 예시 – Purley Nursery School(2018년 9월 12일)

영국 유치원의 일일교육계획안을 살펴보면 다음과 같다.

| 교육과정 목표<br>새로운 환경에 잘 적응하기 | |
|---|---|
| 글자와 소리<br>이름의 첫 글자와 소리 알아보기<br>확장: 이름의 모든 글자와 성 알기<br>교사의 역할: 유아가 자신의 이름에 들어있는 글자와 소리를 인식할 수 있도록 돕는다.<br>예: 단어카드를 제시한 후 자신의 이름에 들어가 있는 글자를 찾아보게 하고, 이름의 첫 글자와 '글자 주머니'에 있는 글자를 매칭시키도록 한다. | 역할놀이<br>기차역(실외) |
| **주요 영역** | **특정 영역** |
|  개인적, 사회적, 정서적 발달<br>주변 환경을 이용하는 방법 배우기<br><br>교사의 역할: 유아가 앞치마를 입고 제자리에 갖다 놓기, 풀과 주걱을 사용하여 떨어진 것 붙이기, 펜 뚜껑 닫기, 색칠한 것을 건조대 위에 올려놓기, 활동 한 후 도구(예: 가위)를 제자리에 갖다놓기, 바닥에 떨어진 것 줍기 등을 해보도록 한다.<br><br>새로운 환경에 잘 적응하기<br>교사의 역할: 유아가 유치원 일과에 익숙해지고, 담임교사와 다른 선생님 및 또래와의 관계를 구축하며, 점점 더 부모/양육자와 떨어져 지내는 것에 자신감을 가질 수 있도록 한다.<br>재학생: 기존에 다니던 유아가 처음 등원한 유아와 잘 지낼 수 있도록 도와준다. |  문해<br>이야기/노래/동시에 관심 가지기<br><br>교사의 역할: 유아가 이야기/노래/동시를 듣고 참여하도록 한다.<br><br>주요 책 - 아기오리 5마리(5 Little Ducks)<br>자석으로 된 소품을 활용하여 이야기를 들려준다.<br><br>주요 노래 - 숫자 5를 포함하는 노래<br>예: 아기 원숭이 5마리(5 Little monkeys), 건포도 빵 5개(5 currant buns) 등 |
|  신체 발달<br>안전하게 올라가기<br><br>교사의 역할: 유아가 안전하게 올라가는 방법을 이해하도록 돕는다. |  수<br>한 기준에 맞춰 분류하고 일치시키기<br>5가지 물체를 세어보기(확장: 10)<br><br>교사의 역할: 유아가 다양한 재료를 색상, 유형 |

예: 치마나 정장을 입고 올라가지 않기, 장난감 들고 올라가지 않기, 양손으로 잡고 올라가기, 차례 기다리기 등. 연령이 어린 유아는 좀 더 작은 놀이기구에 올라타면서 자신감을 키우도록 해준다.

및 크기별로 분류해보도록 한다. 놀이 도중, 활동이 끝난 후, 기회가 있을 때 등.
유아가 놀이를 하며 사물의 수를 세어보도록 한다.
예: 찬장에 있는 그릇 개수, 색깔점토로 만든 케이크 개수 등

<u>의사소통 및 언어 발달</u>
간단한 지시 사항에 반응하기

교사의 역할: 유아가 간단한 요구 사항을 이해하고 따르도록 안내하고 도와준다.
예: 장난감 정리정돈, 앞치마 입기, 자전거 주차구역에 자전거 주차하기, 안전구역에서 자전거 타지 않기 등
확장: 2~3개 정도의 요구 사항과 지시에 따르도록 해본다.

<u>세상에 대한 이해</u>
환경을 탐색하고 주위 인식하기

교사의 역할: 유아가 주위 환경 모습에 대해 알도록 한다.
예: 날씨, 기온, 자연의 변화 등

<u>예술경험</u>
상상놀이에 참여하기

교사의 역할: 유아가 상상력을 발휘하여 이야기를 만들어보도록 한다.

**읽을거리**

### 유치원에서 야외학습은 학업성취도 향상에 효과적!

- 스코틀랜드 지역의 유치원 아동의 향후 학업성취도 향상 및 아동 빈부격차로 인한 학업성취도격차 해소를 위해 이들이 야외에서 보내는 시간이 증가할 예정이다. 빈곤해소를 위한 단체인 인스파이어링 스코틀랜드(Inspiring Scotland)는 초등학교 부속 유치원을 포함하여 학령 전 단계의 야외학습을 장려하기 위한 목적으로 86만 2,550 파운드(약 12억 9,161만 원)의 정부 지원금을 받고 있다. 이러한 움직임은 스코틀랜드 의료관인 캐서린 캘더우드(Catherine Calderwood)의 지지로 이어지고 있는데, 그는 "활발한 야외활동을 하는 아동일수록 인지능력이 발전한다는 연구결과가 늘어나고 있으며, 이는 학업성취도 증진 및 학업격차해소에 기여할 것"이라고 지적하였고, "아동의 야외학습, 운동 및 놀이는 아동의 안녕과 회복력을 개선하는 데 도움이 되고, 신체적 활동을 증진시키며, 아동으로 하여금 호기심과 과학능력을 발전시키는 데 자연을 활용할 수 있게 한다."라고 하였다.
- 이에 대해 스코틀랜드 자치정부의 학령 전 및 보육부의 마리 토드(Maree Todd) 장관은 이를 지원할 재정을 발표하면서 "야외학습은 스코틀랜드 아동의 확실한 미래를 보장하기 위한 것"이라고 강조하였다. 또한, 토드 장관은 "야외학습은 정신적 안녕 및 육체적 건강을 증진시킬 뿐만 아니라 아동의 자신감 및 위기평가 능력 고양에 매우 큰 변화를 가져올 수 있다."라고 첨언하였다.

출처: 국가별 교육동향(2018. 03. 14.). 교육정책네트워크 정보센터.

읽을거리

### 영국 만 1~4세 유아교육기관 식단표 예 – 영국 공공보건기관 권장(HM Government)

| | 아침 | 오전간식 | 점심 | 오후간식 | 차 |
|---|---|---|---|---|---|
| | 유아의 일일 영양소 권장량의 20%를 제공해야 함<br>음료: 물 | 유아의 일일 영양소 권장량의 10%를 제공해야 함 | 유아의 일일 영양소 권장량의 30%를 제공해야 함<br>음료: 물 | 유아의 일일 영양소 권장량의 10%를 제공해야 함 | 유아의 일일 영양소 권장량의 20%를 제공해야 함 |
| 월요일 | 밀로 만든 시리얼과 우유 & 얇게 썬 바나나<br>크럼펫Crumpet(위에 작은 구멍이 있는 동글납작한 빵. 버터와 함께 뜨겁게 해서 먹음)과 스프레드 | 막대기 모양의 빵과 채 썬 모듬 야채 | 태국식 치킨 카레(또는 태국식 두부 카레)와 흰 쌀밥 | 치즈(얇게 썬 것 또는 막대처럼 길게 썬 것)와 슬라이스 된 토마토 | 콩과 토마토, 뇨키(감자 경단을 소스에 넣어 먹는 이탈리아 요리), 빵과 스프레드<br>베이글 반쪽과 스프레드 & 멜론 |
| | | 우유 또는 물 | 제철 과일 샐러드 | 우유 또는 물 | 딸기, 냉동 요거트 |
| 화요일 | 콘플레이크와 우유, 건포도 & 키위 1/4<br>토스트된 흰 식빵과 스프레드 | 토스트된 크럼펫과 스프레드 & 딸기 | 양고기로 만든 무사카(얇게 썬 가지와 다진 고기를 켜켜이 놓고 맨 위에 치즈를 얹은 그리스 요리)와 갈릭 빵 & 샐러드 | 슬라이스된 파인애플 | 참치로 만든 어묵(또는 감자와 렌틸콩으로 만든 어묵), 토마토 렐리시relish 소스 |
| | | 우유 또는 물 | 루바브Rhubarb 타르트 | 우유 또는 물 | 제철 과일 샐러드 |
| 수요일 | 삶은 달걀과 토마토 & 통밀 빵과 스프레드<br>바나나 | 요거트와 슬라이스된 포도 | 돼지고기와 라구ragu 소스(또는 콩과 사과 & 라구 소스), 햇감자, 누에콩, 호박(오이같이 기다랗게 생긴 것) | 으깬 아보카도와 피타 빵(가운데를 갈라서 다른 재료를 넣어서 먹을 수 있는, 길게 둥글넓적한 빵) | 콩과 완두콩을 넣어 만든 파스타 |
| | | 우유 또는 물 | 파인애플에 커스터드 소스를 입혀 뒤집어 놓은 푸딩 | 우유 또는 물 | 복숭아 퓌레로 만든 쌀 푸딩 |
| 목요일 | 밀로 만든 시리얼 바Wheat bisks와 우유 & 산딸기류 열매(베리 종류)<br>과일 반쪽, 빵과 스프레드 | 토스트된 통밀빵과 스프레드, 깍지완두(아주 작은 완두콩 같이 생긴 것으로 껍질째 조리해 먹음) | 연어와 완두콩 리소토(또는 콩과 완두콩 리소토) | 잘게 다진 제철 과일 | 통밀 영국식 머핀, 다양한 토핑이 올라간 피자 |
| | | 우유 또는 물 | 블루베리 스펀지케이크 | 우유 또는 물 | 슬라이스 바나나 |
| 금요일 | 쌀로 만든 바삭한 시리얼과 우유<br>베이글 반쪽과 스프레드 & 멜론 | 얇게 썬 바나나 | 콩과 야채, 소시지, 통밀로 만든 파스타 | 막대 모양으로 썬 오이와 당근, 크래커, 크림치즈 | 빵 껍질이 없는 키슈quiche(달걀, 우유에 고기, 야채, 치즈 등을 섞어 만든 파이의 일종), 감자 샐러드, 채 썬 피망 |
| | | 우유 또는 물 | 플레인 그릭 요거트와 라즈베리 퓌레 | 우유 또는 물 | 슬라이스된 사과와 건포도 |

주의: 마실 수 있는 깨끗한 물이 항상 구비되어 있고 이용 가능해야 함

## [영국 관련 활동안 예시]

### 교수 · 학습 과정안

<table>
<tr><td rowspan="2">생활주제</td><td rowspan="2">세계 여러 나라</td><td rowspan="2">활동명</td><td rowspan="2">축구 월드컵</td><td>활동유형</td><td colspan="2">신체활동</td></tr>
<tr><td>활동형태</td><td colspan="2">대집단</td></tr>
<tr><td>활동목표</td><td colspan="6">• 영국에서 유래된 축구라는 운동에 관심을 가진다.<br>• 간단한 축구 규칙을 알고 친구들과 함께 축구 경기를 해본다.</td></tr>
<tr><td>누리과정 관련요소</td><td colspan="6">• 신체운동 · 건강: 신체 활동에 참여하기-자발적으로 신체 활동에 참여하기<br>• 사회관계: 다른 사람과 더불어 생활하기-친구들과 사이좋게 지내기</td></tr>
<tr><td>활동자료</td><td colspan="6">축구 경기 동영상, 축구 관련 사진, 축구공, 팀 표시용 조끼, 호루라기 등</td></tr>
<tr><td>활동과정</td><td colspan="5">활 동 내 용</td><td>유의점</td></tr>
<tr><td>도 입<br>(10')</td><td colspan="5">■ 동기 유발<br>• 축구 경기 영상을 본다.<br>– 축구 경기를 본 적이 있나요?<br>■ 활동 안내<br>• 오늘의 활동을 안내한다.<br>– 오늘은 친구들과 함께 축구 경기를 해볼 거예요.</td><td></td></tr>
<tr><td>전개<br>(30')</td><td colspan="5">■ 축구에 대해 알기<br>• 축구에 대한 소개를 해준다.<br>–2개의 팀이 하나의 공을 가지고 발로 차거나 머리, 가슴으로 치면서 상대편 골대에 공을 넣는 운동이다.<br>–축구는 한 팀이 11명으로 구성되어 있으며, 그중 1명은 골대 앞을 지키는 골키퍼 역할을 한다.<br>–골키퍼를 제외한 10명의 선수들은 상대팀에게 공을 뺏기지 않고 골을 넣기 위해 서로 공을 주고받는 패스를 잘 해야 한다.<br>• 축구 관련 사진을 보며 이야기를 나눈다.<br>–길쭉하게 네모난 경기장에서 축구를 한다.<br>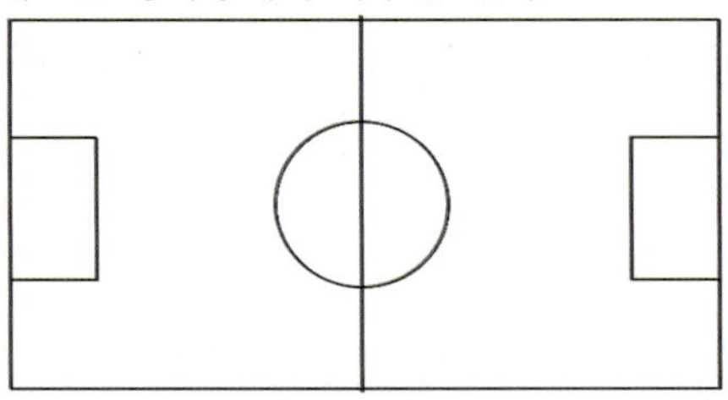<br>–잘 달릴 수 있도록 아래 징이 박힌 신발인 축구화를 신는다.<br>–골키퍼는 골키퍼용 장갑을 끼고 한다.<br>–위아래로 까만 계열의 옷을 입은 심판이 있다.</td><td></td></tr>
</table>

| | | |
|---|---|---|
| | • 축구공을 보여준다.<br>-축구를 할 때 사용하는 공이 어떻게 생겼나요?<br>-만져보니 느낌이 어떤가요?<br><br>• 축구의 유래를 알려준다.<br>-영국이라는 나라에서 전쟁 후부터 공차기 놀이를 했다.<br>-옛날에는 골대가 없이 정해진 선까지 공을 보내면 점수를 인정했다.<br>-풋볼(foot ball)이라고 부르다가 사커(soccer)로 바꾸어 부른다.<br>-4년마다 전 세계인이 참가하는 축구월드컵이 열린다.<br><br>• 축구에 필요한 용어를 안다.<br>-공을 골대에 넣었을 때는 골이 들어갔다고 이야기해요.<br>-축구를 할 때 하는 행동들은 무엇이 있을까요?<br>-슈팅: 골을 넣기 위해 공을 차는 행동<br>-패스: 원하는 곳으로 공을 보내기 위해 다른 선수에게 차는 행동<br>-헤딩: 공중에 있는 공을 머리로 쳐서 다른 곳으로 보내는 행동<br>-태클: 공을 빼앗기 위해 몸을 눕혀 공을 차는 행동<br>-드리블: 공을 뺏기지 않기 위해서나 원하는 곳으로 공을 보내기 위해 허리 높이에서 공을 튀기는 행동<br><br>■ 축구 경기 계획하기<br>• 축구를 하기 위한 계획을 세운다.<br>-어떻게 팀을 나눌까요?<br>-서로 다른 팀을 표시하려면 어떻게 해야 할까요?<br>-안전하고 즐겁게 축구를 하려면 어떤 약속이 필요할까요?<br>-골키퍼는 누가 할까요?<br><br>■ 축구 경기하기<br>• 규칙을 지키며 안전하게 축구를 한다. | |
| 마무리<br>(10') | ■ 평가하기<br>• 오늘의 활동을 평가해본다.<br>-축구를 해보니 어땠나요? | |
| 확장활동 | • 축구 경기한 경험을 그림으로 그려본다. | |

제3장

# 이탈리아(Italy)

## ◉ 콜로세움(Piazza del Colosseum)

로마의 콜로세움은 70년경 베스파시아누스 황제에 의해 건설이 시작되었으며, 80년에 건축이 끝나 100일 축제 기간 동안 그의 아들인 티투스 황제가 개막식을 올렸다. 온천 침전물 대리석으로 건축된 이 커다란 원형 건물은 처음에는 플라비아누스 원형 극장이라는 이름으로 알려졌으며, 이곳에서 열리는 검투사 경기를 보러 찾아드는 5만 명가량의 관객을 수용할 수 있었다.

출처: Cavendish, Matsuura(2009)
주이탈리아대한민국대사관(2018)

## ◉ 이탈리아에 대해 알아볼까요?

| 국가명<br>(공식 명칭) | 이탈리아공화국(La Repubblica Italiana, The Italian Republic) |
|---|---|
| 수도 | 로마 |
| 위치 | 북쪽 알프스산맥을 경계로 프랑스, 스위스, 오스트리아, 슬로베니아와 국경을 맞대고 있음 |
| 면적 | 3,013만 4천 ㏊ 세계 70위(2015 국토교통부, FAO 기준) |
| 민족 | 이탈리아인(북부에 프랑스계, 오스트리아계, 슬라브계 / 남부에 알바니아계, 그리스계 소수 거주) |
| 인구 | 5,921만 6,525명 세계 24위(2019 통계청, UN, 대만통계청 기준) |
| 언어 | 이탈리아어 |
| 종교 | 가톨릭(85.7%), 정교회(2.2%), 이슬람(2%), 개신교(1.2%) |
| 정치체제 | 내각책임제(리그당과 오성운동당 간 연정) |
| 화폐단위 | EUR(유로) |
| 빅맥 지수 | Euro area 4.57$ (Economist, 2019. 07.) |

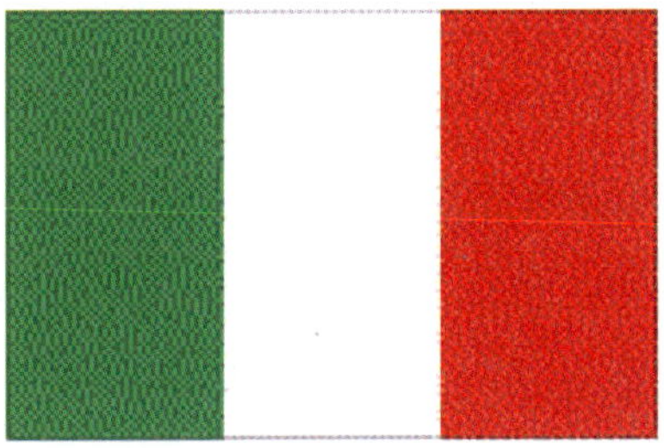

# I 이탈리아의 교육제도

## 1 이탈리아 교육의 일반적 특징

### ① 의무교육제도와 무상교육

이탈리아는 1861년 사르데냐 왕국(Regno di Sardegna)에 의해 통일되어 근대국가로 첫걸음을 내디뎠는데, 최초의 체계적인 교육법은 1859년에 공포한 '카사티 법(Leggi Cassati)'이다. 이것의 골자는 의무교육제와 무상을 원칙으로 하고 있는데 현재에 이르기까지 이탈리아 교육제도의 기초를 이룬 것으로 높이 평가되고 있다.

1922년에 성립한 파시스트 정부는 중앙집권적 교육제도를 확립하는 개혁을 단행했고, 1938년 '보타이 개혁(Riforma Bottai)'으로 학교현장이 정해져 이탈리아의 교육은 파시스트적 성격을 강하게 띠었다.

파시스트 정부의 붕괴와 연합국에 대한 무조건 항복으로 1948년 공화국 헌법이 제정되었고, 이탈리아 공화국으로 발족함에 있어 동 헌법은 신생 이탈리아 교육의 기본적 목표가 되었다. 이 헌법의 30조, 34조에서 자녀들을 기르고, 가르치고, 학습시키는 일은 일단 부모의 의무이자 권리로 규정하고 8년간의 의무 무상제 교육을 명확히 하고 있었다. 그 후 이탈리아 학교 교육제도는 2003년의 모라티(Morrati) 개혁안에 의해 고등학교까지 의무교육이 12년으로 연장되었다. 유아학교는 3년이며 의무는 아니지만 이탈리아 국민 대부분이 다니고 있다.

### ② 인성, 사회성, 개성을 우선하는 교육

이탈리아는 대학 입학이 과열되어 있지 않다. 이탈리아 전체 인구(25~64세)의 약 13%만이 대학졸업자이며, 대학은 사회에서 취직자리를 얻기 위한 준비 과정이 아닌 순수학문의 장이 된다. 직업에 귀천이 없다는 전통과 문화로 유아기, 초등교육 시기부터 학문 위주의 교육보다 인성을 중시하고 사회성과 개성을 우선하는 교육과 건전한 신체적, 정신적 발전을 도모하는 놀이문화가 발달되어 있다.

## 2 이탈리아의 학제

이탈리아 학교의 90%는 국·공립학교로써 대부분의 학생들이 국공립학교에 취학한다.

- 국공립학교의 경우, 고등학교 및 대학교 학비의 대부분을 국가 및 지방정부가 부담하여 학부모의 교육비 부담은 적은 편이다.
- 학제는 초등학교 5년(만 6~10세), 중학교 3년(만 11~13세), 고등학교 5년(만 14~18세), 대학교 3~5년
- 초·중등 및 고등학교 2년까지는 의무교육
- 학기는 9월 시작, 6월 종료, 초·중등학교는 1주일 5일, 고등학교는 1주일 6일 수업
- 수업시간은 초등학교 주당 27~30시간(학교에 따라 40시간), 중·고등학교 주당 27시간(학교에 따라 30시간)

### 가 유치원(Scuola dell'infanzia: 스콜라델 인판치아)

- 입학가능연령: 만 3~5세(의무교육은 아니나 일반화)
- 종류: 국립, 지방공립, 사립
- 교사자격: 대학의 유아 교육 관련 특수학위 소지자

### 나 초등학교(Scuola primaria: 스콜라 프리마리아)

- 학제: 5년제(만 6~10세) 의무교육
- 교사자격: 대학의 초등교육 관련 특수학위 소지자
- 시험제도: 입학시험이 없는 지역제이며, 학년 진급은 학년말 고사로 결정하고 졸업 시 종합고사 실시
- 교육비: 국공립학교의 경우 국가 또는 지방 정부가 지원하여 학부모 부담은 없으며(교과서 무상 지급), 사립의 경우 학부모 부담

- 국가: 교원 및 행정직 요원 급여 부담
- 지방정부: 잡무고용원 급여, 교육자재, 시설, 건물, 난방 부담

### 다 중학교(Scuola Secondaria di I grado: 스콜라 세컨다리아 디 아이 그라도)

- 학제: 3년제(만 11~13세) 의무교육
- 교사자격: 대학의 전공학위를 소지하고 공개 채용시험을 통과한 자
- 시험제도: 초등학교 졸업 종합고사 합격자가 중학교 입학자격 취득, 입학시험은 없으며 지역제
- 학년말 고사로 진급 결정, 졸업 시 국가가 실시하는 중등교육 졸업시험 합격 필요
- 교육비: 국공립학교의 경우 국가 및 지방정부가 부담하여 학부모 부담은 없으며 (교과서는 학부모 부담), 사립학교의 경우 학부모 부담
- 국가: 인건비 부담
- 지방정부: 시설, 교육자재, 건물, 난방비 부담
- 각 학교는 24학급 이하여야 하며, 1학급의 학생수는 25명 수준

### 라 고등학교(Scuola Secondaria di II grado: 스콜라 세컨다리아 디 이 그라도)

- 학제: 5년제(만 14~18세)로서 첫 2년 과정은 의무교육
- 시험제도: 중학교 졸업시험 합격자가 고등학교 입학자격을 취득, 입학시험이 없는 지역제
- 학년말 고사 결과 3과목 이상 낙제인 경우 유급되며, 졸업년도에 국가에서 실시하는 고등학교 졸업자격시험(Maturità=Maturity Exam) 실시
- 종류: 인문고등학교(Liceo Classico, 5년제, 한국의 문과 해당), 과학고등학교(Liceo Scientifico, 5년제, 한국의 이과 해당), 예술고등학교(Liceo Artistico, 5년제, 미술, 건축, 디자인, 멀티미디어 등), 외국어고등학교(Liceo Linguistico, 5년제, 외고에 해당), 인성과학고등학교(Liceo delle Scienze Umane, 5년제, 사회심리, 교육·인류학 등), 음악·무용고등학교(Liceo Musicale-coreutico, 5년제, 음악 및 무용 전문고등학교), 기술고등학교(Istituto tecnico, 5년제, 경제·테크놀로

지 관련 11개 분야), 직업전문고등학교(Istituto Professionale, 5년제, 상업, 농업, 수공업, 의료, 호텔, 음식업 등 6개 분야)

- 교육비: 학부모는 교육비(100~120유로)와 교과서 비용을 부담(학교의 특수활동 및 특수시설 경비를 학부모회가 결정, 학부모가 부담)하고, 기타 비용은 국가 또는 지방정부 부담
- 국가: 교원 급여 부담
- 지방정부: 행정직원 및 잡부고용원 급여, 시설, 교육자재, 건물, 난방비 등 부담

## 마 대학(Università: 유니버시타)

- 학제: 3+2년제[3년제 제1단계 학사학위 + 2년간 제2단계 전문학사학위(5년제로서 기존의 4년제 Laurea 학위에 해당)]
- 시험제도: 고등학교졸업자격시험(Maturità) 합격자는 졸업시험 성적으로 전공과목 및 대학을 자유로이 선택(단, 치과대 등 일부 학부는 정원제로서 입학시험 실시)
- 3년제 학사학위과정은 180학점 취득, 5년제 전문학사학위과정은 120학점을 추가하여 총 300학점을 취득하고 논문이 통과되어야 졸업 가능
- 이탈리아 전체 인구(25~64세)의 약 13%만이 대학졸업자 (출처: 주이탈리아대한민국대사관)

이상을 통해 이탈리아의 학제를 표로 나타내면 다음과 같다.

<table>
<tr><th>나이<br>(만)</th><th colspan="4">과정(학교급명)</th><th>한국과 비교</th></tr>
<tr><td>25</td><td rowspan="7">대학교<br>(Università)</td><td colspan="2" rowspan="2">석사학위 전문 과정<br>(Laura Specialistica)</td><td rowspan="2"></td><td rowspan="2">대학원</td></tr>
<tr><td>24</td></tr>
<tr><td>23</td><td rowspan="5">학사학위<br>(Laura)</td><td rowspan="2">2단계 학사학위<br>(120학점 이수)</td><td rowspan="5">고급 전문 인력<br>육성과정<br>(Formazione Technica Superiore)</td><td>대5</td></tr>
<tr><td>22</td><td>대4</td></tr>
<tr><td>21</td><td rowspan="3">1단계 학사학위<br>(180학점 이수)</td><td>대3</td></tr>
<tr><td>20</td><td>대2</td></tr>
<tr><td>19</td><td>대1</td></tr>
<tr><td colspan="6">고등학교졸업자격시험(Maturità=Maturity Exam) 실시</td></tr>
<tr><td>18</td><td colspan="3" rowspan="5">고등학교<br>(Lecio)</td><td rowspan="5">직업 전문 교육 학교<br>(Istruzione Professionate)</td><td>고5</td></tr>
<tr><td>17</td><td>고4</td></tr>
<tr><td>16</td><td>고3</td></tr>
<tr><td>15</td><td>고2</td></tr>
<tr><td>14</td><td>고1</td></tr>
<tr><td colspan="6">국가시험(Esame di Stato)</td></tr>
<tr><td>13</td><td colspan="4" rowspan="3">중학교<br>(Scuola Secondaria do I Grado)</td><td>중3</td></tr>
<tr><td>12</td><td>중2</td></tr>
<tr><td>11</td><td>중1</td></tr>
<tr><td>10</td><td colspan="4" rowspan="5">초등학교<br>(Scuola Primaria)</td><td>초등5</td></tr>
<tr><td>9</td><td>초등4</td></tr>
<tr><td>8</td><td>초등3</td></tr>
<tr><td>7</td><td>초등2</td></tr>
<tr><td>6</td><td>초등1</td></tr>
<tr><td>5</td><td colspan="4" rowspan="3">유아학교<br>(Scuola dell'infanzia)</td><td rowspan="3">유치원 및<br>어린이집</td></tr>
<tr><td>4</td></tr>
<tr><td>3</td></tr>
</table>

출처: 이탈리아 교육부 홈페이지(www.istruzione.it

# Ⅱ 이탈리아 유아교육의 역사 및 행 · 재정 체제

## 1 이탈리아 영 · 유아보육과 유아교육의 역사

이탈리아의 교육 체제는 교회와 국가의 복잡한 관계 사이에 놓여 있었다. 영아보육과 유아교육 역시 천주교회와 새로 생긴 이탈리아 정부 사이의 심각한 권력 투쟁이 영향을 미쳤다. 이에 따라 이탈리아의 초기 유치원은 종교기관에 의해 일부 설립되었으며, 국가적 차원에서 영 · 유아교육을 강화한 것은 1969년 '유치원법' 제정 이후이다.

- 1820년경: 빈민에 대한 관심을 가진 자선단체들이 나서서 탁아소를 설치하였다.
- 20세기 초반: 사립 기관들이 공공재원(시 재정)의 보조를 받기 시작했다.
- 1904~13년: 유아교육의 성장기, 로사와 카롤리나 아가치 자매가 유아교육의 새로운 철학과 방법을 발전시켰으며, 마리아 몬테소리가 첫 번째 어린이집을 설립하였다. 유아교사 훈련 학교가 국가법으로 설립되었다.
- 1922년: 파시스트 정부의 영향으로 국가개혁법 '영아를 위한 보호와 지원' 법률이 통과되었다. 천주교 교회의 통제를 받게 됨에 의해 몬테소리 방법이 금지되고, 아가치 방법만이 공포되있다.
- 1925년: 산모와 영아를 위한 국가 조직 ONMI(National Organizations for Maternity and Infancy)가 결성되었다. ONMI센터는 1933년까지 유치원의 60% 이상이 종교적 영향력 안에서 운영되었다.
- 1945~46년: 제2차 세계대전 직후, 파시스트로부터 국민들이 주도권을 가지게 되며, 지방자치의 전통이 강한 도시에서 부모가 학교를 설립, 운영하려는 자발적인 시도들이 이루어졌다.
- 1963년: 최초의 시립유아학교 '로빈슨(Robbinson)'이 레지오 에밀리아시에 세워졌다. 이 유아학교는 이탈리아 최초였으며, 비종교적인 유아학교를 설립했다는 데 의미가 있다.

- **1971년**: 이탈리아 법 1044호의 통과로 인해 각기 다른 공립체제로 운영되는 영·유아 보육과 교육이 가능해졌다. 만 0~3세뿐만 아니라 3년 후인 만 6세까지로 영아 보육과 유아교육이 확장되는 것이 부모의 권리로 인식되었고, 시가 모든 재정 부담을 하는 형태였다. 또한 만 0~3세 영아가 다니는 영아센터는 교육부가 아닌 복지부가 관할하고 만 3~6세는 교육부에서 관할하였다(Gandini & Edwards, 2001).
- **1975년 12월**: ONMI센터가 이탈리아 전역에서 공식적으로 시 운영체제로 전환되었다(Gandini & Edwards, 2001). 이는 국가주도형 시대에서 지방자치의 시대로 넘어왔음을 의미한다.
- **1980년대**: 이탈리아의 많은 도시들이 유아학교를 만족할 만한 수준까지 완성하였다. 영·유아센터의 확장에 힘을 쏟기 시작하였는데 대표적인 도시로 투스케니 지역의 피스토이아시에서 방과 후 프로그램, 파트타임 영·유아교육, 그 외 프로그램을 제공하였다. 대부분의 영아서비스를 복지부에서 교육부로 이관하였으며, 교육학적 관점의 중요성을 재인식하고 유아교육 서비스와의 연계성을 창출해 나갔다. 많은 심리학자들의 이론적 지원에 힘입어 영아를 위한 보육서비스 체제는 유아학교 체제와의 합병을 시도하였으며, 이는 이탈리아 전반의 체제가 되었다(Gandini & Edwards, 2001).
- **1980~1990년대**: 에밀리아로마냐 지역을 선두로 다른 지역들도 양질의 사립유아학교와 영아센터 체제를 확립했다.

## 2 이탈리아의 유아교육학자

### 가 마리아 몬테소리(Maria Montessori, 1870~1952)

#### ① 몬테소리의 출생과 성장과정

마리아 몬테소리는 1870년 8월 31일 이탈리아의 키아라발레(Chiaravalle)에서 군인 출신의 보수적인 아버지 알렉산드로 몬테소리와 교육자 가정 출신의 어머니 레닐데 스토파니 사이의 무남독녀로 태어났다. 그녀는 수학과 공학을 좋아하여 자연과학 기

술학교에 진학하였으나 결국 아버지의 반대로 학교를 마치지는 못했다. 그 후 몬테소리의 관심은 수학에서 생물학으로 옮겨졌으며 의사가 되기를 희망했으나 여성이라는 이유로 입학을 거절당하고 말았다. 몬테소리는 이에 굴하지 않고 끈질긴 도전과 이탈리아 왕과 교황의 도움을 받아 의과대학에 입학하였다.

### ② 몬테소리의 교육철학의 배경

1896년 11월, 우수한 성적으로 로마대학 의학부를 졸업하고 이탈리아 최초의 의학박사가 되었다. 몬테소리는 졸업 직후 로마대학 부속 정신병원의 의사로 임명되었는데, 이곳에서 만난 정신지체아에 대해 흥미를 가지게 되었다. 몬테소리는 정신적인 결함이라는 것이 의학적인 문제라기보다는 교육학적인 문제라고 확신하고 이에 관한 자료를 수집하기 시작했다. 특히, 프랑스의 정신과 의사로서 정신적 결함을 지닌 아동을 위한 교육방법을 발달시키는 데 개척자였던 세갱(Edward Seguin)과 농아를 위한 교육방법을 발달시키는 데 일생을 바쳤던 이타르(Jean Itard)의 교육방법은 그녀의 교육원리와 교구개발에 많은 영향을 주었다.

### ③ 정신지체아의 교육방법 적용

그녀는 정신지체아의 교육방법은 일반적인 것보다 더욱 합리적인 것으로 행해져야 한다고 믿었고, 그녀의 이러한 기술적 지도하에 정신지체아들의 정신력은 놀랄만큼 향상되어 대부분의 정신지체아들은 읽고 쓰는 것은 물론 정상아와 같이 공립학교 시험을 치를 수 있을 정도의 성공적인 결과를 얻었다. 이로 인해 몬테소리는 정신지체아에 대한 지도방식을 정상아에게 적용하면 보다 완전한 지도가 행해질 것이라는 확신을 가지고 1900년에 교육학, 실험심리학, 인류학을 배우기 위해 로마대학의 철학과에 재입학했으며, 1904년에서 1906년까지 로마대학 교육학과에서 인류학, 생리학을 강의했다.

### ④ 몬테소리와 어린이집(Casa Dei Bambini)

1907년 자신의 이론을 정상아에게 적용하고 싶다는 몬테소리의 희망이 이루어졌다. 로마의 주택개량협회가 산 로렌초(San Lorenzo)라는 빈민가에 새롭게 큰 공동주택을 건립하였는데 이 건물을 유지하고, 부모가 일터로 나간 사이에 어린이들을 보호하고 교육하기 위해 그 공동주택의 한 구석에 교육시설을 설치하여 몬테소리에게 지도를 의뢰했던 것이다. 몬테소리는 아무런 보수도 받지 않고 이 일을 맡았고 이 교육시설을 "어린이집(Casa Dei Bambini)"이라고 명명했으며, 1907년 1월 6일에 문을 열었다. 첫 번째로 개원한 어린이집 유아들이 다양한 성과를 이뤄 어린이집은 네 군데로 증가하였고 세계 각국의 주목을 받았다. 어린이집에서 그녀가 이루어낸 교육은 유아의 능동적인 성장과 요구에 따라 유아 스스로 학습한다는 자동교육(auto education)으로, 성인 중심이던 당시의 교육관과는 매우 다른 입장이었다.

### ⑤ 몬테소리의 업적

1929년 Association Montessori Internationale(AMI), 즉 국제몬테소리협회를 창립하였으며, 1936년 『아이들의 비밀(The Secret of Children)』, 1949년 『흡수정신(Absorbent Mind)』을 저술하였다. 1939년에는 유럽을 떠나 7년간 인도 몬테소리운동을 불러일으키기도 했다. 몬테소리는 생전에 세 번이나 노벨평화상 후보에 지명되었으나 자신보다 더 일을 많이 한 사람이 있을 것이라며 사양했다고 한다.

1952년 5월 6일 유아교육사의 한 획을 남기고 생을 마쳤으며, 그 후 그녀의 사업은 아들 마리오 몬테소리에 의해 계승된 후 오늘에 이르고 있다.

## 나 로리스 말라구치(Loris Malaguzzi, 1920~1994)

로리스 말라구치는 레지오 에밀리아 접근법의 논리를 제시하고 교육개혁운동을 주도한 중심인물이며, 교육자이자 철학자이며 시인이고 사회운동가이다. 1945년 제2차 세계대전 직후, 중학교 교사이던 그는 빌라 첼라(Villa Cella) 마을에서 주민들이 기증한 땅에 독일군이 후퇴하면서 남긴 탱크, 말을 팔

아서 나온 돈으로 유아학교를 건축한다는 소문을 듣게 되었다. 그 현장을 방문하면서 새로운 영·유아교육 및 보육 사업에 참여하게 되었고, 그로 인해 레지오 에밀리아 접근법이라는 세계적인 명성을 지닌 영·유아교육 및 보육방법이 시작되었다.

### ① 말라구치의 교육철학

말라구치는 자기 자녀들의 유아교육 및 보육기관을 손수 세우고 운영해 나가는 용감한 부모들과 함께 일하면서, 마침내 7년을 가르쳐 온 중학교를 떠나기로 결정했다. 그는 국가에 의해 운영되는 학교들이 보여준, 어린이들에 대한 무관심과 무지함, 권위에 대한 기회주의적이고 아첨적인 태도와 교활함, 그리고 포장된 지식을 강요하는 것을 참을 수가 없었다고 하였다. 이후 로마의 NCR(National Center for Research)에서 심리학을 공부하고 정신건강센터(Mental Health Center)에서 일하며, 오전에는 정신건강센터에서, 오후와 저녁에는 부모들과 학교를 위해 일하였다.

### ② 로빈슨(Robbinson) 설립

1963년 최초의 시립 유아학교인 '로빈슨(Robbinson)'을 설립하였는데, 이는 이탈리아 최초의 비종교적인 학교로, 교육의 질이 좋고 보호 측면만을 강조하지 않고 어떤 유형의 차별도 없는 교육을 실시하고자 하였다. 그러나 불과 3년 뒤 건물이 모두 불에 타 소실되는 광경을 지켜보아야 했으며 이어 재건축을 통해 더욱 발전된 시설을 갖추게 되었다.

### ③ 말라구치의 교육방법

부모들이 운영하는 학교에서 최초의 교사 전문가 집단을 채용하면서 많은 이들이 비우호적인 눈으로 바라보았고, 말라구치와 교사들은 유아학교에 대한 문화적 정체성을 홍보하고 신뢰와 존경을 얻기 위해 일주일에 한 번씩 학교를 시내로 옮겨 교육했다. 즉 교사, 어린이, 필요한 재료와 도구를 트럭에 싣고 시내로 가서 노천, 광장, 공원이나 시립 극장의 기둥 밑에서 수업을 하고 전시를 했다. 그 결과 사람들은 새로운 유아교육방법에 놀라게 되었고 그 결과는 아주 성공적이었다.

#### ④ 말라구치의 업적

여성의 취업과 출산율의 급증으로 학교의 역할과 목적이 변화하고, 사회적 복지 서비스에 대한 욕구가 점차 강력해지면서, 말라구치는 국가와 시가 어린이를 위한 학교를 설립할 것에 대해 논쟁하였다. 마침내 1967년, 부모가 운영하는 모든 학교들이 시 당국의 행정지도를 받게 되었고, 1968년 12개의 학급을 시에서 운영하게 되었다. 이어서 1980년에는 22개의 유아학교에 58개 학급이 생겨났다.

말라구치는 여러 교육 관련 인사들과 협업하였는데, 시인이자 동화작가인 잔니 로다리(Gianni Rodari)와 교육자인 부르노 치아리와 함께 1971년 대규모의 전국교사모임을 조직하였으며, 이를 계기로 『어린이를 위한 새로운 학교 경험(Espenienze per Una Nuova Schola dell'Infanzia)』이란 책을 출판하기도 하였다. 1972년 유아학교의 규칙과 규정을 제정하는 데 참여하였으며, 1975년 아동의 권리를 주제로 에밀리아로마냐 지역 정부가 마련한 회의에서 기조연설을 하기도 하였다.

#### ⑤ 말라구치와 레지오 에밀리아

1976년에는 가톨릭교가 방송을 통해 레지오 접근법을 반대하는 캠페인을 벌이자, 5개월 동안이나 공개 토론을 벌여 반대 의견을 설득했다. 1976~1984년 저널 "0~6세까지(Zerosei)"와 1985년부터 작고할 때까지 "어린이(Bambini)"라는 교사 잡지를 발간하기도 하였으며, 1980년대에는 "눈이 벽을 뛰어넘을 때(When the Eye Jumps Over the Wall)"라는 제목으로 스웨덴에서 최초의 전시회를 개최하였고, 이는 그 후 전 세계를 돌아다니는 순회전시회로 발전하였다.

말라구치는 1994년 겨울 레지오 에밀리아 접근법에 대한 국제학술대회를 앞두고 작고하였다.

## 3 이탈리아 영아보육과 유아교육의 행정체제

- 이탈리아 영아보육과 유아교육의 행정체제는 우리나라와 같이 이원화되어 있다. 하지만 현장과 밀접한 시(city) 수준에서는 통합관리를 하려는 노력을 하고 있다.

연령을 구분하여 놓은 보육행정과 교육행정 체제임에도 불구하고 수요자인 학부모를 고려하여, 각 지방의 특색에 맞게 통합운영하고 있는 특징을 가지고 있다.

- 이탈리아의 유아교육은 초·중등교육과 함께 교육부가 관장하지만, 영아보육은 복지부가 관장한다. 이는 영아보육이 근로여성의 가정을 위한 것이었지, 교육프로그램을 고려한 것이 아니었기 때문에 다른 유럽 국가들과 마찬가지로 복지부에서 이를 관할했던 것이다. 그러다가 점진적으로 유아를 위한 서비스에 교육개념이 결합하기 시작하면서 지역 단위에서 관할 부서가 일원화되는 양상이 확산되고 있다.
- 이탈리아의 교육행정은 교육 대학 연구부(Ministry of Education, University and Research)에서 유아교육에서 대학교육까지 통합하여 관장하고 있다. 교육부 관할 아래 각 레조네별로 지방교육청을 두며, 그 아래의 행정구역 단위인 프로빈치아에 지역교육청을 두고 있다. 프로빈치아 내의 시인 코무네에는 관할청을 따로 두지 않고 지역교육청에서 관할한다.
- 효율적인 운영을 위해 소도시들이 연합체를 형성해서 유아학교, 초·중등학교의 시설과 통제 등에 관한 권한과 학교 네트워크 형성 등에 관한 권한을 가지며 이는 프로빈치아 수준의 지역교육청과 동등한 권한을 가진다. 이탈리아 교육행정 체제를 도식화하면 다음 그림과 같다.

[이탈리아 교육 행정 체제 (김정현, 박애경, 2006)]

## 4 이탈리아 영아보육과 유아교육의 현황

만 3세 이하의 어린이들은 공·사립 보육원에 다니지만 만 3~6세 어린이들의 약 90%는 자모학교(Scuole Materne)라고 불리는 공립 유치원에 다니고 있다. 유치원 교육은 의무교육은 아니지만, 무상교육을 실시하고 있다. 교육기간은 보통 3년이며, 1년 중 10개월간 학습이 이루어지고, 신체적·정신적으로 결함이 있는 아이들을 위해서 특수반을 운영하고 있다. 산업이 발달한 북부 지방을 중심으로 사립 유치원이 최근 들어 점차 증가하고 있는데, 사립 유치원은 교육 기능보다 보육 기능에 더 치중하고 있다.

입학연령을 살펴보면, 영아센터가 생후 3년까지 입학 가능하며, 유아학교 입학년도 4월 30일 기준으로 생후 3년이 되는 유아부터 생후 6년까지 입학이 가능하다. 2003년 개혁법 53조에 따라 2005년 2월 28일로 3세가 되는 유아도 유아학교 입학이 가능하다. 오늘날 이탈리아에서는 만 3~6세 유아의 약 90%가 유아학교에 다니고 있고, 부모는 국립, 시립, 사립, 세 종류의 기관 중에 선택할 수 있다.

## 5 이탈리아의 교원 제도(공립유치원을 중심으로)

박은혜, 장민영(2015)의 연구에 의하면 이탈리아의 유아교사는 정규선발요건을 갖추어야 하며, 경쟁시험과 면접을 통해서 교사를 선발하고 있다. 양성과정에서 이수해야 할 커리큘럼은 동시적 모형을 채택하고 있으며 필수로 이수해야 할 내용기반 과목이 포함되어야 한다. 또한 교직실기 과목 및 교직이론 과목도 필수로 이수해야 한다. 하지만 OECD 국가 중 발달과 관련된 학점은 필수로 포함되지 않았다. 이에 반해 이탈리아는 교사교육과정 내 연구과목을 필수로 포함하고 있으며, 필수 이론 과목이 4개이다. 교육실습 또한 필수과목으로, 이수해야 졸업을 할 수 있다.

교원 자격취득을 위한 국가별 최소 학력단계를 국제교육표준분류(UNESCO, 2011)에 의해 이탈리아는 ISCED 6단계를 최소 학력단계로 요구하고 있으며 6단계는 학사학위 이상 소유를 의미한다.

월요일부터 금요일까지 오전 8시~오후 4시까지 근무하며, 특별한 요구를 가진 가족들은 일찍 오는 경우(오전 7시 30분), 늦게까지 있는 경우(오후 6시 20분) 중에서 연장 보육을 선택할 수 있다. 특별한 요구를 가진 가족이란 부부가 직장 사정으로 인해 아이를 맡기는 이유를 서류상으로 증명할 수 있는 경우를 말한다. 9월에 학기가 시작하여 다음 해 6월까지 운영되는데, 방학 중에도 자녀를 맡겨야 하는 가족의 아동을 위해 7월에는 각각 1개의 영·유아센터와 유아학교가 문을 연다.

[피렌체 공립유치원의 모습]

**읽을거리**

### 이탈리아 학교에 방문한 교사는 왜 울었을까?

훈계와 강요를 버리는 대신 '귀 기울임' 교육으로 유명한 학교가 있다. 바로 이탈리아 북부지역 레지오 에밀리아시에 있는 '레지오 칠드런'이다. 영·유아부와 초등부, 만 3~12세의 아이들이 학습하고 있는 이 학교는 세계 2차 대전 뒤 이탈리아 파시즘에 대한 반작용으로 생긴 '레지오 에밀리아 교육 접근법'을 잘 구현하는 곳이다.

한국 교사가 교실을 둘러보다가 장벽을 만났다. 한 남자아이가 "멈추세요. 여긴 아무도 들어오지 못하는 곳이에요."라고 말하고 양팔을 뻗어 가로막았기 때문이다. 이곳은 4살 아이 서너 명이 오랫동안 만든 공포의 공간이었다. 스피커에서는 괴성이 들렸고 음침한 옷들도 걸려 있다. 교실 안 다른 곳도 서너 명의 아이들이 모둠을 이뤄 제각기 자기들의 학습 공간에 앉아 있다. 탑 세우기를 하는 모둠도 있었고, 레고를 조립했다가 부수는 모둠도 있었다. 짝을 이뤄 그림을 그리는가 하면, 낙엽을 모아놓고 확대경으로 보는 아이들도 있었다. 취재한 결과를 기사로 쓰는 모둠도 있었고, 전자제품을 조립하는 모둠도 있었다.

유치부, 초등과정 6개의 교실을 둘러보았는데 아이들을 한곳에 모아놓고 훈계하는 교사는 없었다. 아이들은 제각기 프로젝트 학습을 하는 데 정신을 모았다. 외부인이 들어와 바라보는데도 별로 신경 쓰지 않았다.

레지오 칠드런이 한국 교사들을 놀라게 한 것은 3가지였다.

우선, 제각기 모여 학습을 하는데도 큰소리가 나지 않는다는 것이다. 한 한국 교사는 "유아부터 초등학생까지 아이들이 이처럼 한결같이 차분할 수 있는 것이냐"며 놀라워했다. 상대방의 말을 들어주는 학습이 유아 때부터 몸속에 배어 있기 때문일까?

두 번째는 아이들의 모습에 자신감이 철철 넘친다는 것. 한 초등부 남자아이는 "(한국 교사들이) 이탈리아 말을 할 줄 알면서 물어보는 것이냐"고 너스레를 편 뒤, 친구들과 1년여간 프로젝트 학습을 통해 만든 지도에 대해 또박또박 설명했다. 주눅 들어 눈치를 살피는 아이는 발견할 수 없었다.

세 번째는 이렇게 '세월아 네월아'식 수업을 해도 문제가 발생하지 않는다는 것이다. 이날 한국 교사들은 "나라에서 정해놓은 교육과정이 있을 텐데 학생들 중학교 진급에 문제가 없느냐?"는 질문을 던지기도 했다. 레지오 칠드런 관계자는 "국가 교육과정이란 말 자체가 없다."면서 "(큰 틀의) 기본 교육방안만 있기 때문에 우리는 재량껏 교육할 수 있다."고 답했다.

밝은 모습으로 함께, 그리고 자유롭고도 차분하게 수업하는 아이들의 모습을 본 이 현장에서 한국 교사들 몇몇의 얼굴엔 눈물이 고이기도 했다. 영·유아부 교실을 둘러볼 때 더 그랬다. 그들은 왜 눈물을 흘렸을까?

이 학교 방문 하루 전인 8일 오전, 한국 교사들은 이탈리아 사회적 협동조합인 카디아이 소속 노동자들이 교사로 일하는 한 어린이집을 들렀다. 볼로냐시에 있는 77명의 아이가 다니는 곳이었다.

천으로 만든 기저귀를 찬 아이들의 모습은 무척 행복해 보였다. 이 아이들도 또래 친구들 3~5명이 모여 활동을 벌였다. 울거나 보채는 아이가 눈에 보이지 않았다. 놀이에 집중하는 아이들만 있을 뿐….

이 학교 교육책임자는 "아이들은 놀면서 배우고 실수하면서 배운다고 믿기 때문에 자유롭게 놀도록 한다."면서 다음처럼 말했다.

"아이들이 웃는 게 우리들의 숙제입니다."

과장된 측면도 있겠지만, 일부 한국 어린이집 교사들에 대한 '아동 인권침해' 보도가 머리에 떠올랐다. 분명한 것은 '교사들이 행복한 마음으로 웃어야 아이들을 웃게 할 수 있다'는 것이리라.

출처: 오마이뉴스(2017. 12. 23.), Reggio children(2019. 07.)

# Ⅲ 이탈리아 유아교육과정 및 프로그램

## 1 이탈리아 유아교육과정

유치원의 교육과정은 유아의 건전한 심신발달에 중점을 두고 있다.

영아센터와 유아학교의 교육과정은 초기에는 ONMI가 강력한 가이드라인을 제시하였으나, 현재는 국가수준 교육지침서와 각 지방자치단체 수준의 교육과정을 함께 활용하고 있다. 2003~2004학년도부터 각 기관이 준수해야 하는 수행 지침이 기술된 국가수준의 교육 지침을 제시하고 있으며, 세부적인 지침별 교육목표는 언급하고 있지 않다(EURYDICE, 2003).

지방 자치적 특성이 강한 이탈리아는 각 도시의 지역적 특성에 맞는 체제와 교육과정으로 운영되고 있다. 시가 주도하는 시스템이 잘 운영되고 있는 도시로 밀라노와 팔마, 레지오 에밀리아, 피스토이아의 네 곳이 있다(Gandini & Edwards, 2001). 그중 레지오 에밀리아시는 국제적으로 인정받고 연구된 레지오 에밀리아 접근법(Reggio Emilia approach)이라는 교육과정과 독특한 시립 영·유아보육과 교육 통합 체제를 운영하고 있다.

## 2 레지오 에밀리아 접근법(Reggio Emilia approach)

레지오 에밀리아 접근법은 이탈리아 북부 에밀리아로마냐 지방의 레지오 에밀리아시에서 시작된 유아교육 방법이다. 레지오 에밀리아시는 진보적인 성향과 풍부한 경제력을 갖춘 인구 약 13만 명의 시이다. 1991년 12월 뉴스위크(Newsweek)지의 'The Best Schools in the World' 라는 기사에 세계 최고의 유아교육체제로 선정된 후 세계 교육자들의 관심이 이어지고 있다.

### 가 레지오 에밀리아의 문화적 배경

#### ① 역사적 배경

1922년 이탈리아를 휩쓴 파시스트 정부, 제2차 세계대전(1945~1946) 등 사회적 격동기를 지나면서 가톨릭교회의 영향력은 약화되었고, 지방 도시들에서는 부모 공동조합 형태의 학교를 설립하고자 하는 자발적 시도가 이루어졌다. 말라구치의 회상에 따르면, 2차 세계대전 직후 빌라 첼라(Villa Cella) 마을의 사람들은 전쟁의 폐허 속에서 남겨진 탱크, 말, 트럭을 팔고, 부서진 벽돌 등을 거두어 그들의 손으로 최초의 학교 '탱크 학교(School of tank)'를 지었다. 이후 빈민 지역을 중심으로 부모들과 지역 주민들이 세우고 운영하는 학교들이 7개 기관으로 늘었으며, 시가 지원하는 기관으로 될 때까지 20여 년 동안 지속되었다.

1963년 최초의 시립유아학교 '로빈슨(Robinson)'이 설립되면서 1968년 부모와 지역주민이 운영하던 모든 유아학교가 레지오 에밀리아시 당국의 관할로 흡수되었고, 2004년부터는 취원을 원하는 가족 모두에게 기회를 제공할 수 있게 되었다. 레지오 에밀리아시에는 시립, 주립, 사립 시설들이 있어서 2007년 현재 만 0~3세 어린이의 약 40%(1,600명), 만 3~6세 어린이의 약 90%(3,500명)가 취원해 있다. 이는 이탈리아 내에서 가장 높은 비율이며, 레지오 에밀리아시는 이탈리아 내에서도 가장 높은 출산율을 보이고 있다.

### ② 이론적 배경

특정한 발달이론이나 교육철학을 기반으로 개발되는 다른 영・유아 프로그램들과는 달리 레지오 에밀리아 접근법은 교사와 부모들이 교육현장에서 경험하고 구성한 지식을 기존의 다양한 철학적・심리학적 이론을 통해 확인하는 방식으로 발전되어 왔다(이기숙, 강숙현, 2014). 지금도 끊임없이 점진적인 발전을 추구하고 있는 레지오 교육자들은 자신들의 프로그램은 정해지고 정형화된 '모델'이 될 수 없으며 끊임없는 반성과 실천 속에서 재구성되는 교육경험이라고 소개하고 있다.

레지오 에밀리아 접근법은 다양한 철학적, 심리학적 이론에 기초하고 있으며, 아동중심 교육의 주류인 듀이(Dewey)의 진보주의 교육이념 위에 피아제(Piaget)의 구성주의, 비고츠키(Vygotsky)의 사회문화적 접근에 영향을 받아 구성주의 이론의 토대 위에 새로운 관점에서 받아들여지고 있다.

유아를 또래나 성인, 사회 문화적 환경과의 관계로부터 동기 유발되며, 학습하는 풍부한 잠재력과 권리를 가진 주체로 보고 있으며, 지역사회가 유아교육에 대한 공동책임의식을 갖는 사회문화적 맥락 속에서 유아, 교사, 부모 간의 협동, 사회적 관계 형성, 의사소통을 강조하는 상호관계를 통한 교육철학을 가지고 있다.

## 나 레지오 에밀리아 접근법의 특징

### ① 사회적 상호작용 강조

레지오 에밀리아 접근법에서는 사회인지적 갈등요인을 학습의 중요한 기제로 보기 때문에 교사는 유아들 간의 갈등을 억제하기보다 발전적 토의나 새로운 학습의 계기로 활용한다. 유아들은 또래 간 상호작용에 참여하여 서로 간 상이한 견해를 경험하고, 이를 협상해 나가는 과정에서 유아 자신에 대한 정체감을 강화하고 개인과 또래 집단의 자율성을 증진시키며 학교에 대한 자신감과 소속감을 갖게 된다.

### ② 프로젝트 중심의 발현적 교육과정(Emergent Curriculum) 운영

효율적인 의사소통을 위해 주로 2~5명의 소집단 활동형태를 활용, 계획된 교육과정없이 일련의 장・단기 프로젝트를 수행한다. 유아의 경험이나 흥미를 토대로 유아와 교사가 함께 상호 협상과정을 통해 주제를 선정하고, 그에 대해 심도 있게 연구해 보도록 자료를 준비하고, 질문하고, 기회를 제공하는 프로젝트를 운영한다. 프로젝트 수행기간, 활동선정 및 진행 방향에 있어서 유아에게 많은 자율성이 주어지며, 교사의 경험 및 관찰에 따른 판단과 유아의 학습 진전 상태와의 연속적 협상에 의해 교육과정이 발현한다. 그러므로 교육과정의 진행과 실행은 항상 개방적이며, 자주 장기 프로젝트로 발전되기도 한다.

### ③ 표상(representation)활동을 통한 학습

출처: http://reggiokidsinfinland.blogspot.kr/

유아들은 주제를 선정하고 탐구하면서 그림, 조각, 상상놀이, 쓰기, 몸짓, 음악 등 다양한 형태의 상징으로 자신들이 이해한 것을 묘사하도록 격려받는다. 표상의 목적은 다양하다. 유아들이 자신의 경험을 반성하고 해석하게 하거나, 기억력을 일깨우거나, 다른 사람과 아이디어를 나누기 위해 사용된다. 레지오 에밀리아 교사들은 유아가 자신의 생각을 다른 사람이 이해할 수 있도록 표현하는 의사소통적 맥락의 표상활동을 강조한다. 이와 같이 프로젝트 활동 과정에서 유아들의 다양한 매체를 통한 상징적 표상을 '상징적 언어(symbolic language)', '시상적 언어(graphic language)', '유아들의 수많은 언어(The Hundred Languages of Children)'라 말한다.

### ④ 상징화 주기(cycles of symbolization)를 통한 다상징화

레지오 에밀리아 교육자들은 프로젝트가 전개되면서 반복할 시간을 충분히 가지고 다양한 표상매체를 사용하여 중요한 경험을 관찰, 재관찰, 고찰, 재고찰, 표상, 재표상하는 과정을 거쳐 이전 경험을 깊이 있게 탐색, 확장시키도록 지원한다. 이를 '상징화 주기'라고 하는데, 유아의 반성적 사고를 도와 탐색하는 대상을 깊이 있게 이해할 수 있도록 지원하는 나선형적인 교수전략을 활용한다. (① 아는 것을 말로 표현하기, ② 첫 그리기와 토의, ③ 가상해보기, ④ 그림을 통한 개념 정의, ⑤ 실제 경험,

⑥ 경험 후 그리기, ⑦ 확장, ⑧ 심화, ⑨ 발전된 확장과 심화)

### ⑤ 기록화(documentation)

레지오 에밀리아 접근법에서 교사들의 관찰기록은 교육과정을 운영하는 원동력이라 해도 과언이 아니다. 기록작업 안에는 유아들의 대화, 토의 내용을 녹음하여 전사한 내용, 다양한 매체를 사용한 사진과 비디오 영상, 유아들이 만든 결과물, 교사나 성인들의 해석 등이 포함되며, 그 과정과 결과를 잘 조직하고 패널에 붙여 교실이나 학교 벽면에 전시한다.

기록과 전시작업은 유아에게 자신의 감정, 아이디어가 의미 있는 것이라는 인식을 주어 격려하며, 지난 경험을 재방문하게 하여 다음 학습을 위한 출발점이 되게 할 뿐 아니라 학습을 심화하게 한다. 교사에게는 향후 프로젝트 및 교육활동안의 자료가 되며, 부모들은 학교에서 주어지는 경험내용을 관찰하고 정보를 접하는 기회를 갖게 되어 교사를 신뢰, 존중하게 된다. 또한, 지역사회와 연계를 수립하는 데 효율적인 방안이 될 뿐 아니라, 방문객들에게 레지오 에밀리아 접근법을 알리고 피드백을 받는 자료가 된다.

[레지오 에밀리아의 다양한 기록 예시]

### ⑥ 지역사회 지원과 부모의 참여

레지오 에밀리아시는 일찍부터 산업화가 이루어져 여성 인력의 사회 진출과 함께 가족구조의 변화가 있었다. 이에 따라 사회복지 차원의 욕구와 아동의 기본 권리로서 양질의 교육을 제공받아야 한다는 가치가 통합되어 현재 수준의 유아교육 체제를 형성하였다. 사회 전체의 발전을 위해 성인들은 유아들이 지식을 구성해 가는 과정에 함께 참여해야 한다고 믿고, 유아를 또래, 교사, 부모, 역사, 사회적 문화적 환경과의 관계 속에 소속되어 있는 것으로 보았다. 높은 수준의 재정적 지원에서도 반영되듯이 레지오 에밀리아에서 유아학교와 영·유아센터는 지역사회의 필수적인 요소이다. 또한 각 유아학교 내에서 토론과 의사 결정이 집단으로 이뤄지기 때문에 부모의 참여 형태도 높다.

[지역과 연계하는 레지오 에밀리아의 다양한 전시 예시]

### ⑦ 물리적 환경의 역할

레지오 에밀리아 접근법에서 물리적 환경은 제3의 교사라고 표현한다. 영·유아센터와 유아학교들은 심미적 즐거움을 주는 건물, 가구와 설비, 3차원적 공간 조직, 빛의 활용, 유리벽, 아틀리에 등으로 유아의 상징적 표상활동을 자극한다. 레지오 에밀리아 접근법의 물리적 환경의 특징은 관계, 상호작용, 의사소통의 공간으로서 각 학급은 전체 유아들이 모일 수 있는 중용 공용공간인 피아자(piazza)로 통해 있고, 부엌은 내부가 보이도록 되어 있으며, 벽 크기의 창문, 뜰, 각 교실에서 밖으로 난 창문을 통해서 주변의 지역사회로 쉽게 접근할 수 있다. 또한 각 학급은 중앙에 위치한 넓은 면적의 아틀리에(atelier)라고 불리는 작업공간이 있고 그 밖에 미니 아틀리에와 대소집단 활동을 위해 마련된 공간이 있다. 식당이나 화장실은 재밌는 분위기를 조성할 수 있게 구성되어 있다.

[레지오 에밀리아 유치원의 물리적 환경]

## 다 레지오 에밀리아 영·유아교육 및 보육기관의 교직원

### ① 페다고지스타(pedagogista): 교육조정자, 교육상담가의 역할

페다고지스타는 콩코르소(Concorso)라는 공채 시험을 통해 선발되며, 페다고지스타의 활동 범위와 역할은 각 지역의 법규로 명시되어 있다. 페다고지스타는 여러 분야에서 활동하는데, 특히 레지오 에밀리아시는 영·유아교사의 수업을 지원하고 교육프로그램을 기획하는 분야에서의 활동이 두드러진다. 페다고지스타는 4~5개의 유아학교나 영아센터를 맡아 지원하고 함께 일한다. 기관장이 없는 레지오 에밀리아시 영·유아교육체제의 특성상 페다고지스타가 교사, 직원, 지자체-유아협의회와 영·유아교육기관을 연계해 운영한다. 또한 본질적인 수업장학을 담당하며 부모, 교사, 행정관과 연계하여 행정적 자문을 하고, 교사의 전문적 발달을 위해 교사의 현직 교육을 계획하여 조직하는 다면적인 역할을 수행한다.

- 교사의 문제 상황을 함께 공유하고, 토론하고 해석한다. 유아학교에서 일어나는 일, 이론과 실제의 새로운 경향, 정치발달 등에 대한 정보를 끊임없이 교환하고 알려줌으로써 교사의 현장 연구를 보다 풍부하게 지원한다.
- 영·유아교육기관의 운영을 지원한다. 교직원의 시간표와 스케줄, 직원의 임무

배정, 업무량과 시간 조정, 건물 개조를 위해 건축가와 협의하기 등 기관 전반의 행정 업무를 담당한다.

- 학부모 교육을 담당한다. 학부모를 대상으로 직접 교육을 하거나 학부모, 교사, 시민을 대상으로 일련의 공개 토론회나 공청회를 개최하기도 한다.
- 대외 업무를 담당한다. 페다고지스타는 일주일에 한 번씩 모여 유아학교와 영·유아센터 전반에 관련된 정책이나 문제에 대해 토론한다.

#### ② 아틀리에스타(atelierista): 미술지원교사의 역할

미술교육을 전공한 교사로 아틀리에를 담당한다. 다른 교사나 유아와 유대하여 경험을 함께 조직하고, 교실에서 이루어진 프로젝트의 기록을 디자인하고 편집한다. 아틀리에는 각 학급의 중앙에 넓게 위치하며 각 학급 교실 옆에는 미니 아틀리에가 있다.

- 교사들과 집단토의 및 개별토의를 통해 아이디어를 교환한다.
- 교사들이 분명히 인식하지 못하는 주제나 상징적인 가능성들을 볼 수 있도록 도와준다.
- 교사나 어린이들의 문화적인 공간인 아틀리에의 자료나 작품을 평가한다.
- 자료나 작품을 창의적인 방향으로 작업할 수 있도록 도와준다.

[아틀리에]

#### ③ 교사: 동반자, 양육자, 안내자의 역할

레지오 에밀리아 학교에서 교사는 2명의 교사가 한 팀이 되어 한 학급에서 3년간 같은 어린이들과 지낸다. 이를 통해 교사와 유아들은 오랜 시간 함께 지내면서 서로에 대해 좀 더 쉽게 이해하고 안정적으로 생활할 수 있게 된다. 레지오 에밀리아 교사들은 끊임없이 연구하고 변화할 수 있도록 노력해야 하며, 유아와 교사가 공동의 지식 구성자로서 발현적 교육과정을 계획한다. 또 진행되어 가는 과정 속에서 지속적으로 유아들을 관찰・기록하고, 기록한 정보에 대해 아틀리에스타, 페다고지스타와 공유하고 토의함으로써 유아를 올바르게 이해하고 지원하는 역할을 담당한다.

### <볼거리>

저자들의 레지오에밀리아 유치원의 방문기

레지오에밀리아 유치원의 실외환경

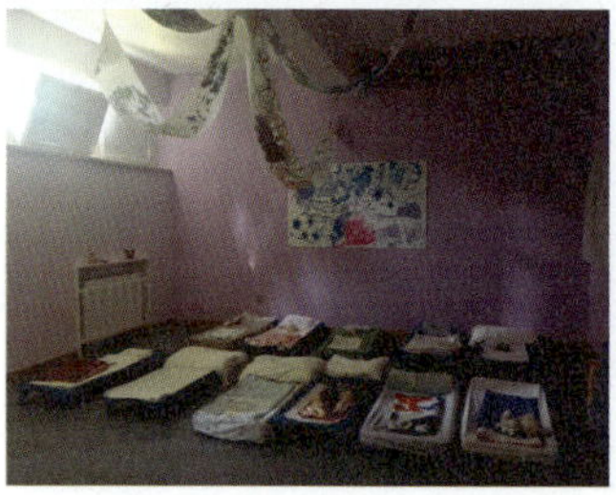

낮잠 자는 곳

복도

역할놀이를 하는 공간

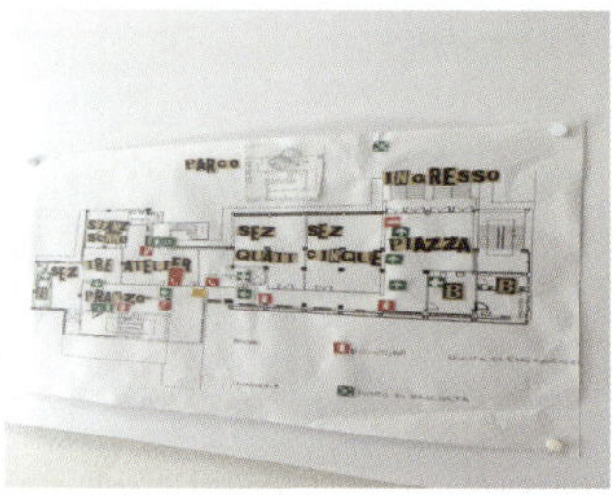

벽면

점심 먹는 곳

미술놀이를 하는 공간

## [이탈리아 관련 활동안 예시]

### 교수 · 학습 과정안

<table>
<tr><td rowspan="2">생활주제</td><td rowspan="2">세계 여러 나라</td><td rowspan="2">활동명</td><td rowspan="2">피자<br>부오나페티토!</td><td>활동유형</td><td>요리</td></tr>
<tr><td>활동형태</td><td>대 · 소집단</td></tr>
<tr><td>활동목표</td><td colspan="5">• 세계 여러 나라의 다양한 음식에 관심을 갖는다.<br>• 피자 만들기를 통해 이탈리아의 음식 문화를 경험해본다.<br>• 요리에 즐겁게 참여한다.</td></tr>
<tr><td>누리과정<br>관련요소</td><td colspan="5">• 자연탐구: 탐구하는 태도 기르기-탐구과정 즐기기<br>• 사회관계: 사회에 관심 갖기-세계 여러 문화에 관심 가지기</td></tr>
<tr><td>활동자료</td><td colspan="5">음식 사진, 요리 재료(토르티야, 방울토마토, 양파, 피망, 양송이, 스파게티 소스 또는 토마토소스, 피자치즈, 햄), 참고 동영상, 접시, 앞치마, 전자레인지 등</td></tr>
<tr><td>활동과정</td><td colspan="4">활 동 내 용</td><td>유의점</td></tr>
<tr><td>도 입<br>(10')</td><td colspan="4">■ 동기 유발<br>• 세계 여러 나라의 음식 사진을 보며 이야기 나눈다.<br>• 나라별로 서로 다른 문화에 따라 식문화가 다르다는 것에 대해 이야기 나눈다.<br>• 다른 나라의 음식을 먹어본 경험을 이야기 나눈다.<br><br>■ 이전 경험 나눔<br>• 피자를 먹어 본 경험에 대해 이야기 나눈다.<br>－피자를 먹어본 적이 있니?<br><br>■ 활동 안내<br>* 오늘의 활동을 안내한다.<br>－오늘은 이탈리아의 대표적인 음식인 피자를 만들어볼 거예요.<br><br>출처: yourtripagent(2019. 8. 30. 인출):<br>https://ko.yourtripagent.com/best-pizza-places-in-naples-italy-876</td><td>－이전 경험을 떠올려서 다양한 생각을 해 볼 수 있도록 교사가 발문한다.</td></tr>
</table>

<table>
<tr>
<td>전개<br>(30′)</td>
<td>■ 피자에 대해 이해하기<br>• 피자에 대해 설명해준다.<br>–밀가루로 된 얇고 납작한 반죽(dough)에 토마토소스와 치즈 등(토핑)을 얹어서 구워내는 이탈리아 요리다.<br>–피자라는 이름은 1700년대에 이탈리아 나폴리에서 ‘피자욜리(pizzaioli)’라는 이름에서 유래됐다.<br>–전 세계에서 흔히 먹는 음식으로 유명해졌지만, 나라마다 다양한 재료를 얹어 만들어 먹는다. 예를 들어, 한국에는 김치 피자가 있다.<br>–이탈리아의 대표적인 피자 종류는 ‘마르게리타’인데, 이탈리아 국기의 흰색, 빨간색, 초록색을 상징하는 모차렐라 치즈, 토마토, 바질을 얹어서 만든다.<br><br>■ 피자를 만드는 재료 탐색하기<br>• 피자를 만들기 위해 준비한 재료를 탐색해본다.<br>■ 피자를 만드는 방법 알아보기<br>• 유아들과 함께 피자를 만드는 과정을 알아본다.<br>〈영상〉 노오븐 토르티야 피자 만들기<br>https://youtu.be/F8X7xvcjvY8<br>–준비한 야채를 잘게 썰어 준비한다.<br>–토르티야 위에 스파게티 소스를 바른다.<br>–준비해 놓은 재료를 토르티야 위에 골고루 올리고 마지막에 피자 치즈를 올린다.<br>–전자레인지에 3~4분 정도 돌려서 꺼낸 후 맛있게 먹는다.<br><br>■ 피자 만들기<br>• 안전하게 도구를 사용하며 순서대로 요리를 한다.<br>–칼을 안전하게 사용하려면 어떻게 사용해야 할까?<br>–전자레인지에 돌린 음식과 그릇이 뜨거울 수 있으니, 꺼낼 때 조심하도록 해요.</td>
<td>–유아 안전에 유의한다.</td>
</tr>
<tr>
<td>마무리<br>(10′)</td>
<td>■ 피자 맛있게 먹기<br>• 완성된 피자 요리의 맛과 느낌에 대해 평가한다.<br>■ 평가하기<br>• 오늘의 활동을 평가해본다.<br>–이탈리아 음식인 피자를 직접 만들어보았는데 어땠니?</td>
<td>–유아들의 다양한 의견을 들을 수 있도록 기회를 제공한다.</td>
</tr>
<tr>
<td>확장활동</td>
<td>• 미술영역에서 여러 가지 재료를 활용해 피자를 만들어 보고, 피자를 가지고 역할영역에서 역할놀이를 할 수 있도록 한다.</td>
<td></td>
</tr>
</table>

제4장

# 독일(Germany)

## ◉ 브란덴부르크 문(Brandenburg gate)

브란덴부르크 문은 독일 프로이센 제국의 프리드리히 빌헬름 2세가 강대국의 위상을 자랑하고자 1791년 베를린 중심지인 파리저 광장에 세운 개선문이다. K. G. 랑간스가 아테네의 아크로폴리스로 들어가는 정문인 프로필라이아를 본떠서 높이 26m, 가로 65.5m로 만들었다. 여섯 개의 기둥이 세워져 있으며, 문의 위쪽에는 샤토가 조각한 승리의 여신이 탄 전차를 네 마리의 말이 끄는 콰드리가(사두마차)가 장식돼 있다.

2차 세계대전 이후, 1961년 베를린에 장벽이 세워지면서 이 문은 동베를린과 서베를린 사이를 왕래할 수 있는 유일한 통로가 되었고, 독일 분단과 동서 냉전의 상징이 됐다. 1989년 11월 9일 10만여 명의 독일 시민들이 브란덴부르크 문 앞에 모인 가운데 베를린 장벽이 무너지면서, 이 문은 다시 통일 독일의 상징이 됐다.

## ◉ 독일에 대해 알아볼까요?

| 국가명(공식 명칭) | 독일연방공화국(Bundesrepublik Deutschland) |
|---|---|
| 수도 | 베를린(Berlin) |
| 위치 | 유럽 중앙부에 위치 |
| 면적 | 357,022㎢(한반도의 1.5배) |
| 민족 | 게르만족 |
| 인구 | 약 80,996,000명(2014년 기준) |
| 언어 | 독일어 |
| 종교 | 신교 31%, 구교 32%, 이슬람교 4% |
| 정치체제 | 연방공화제 |
| 화폐단위 | 유로(Euro, €) |
| 빅맥 지수 | 4.57$ (Economist, 2019. 07.) |

# I 독일의 교육제도

## 1 독일 교육의 일반적 특징

독일 교육의 최대 목표는 보편적인 교육복지이다. 독일은 유아교육을 제외하고 초등교육에서 대학교육에 이르기까지 전 과정에서 거의 무상에 가까운 공교육을 실시하고 있다. 그리고 이에 대한 비용은 국가의 세금으로 부담하고 있다. 그래서 개인의 경제적 사정에 의해 학업을 포기하는 일 없이 모든 사회 구성원이 평등하고 균등하게 교육받을 수 있는 기회를 가질 수 있도록 하고 있다.

### 가 다양한 형태의 교육

일반학교 교육과정은 장차 대학에 진학하기 위한 준비를 하는 것으로 인문 교육을 담당하며, 식업학교 교육과정은 취업을 히기 위한 준비를 하며 직업에 필요한 기술과 자격을 연마한다. 종합학교 교육과정은 특정 계통에 예속되지 않고 통합적인 과정으로 운영되며 여러 계통의 학교(김나지움, 하우프트슐레, 레알슐레 등)의 졸업을 인정받을 수 있다.

#### ① 초등교육

초등교육은 의무교육으로 만 6세부터 시작되며 4년 과정이다. 그 이전의 유아교육은 개인의 자유의사에 달려 있다. 상급학교로의 진학은 학급의 담임회의에서 담임의 소견과 학생의 성적으로 결정된다.

#### ② 중등교육

중등교육은 크게 하우프트슐레, 레알슐레, 김나지움, 그리고 게잠트슐레로 나눌 수 있다. 하우프트슐레(Hauptschule: 기본 중등학교)는 대학진학보다는 기초적인 직업교육을 실시하는 5년제 학교로 초등학교 졸업생의 30%가 진학한다. 레알슐레(Realschule:

직업 중등학교)는 초등학교 졸업생 20%가 진학하는 학교로 보통교육과 직업교육을 강조한다. 6년제 학교이며, 졸업 후 전문고등학교 혹은 김나지움 상급과정으로 진학이 가능하다.

• 김나지움(Gymnasium)

독일에서는 대부분의 학부모들은 자기의 자녀가 초등학교(Grundschule)를 마칠 때 교사로부터 학업에 능력과 소질이 있다고 인정을 받으면 중등학교인 김나지움에 진학을 시킨다. 김나지움은 5학년부터 13학년까지 9년간으로 이 기간에 대학수학에 필요한 능력을 배양하게 된다. 초등학교 과정과 합쳐서 13년간 대학에서 학문을 탐구할 준비과정을 갖게 되는 셈이다. 예를 들어 충실한 학교교육의 전통을 잘 이어가고 있는 바덴뷔르템베르크주(州)의 김나지움이 교육과정의 이수를 통해 지향하고자 하는 목표를 살펴보면 책임성, 자발성, 논리적 사고력, 구조형성 능력, 의사소통 능력, 정보의 수집과 종합력, 문화 이해력, 창조력, 단결심, 공동 작업력, 그리고 성취의욕 등의 배양으로 요약될 수 있다(주함부르크대한민국총영상관, 2019). 김나지움 학생들은 아비투어(Abitur) 시험에 응시하여 대학에 입학할 수 있는 자격을 취득할 수 있으며, 학년 말에는 전문 고등학교 입학 자격증을 받을 수도 있다.

• 게잠트슐레(Gesamtschule: 종합학교)

게잠트슐레는 학생들이 어린 나이에 장래의 진로를 크게 좌우하게 될 상급학교를 결정하는 것이 너무 이르다는 관점에서 1970년대에 도입된 형태로 한 학교 안에 위의 세 가지 형태를 모두 포함하고 있다.

출처: https://www.msn.com/ko-kr/news/world

**읽을거리** 알아두면 재미있는 독일 교육

### 독일 교육의 전환기: 직업 교육의 현재

이원적 직업교육은 독일에서 높은 가치를 지니며, 대다수 학생이 국가가 인정하는 대략 330개 직종의 직업교육을 시작하였다. 2013년에는 약 오십만여 개의 이원적 직업교육 계약이 이루어졌다. 이원적 직업교육은 독일 직업교육체계의 중점이며 매년 학교 졸업생의 대다수가 성공적으로 직업교육을 졸업하고 있어 독일의 성공적 직업교육은 국제적으로 독일의 대표 교육정책이기도 하다.

그러나 독일교육에서 이러한 직업교육의 우세는 대학입학률의 급격한 증가로 직업교육 신입생과 대학 신입생의 비율이 대등해지면서 점차 약화되어 가고 있는 추세이다. 현재까지는 동일 연령대 학생 가운데 직업교육 신입생과 대학 신입생의 비율이 비슷하다고 할 수 있으나 머지않아 대학진학 비율이 더 높아질 것으로 예상되어 점차 이원적 직업교육의 비중이 낮아질 것으로 예상되고 있다.

UN 협약에 의해 장애/비장애 학생 통합교육이 모든 교육체계에 의무화되어 현재 독일 전역 일반학교에서 통합교육을 위한 개편이 이루어지고 있으나 직업교육체계에서는 통합교육이 소홀한 상태라 개선이 요구된다.

출처: Bildungsklick, 2015. 01. 14.

## 2 독일의 학제

독일의 교육제도는 12세기 무렵 길드에 의해 조직된 마이스터 수업으로부터 시작되었다고 할 수 있다. 일반학교 교육과정과 직업학교 교육과정으로 구분된 복선형 학제이며, 취학 전 교육, 1단계 초등교육, 2단계 중등교육, 3단계 고등교육, 4단계 평생교육, 그리고 사립학교 및 사립대학 영역으로 편제되어 있다.

독일의 학제는 다음 표와 같다.

<table>
<tr><th>나이</th><th colspan="9">독일의 학제</th><th>한국과 비교</th></tr>
<tr><td>22</td><td rowspan="3">기업 내 평생 교육</td><td rowspan="3">야간 학교 /전일제 성인 교육 대학</td><td rowspan="3">경영 및 기술 전문 학교</td><td rowspan="8">간호사 조산사 학교 등 보건 전문 학교</td><td colspan="2" rowspan="5">전문대학<br>(Fachhochschulen)<br>종합대학<br>(Gesamthochschulen)<br>일부 과정<br>행정대학<br>(Verwal tungsakacademie)</td><td colspan="3" rowspan="4">대학<br>신학대학<br>교육대학<br>예술대학<br>종합대학<br>(Gesamthochschulen)</td><td>대학원</td></tr>
<tr><td>21</td><td>대학4</td></tr>
<tr><td>20</td><td>대학3<br>대학2</td></tr>
<tr><td>19</td><td colspan="3" rowspan="2">직무경험</td><td></td></tr>
<tr><td>18</td><td rowspan="3">전문계 김나지움 (Fachgymm asien)</td><td rowspan="3">김나지움 (Gymnasium) 상급</td><td rowspan="13">게잠트슐레 (Gesamtschule: 종합학교)</td><td>대학1</td></tr>
<tr><td>17</td><td rowspan="3">듀얼 시스템 (기업 내 및 시간제 직업학교 교육) 기초 직업 훈련</td><td colspan="2" rowspan="3">직업 보수 학교</td><td rowspan="3">전일제 직업 학교 (Berufsfachsc hulen)</td><td rowspan="2">전문학교 (Fachobers chulen)</td><td>고3</td></tr>
<tr><td>16</td><td>고2</td></tr>
<tr><td>15</td><td colspan="2" rowspan="4">레알슐레(Realschule: 직업 중등학교)</td><td rowspan="4">김나지움 (Gymnasium)</td><td>고1<br>중3<br>중2</td></tr>
<tr><td>14</td><td rowspan="12">특수 학교</td><td colspan="4" rowspan="3">하우프트슐레 (Hauptschule: 기본 중등학교)</td><td></td></tr>
<tr><td>13</td><td rowspan="2">중1</td></tr>
<tr><td>12</td></tr>
<tr><td>11</td><td colspan="7" rowspan="2">진로 탐색 기간</td><td>초등6</td></tr>
<tr><td>10</td><td>초등5</td></tr>
<tr><td>9</td><td colspan="7" rowspan="4">그룬트슐레(Grundschulen: 초등학교)</td><td>초등4</td></tr>
<tr><td>8</td><td>초등3</td></tr>
<tr><td>7</td><td>초등2</td></tr>
<tr><td>6</td><td>초등1</td></tr>
<tr><td>5</td><td colspan="8" rowspan="3">킨더가르텐(kindsergarten: 유치원)</td><td rowspan="3">유치원</td></tr>
<tr><td>4</td></tr>
<tr><td>3</td></tr>
</table>

# Ⅱ 독일 유아교육의 역사

## 1 독일 영·유아교육의 역사

독일의 유아교육 뿌리는 철학적으로는 프뢰벨의 유치원교육학에 기초하고 있으며 사회적으로는 19세기 초에 발생한 산업혁명과 기독교문화에서 찾아볼 수 있다(곽노의, 1997). 산업혁명의 흐름 속에서 여성들은 공장에 나가 일을 하게 되었으며, 아이들은 아무런 보살핌도 받지 못하고 방치되었고, 이는 사회적인 문제로 확대되었다. 이에 거리에 방치되어 있는 아이들을 돌봐주고자 교회와 사회복지단체가 주축이 되어 시설을 설립하였고, 기독교 정신을 바탕으로 운영하였다. 그래서 독일의 교육은 교회와 주정부의 두 가지 기반을 토대로 발전하게 되었다(이명환, 박수연, 2010).

### 가 독일 유아교육의 초창기

#### ① 마르틴 루터(Martin Luther, 1483~1546)

독일의 종교개혁가 마르틴 루터는 유아교육의 필요성을 제일 처음으로 주장하였다. 그는 1523년 독일의 모든 도시의 시장과 의회에 보내는 편지에 유아를 위한 학교를 세워야 하며, 이 학교에 자녀를 보내도록 부모들에게 의무를 부과해야 한다고 강조하였다.

#### ② 산업혁명

19세기 초 산업혁명으로 인하여 농촌에서 농사를 지으며 살던 사람들이 도시로 이동하여 노동자의 삶을 살게 되었다. 남성뿐만 아니라 여성과 어린이들도 공장에 나가 노동을 해야만 했었고, 가정과 길거리에는 어른들의 보살핌과 보호를 받지 못하고 방치되는 유아들이 넘쳐나 사회적인 문제로 대두되었다. 이로 인해 가정을 대신하여 어린이들을 보호할 시설이 필요하게 되었고 교회와 시민단체들이 주축이 되어 '영・유아보육원(KleinKinderbewahranstalten)'이라는 시설이 설립되었다. 그러나 이 보호소들은 단지 방치상태에 놓여있던 유아들을 보호하는 데 치중하였고 교육적인 면은 힘쓰지 않았다.

### ③ 프뢰벨(Friedrich Fröbel, 1782~1852)

프뢰벨은 유아를 보호하는 것뿐만 아니라 교육도 중요하게 생각하고 버려진 아이들을 보호하는 것에만 치중하고 있는 유아보호소와는 다른 기관을 만들고자 하였다. 그는 1840년 'Kindergarten(아이들 정원)'이라는 이름으로 세계 최초의 유치원을 세우고, 자신이 제작한 은물과 놀이를 통한 유아의 전인적 발달을 강조한 교육과정을 구성하였다.

#### ㉠ 교육의 목적

프뢰벨은 유아를 신이 준 무한한 가능성을 지니고 있는 '씨앗'이라 보았다. 그 무한한 가능성은 '신성'이며 그것은 인간의 본질이라고 보았다. 인간은 신과 비슷한 모습으로 창조되어 인간의 본질인 신성을 가지고 있고, 그렇기에 인간 내면에는 신과 동일하게 끊임없이 창조하고 일하고 표현하는 힘이 내재되어 있으며, 이 신성을 개발하고 발휘하며 표현하게 하는 것이 곧 교육이라고 하였다. 그리고 교육을 통해 인간 자신과 자연에 담겨 있는 신의 법칙을 이해하여 신과 통일성을 이루는 것이 교육의 목적이라고 하였다.

그는 정원사나 농부가 씨앗을 심고 그 식물이 잘 자랄 수 있도록 물, 햇빛, 양분을 주는 것처럼 유아도 자연의 순리에 따라 내면의 본질과 법칙에 따라 잘 자랄 수 있도록 도와주는 것이 중요하다고 하였다. 또한 새싹의 단계는 나무가 되기 위한 준비가 아니라 나무가 성장하는 일체의 발달과정이므로, 아동은 성인기를 위한 준비 단계가 아니라 그 자체가 완전하다고 보았다.

㉡ 교육의 원리

- 발달 순응적 교육: 내적 발달의 원리에 따라 아름답게 개화하여 조화롭게 발달할 수 있도록 한다.
- 자기 활동의 원리: 아동이 자신의 의지와 흥미에 따라 자신의 본성을 표현하고 자연과 조화를 이루어 나가도록 돕는다.
- 놀이의 원리: 놀이는 단순히 신체나 손발의 감각을 키우는 것만이 아니고 정신과 감정의 도야를 이루기 위한 것이다. 놀이에 의해서 유아의 흥미와 동기를 유발하고, 창의적인 정신을 촉진하고, 협동적인 사회관계로 이끌어 나가야 한다.

[프뢰벨이 최초로 만든 은물]

- 교구의 원리: 은물은 단순한 놀잇감이 아니라 철학적 의미를 담고 있는 교구이다. 은물은 신적인 통일성을 이룰 수 있도록 유아의 발달 수준에 따라 개발되었다. 은물은 손으로 조작할 수 있는 작은 사물들로써 여섯 가지 색깔의 털실 공, 나무로 된 공, 육면체, 벽돌 모양의 블록, 여러 가지 모양, 선이 있는 나무 판 등이 포함되어 있다.
- 노작의 원리: 삶을 위한 모든 활동이 노작이며, 신성을 간직하고 있는 인간은 노동을 통해 자신의 내적 본질을 구체적으로 표현할 수 있게 된다. 노작을 통해 신체의 감각기관을 단련할 수 있고, 정신을 도야할 수 있다. 노작은 점토, 카드보드작업, 나무 깎기, 종이접기, 종이 자르기, 짜기, 그리기 등이 포함되어 있다(정선아, 2000).

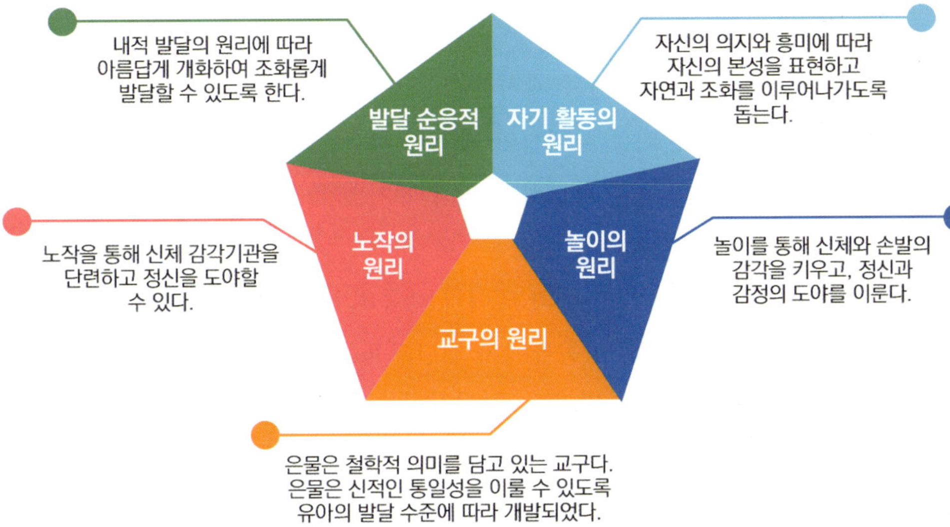


## 나 독일 유아교육의 발달기(2차 세계대전 이후)

독일은 제2차 세계대전 이후 동독과 서독으로 분리되었다. 그리고 40년간 분단국가로 있다가 1990년 공식적으로 통일을 이루었다. 통일 이전 서독과 동독은 각기 추구하는 가족정책이 상이하였는데, 서독은 가족의 책임을 우선시하였고, 동독은 여성의 사회참여와 이를 지원하기 위한 공보육을 정책목표로 삼았다(이명환, 박수연, 2010).

### ① 서독: 가족의 책임을 우선시하는 보수적인 가족정책

서독은 국가나 지방자치단체보다는 교회와 사회복지단체가 우선권을 가지고 유아교육이 발전해나갔다. 서독은 프뢰벨의 교육사상을 중심으로 유아교육이 발전해나갔으나, 가정에서의 자녀양육을 중요시하는 전통이 이어져 취업을 한 여성보다는 가정에서 자녀를 양육하는 여성이 훨씬 많았다. 또한 유아교육의 시작이 자녀 양육이 어려운 가정을 돕기 위해 출발했기 때문에 자녀를 기관에 보내는 것은 피치 못할 사정으로 인해 자녀 양육이 어려운 가정에서 보내는 경우가 많았다. 그렇기에 보육제도나 유아교육시설의 발달이 동독에 비해 상대적으로 늦어지게 되었다. 이 당시 만 3세부터 6세까지의 아동의 경우 34%만이 사회적인 유아교육기관의 혜택을 받을 수 있었다(박신경, 1992).

### ② 동독: 여성의 사회참여와 이를 지원하기 위한 공보육

동독은 2차 세계대전 이후 경제를 재건하기 위해서 기혼여성의 취업을 적극 장려하였다. 그래서 보육시설에 대한 사회적인 관심이 높아졌고 국가가 주도하여 유아교육을 이끌어나갔다. 또한 국가가 경영하는 공장과 기업체도 유아교육의 주체로 참여하였다.

아울러 유아기의 집단 교육이 아동의 의식과 행동의 발달에 크게 영향을 미친다는 이념적 기초를 가지고 일찍부터 아동들에게 집단교육을 시켰다. 사회주의 신념에 따라 대부분 동일 연령으로 집단화되었고, 창의성이 거의 없이 매우 지시적이고, 구조화된 교육과정이 진행되었다.

통일 전 동독과 서독의 유아교육제도를 비교하여 제시하면 다음 표와 같다.

〈통일 전 동 · 서독의 유아교육제도 비교(손지영, 2005)〉

| 항 목 | 구 동독 | 구 서독 |
|---|---|---|
| 유치원 현황 | 1. 유치원 수: 12,452여 개<br>2. 수용인원: 747,100여 명 | 1. 유치원 수: 25,890여 개<br>2. 수용인원: 1,440,000여 명 |
| 목 적 | 1. 사회주의적 인성 계발<br>2. 유아가 행복한 경험을 해야 하는 장소이며, 교사는 부모와 밀접한 협동관계를 이룸으로써 유아의 신체, 인지, 정서 발달을 촉진시키는 프로그램을 계획, 시행<br>3. 확실한 프로그램이 유아의 교육과 보호의 기초가 됨 | 1. 기독교적인 책임과 의무를 다하도록 하기 위함<br>2. 전인적인 성장을 돕고 저마다의 개성을 신장시키기 위함<br>3. 건전한 인격의 국민으로 기여하기 위하여 교육적 차원보다는 보호, 위생 차원의 유아교육의 진흥 |
| 유아 교육 기관 | 1. 종류: 탁아소, 유아원, 유치원<br>2. 교육연한: 1~6년<br>3. 취원자격: 1~3세 탁아소, 유아원, 3~6세 유치원에 의무교육으로 취원함 | 1. 종류: 유아원, 유치원, 학교유치원, 시작학급, 호르트(Hort)<br>2. 교육연한: 1~3년<br>3. 취원자격: 3~6세 취원하나 의무교육은 아님 |
| 유아 교육 과정 | 1. 유아의 신체, 인지, 정서 발달을 촉진시키는 프로그램 법적 명시가 있으나 시행은 미약함<br>2. 놀이 중심 교육<br>3. 간식, 영양가, 낮잠 등을 구체적으로 명 | 1. 일반적인 원칙<br>2. 종교교육<br>3. 기본적인 대화와 창의성 교육<br>4. 환경과 자연 이해를 위한 교육<br>5. 건강교육 |

| 항 목 | 구 동독 | 구 서독 |
|---|---|---|
| | 시하며 교육보다는 위생, 보호 차원이 강조됨 | 6. 유치원 교육원리로서의 놀이<br>7. 가정과 초등학교와의 연계교육 |
| 정부의 지원 체제 | 1. 기혼여성의 취업을 장려하기 위한 양육 지원 정책발달<br>2. 여성의 평등에 대한 법안을 포함한 「어머니와 자녀의 보호, 그리고 여성의 권리에 대한 법률」<br>3. 출산여성은 최장 28주의 출산휴가를 사용할 수 있으며, 상시임금의 90%까지 지급받음 | 1. 출산휴가 및 육아휴직제도 미흡<br>2. 「육아수당 및 육아휴직의 부여에 관한 법률」 제정<br>3. 모성보호제도는 육아휴직보다는 육아수당이 중심이 됨<br>4. 출산 전 6주간, 출산 후 8주, 그리고 조산이나 쌍생아 출산 또는 다산의 경우 12주의 모성보호기간 추가수당을 고용주가 지급하도록 함 |
| 교사 양성 제도 | 1. 탁아소의 교원은 3년제 의학전문학교에서 양성함<br>2. 유치원 교원은 3년제 사범학교에서 양성함 | 1. 유치원 교사가 유아원, 유치원에서 유아를 보호, 교육함<br>2. 대학에서 3년 이상의 이론교육과 2년간의 현장실습 총 5년간의 교육과정을 거쳐서 국가시험에 합격해야 함 |

## 다 통일 이후

1990년 9월 동・서독은 통일을 맞이하게 되었다. 통일을 기점으로 독일의 유아교육은 다음과 같은 변화를 겪게 되었다.

- 첫째, 구 서독의 유아교육에 자성의 기회를 주었다. 통일은 교육자들에게 있어서 유아교육에 필요한 변화는 무엇이며, 보지 못한 문제는 무엇이고, 서로 배워야 할 점이 무엇인가를 배울 수 있는 학습의 기회가 되었다.
- 둘째, 95%의 영・유아가 보육시설의 혜택을 볼 수 있었던 구 동독으로부터 간접적인 자극을 받아, 영아보육시설의 수가 확장되고 모든 어린이들에게 유치원을 다닐 수 있는 권리가 법적으로 명시되는 데 영향을 주었다. 구 동독의 유아교육제도가 지닌 강점인 "배우고 부족한 것은 개선해야 한다."라는 문제의식이 강화되어 아동청소년지원법(1996)을 제정하게 되었다.
- 셋째, 통일 이후 긴축재정의 영향으로 유아교육기관의 질적 평가에 대한 관심이

높아졌다.

- 넷째, 구 동독과 구 서독의 교육에 대한 신념을 교육 관련 당사자들이 교환하는 기회가 되었다. 구 동독 교사들은 구 서독의 유아교육현장을 보고 크게 실망했다. 구 서독에서의 유아교육의 위상이 구 동독에서보다 수준이 낮았기 때문이었다. 그에 반해 서독 교사들에게 동독의 유아교육은 자유로운 인격형성이 아닌 사회주의적인 인간형성을 목적으로 권위주의적인 제도의 감시하에 놓여 있는 것이라 여겨졌다. 이에 어린이의 자발적인 참여와 의도적인 교육목표를 조화시키는 노력이 필요하다는 것을 배우게 되었다.

# Ⅲ 독일 유아교육의 행·재정 체제 및 교원 제도

## 1 독일 유아교육의 체제 및 현황

### 가 관련 법규[3)]

#### ① 아동청소년지원법(KJHG)

독일에서 아동 및 청소년의 학교교육에 관한 입법관할권은 각 주에 부여되어 있으나, 아동 및 청소년의 복지 및 보호 관련법은 연방이 관할권을 행사하고 있다. 이 법은 아동·청소년·가족을 지원하고 이를 뒷받침하는 각종 프로그램을 시행하는 일종의 활동법으로, 특히 취학 전 아동의 보육과 교육에 관하여 통일적인 법적 범주를 만들어 지원하고 있다. 각 주는 이를 토대로 세부적인 법을 제정하여 시행하고 있다(이시우, 2009).

아동청소년지원법의 주요 내용은 장애 아동을 포함한 아동 및 청소년의 권리와 건

3) 여기에 소개되는 아동·청소년지원법을 포함한 모든 유아 관련 법들은 독일법무부 웹사이트 http://bundesrecht.juris.de/bundesrecht에서 찾아볼 수 있다. 예를 들면 아동·청소년지원법은 http://bundesrecht.juris.de/bundesrecht/sgb_8/index.html에서 조회할 수 있다.

강한 발달과 성장, 아동 및 청소년의 교육과 양육에 대한 책임, 이에 대한 1차적 책임을 지고 있는 가족문제, 제도적 책임을 진 청소년국의 과제, 자녀양육을 위탁하는 각종 기관과 시설의 설립, 상담 및 교사양성교육, 경제적 지원, 벌금과 처벌사항이다(손지영, 2005).

이 법은 만 1~3세까지의 유아원, 만 3~6세까지의 유치원, 초등학교 방과 후 보육시설에 대하여 규정하고 있으며, 만 3~6세 유아들이 유치원에 다닐 수 있는 권리를 보장하고 있다(이명환, 박수연, 2010).

#### ② 유아교육확대법(TAG)

2005년 유아교육확대법의 제정 · 시행으로 인해 3세 이하 영아의 취원수요를 충족시킬 수 있는 유아교육기관의 양적 확대와 유아교육기관과 가정보육시설의 질적 수준 향상을 가져왔다. 가정보육시설을 질적으로 여타 교육기관과 동일위상을 갖춘 유아교육 대안기관으로 승격시켰다.

#### ③ 아동 · 청소년 지원 개선법(KICK)

아동 · 청소년지원 정보를 확충하고 TAG를 통해 발의된 유아교육 개선을 지원하며 부모의 교육비 산출의 합리화를 명시하였다.

**1 아동청소년지원법 (KJHG)**
취학 전 아동의 보육과 교육에 관하여 통일적인 법적 범주를 만들어 지원

**2 유아교육확대법 (TAG)**
유아교육기관의 양적 확대와 유아교육기관과 가정보육시설의 질적 수준 향상을 가져옴

**3 아동 · 청소년 지원 개선법 (KICK)**
아동 · 청소년지원 정보 확충하고 TAG를 통해 발의된 유아교육 개선을 지원하며 부모의 교육비 산출의 합리화를 명시

## 나 행 · 재정 지원 체제

### ① 관할 부서

유아교육행정조직은 연방정부와 주정부로 나누어져 있다. 연방정부는 극히 제한된 권한만 가지고 있고 주정부가 각 주의 교육에 대한 책임을 지고 있으며, 16개 주마다 내용이 매우 다르다. 모든 주정부에는 각자의 유치원법이 있으며, 대부분은 아동청소년지원법에 따라 자금, 설립과 장비, 아동당 공간의 할당, 위생 상태, 교사진, 부모 참여 등을 규제하고 있다.

방과 후 보육과 만 1~3세 미만 영 · 유아를 위한 보육시설은 '청소년, 가족, 여성과 보건부'에서 담당하고 있으며 만 3세에서 6세까지의 교육시설인 유치원은 교육과학부에서 관할하고 있다. 이곳에서는 정책연구를 주로 담당하고 있으며, 실제 보육 및 교육에 대한 행 · 재정 업무는 각 주의 청소년청과 각 지방자치단체의 청소년국이 교육청과 협력하여 각 주의 특성에 맞게 자율적으로 시행하고 있다.

### ② 연방정부의 기본지침

연방정부에서는 다음과 같은 유치원을 위한 기본지침을 설정하고 있다.

- 첫째, 유치원은 반드시 유아의 집과 가까운 곳에 위치해야 한다.
- 둘째, 집단의 구성은 혼합 연령집단을 권고한다.
- 셋째, 반일제 유치원에서의 집단 크기는 25명을 넘어서면 안 되며, 종일제 기관에서는 가능하면 15명을 넘지 않아야 한다.
- 넷째, 각 집단에는 두 명의 교사가 반드시 있어야 한다. 그러나 최소한 한 집단에 한명의 교사와 두 집단마다 한명의 보조 교사가 있어야 한다.
- 다섯째, 교사와 부모는 반드시 충분한 협의를 가져야 한다.
- 여섯째, 각 집단은 큰 방 하나와 작은 방 하나를 사용할 수 있어야 하며, 각 집단이 각기 다른 활동을 하기 위해 나눠질 수 있어야 한다. 특히 신체 활동실을 꼭 갖추어야 한다.
- 일곱째, 모든 집단에게 유용한 자극을 촉진하는 다양한 목적의 설비가 갖추어져 있어야만 한다.

- 여덟째, 교사의 질이 고려되어야 하며 교사에게는 전문가의 자문과 연수가 제공되어야 한다.

### ③ 유치원 운영 주체

유치원 운영주체는 일반적으로 지방자치단체, 시, 군 또는 사적인 청소년 후원체들이 된다. 그러나 사적인 청소년 후원체(예를 들면 적십자사, 교회단체, 독일자선협회, 사단법인 등등)에게 유아교육기관 운영의 우선권을 주며, 이러한 사립운영체가 없을 경우에만 청소년 사무국이 운영권을 가질 수 있다. 각 유치원 운영 주체에게는 그 기관 내에서의 교육적 과제의 목표설정과 수행에 있어서 자율성이 보장되며, 주정부의 청소년 사무국들은 단지 그 기관 내에서 미성년자들이 신체적, 정신적, 영적 안녕이 보장되는 것에 대해 감독하는 역할을 맡는다(박신경, 1992).

### ④ 재정체계

교육비의 예산은 74%가 지방정부에서 지원하고, 19% 정도는 지역, 8% 정도가 중앙연방정부에서 지원한다. 총 교육예산이 7.4% 이상으로 높은 편이다(한 아동 당 4,600달러 지원).

### ⑤ 유치원의 설립, 운영비용

- **유치원 설립 비용**: 주 정부와 시, 설립주체가 설립 비용을 공동으로 부담한다. 유치원이 완성되면 주와 시로부터 87.5% 설립비용을 지원을 받으나 소유권은 설립자나 설립주체에 귀속된다.
- **유치원 운영비용**: 80~85%는 주정부나 시, 지방자치단체에서 지급하며 5~20%는 부모의 수입에 따른 교육비로 충당한다. 독일에서는 유아교육이 공교육의 성격으로 시행되고 있지만 의무교육은 아니기 때문에 교육비는 주마다 시마다 학부모의 수입에 따라 차등을 두어 내고 있다. 구 서독 지역의 부모들은 이러한 자녀 교육비 지출이 당연시 되어 문제가 없지만 구 동독 지역은 통일 전에는 무상으로 유아교육이 실시되었기에 현재의 구 동독 부모들에게는 유치원 교육비가 큰 경제적 부담으로 작용하고 있다.

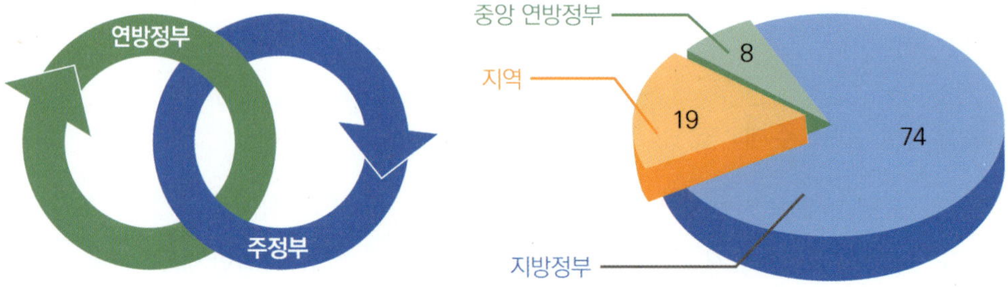


[유치원 재정체계]

### ⑥ 유아교육 지원 정책

독일의 인구 1,000명당 연간 출산율은 9명 미만으로 이는 세계적으로도 가장 낮은 수준이다. 저출산 고령화 현상은 높은 사회보장정책으로 요람에서 무덤까지 생활이 보장되는 독일에서도 심각한 사회문제로 대두되고 있다. 독일정부는 이에 따라 출산휴가 및 육아휴직을 확대하고, 유아원과 유치원 시설을 확충하는 등 다양한 출산장려 정책을 도입하고 있다.

#### ㉠ 모성보호법

1952년에 제정된 모성보호법은 여성이 임산부가 되었을 때 사회로부터 보호받을 권리를 명시하고 있다. 임산부가 안전하게 출산할 수 있도록 임산부의 위험한 작업을 금하고, 일방적인 해고를 당하지 않게 하며, 유급으로 산전·후에 휴가를 받을 수 있도록 규정하고 있다.

#### ㉡ 부모휴직수당

유아휴직은 모든 부모에게 자녀 출산 이후 최대 14개월까지 제공된다. 유아휴직 기간 동안 부모휴직수당을 신청할 수 있다. 부모휴직수당은 최근 납부한 세금 실적을 근거로 하여 산정되며 무소득자나 전업주부에게도 최저 부모휴직수당(월 300유로)이 지급된다.

#### ㉢ 부모휴직

출산 후 생후 3년까지 부모가 경제적 손실 없이 육아에 전념할 수 있도록 무급

휴가를 청구할 수 있다.

㉣ 아동수당

독일은 유럽 중 세금감면으로 아동 수당이 지급되는 유일한 국가로, 자녀를 양육하는 가정의 생계와 양육비를 지원하기 위하여 세금을 감면해주는 방법으로 아동수당을 지급하고 있다. 또한 저소득층에는 추가로 보조금이 지급된다.

㉤ 기타

12세 미만의 자녀가 지병을 앓게 되면 부모에게 10일간의 유급휴가와 질병 수당이 지급된다. 여성이 출산과 육아로 인한 불이익을 조정해 주기 위하여 연금에 양육기간을 산정하여 수당을 지급해 주기도 한다.

## 다 유아교육기관의 유형 및 현황

독일의 유아교육은 학교교육제도에 포함되어 있지 않다. 이는 유아교육을 사회교육학적 관점에서 학교교육과 질적으로 달라야 한다고 해석하기 때문이다. 통일 이후 유치원법은 각 주 정부에서 정하도록 하고 있지만 대부분 아동청소년지원법에 의해 규제를 받기 때문에 모든 주에서 유사한 유아교육제도를 운영하고 있다.

① 유아교육 기관의 유형

㉠ 영아보육시설(Kinderkrippe: 킨더크리페)

만 3세 미만까지의 영아의 보육을 담당하는 기관으로, 주나 시에서 설립 운영하며 독립적인 시설을 갖추고 있다. 대부분 취업모나 학업 중인 부모의 자녀를 아침부터 직장일이 끝날 때까지 돌봐준다. 처음에는 교육적 측면보다는 보호와 위생을 강조하였으나 현재는 점차 교육적 기능이 강조되고 있다. 영아의 연령과 교사의 교육정도, 근무시간에 따라 차이가 있으나, 일반적으로 영아 6명이면 정교사 1인(9시간 개방기준)이어야 한다.

### ㉡ 유치원(Kindergarten: 킨더가르텐)

만 3세부터 취학 전까지의 유아를 대상으로 유아의 교육과 발달을 지원해주는 시설이다. 1~3년의 기간을 교육연한으로 하여 반일제, 시간연장제, 종일제를 운영한다. 독일에서는 종일제 유형의 유치원을 KiTa(Kindertagesstätte, 킨더타게슈타테)라고 부르는 경우도 있다. 보통 학급당 20명의 혼합연령반으로 구성되며, 놀이 중심의 프로그램을 운영한다.

### ㉢ 학교 유치원(Schulkindergarten: 슐레 킨더가르텐)

초등학교 입학 전에 학업성취도가 낮은 아동을 교육하는 기관이다. 교육연한은 1~2년이고 학급당 20명이며, 오전반 3시간, 오후반 3시간으로 되어 있다. 놀이 중심이 아니라 읽기, 쓰기, 셈하기 등 학습준비능력을 향상시키는 데 역점을 두며, 몬테소리 교구를 많이 사용하기도 한다.

### ㉣ 시작학급(vorklasse: 보클라세)

시작학급은 1970년부터 헤센주에서 처음으로 유치원과 초등학교의 연계교육을 위해 시도한 것으로 초등학교 1학년과 연계된 교육단위이다. 한 학급당 20명의 5세 아동을 대상으로 3시간 정도 교육을 하며, 교육연한은 1~2년이다. 시작학급 1년은 유치원과 흡사한 교육

이 이루어지고 시작학급 2년에서는 초등학교 1학년에서 요구하는 교과 중심 학습형태로 전환하도록 하는 데 역점을 두고 있다.

ⓜ 방과 후 보육시설(Hortgruppen: 호르트그루펜)

초등학교 4학년(만 9세)까지의 취학아동을 돌보는 시설로 방과 후 아동에게 적절한 보호와 교육을 제공해주는 보육시설이다. 초등학교 1학년에서 4학년까지의 아동들에게 방과 후 점심을 제공하고 숙제와 놀이 지도, 다양한 교육을 제공한다. 주로 법인 또는 단체, 시나 주가 운영하고 있거나 학교 부설 형태가 있고, 유아교육기관 내에서 혼합연령반 형태로 운영하기도 한다.

ⓑ 가정보육(Tagesmutter: 타제스머터)

만 8개월~14세를 대상으로 보육모가 자기 집 또는 주나 시에서 제공하는 집에서 유아들을 보육하는 형태이다. 최대 5명 정도까지 보육이 가능하며, 유아원, 유치원, 방과 후 보육시설까지 통합하여 교육과 보육의 문제를 종합적으로 해결하는 데 의의가 있다.

〈독일 육아지원기관의 유형(이명환, 박수연, 2010)〉

| 유형 | | 취학 연령 | 설립 주체 | 운영 형태 |
|---|---|---|---|---|
| 영아보육시설 | | 만 0~3세 | 종교단체<br>사회단체<br>지방자치단체 | 대부분 종일제로 운영<br>가정이 아동양육을 책임지는 것이 전통이므로 통일 이후에도 취원율이 크게 증가하지 않음 |
| 유치원 | 유치원 | 만 3~6세 | 종교단체<br>사회단체<br>지방자치단체 | 오전반, 오후반, 종일반으로 놀이 중심 활동으로 운영함 |
| | 학교 유치원 | 만 5세 이상 | 초등학교 체제에 속함 | 학교에 입학하였으나 적응이 어려운 경우 학교 유치원을 다닌 후 재입학 가능함<br>초등학교 적응이 어려울 것으로 예상되는 아동이 미리 등록함<br>놀이보다는 학습능력을 개발시키는 데 역점을 둠 |
| | 시작 학급 | 만 5~6세 | 초등학교 체제에 속함 | 유치원과 초등학교의 연계성 있는 교육을 실시함<br>놀이보다는 교과 중심 학습 형태로 운영함 |
| 방과 후 보육시설 | | 방과 후 보육시설: 만 6~14세<br>유치원 혼합 연령: 만 3~14세 | 종교단체<br>사회단체<br>지방자치단체 | 시간제한이 없고 오후 5시까지 보호함<br>학교 수업이 없거나, 오전 수업이 일찍 끝났을 때도 시설 이용이 가능함<br>방학 기간에도 계속 개방함 |

#### ② 유아교육 기관의 현황

##### ㉠ 독일 유아원과 유치원의 취원 현황

독일 연방 통계청에 따르면, 2014년 3월 1일 현재, 661,965명의 유아들이 유치원을 이용하는 것으로 나타났다. 이는 전년 대비 약 10% 증가한 것으로, 이 연령대의 아동의 약 3분의 2정도가 유치원 교육을 받고 있는 것이다.

##### ㉡ 독일 유치원 원비 현황

교육비는 종일반이 월 86유로(우리 돈으로 11만 7천원), 반일반이 56유로(7만 6천원)다. 둘째와 셋째 아이는 첫째 아이의 교육비보다 저렴하며, 넷째 아이부터는 무료이다. 하루 동안만 맡길 경우 종일반 4유로(5천 4백원), 반일반 3유로(4천원)이다. 탁아소는 이보다 조금 비싼편으로 종일반의 기준 월 102유로(14만원)이다.

## 2 독일의 교원 제도

독일의 교사양성은 각 주의 교육부에서 관할하며, 그 형태와 커리큘럼도 매우 다양하다. 그러나 대부분의 주에서 매우 낮은 수준의 전문학교 수준에서 교사가 양성되고 있다. 이에 독일은 대학에서의 교사 양성 과정에 대한 연구를 강화하고 있으며, 궁극적으로 모든 유아교사를 대학에서 양성하고자 하는 계획을 가지고 있다.

### 가 유치원 교사 양성과정

#### ① 교사 양성 과정 입학 조건

교육자 양성을 위한 전문학교에 입학하려면 최소한 실업학교를 졸업한 후 2년간의 직장 경험이 필요하며, 직장 경험이 없는 경우에는 사회교육기관에서 1~2년간 사전 실습을 해야 한다. 인문계 중고등학교에 해당하는 김나지움을 졸업하여 졸업증명서를 소지한 경우에도 최소한 1년간 사회교육기관에서 사전실습을 해야만 입학할 수 있다.

② 교과과정

독일의 교사양성 교육은 철저하다. 교사가 되기 위해서는 3년 과정의 전문학교에서 2년의 이론교육과 1년의 현장실습을 하게 된다. 3년간의 대학 과정을 마치면 1차 국가시험을 보게 되고 합격 후 2년간 현장실습이 이루어진다. 이 과정이 끝나면 2차 국가시험을 치르게 되며 시험에 합격하면 정교사 자격증을 취득할 수 있다. 실습기간 동안에는 준 공무원 신분으로 정교사 보수의 절반 정도를 받고 정교사 자격증을 취득한 후에 종신 공무원으로 임명된다.

### 나 보육교사 양성과정

보육교사는 유아교육기관과 사회교육기관에서 종사하는 전문 인력의 업무를 보조하고 협력하는 역할로, 2년간의 직접전문학교 수준에서 양성이 이루어진다. 이 기간 안에 16주에 해당되는 현장실습을 마치고, 시험에 합격하면 보육교사 자격증을 취득하게 된다.

### 다 재교육

교육자들은 일반적으로 유치원을 책임지는 조직체, 교회, 기타 복지기관 또는 지역 정부에서 제공하는 재교육에 참여하며, 새교육은 1년에 8일 정도 연수 과정으로 이루어진다.

### 라 교사처우

유치원 교사는 초등학교 교사보다 낮은 급여를 받고 있다. 교육자의 봉급은 법률에 규정된 고용인 보수지급령에 의하여 지급되는데 평균적으로 월 1,900~3,000유로를 지급받으며, 보육교사의 급여는 이보다 낮은 편이다.

읽을거리

### 보육기관 교육인력(SuE), 파업, 근무여건, 교육인력 임금

독일 사회복지-교육인력[Sozial-und Erziehungsdienst, 이하 'SuE'- 공적 취학 전 보육기관(유치원)의 교육인력을 뜻함]과 노동조합에 속한 인력 96.37%가 근무여건과 처우 개선을 요구하며 무기한 파업을 결정하였다. 파업은 5월 8일부터 연방 전역에서 단계적, 지속적으로 실시될 예정이다. SuE 인력 노동조합 책임자는 최근 전체 SuE 직업분야에 대한 사회적 요구가 거대하게 증가하고 이에 따라 SuE 인력의 질적 기준이나 업무 수준도 높아졌다고 하며 따라서 SuE 인력에 대한 확실한 처우 개선이 있어야 할 것이라고 하였다.

노동조합 임금전문가는 우수한 교육은 교육인력에 대한 우수한 근무여건을 필요로 하고 교육인력처럼 질 높은 업무를 수행하는 자에게는 이에 상응하는 임금을 줘야 할 것이라 주장하였다. 그러나 노동조합 임금전문가는 고용주는 다른 관점을 가지고 있다고 하며 SuE 인력의 95%가 여성인데 보육기관 운영자들이 여성 인력에 대한 고정관념으로 여성 인력을 재정 절약의 한 방편으로 생각하고 있다고 하였다. SuE 인력 노동조합 책임자는 임금협상을 위한 모든 강력한 방안을 동원할 것이라 하며 자신들의 정당한 주장을 관철시키기 위해 파업을 실시하는 것에 대해 부모들의 이해를 구하였다. SuE 인력 노동조합은 현재 평균 임금의 10% 인상과 호봉의 등급을 올려 줄 것을 요구하며 파업을 실시하고 있다. 이번 파업은 5차례 협상이 결렬된 후 결정되었다.

출처: Bildungsklick, 2015. 05. 06.

# Ⅳ 독일 유아교육과정 및 프로그램

## 1 독일 유아교육과정

### 가 유아교육의 목표

- 독일 교육의 궁극적인 목표는 개인이 능력을 최대한 펼칠 수 있도록 돕는 데 있다. 이를 위해 각자가 자신의 개성과 관심, 능력에 맞는 교육을 받을 수 있도록 하며, 아울러 젊은이들이 민주주의 사회에서 공동책임의식을 지닌 성숙한 시민이 되도록 도야(Bilding)하는 데 있다(이명환, 박수연, 2010).
- 독일 유아교육의 목표는 유아의 전인적인 발달을 돕기 위해 가정교육을 보충하며 지원하는 데 있다. 따라서 유아가 신체적, 정신적, 영적인 면에서 전인적으로 성상하도록 각 유아의 개성을 고무하며, 아울러 사회생활을 위하여 협동심을 증진시키는 데 힘쓰며, 이러한 교육기회를 모든 유아에게 부여한다(Mollenhauer & Rudloff, 2000).
- 독일 유치원에서는 원칙적으로 유치원에서 문자 교육을 실시하지 않고 있으며, 철저히 놀이를 중심으로 한 생활중심교육을 실시하고 있다. 무엇인가를 많이 가르치려고 하기보다는 그들에게 친구를 사귀게 하고 함께 놀이하면서 전인적인 성장을 돕고 저마다의 타고난 개성을 신장시키는데 중점을 둔다.

### 나 상황 중심 교육과정

현재 독일 유치원 중에서 약 70% 이상이 상황 중심 교육과정을 바탕으로 운영되고 있다. 상황 중심 교육과정이란 유아들의 실제 사람의 상황에서 출발하는 사회학습(soziales Lernen) 중심의 유아교육 커리큘럼이다(Oertel, 1993). 유아들은 교과를 통한 학습이 아닌 자신의 실제 생활과 관련된 구체적 상황 속에서 직접 체험을 통해 학습하게 된다.

### ① 상황 중심 교육의 목적

상황 중심 유아교육은 서로 다른 학습과정을 거친 유아들이 현재와 미래의 삶을 자율성과 연대의식을 가지고 능력 있게 대처해 나갈 수 있도록 하는 데 그 목적을 두고 있다(이명환, 2001). 아동과 가족의 실생활 상황을 고려하는 것, 인위적 학습 상황보다는 매일의 경험을 더 중시하는 것, 혼합 연령 집단 구성, 부모를 포함한 여러 세대의 참여, 유치원을 지역 공동생활로 통합하기 등이 강조되고 있다.

### ② 교육내용

교육내용은 유아의 실제 생활에 바탕을 둔 일상사건, 문화적 배경과 생활사적인 의미를 지닌 사건이나 지역적 사건에 근거한 상황 속에서 유아의 경험, 질문, 유아들의 흥미와 문제점에서 출발한다. 상황 중심 교육은 지역마다 다르게 적용되지만 방학, 출생과 죽음, 쓰레기, 잠자리, 부모가 하는 일, 새로운 친구, 텔레비전 등 일상생활과 직접 관련된 내용으로 구성되어 있다.

### ③ 계획 수립 4단계

상황 중심 교육을 실행하기 위해서는 하나의 생활 상황이 선정된 후 먼저 이러한 상황의 문제가 무엇이며, 상황이 어떤 의미가 있고, 이러한 배경에 대한 정보를 어떻게 얻을 수 있는가를 분석한다. 각 상황에서 유아가 어떤 목표에 도달할 수 있는가의 목표를 세운 후 어떤 교육활동 및 공간구성을 할 것인지, 지역 간 협조를 통해 상황을 어떻게 경험하도록 할 것인지에 대한 구체적인 교수방법을 결정하는 것으로 연결된다.

#### ㉠ 탐색 - 상황의 분석

유아의 일상생활에서 의미 있는 상황을 찾아내는 일을 해야 한다.

㉡ 결정 - 목표 발견

이러한 상황이 교육학적 관점에서 볼 때에 무엇이 중요하며, 이 상황이 어린이들에게 무엇을 요구하며, 이 상황에 행동하기 위해서는 어떠한 능력들이 필요한지가 고려된다.

㉢ 행동 - 상황의 구성

목표에 도달하기 위해서는 교사의 적절한 방법과 방향의 제시가 필요하다.

㉣ 반성 - 경험의 평가

아동들이 어떤 일에 능동적으로 참여했는지, 혹은 그들의 욕구와 흥미를 채워주지 못한 것은 어떤 면이었는지를 반성하고 평가하며, 앞으로의 바람직한 방향을 설정한다.

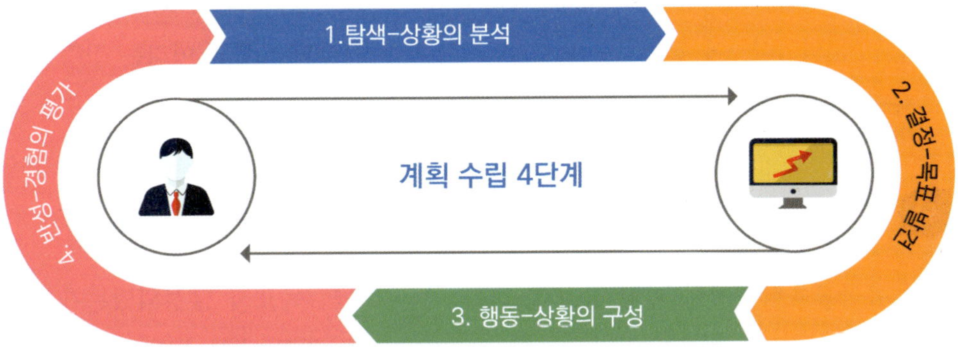


④ 교육의 효과

상황 중심 교육을 받은 유아는 그렇지 않은 유아보다 능동적이고도 자립적이며 진취적인 방식으로 자신의 일을 추진해 나가는 경향이 뚜렷한 것으로 보고되었고, 갈등을 해결할 때에도 훨씬 더 뚜렷한 자기주장이 있음이 확인되었다(Zimmer, 2001: 이명환, 2003 재인용).

### ⑤ 상황중심 교육의 실제

예 한 유치원이 12월 24일, 크리스마스이브 오후에 문을 닫았다. 하지만 세 명의 유아가 그 사실을 모르고 유치원에 등원하였고, 닫힌 유치원 앞에서 울음을 터트리고 말았다. 유치원에 남아있던 두 명의 교사는 급한 볼일 때문에 시내에 나가야 했는데 울고 있는 아이들을 두고 갈 수가 없어서 아이들을 데리고 시내로 나갔다. 시내에서 볼일을 다 마친 교사는 아이들에게 무엇을 하길 원하느냐고 물었고, 아이들은 커피숍을 구경하고 싶다고 대답했다. 교사와 함께 커피숍에 들어간 아이들은 많은 사람들 속에서 외롭게 앉아 있던 한 할머니에게 다가갔고, 아이들에게 관심을 보인 할머니와 많은 대화를 나누게 되었다. 할머니는 아프리카에 살고 있는 자신의 딸과 손자들의 사진을 보여주며 아프리카에 대한 이야기, 자신의 가족에 대한 이야기, 할머니의 생활에 대한 이야기들을 많이 들려주었고, 아이들과 재미있는 게임도 했다. 그러면서 세 아이들은 할머니와 친구가 되었다. 이 경험을 바탕으로 교사는 '아이들과 노인들'이라는 상황 중심 유아교육에 적절한 주제를 설정하였고, 이를 활동에 적용하였다.

## 다 교육평가

독일 유아교육평가에서 가장 중요한 점은 인간교육의 목표가 달성되었는가 하는 점이다. 유치원 교육 자체가 읽기, 쓰기, 셈하기와 같은 학문 중심이 아니라 놀이 중심으로 이루어지기 때문에 학문적인 능력의 발달정도에 대한 평가는 하지 않으며, 다른 아동과의 놀이를 통해서 사회성, 도덕성의 발달, 인성교육, 생활습관교육을 제대로 이루고 있는지가 유아평가의 중요한 항목이 된다(곽노의, 1997). 특히 자신의 일은 자신이 스스로 하고, 다른 사람을 배려하는 습관이 강조되며, 이러한 습관이 적절하게 형성되어 있는가가 유아 평가의 관건이 된다.

[독일의 유치원]

## 2 독일의 다양한 유아교육기관 프로그램

### 가 열린 유치원(Der offene kindergarten)

출처: Thinkstock by Getty-Images

유아는 자신의 발달을 능동적으로 이끌어갈 수 있는 존재이며, 유아가 자신만의 흥미와 능력에 따라 활동할 때 바람직한 교육이 이루어진다고 본다. 이에 전통적인 개념의 교실을 없애고, 활동영역과 놀이장소와 체험영역으로 구성하여 소그룹으로 자유롭게 활동하도록 한다.

### 나 몬테소리 유치원(Der Montessori kindergarten)

출처: www.montessori-brigitte-kindergarten.ch

독일의 몬테소리 유치원은 몬테소리 교육철학을 기반으로 몬테소리 교구와 환경을 갖추고 교육이 이루어지고 있다. 몬테소리 유치원, 학교, 특수교육기관의 수는 1,000여 개가 있고, 계속해서 확장되어 가는 추세이며, 일반 초등학교 1학년에 학습

부진아를 위하여 별도의 학급이 설치되어 있는 경우에도 대부분 몬테소리 교구를 이용한 교육방법을 채택하고 있다.

### 다 발도르프 유치원(Der Waldorf kindergarten)

슈투트가르트에 소재하는 발도르프-아스토리아 담배공장 노동자들의 자녀를 위해 설립된 발도로프 학교는 루돌프 슈타이너의 인지학적 교육학과 교수법에 근거하여 새로운 수업방식, 교육방법으로 발전되어갔다. 그 후 발도르프 학교 운동이 활발하게 전개되어 2015년 현재 독일에만 555개의 발도르프 학교가 있는 것으로 집계되었다

출처: www.waldorfkindergaerten-hamburg.de

### 라 숲 유치원(Der waldkindergarten)

기존의 유치원과는 달리 숲에서 교육이 이루어지는 숲 유치원은 1993년에 플랜스부르그에 의해 처음으로 설립되었다. 이후 부모와 사회단체 그리고 지방자치단체의 후원과 지지에 힘입어 2003년에는 350곳으로 증가하여 대안유치원으로서의 위치를 견고히 하고 있다.

## 마 자연 · 환경 유치원(Der Natur-oder Umwelt-kindergarten)

자연·환경 유치원은 자연 친화적이고 환경 친화적인 방법으로 유치원 내에서 자연을 가깝게 체험하고, 환경을 보존하고 함께하는 경험을 하게 한다. 정원에서 여러 식물을 돌보고, 작은 연못에서 생태계를 체험하며, 자연적인 소재들로 놀이와 작업이 이루어진다.

출처: kindergarten-schatzkiste-einfeld.de/bildung/

## 바 스포츠 · 동작 유치원(Der sport-Bewegungs kindergarten)

1990년대 독일 내에 설립되기 시작한 스포츠·동작 유치원은 유아들의 운동결핍 문제를 해결하고 놀이 중심의 동작 활동을 통해서 유아에게 좀 더 많은 움직임의 기회를 준다. 이를 통해 자연스럽게 유아의 동작활동이 촉진되어 전인적인 유아로 발달하도록 돕는다.

출처: www.kindergarten-artlkofen.de

## 사 해변 유치원과 농장 유치원(Strand und Farmkindergarten)

해변 유치원은 바다에 근접한 북부 지역에서 1990년대 중반 이후에 설립되어 운영되고 있다. 해변에서 자유롭게 체험 활동 위주의 교육이 행해지며, 만 3~5세 혼합 연령으로 학급이 구성되어 있다. 농장 유치원은 1999년도 초에 브레멘시에 학부모가 설립주체가 되어 세워졌는데, 유아가 온갖 작물을 직접 재배하며, 특히 동물 사육에 중점을 둔 자연체험활동 중심의 교육이 이루어지고 있다(Schede, 2000).

[독일 해변 유치원 활동 모습]

[독일 농장 유치원 활동 모습]

**읽을거리**

### 독일 유치원 Kindergarten 이야기

독일 유아교육은 '아이들은 놀이를 통해 배운다'는 철학이 강하게 지배하고 있는데 좋은 유치원의 조건으로 놀이터와 모래놀이 그리고 비가 오지 않는 이상 꼭 데리고 나가는 것을 꼽는다. 비가 부슬부슬 오는데도 비옷을 입고 유치원 마당에서 모래놀이를 하고 있는 모습에 깜짝 놀란 적도 있다.

거의 모든 유치원에 있는 장난감 목록으로는 나무블록, 레고블록, 나무기차놀이, 퍼즐, 인형, 역할놀이를 위한 분장용 옷 등이 있다. 유치원 내에 텔레비전이 없는데 미취학 아이들에게 텔레비전을 보여주는 것은 아동방임으로 취급된다.

독일의 생활습관 교육은 그 전통이 오래되었다. 한국에서 독일로 온 엄마들이 아이들을 독일 유치원에 보내고 선생님들에게 쓴소리를 듣는 경우가 많이 있는데 대부분이 생활습관과 관련되어 있다. 만 3세가 된 아이들은 대부분 혼자서 옷과 신발을 갈아입는다. 소근육 운동과 인내심을 길러 주기 위해 일부러 끈이 달린 신발을 사주어 신고 벗게 하는 엄마들도 있다. 유치원에서 하는 모든 일은 아이들이 스스로 하도록 하고 있다. 옷을 갈아입고 밥을 먹고 심부름을 하는 등 여러 가지 일들을 해내면서 아이들은 배우게 되어 있다는 것이 이들의 생각이다. 만 3세 이하의 아이들이 다니는 영아원에서 아이들에게 옷을 갈아입는 법을 가르치는 선생님의 모습은 존경스러울 정도다. 인내심을 갖고 기다려주며 일일이 너무나 자세히 옷 입는 법을 가르친다.

출처: 열린전북, 2009. 08.

# V 독일 유치원 운영의 실제

## 1 독일 유치원 운영의 특징

### 가 혼합연령

독일의 학급은 혼합연령으로 구성되어 있다. 만 3~6세의 아동들이 연령별로 구분되지 않고 하나의 학급에서 교육을 받는다. 독일의 유아교육은 혼합연령집단 속에서 공동생활을 통해 다양한 삶의 상황을 경험하고, 자주적이면서도 협동적인 생활을 하게 함으로써 유아의 전인적인 발달을 돕고 가정교육을 보충하는 데 목적을 두기 때문이다.

### 나 통합교육

독일의 모든 유아교육은 통합교육이고, 모든 학교는 통합교육을 실시한다. 독일의 교육기관들은 "장애아를 위한 특수교육시설은 장애아를 장애아로서 머물게 할 뿐이다."라는 모토를 적극적으로 반영하여 통합교육을 체계적으로 실시하고 있으며, 국가 차원에서 장애인에 대한 편견을 갖지 않도록 많은 노력을 기울이고 있다.

## 다 일과운영

| 시간 | 활동 |
|---|---|
| 6:30 ~ 9:00 | 유치원 도착 및 자유놀이 |
| 9:00 ~ 9:30 | 이야기 나누기(활동 및 작업일정 안내) |
| 9:30 ~ 11:30 | 영역별 혹은 집단별 작업(아침식사, 간식시간 포함) |
| 11:30 ~ 12:00 | 마무리 활동 및 오전반 귀가 |
| 12:00 ~ 13:00 | 점심 및 휴식 |
| 13:00 ~ 14:00 | 낮잠, 오후반 시작(이야기 나누기) |
| 14:00 ~ 15:00 | 영역별 혹은 집단별 작업(간식시간 포함) |
| 15:00 ~ 16:30 | 야외활동 혹은 방문 등의 특별 프로그램 운영 |
| 16:30 ~ 17:00 | 마무리 활동, 귀가지도 및 귀가시작 |

## [독일 관련 활동안 예시]

### 교수 · 학습 과정안

| 생활주제 | 세계 여러 나라 | 활동명 | 그림 형제 이야기 | 활동유형 | 자유선택활동 (언어영역) |
|---|---|---|---|---|---|
| | | | | 활동형태 | 소집단 |
| 활동목표 | • 세계 여러 나라의 그림책에 관심을 갖는다.<br>• 상황에 맞는 이야기를 만들어 낼 수 있다. | | | | |
| 누리과정 관련요소 | • 사회관계: 사회에 관심 갖기 - 세계와 여러 문화에 관심 가지기<br>• 의사소통: 말하기-느낌, 생각, 경험 말하기 | | | | |
| 활동자료 | 세계 여러 나라의 그림책 관련 자료, 독일의 그림 형제가 만든 그림책, 나만의 그림책을 만들 수 있는 종이, 필기도구, 털실, 가위, 풀, 사진기, 앨범 | | | | |

| 활동과정 | 활 동 내 용 | 유의점 |
|---|---|---|
| 도 입<br>(10') | ■ 동기 유발<br>• 일곱 마리 아기 염소와 늑대 그림책을 읽어본다.<br>－이러한 이야기들은 어떻게 만드는 것일까요?<br>－그림을 보면서 들었던 생각은 무엇이 있을까요?<br>－어떤 내용이 기억에 남았나요?<br><br>■ 활동 안내<br>• 오늘의 활동을 안내한다.<br>－이야기를 그림책으로 만든 그림 형제 야코프와 빌헬름의 전기를 알고 우리도 그림책을 만들어 보는 활동을 한다. | －그림 형제 동화를 언어 영역에 비치해둔다. |
| 전개<br>(30') | ■ 그림 형제에 대해 이해하기<br>• 그림 형제의 전기를 알려준다.<br><br>독일의 헤센주 하나우에는 이야기를 그림책으로 만든 형제를 기리기 위해 세워진 기념비가 있고 이들은 200여 편이 넘는 이야기를 책으로 냈어요. 빨간 모자, 브레멘 음악대, 잠자는 숲속의 미녀, 방금 전에 함께 읽어본 일곱 마리 아기 염소와 늑대도 이분들이 만들어냈답니다. | |

| | | |
|---|---|---|
| | ■ 우리 반의 이야기를 모아보기<br>• 우리 반에서 일어나는 이야기들을 회상해 본다.<br>– 이번 주 활동 중에서 가장 기억에 남았던 활동이 있었나요?<br>– 우리 반 친구들끼리 있었던 일 중에서 즐거웠던(혹은 슬펐던) 기억은 무엇인가요?<br><br>■ 이야기 만들기<br>• 두 명 이상의 유아가 함께 우리 반의 이야기를 말해보고 그림이나 글로 표현해 본다.<br>– 친구와 서로 이야기했던 것 중에서 다른 친구들과도 나누고 싶은 이야기들이 있나요?<br>– 짧은 이야기나 긴 이야기를 친구에게 전하기 위해서는 어떻게 해야 할까요? | |
| 마무리<br>(10') | ■ 친구들에게 이야기 소개하기<br>• 우리 반의 이야기를 말로 소개하거나 필요할 경우 그림이나 글로 써서 소개해 본다.<br><br>■ 평가하기<br>• 오늘의 활동을 평가해본다.<br>– 이야기를 만들어 보니 어땠나요?<br>– 친구나 동생들에게 우리 반의 이야기를 전할 때 더 좋은 방법이 있을까요? | – 유아들의 다양한 표현을 격려하고 쓰기를 원하는 경우 교사가 지원해 준다. |
| 확장활동 | • 그림 형제 이야기 뮤지컬을 관람한다. | |

# 제3부

# 북부 유럽의 유아교육

제 1 장

# 핀란드(Finland)

## ◉ 산타클로스 마을(Santa Claus Village)

핀란드의 로바니에미가 '산타클로스 마을(Santa Claus Village)'로 유명해진 계기는 지난 1927년, 핀란드 라디오 방송국의 한 아나운서가 '산타클로스는 로바니에미 마을에 살아요'라고 말하면서부터이다.

산타 마을은 로바니에미 시내에서 8Km 떨어진 곳의 한적한 숲에 있다. 산타 마을에는 산타클로스의 사무실인 산타 오피스, 전세계 어린이 정보가 담겨있는 책들이 소장된 도서관, 우체국, 산타 파크 등이 있다.

우체국은 전세계 어린이들이 보내온 편지로 가득한데, 산타클로스는 어린이들이 보낸 편지에는 일일이 답장을 해주는데, 이를 위해 12개 국어를 구사하는 비서들이 산타클로스를 돕고 있다.

* 산타클로스 마을 우체국 주소: Santa's Post Office FIN-96930, Artic Circle Finland *

출처: 두산백과(2019), Santa Claus Village(2019)

## ◉ 핀란드에 대해 알아볼까요?

| 국가명(공식 명칭) | 핀란드 공화국(Republic of Finland) |
|---|---|
| 수도 | 헬싱키(Helsinki) |
| 위치 | 스칸디나비아 반도의 오른쪽에 위치하며,<br>발트해를 끼고 동으로 러시아, 서로는 스웨덴, 북으로는 노르웨이와 접경 |
| 면적 | 338,465㎢ (Kotra, 2019a) |
| 민족 | 핀란드인(93%), 스웨덴인(6%) 등 |
| 인구 | 5,519,586명 (Kotra, 2019a) |
| 언어 | 핀란드어, 스웨덴어 등 |
| 종교 | 루터교(81.7%), 그리스정교(1%) 등 |
| 정치체제 | 이원집정부제(대통령중심제+의원내각제) |
| 화폐단위 | 유로(€, EUR) |
| 빅맥 지수 | Euro area 4.57$ (Economist, 2019. 07.) |

# I 핀란드의 교육제도

## 1 핀란드 교육의 특징

- 핀란드 헌법에서는 모든 교육의 근본이 평등이라는 점을 강조하고 있다. 모든 사람은 기본 교육을 무료로 받을 권리가 있고, 정부 또는 지방자치단체는 모든 사람이 능력, 특별한 요구, 경제적 어려움 등에 구애받지 않고 교육적인 서비스를 받을 수 있는 동등한 기회를 제공해야한다고 명시하고 있다. 이는 "No dead-ends in the education system(교육 시스템에서 한 명의 낙오자도 만들지 마라)"라는 슬로건으로 표현된다(Olli-Pekka Heinonen, 2019).
- 핀란드에서는 민족주의 운동과 함께 보편교육이 보급되어 20세기 초 이미 문자해득률이 유럽인 중 가장 높은 수준에 도달하였다. 그리고 1921년에는 법에 의한 의무교육 제도가 도입되었다. 핀란드에서 교육은 모든 시민에게 있어 가장 기초적인 기본권이며, 연령, 경제적 상황, 성별, 모국어에 상관없이 공정한 교육기회를 가진다(주핀란드대한민국대사관, 2012).
- 핀란드는 신뢰에 기초한 종합적인 교육 시스템을 지향한다. 교육의 기반이 정부, 지방자치단체, 각 교육기관, 교사 간 공유하고 있는 교육철학과 전문성에 대한 신뢰라고 여긴다. 따라서 핀란드에서는 물리적 환경에서 학교 간에 격차가 있더라도 교육 내용이나 수준은 학교 간 격차가 크지 않다. 왜냐하면 자원이 없는 핀란드의 특성상 인재 양성을 중요하게 생각하기 때문이다. 그래서 모든 아이들에게 '평등한 교육'을 받을 권리를 보장하고, 그를 위해 '교육현장을 신뢰'하고 '질 높은 교원을 양성하는' 교육개혁을 1970년대부터 단행해왔다(増田ユリヤ, 2010).
- 핀란드 정부의 교육체제는 크게 2개의 구조로 볼 수 있다. 담당 부처인 교육문화부(Ministry of Education and Culture)와 주요 산하기구인 국가교육위원회(Finnish National Agency for Education)로 나뉜다.

- 교육문화부는 교육 관련 법령 제정 및 정책을 결정하며, 교육에 필요한 모든 공적 재원 확보 및 배분을 담당한다. 또한 고등교육을 담당하고 있다.
- 국가교육위원회는 핀란드의 영・유아교육, 취학 전 교육, 기초교육, 일반 및 실업계 중등교육, 성인교육을 담당하고 있으며, 국가의 교육 발전을 도모하기 위하여 정책 및 법령 입안을 지원한다. 그리고 학교급별 국가 수준의 핵심 교육과정과 교원 자격 요건 등을 개발하면서 교육 현장과 학습자를 지원한다(Finnish National Agency for Education, 2019).
- 교육성과에 대한 평가는 학교 측의 자체평가를 기본으로 하고, 국제평가(OECD의 PISA 등) 및 국가평가결과 등을 보완적으로 활용하되 국가 수준의 평가는 핵심 교과목의 목표달성 수준을 평가하기 위해 일부 학교를 무작위 선정방식으로 평가하는 것으로 학교서열평가가 아니다. 학교에 대한 국가감사제도는 1990년대에 폐지하였다(주핀란드대한민국대사관, 2012).
- 핀란드에서는 훌륭한 자질과 올바른 철학을 가진 교사들이 중요한 역할을 수행한다. 석사학위에 준하는 5년간의 대학교육 과정을 통해 양성되는 교사들은 공정성 증진, 학생들에 대한 동기부여, 학생들의 자신감, 관용의 미덕 및 사고력 증진, 학생 개개인에 대한 관심과 지원을 자신들의 소명으로 인식하고 있다.
- 핀란드의 학교는 초등학교부터 대학까지 일부 국제학교를 빼고는 거의 다 공립학교다. 신학기는 8월 중순부터 시작하며, 많은 학교에서 2학기제를 택하고 있다. 연간 수업일수는 190일로, PISA에 참가한 OECD 가맹국 가운데 가장 적은 편에 속한다. 여름방학은 6월 초부터 8월 중순까지로 2개월이 넘고, 이 기간에는 교사도 여름휴가다. 10월 중순~하순에는 가을방학, 연말연시에는 크리스마스 방학, 2~3월은 스키 방학, 4월은 부활절 방학같은 1~2주짜리 긴 방학도 많다.
- 핀란드의 교육내용과 방법은 표준화보다는 유연성과 다양성을 추구하고, 읽고 쓰고 셈하는 능력과 단순지식에 대한 교육보다는 종합적이고 폭넓은 지식 함양을 지향한다. 무엇보다도 다른 나라와 비교할 때 핀란드의 학생들이 수업에 참여하거나 학교에 머무르는 시간이 매우 적다는 점, 학교 간 또는 학생 간의 성취도의 편차가 크지 않다는 점, 스웨덴을 비롯한 인근 나라나 한국과 같은 나라들에 비해서 1인당 교육비가 저렴하다는 점, 핀란드 학생들은 학교교육 외에 사교육을

받는 일이 거의 없다는 점 등에 비추어 볼 때, 핀란드 학생들의 학업성취 결과는 훌륭한 공교육 제도와 성공적인 학교교육 덕분이라고 볼 수 있다(곽노의, 2015).

## 2 핀란드의 학제

### 가 영 · 유아교육

만 0~6세 영 · 유아들은 지방자치단체가 운영하는 영 · 유아교육기관(päiväkoti, 빠이바꼬띠)이나 가정보육(perhepäivähoito, 페르헤빠이바호이토)을 이용하며 대부분의 만 6세 유아들은 취학 전 학급(esikoulu, 에시코울루)에 다닌다. 자녀가 종합학교(peruskoulu)에 입학할 만한 준비가 아직 덜 되어있다고 판단되면, 부모가 종합학교나 취학 전 학급의 교사와 상의하여 초등학교 입학을 1년 늦출 수 있다. 그런 아이들을 위해 준비기간을 보낼 '스타트 교실'이라는 교육의 장이 마련되어 있다.

### 나 기초교육

의무교육 기간의 만 7~16세 학생들은 초등교육과 기초중등교육이 통합된 교육을 제공하는 종합학교(peruskoulu)에 다니며, 10학년 과정까지 이수할 수 있다. 이때 1~9학년까지는 의무이고, 10학년은 선택이다(増田ユリヤ, 2010).

### 다 중등교육

상급중등교육을 위해서는 일반 고등학교(lukio, 루키오)와 2~3년제의 실업계 고등학교(ammattikoulu, 암마띠코울루)등 2가지 형태의 고등학교 과정이 있으며, 일반 고등학교를 마치면 대학진학 자격시험(Marticulation)을 거쳐 대학교에 진학하거나 실업계 고등학교에 재입학하거나 또는 취업을 선택한다. 대부분의 일반 고등학교는 지방자치단체가 운영한다.

실업계 고등학교에서는 실기와 연계된 2~3년의 교과과정을 이수하며, 졸업 후에는 취업을 하거나 전문대학(polytechnic) 또는 대학교에 진학한다. 실업계 고등학교의 절반은 지방자치단체가 운영하며, 1/3은 중앙정부에서 운영하고, 나머지는 민간단체에서 운영하지만, 운영비용의 70~100%를 중앙정부가 부담한다.

## 라 고등교육

핀란드에는 최대의 대학인 헬싱키 대학교를 비롯한 10개의 종합대학교, 3개의 공과대학교, 3개의 경제경영대학교, 4개의 예술대학교가 있다. 1990년대 고등교육제도 개혁으로 특수교육기관들을 통합하여 1996년부터 전문대학을 설립하였고, 전문대학의 수학기간은 통상 3년 6개월~4년이다.

핀란드의 모든 대학과 전문대학은 국립으로서 직제 상 교육문화부 산하에 속해 있으나, 학교 운영은 자체적으로 이루어진다.

유럽연합(EU, European Union)의 볼로냐(Bologna) 교육개혁 과정에 따라 2005년 하반기부터 대학 과정은 3년간 수학하여 학사학위를 취득한 이후, 석사학위 과정(학사학위 취득 후 최소 2년 추가 수학)을 수학하도록 개편되었다. 따라서 학사학위 과정은 최소 3년이 걸리고, 석사학위 과정까지하면 최소 5년이 걸린다.

핀란드의 학제는 다음 표와 같이 나타낼 수 있다.

<table>
<tr><th>나이</th><th colspan="2">핀란드의 학제</th><th>한국과 비교</th></tr>
<tr><td>27</td><td colspan="2" rowspan="3">〈박사학위〉<br>대학원</td><td rowspan="6">대학원</td></tr>
<tr><td>26</td></tr>
<tr><td>25</td></tr>
<tr><td>24</td><td></td><td rowspan="2">〈기술전문 석사학위〉<br>대학원<br>(경력 3년 이상)</td></tr>
<tr><td>23</td><td rowspan="2">〈석사학위〉<br>대학원</td></tr>
<tr><td>22</td><td rowspan="4">〈학사학위〉<br>기술전문학교</td></tr>
<tr><td>21</td><td rowspan="3">〈학사학위〉<br>대학교</td><td rowspan="4">대학교 및 전문대학교</td></tr>
<tr><td>20</td></tr>
<tr><td>19</td></tr>
<tr><td>18</td><td rowspan="3">〈대학입학자격〉<br>일반 고등학교<br>(lukio)</td><td rowspan="3">〈직업자격〉<br>실업계 고등학교<br>(ammattikoulu)</td></tr>
<tr><td>17</td><td rowspan="3">고등학교</td></tr>
<tr><td>16</td></tr>
<tr><td>15</td><td colspan="2" rowspan="9">〈기초교육, 의무교육〉<br>종합학교<br>(peruskoulu)</td></tr>
<tr><td>14</td><td rowspan="3">중학교</td></tr>
<tr><td>13</td></tr>
<tr><td>12</td></tr>
<tr><td>11</td><td rowspan="6">초등학교</td></tr>
<tr><td>10</td></tr>
<tr><td>9</td></tr>
<tr><td>8</td></tr>
<tr><td>7</td></tr>
<tr><td>6</td><td colspan="2">취학 전 학급<br>(esikoulu)</td></tr>
<tr><td>5</td><td rowspan="6">영・유아교육기관<br>(päiväkoti)</td><td rowspan="6">가정보육<br>(perhepäivähoito)</td><td rowspan="3">유치원 및 어린이집</td></tr>
<tr><td>4</td></tr>
<tr><td>3</td></tr>
<tr><td>2</td><td rowspan="3">어린이집</td></tr>
<tr><td>1</td></tr>
<tr><td>0</td></tr>
</table>

## Ⅱ 핀란드 영 · 유아교육의 역사

- 핀란드는 18세기부터 탁아 서비스를 제공한 나라이다. 19세기 초반 독일에서 발생한 프뢰벨식 유치원 이념은 핀란드 유아 보호 및 교육에 지대한 영향을 미쳤으며, 핀란드 전역으로 급속하게 확산되었다.
- 핀란드 공교육 체제의 창시자인 우노 시그나에우스(Uno Cygnaeus)는 19세기 중반 독일의 유치원과 교사 양성 체제에 깊은 감명을 받아 유치원의 필요성을 강조하였으며, 그의 제안에 의해 1866년에 핀란드 최초의 유치원 및 유아원이 설립되었다. 유아원는 만 4세 이하 아동을 위한 기관으로, 유치원은 만 4~10세까지의 아동을 위한 기관으로 운영되었다. 유치원에서는 종이접기, 짜 맞추기, 바느질, 모래 · 흙놀이, 색채놀이, 원예 같은 활동을 도입하여 수작업과 공작교육에 중점을 둔 교육과정을 도입하기도 하였다(The Editors of Encyclopaedia Britannica, 2020).
- 시그나에우스의 타계 이후 그의 후계자인 한나 로스만(Hanna Rothman)은 주로 사회적 서비스에 기초한 유치원 모델을 발전시켰으며, 이에 따라 가난한 가정의 아동들을 위한 탁아 기능을 제공하는 최초의 공립 유치원이 1888년에 설립되었다. 1892년에는 이 유치원에서 교사를 위한 교육을 시작하였다(Ebeneser Foundation, 2015).
- 핀란드의 초기 유치원은 학교 담당부처의 관리 하에 있었으나, 1918년 내전의 결과로 유치원의 사회적 서비스 기능이 강화되어 1924년 이후 사회복지 담당부처의 관리 체제로 이양되었다.
- 1913년부터 유치원은 국가에서 제시하는 일정한 운영 조건을 만족시키는 경우, 설립유형에 관계없이 정부의 보조금을 받을 수 있게 되었다. 그러나 1927년까지 대부분의 사립 기관들은 정부 보조금을 지원받지 못하였으며 설립자나 설립단체

로부터 조달받은 운영 자금과 부모나 보호자들로부터 받은 약간의 수업료로 운영되었다. 1927년 의회에서 유치원 및 유아원을 위한 정부 지원에 대한 법이 추진됨에 따라 모든 유치원과 유아원은 운영 자금의 30%를 동등하게 지원받을 수 있게 되었다. 그러나 이들 기관의 교육과정에 대한 국가적 통제는 실시되지 않았다.

- 유치원의 수는 1940년대 이전까지 매우 느린 속도로 증가하였는데, 20세기에 들어섰을 때 유치원의 수는 10여 개에 불과하였으며, 1920년대 후반에는 80개 정도였다. 1930년 후반 유치원의 수는 100여 개에 가까워졌으나, 제2차 세계대전의 영향으로 인하여 성장 추세가 멈췄다. 이 시기에는 특히 어린 아동들은 가정에서 그들의 어머니에 의해 양육되는 것이 가장 좋다는 존 보울비(John Bowlby) 등의 반(反)기관운동(anti-institutional movement)에 의해 3세 미만의 아동을 위한 기관에 대한 반대가 확산되었다.
- 1950년대와 1960년대의 급격한 사회적 · 직업적 구조의 변화는 많은 여성들을 일터로 나오게 하였으며, 이에 따라 탁아 서비스에 대한 요구가 급증하는 결과를 초래하였다. 1950년대 후반기 유치원 수는 230여 개에 달하게 되었으며, 1973년에 아동보육법이 제정되기 이전까지 유치원 수는 350개 이상 설립되었다.
- 1973년에 아동보육법(Children's Day Care Act, 36/1973)이 제정되면서 유치원과 유아원의 명칭은 'päiväkoti(빠이바꼬띠, 영 · 유아교육기관)'로 통일되었으며, 모든 지방자치단체는 지역사회의 요구에 부응하여 공공기금으로 설립되거나 공적으로 감독되어지는 탁아기관을 제공할 것이 요구되었다. 특히 이 법안을 통해 유아들은 모국어(핀란드어, 스웨덴어, 라플란드어 등)로 교육을 제공받을 수 있는 기회가 규정되었고, 가정에서 자기 자녀를 포함한 아이를 돌보는 '가정보육사'라는 직업이 생기게 되었다(이윤진, 정도상, 2015).
- 1996년부터 공적 재정 투입에 의해 만 0~6세 영 · 유아는 모두 지방자치단체에서 제공하는 공립 영 · 유아교육기관 및 취학 전 학급에 다닐 수 있게 되었다. 1997년 8월부터는 가정보육 및 사립 영 · 유아교육기관 이용 부모들을 위한 아동수당도 지급하기 시작하였다. 이에 따라 공립과 사립 기관 중에서 원하는 시설을 선택할 수 있게 되었다(이윤진, 송신영, 2009).
- 2000년대 이후에는 영 · 유아교육과정 제정을 진행하였다. 2000년에는 취학 전

학급 교육과정(the Core Curriculum for Pre-School Education)을 제정하였고, 2003년에는 국가 수준의 영·유아교육과정 지침서(The National Curriculum Guidelines on Early Childhood Education and Care in Finland)를 발표하였다.

- 2013년 1월 1일부터는 교육과 보육의 연속성, 통합성 강화 등을 목적으로 만 0~6세 영·유아교육의 담당부처를 교육문화부(Ministry of Education and Culture)로 일원화하였다(이윤진, 정도상, 2015).

# Ⅲ 핀란드 영·유아교육의 행·재정 체제 및 교원 제도

## 1 핀란드 영·유아교육 관련법

아동보육법(Children's Day Care Act, 36/1973) 제2조 목적

1) 영·유아가 있는 가정을 지원하고, 가정과 더불어 영·유아 개인의 균현 발전을 지향한다.
2) 영·유아에게 지속적이고 안전하며 따뜻한 인간관계를 형성할 수 있도록 아동의 발전과 다양한 활동을 지원한다.
3) 영·유아의 출발점을 고려하여 가장 적절한 성장 환경을 제공한다.
4) 영·유아의 연령과 개인적인 필요성을 고려하여 영·유아의 신체적, 사회적, 정서적 발전과 윤리적, 지적, 종교적 성장을 돕는다.

출처: 이윤진, 정도상(2015)

- 핀란드는 유치원 보조법(1927), 아동복지법(1936 제정, 2007 개정), 아동보육법(1973), 영·유아교육법(2018) 등 일련의 법률 제정을 통해 모든 영·유아교육에 대한 국가 차원의 지원체제를 확고하게 정립하였다. 관련법들은 유아교육기관의 물리적 환경에 대한 규정을 마련하고 교육 목표를 정의함으로써 부모와 함께 아동이 건강하고 균형있게 성장하는 것을 목적으로 한다.
- 관련법에서는 영·유아교육의 목적에 관한 조항을 분명하게 규정했는데, 영·

유아교육의 목적은 영・유아의 균형된 발달을 촉진하는 것으로, 이를 위해 영・유아와 안전하고 따뜻한 관계를 형성하는 데 기여하여야 하며, 영・유아의 발달을 위해 다양한 방법으로 활동들을 지원하며, 아동 개개인이 처한 상황에 맞는 건전한 환경을 제공하는 데 있다(이윤진, 송신영, 2009).

- 1996년부터는 가정보육 및 사립 영・유아교육 수당법(Child Home Care and Private Day Care Allowance Act, 1996)에 따라 만 0~6세의 취학 전 영・유아에게 무상교육이 실현되었다. 단, 수당에 관련된 업무는 사회보건부에서 담당한다.
- 2000년대에 들어서면서, 유아교육을 위한 필수 교과과정(the Core Curriculum for Pre-School Education, 2000), 국가수준의 영・유아교육・보육정책에 관한 정부 결의(the Government Resolution Concerning the National Policy Definition on Early Childhood Education and Care, 2002), 영・유아교육・보육에 관한 국가 교육과정(the National Curriculum Framework for Early Childhood Education and Care in Finland, 2003) 등이 마련되었다.
- 2001년 교육에 대한 개혁 이후에 취학 직전 연령인 만 0~6세 대상의 유아교육은 교육문화부(Ministry for Education and Culture)에서 담당하게 되었으며 유아교육기관 교육과정의 운영은 지방자치단체로 이관되었다.
- 2002년 설립된 국책연구기관인 국립보건복지연구센터(The National Research and Development Center for Welfare and Health, STAKES)에서 핀란드의 영・유아교육의 주요 원리와 방향을 제시한 국가 수준의 강력한 영・유아교육 정책을 수립하였으며, 국가 수준의 통계 정기간행물, 각종 관련 연구물 조사자료 등의 정보를 생성하여 영・유아교육 지원을 위한 자료를 구축하였다. 국가교육위원회(The National Board of Education)에서는 만 6세 유아가 다니는 취학 전 학급의 교육과정과 방과 후 활동에 관한 규정 등을 개발하였다.
- 2003년도에 발표한 국가 수준의 영・유아교육과정 지침서(the National Curriculum Guidelines on Early Childhood Education and Care in Finland)에서는 영・유아교육기관에 다니는 모든 영・유아가 배우고 습득해야 할 기본 내용의 틀을 국가 수준에서 제시하고 있다. 이러한 일련의 과정을 통하여 2013년에 유아교육과 보육이 통합되었다(박은혜, 장민영, 2014).

- 2010년부터는 영・유아교육을 위한 국가 핵심 교육과정(National Core Curriculum for Pre-primary Education)이 제공되었고, 보다 폭 넓은 교육과정으로서의 개혁을 위해 2014년, 2016년에 개정되었다. 또한 취학 전 1년의 교육인 취학 전 학급은 2015년 8월부터 의무교육으로 지정되었다.
- 2018년 9월 1일자로 기존의 아동보육법은 영・유아교육법(Act on Early Childhood Education and Care, 2018)이라는 명칭으로 개정되었다. 이 법에는 영・유아의 권리, 영・유아교육기관, 영・유아 기록관리 등에 대한 내용을 다루고 있다.

## 2 핀란드 영・유아교육 행・재정 체제

- 핀란드의 영・유아교육은 영・유아들을 위한 교육을 제공하고자 하는 목적과 가족을 위해 제공되는 아동보육제도를 동시에 충족시키는 유아교육과 보육이 통합된 일원화 체제이다. 담당 부처는 교육문화부(Ministry of Education and Culture)로 되어있으며 만 0~6세 영・유아를 담당한다.
- 핀란드는 오랜 기간 동안 자녀를 가진 가정을 지원하기 위해 다양하고 종합적인 사회적 혜택을 제공하였다. 핀란드에서는 영・유아교육이 만 0~6세의 영・유아와 부모를 위한 사회서비스의 일부분으로 교육에 대한 유아의 권리와 그들의 자녀를 돌봐 줄 곳을 가질 부모의 권리가 결합되어 있다.
- 지방자치단체는 의무교육이 시작되기 전의 만 6세 유아들을 위한 교육기관을 반드시 제공해야 할 의무를 지니고 있으므로, 영・유아교육기관, 가정, 학교, 그 외의 적절한 장소 등을 상시적으로 마련하고 있어야 한다. 또한 2004년에는 학교통학(School Transportation) 시스템이 강화됨에 따라 모든 유아들이 교육기관에 취원할 수 있는 확률이 증가하게 되었다.
- 부모가 자녀들을 가정에서 양육하기를 원할 경우, 아동수당을 부모가 받거나 모성휴가, 부성휴가, 부모휴가, 전일제 육아휴직, 시간제 육아휴직 등 다양한 육아휴직제도를 사용할 수 있다. 1996년 이후로 만 7세 미만의 자녀가 있는 부모들은 이러한 다양한 육아휴직제도를 사용할 수 있게 되었다.
- 부모가 직업을 가지거나 학업에 진학하게 되면 영・유아교육기관 이용을 필요로

하는 날짜의 4개월 전에 지방자치단체에 신청해야 한다. 그러면 지방자치단체에서는 2주 내에 영 · 유아교육기관을 배정하여 알려준다. 또한 가족의 규모나 부모의 소득수준에 따라 지방자치단체에서 지원을 받을 수 있으며, 전일제(5시간 이상), 시간제, 저녁, 주말, 24시간 등 다양한 운영형태의 기관을 이용할 수 있다.

## 3 핀란드 영 · 유아교육기관의 유형

핀란드의 영 · 유아교육기관은 영 · 유아교육기관(päiväkoti), 취학 전 학급(esikoulu), 가정보육(perhepäivähoito)으로 나누어져 있다. 영 · 유아교육기관은 도시 지역에서 많이 이용되고 있으며, 가정보육은 지방에서 많이 제공되고 있다. 연령별로 이용하는 영 · 유아교육기관의 유형을 소개하면 아래 표와 같다.

| 연령 | 0 | 1 | 2 | 3 | 4 | 5 | 6 |
|---|---|---|---|---|---|---|---|
| 유형 (명칭) | 영 · 유아교육기관 (päiväkoti) | | | | | | 취학 전 학급 (esikoulu) |
| | 가정보육기관 (perhepäivähoito) | | | | | | |

* 모든 기관은 특수 교육 프로그램 포함

### 가 영 · 유아교육기관(päiväkoti, 빠이바꼬띠)

대부분의 영 · 유아교육기관은 지방자치단체에 의해 제공, 관리되며, 영 · 유아 부모의 요구를 모두 수용하지 못할 경우 사립 영 · 유아교육기관에 의지하기도 한다. 전통적으로 영 · 유아교육기관에서는 유아의 연령을 만 3세 미만과 만 3~5세까지로 나누어 집단을 구성해 왔으나, 최근

〈교실 모습〉

들어 몇몇 기관에서는 영・유아들을 좀 더 넓은 범위의 혼합 연령 집단으로 묶어 운영하기도 한다. 만 3세 미만의 유아의 경우 집단의 최대 인원은 12명으로 만 3~5세까지의 유아집단의 최대 인원은 20명으로 제한되어 있다.

영・유아교육기관 중 개방센터(open-door center)라고 불리는 곳은 가정보육 제도를 이용하거나 부모에 의해 집에서 양육되는 영・유아들을 위한 것으로, 자격이 있는 교사가 유아와 부모를 위한 활동을 조직하여 운영한다. 이 활동에는 자녀 양육과 영・유아 발달에 대한 강의 및 워크숍 등이 포함되어 있다.

〈휴식 침대 모습〉
영 · 유아의 휴식을 위한 공간과
설비를 효율적으로 하기 위해
평상시에는 벽상의 형태로 보관하다가
필요할 때 펼쳐서 사용

〈외부와 통하는 입구 앞 모습〉
바깥놀이를 위해 상시적으로 상 · 하의 일체형 옷, 장화 등을
준비해놓았고, 근처에 세탁 · 건조기를 두고 수시로 이용

〈바깥놀이터 모습〉
푹신한 모래와 복합놀이기구 등

〈화장실 모습〉
다양한 연령이 사용 가능하며 영 · 유아 스스로 씻거나
교사가 영 · 유아를 씻길 수 있음

### 나 취학 전 학급(esikoulu, 에시코울루)

〈취학 전 학급 모습〉
원하는 놀잇감이 있는 곳에 가서 친구와 함께 놀이하고 있음

종합학교에 취학하기 1년 전인 만 6세 유아들을 위한 취학 전 교육 단계를 의미한다. 2015년부터 의무교육으로 지정되어 있으며, 영·유아교육기관이나 종합학교 안에 하나의 학급으로 자리해 있다. 종합학교의 일과와 비슷하게 운영되며, 오전 8시 30분부터 12시 30분까지 하루에 4시간 동안 교육이 운영된다. 종합학교의 교육을 자연스럽게 배우기 위한 과정이나, 교과목을 미리 학습하는 것이 아니라, 놀이, 운동, 탐구, 질문, 의사소통 방식 등을 배운다. 교육과정은 언어와 상호작용, 수학, 윤리와 종교, 환경과 자연, 건강, 신체발달, 예술과 문화의 6개 영역으로 구성되어 있다(Finnish National Board of Education, 2010).

### 다 가정보육(perhepäivähoito, 뻬르헤빠이바호이토)

가정과 비슷한 환경 안에서 보육이 제공된다. 가정보육사가 자기 자녀을 포함해서 약 5명의 아이를 보육한다. 또한 가정보육사는 핀란드의 사회복지 관련 정부기관인 Kansaneläkelaitos에서 담당하고 있다(이윤진, 정도상, 2015).

## 4 핀란드 영·유아교육 현황

### 가 영·유아교육 비용

지방자치단체를 통해 제공되는 공립 기관 또는 가정보육의 경우, 영·유아교육비에 관한 법률(The Act on Client Fees in Early Childhood Education and Care, 2016)에 따라 영·유아교육 비용을 규정하고 있다. 비용은 가족의 규모 및 소득, 기관 이용 시간에 따라 결정된다.

교육문화부에서 발표한 2020년 교육비 산정 기준에 따르면, 2020년 8월을 기준으로, 첫 번째 자녀에 대한 비용은 월 27~289유로이며, 두 번째 자녀의 경우는 가장 막내에 대한 비용의 최대 50%로, 월 144유로까지 책정될 수 있다. 세 번째 이상의 자녀의 경우는 가장 막내에 대한 비용의 최대 20%까지만 책정한다.

일주일에 20시간 이상 이용하는 경우는 종일제 비용에서 최대 60%까지 책정되며, 일주일에 20시간 이상 35시간 미만 이용하는 경우에는 지방자치단체에서 기관 이용 시간에 비례하여 비용을 책정한다. 일주일에 35시간 이상 이용할 경우에는 종일제 비용 전부를 책정한다.

영·유아교육비에 관한 법률은 가정 소득에 따른 영·유아교육 비용 책정 비율을 2년마다 조정한다. 2020년 8월 1일자 기준의 가정 소득 대비 영·유아교육 비용 책정 비율을 제시하면 아래 표와 같다. 단, 일곱 번째 자녀부터 모든 자녀에 대한 가정 소득은 144유로씩 증가하는 것으로 산정하면 된다(Finnish Ministry for Education and Culture, 2019).

| 자녀수 | 가정 소득<br>(월 기준) | 영·유아교육 비용 책정 비율<br>(월 기준) |
|---|---|---|
| 2 | 2,136유로 | 10.7% |
| 3 | 2,756유로 | 10.7% |
| 4 | 3,129유로 | 10.7% |
| 5 | 3,502유로 | 10.7% |
| 6 | 3,874유로 | 10.7% |

가정보육 및 사립 영·유아교육기관을 이용하는 부모들을 위해서는 1996년부터 아동수당을 지급해오고 있다. 사립의 경우, 영·유아교육 비용이 기관에 따라 책정되므로 공립 보다 비싼 편이다(이윤진, 정도상, 2015; Finnish Ministry for Education and Culture, 2019).

## 나 영·유아교육기관 이용 현황

만 0~1세 영·유아의 경우 대부분 가정에서 부모가 직접 양육한다. 만 2세 영·유아는 52%, 만 3세 유아는 68%, 만 4세 유아는 75%, 만 5세 유아는 80% 정도의 영·유아교육기관 취원률을 보이고 있다. 또한 영·유아들의 89%는 공립 기관으로, 11%는 사립 기관으로 취원한다(OECD, 2015a).

만 6세 유아들의 취학 전 학급 취원률은 98%에 달하며, 오전 4시간만 운영하기 때문에, 약 70%는 일과 전후로 영·유아교육기관을 이용한다. 이에 따른 취원률을 정리하면 아래 표와 같다.

| 연령 | 만 2세 | 만 3세 | 만 4세 | 만 5세 | 만 6세 |
|---|---|---|---|---|---|
| 취원율 | 52% | 68% | 75% | 80% | 98% |
| OECD 평균 | 39% | 74% | 88% | 95% | 97% |

출처: OECD(2015a).

### 다 기관 이용시간

영·유아교육기관은 기관 특성에 따라 아침 6시부터 오후 5시 30분까지 다양하게 운영한다. 전일제로는 하루 최대 10시간까지, 시간제로는 하루 최대 5시간까지 이용할 수 있다. 교대근무로 일하는 부모들을 위해 24시간 운영하기도 하며, 학령기 아동을 위한 방과 후 돌봄을 제공하는 기관도 있다.

영·유아들은 대부분 하루 4~10시간동안 영·유아교육기관에 머물며, 이는 1년에 700시간 정도 된다(정도상, 2011).

## 5 핀란드 영·유아교원 양성 및 처우

### 가 교원의 유형 및 자격

- 핀란드에는 다양한 자격과 직위의 영·유아교원들이 있고, 교원 간 학력 및 교육수준의 차이가 존재한다. 또한 아동보육법과 사회복지전문가의 자격요건에 관한 법령으로 규정되어 있다(Finnish Ministry for Education and Culture, 2019).
- 영·유아교육기관에는 기관장(Johtajat 또는 Ohjaajat), 영·유아교사(Lastentarhanopettaja),

특수교사(Erityislastentarhanopettajat), 영아전담교사(Varhaiskasvatuksen lastenhoittajat), 보조교사(Lähihoitaja), 보조원 등이 근무한다.

- 가정보육에 종사하는 교사는 가정보육사(Perhepaivahoitajat)라고 한다.
- 영・유아교육기관 교사(Lastentarhanopettaja)의 경우 0~5세를 담당하며, 기술전문학교 졸업자와 1995년 이후 대학교에서 유아교육을 전공한 학사학위 소지자들이 대부분이다(이윤진, 정도상, 2015). 또한, 기관 내에 교사의 1/3이상은 교육학 학사 또는 사회과학 석사학위 소지자로 구성해야 한다. 영・유아교사 양성은 핀란드 8개 대학에서 실시하고 있으며, 국가에서 정한 영・유아교사 양성과정에 따르고 있다. 자격증 취득을 위한 별도의 시험은 없으며 대학에서 180학점을 이수하고 학위를 취득하면 자격이 주어진다.
- 보조교사(Lähihoitaja)는 3년 과정의 직업훈련과정(secondary vocational training)을 거쳐야 하며, 보조교사로는 소아과 간호사, 지역사회복지사 등이 있다. 임용은 1973년 제정된 아동보육법에 준하여 실시되고 있으며, 각 기관의 원장은 고등교육기관에서 3년간 교육을 받은 교사나 사회교육가(sociaalikascattaja, social educator)를 임명한다.
- 취학 전 학급 교사의 경우 만 6세를 담당하며, 기초교육법(Basic Education Act, 1998) 및 교사 자격 지침(Teaching Qualifications Decree, 1998)에 필수 자격요건을 명시하고 있다. 종합학교 교사 자격요건과 동일하게 4년제 학사학위 이상, 또는 석사학위를 요구하고 있다.
- 다양한 전공자와 전문대, 4년제 학사학위 소지자, 전문대학 졸업자가 함께 근무하도록 하는 것은 기관 내에서 서로 간에 멘토링과 장학활동이 활발하게 이루어지도록 하는 것이 목적이다.
- 영・유아교육기관의 기관장은 영・유아교사 자격증을 소지하거나 석사학위를 소지하여야 하며, 그 지역의 가정보육사들을 감독하고 이들에게 협조해야 하는 책임이 있다.

## 나 급여 및 보수

- 핀란드 영·유아교사의 급여는 점차 개선되어 교사의 개인적 역량, 업적, 그리고 근무조건에 따라 다를 수 있으며, 지역적으로도 융통성 있는 급여체계를 가지도록 하고 있다.
- 2013년 기준으로 영·유아교사는 연 29,946유로의 급여를 받는데, 이는 핀란드 취업자의 평균 월급보다 낮은 수준이다. 또한 초등교사의 연 급여가 40,863유로, 중등교사가 44,955~50,802유로인 것에 비해 유아교사 급여가 매우 낮은 것을 알 수 있다. 하지만 이마저도 2000년에 비해 1.5배 정도의 급여가 인상된 것이다. 또한 영·유아교육기관에서 재직하는 보조교사는 25,788유로, 간호사 28,320유로 정도의 급여를 받고 있으며, 영·유아교사의 급여보다 낮다(OECD, 2015b).
- 핀란드의 영·유아교사들은 비슷한 학력수준의 근로자 급여의 68%정도 받고 있으며, 이는 OECD의 평균 급여의 81% 수준이다. 보너스 급여를 받을 경우, 73%까지 받는다고 볼 수 있다(OECD, 2015b).

## 다 교사의 근무여건

- 교사 대 영·유아 비율은 만 0~2세 영·유아의 경우 1:4이며, 만 3~6세 기관의 경우 1:7로 되어 있다. 핀란드는 OECD 국가 가운데 교사 대 유아 비율이 가장 낮은 국가로 분류되고 있다. 시간제의 경우 만 3~6세의 경우 1:13이며, 만 0~2세는 마찬가지로 1:4이다(이건희, 김정숙, 2013). 실제로 교사 1인당 10.6명의 유아를 돌보고 있으며 교사 1명당 보조교사 2명이 함께 근무한다.
- 교사의 근무 시간을 살펴보면, 연간 수업주수가 대략 38주이며 주당 40시간 근무한다. 수업일수는 187일로서 교사는 일반적으로 하루에 오전 8시부터 오후 4시까지 8시간 근무하며 이후에는 시차제 근무를 통해 다른 교사가 해당 학급을 담당하도록 되어 있다.
- 교사의 97%가 여성이며, 나머지 3%는 남성으로 구성되어 있다.

## 라 현직교육

- 핀란드에서는 교원의 전문성 발달을 매우 중요시 하여 국가 차원에서 4년마다 교원교육 및 훈련을 위한 계획을 세우고 실행한다. 교원과 교직원의 연수(in-service training)와 전문성 증진(Continuous professional development: CPD)을 위한 교육과 비용은 정부와 지방자치단체에서 부담한다.
- 가정보육에 종사하는 가정보육사의 교육은 1년에 3~10일 정도 이루어지도록 하고 있으며 이 기간 동안 대체교사가 파견되고 월급을 전액 받으면서 교육을 받게 된다. 교육 내용은 아동보육법에 근거하여 시행되며 지방자치단체에서 지원하고 있다.
- 영・유아교원들은 그들의 경력과 전문성 발달을 위한 노력, 그리고 상위 학위 취득에 의해 승진의 기회가 주어진다. 교사에게도 관리자가 될 수 있는 기회가 주어진다.

**읽을거리**

### 핀란드의 현직교육의 사례

Ebeneser 재단에서는 영・유아교원들을 위해서 극, 예술, 음악 교육에 관한 연수를 운영하고 있다.

시간 여행 교육*은 영・유아교원 발달 지원을 위한 프로그램이 되기도 한다. 기관과 가정 사이의 교육적인 협력 관계, 아동중심사상, 아동참여에 대한 관점을 강화시킬 수 있다. 교육 주제에는 정체성 형성과정에 있어서 기억과 개인의 역사의 중요성, 개인의 역사에 대한 감사, 주제별 기억, 기억을 통한 영・유아의 세계에 대한 재발견과 같은 것들이 포함되어있다. 또한 직장에서의 복지를 지원하고, 전문가로서의 정체성을 발견하는 것을 목표로 한다. 그리고 단결을 독려하고 토의를 위한 주제를 제공해준다.

* 유아들과 가족들을 참여시키기 위한 효과적인 방법들이 포함된 주제들로 구성된 '시간 여행-가족 이야기' 프로젝트를 바탕으로 한 교육 프로그램이다. 주제들은 영・유아, 부모, 조부모 대상의 게임과 장난감뿐만 아니라 동화와 동화의 등장인물, 중요한 장소 등을 포함하고 있다. 조각 맞추기, 사진, 이야기 꾸미기, 인터뷰, 극 등의 활동이 있다.

출처: Ebeneser Foundation(2016)

# Ⅳ 핀란드 영 · 유아교육과정

핀란드 국가교육위원회에서는 영 · 유아교육을 위한 국가 핵심 교육과정(National Core Curriculum for Pre-primary Education, 2010: 2014 개정: 2016 재개정)을 제정하여, 영 · 유아교육기관에서 이를 기초로 교육할 수 있도록 권고한다. 영 · 유아교육을 위한 국가 핵심 교육과정은 영 · 유아교육의 목적과 핵심 교육내용, 가정 연계, 영 · 유아의 행복을 위한 중요한 원칙 등에 대한 것들을 제시한다. 이는 지방자치단체, 영 · 유아교육기관, 학교 등 모든 관련기관 간의 협력을 통해 만들어졌으며, 각 영 · 유아교육기관은 이를 토대로 교육과정을 수립하여 운영해야 한다.

기초교육이 시작되기 전, 만 6세의 유아들은 1년 동안 취학 전 학급에 의무적으로 다녀야 한다. 취학 전 학급의 교육은 기초교육을 위한 준비에 중점을 두며, 기초교육 법령에 따라 연간 700시간 이상 운영해야 한다.

## 1 교육 방향

- 유아교육을 위한 국가 핵심 교육과정에서는 유아의 개성과 활동적인 학습, 사회 구성원다운 행동을 중요하게 여긴다.
- 유아가 가지고 있는 경험과 지식을 기초로 놀이를 통해 삶에 대한 긍정적인 관점을 가질 수 있도록 노력해야 하며, 모든 교육활동에서 유아의 자율성을 강조하면서 자율성을 발달시켜나가도록 지원해야 한다고 본다.
- 유아들의 동기를 유발하고, 새로운 것을 시도하고 배우는 기회를 가질 수 있도록 교육이 이루어져야 한다.
- 유아들은 다양한 학습 환경에서 놀이하고 활동함으로써 경험의 폭과 깊이를 더해갈 수 있다.
- 교육 활동은 유아 중심으로 계획되어야 하며, 긍정적인 자기 인식과 자기정체성 형성을 도모해야 한다.

- 유아들은 다양한 상호작용과 사회적 기술을 발달시킬 기회를 가져야 하며, 핀란드인으로서의 고유성과 전통에 대해 이해하는 방법을 배워야 한다.
- 유아교육은 서로 다른 언어, 문화, 철학, 종교적인 배경을 모두 아우르는 긍정적인 방법으로 실행되어야 한다.
- 유아교육 관련 법령에서 학부모 참여를 강조하는데, 유아교육기관은 교육목표와 내용을 학부모에게 알려야 할 의무가 있으며 학부모가 내는 의견 및 정보를 유치원 교육 개선에 반영해야 한다.
- 유아교육 활동은 목표지향적으로 구성되며, 각 유아의 개별 요구사항, 희망사항, 학습목표 등은 유아와 학부모와 상의하여 목표를 구체화해 나간다. 이를 반영하여 교사는 교수를 계획하며, 교육 환경을 구성한다.
- 특히 지속 가능한 생활 방식의 원칙을 따르면서 사회, 문화, 경제 및 생태 등 다양한 요소를 고려한다. 그리고 개인의 의견과 남녀 간의 평등을 강조한다.
- 유아교육에서 고려해야 할 분야는 다음과 같다.
  - 사고와 학습(Thinking and Learning)
  - 문화적 전문성, 상호작용 및 표현(Cultural expertise, Interaction and Expression)
  - 자기관리 및 일상생활 기술(Self-care and Daily life skills)
  - 다중 문해력(Multi literacy)
  - 정보통신기술 노하우(Information and communications technology know-how)
  - 참여와 영향력(Participation and Influence)

## 2 교육 내용

유아교육을 위한 국가 핵심 교육과정 내용은 크게 다섯 가지로 제시되어 있다.

### 가 표현

유아들의 학습 정도, 사회적 기술 및 긍정적인 자아상은 주변 세계와 관계맺는 경험을 가질수록 발달된다. 유아들은 연습을 통해 다양한 표현 기술로 자신과 주변 세계를 탐색하고, 해석하고, 표현하면서 능력을 키워나간다. 유아교육 단계에서는 유아가 음악적 표현, 예술적인 사진, 수공예, 언어적·신체적 표현을 위한 기초적인 기술을 발달시키는 것을 목표로 한다. 이를 통해 유아들은 일상생활과 특정 상황에서 문화적 다양성과 정서를 표현할 수 있는 기회를 가진다. 표현을 위한 교육활동은 유아들의 인식, 관찰, 경험을 기초로 하며, 유아들은 자신의 생각, 관련 경험들을 공유한다.

#### ① 음악

음악 활동은 다양하며 다중 감각적이고, 음악에 대한 유아들의 흥미와 관계를 강화하기 위한 목적을 가진다. 유아들은 노래, 춤, 움직임, 연주, 자신만의 음악 만들기와 같은 경험을 한다. 유아들은 함께 노래를 배우고 다양한 종류의 음악과 악기에 대해 배운다. 유아들은 놀이하고 실험하고 즉흥연주를 하면서 소리의 높낮이, 길이, 리듬을 알게 된다. 음악 활동을 통해 유아들이 함께 음악을 만들어내는 경험을 한다.

#### ② 공예

유아들이 나름대로 상상을 통해 다양한 공예활동을 계획하고 실행해보는 경험은 중요하다. 단단하고 부드러운 재료로 공예를 시도하면서 필수적이고 기초적인 조작기술을 배운다. 유아들은 교사의 도움으로 공예활동을 더욱 오랫동안 지속할 수 있다. 또한 전통과 관련된 공예를 하는 전문가나 현지인에게 도움을 받을 수도 있다.

#### ③ 시각예술

다양한 이미지를 가지고 시각적 사고와 시각적 표현을 하는 것은 매우 중요하다. 이를 위해서는 유아들이 다양한 이미지 제작방법, 도구 및 자료를 사용하는 경험을 많이 가지는 것이 좋다. 예를 들면 회화, 건축, 미디어적 표현을 해보는 것이다.

#### ④ 신체표현

유아들이 다양한 운동과 놀이를 통해 언어적·신체적 표현을 해보는 것은 중요하다. 신체표현 활동의 목표는 언어와 신체로 놀이하고 의사소통하는 방법을 다양하게 경험하는 것이다. 음률, 동시, 문학을 활용할 수 있으며, 유아들은 극놀이, 춤 등의 형태로 자발적인 표현을 계획하고 즐긴다.

### 나 언어

언어는 유아들이 삶과 세상에 대해 사고하고 표현하고 소통하는 도구가 된다. 유아교육에서는 유아들이 형태, 구조, 소리 등을 통해 언어의 의미가 전달된다는 것을 이해하면서 종합적인 언어능력을 개발할 수 있도록 해야 한다. 특히 중요한 것은 유아들이 듣고, 말하고, 읽고, 쓰기에 대한 관심과 흥미를 가질 수 있도록 해야 한다는 점이다. 언어 모델링과 풍부한 언어적 피드백이 매우 중요하다. 또한 유아들이 가진 언어 및 문화적 배경의 다양성은 인정받고 존중되어야 하므로 유아들은 유아교육기관에서 핀란드어, 사미어, 스웨덴어, 몸짓 언어 등을 배울 수 있다.

### 다 사회

유아들은 사회 속의 다양성과 규칙에 대해 이해하는 능력이 있어야 한다. 그러기 위해서는 사회적 이슈에 대한 유아들의 관심, 지역사회의 역사적, 사회적, 윤리적 배경 등을 주제로 접근해볼 수 있다. 또한 일상에서 가치판단을 해보는 경험들은 유아들로 하여금 정서적 기술, 의사소통 기술, 행동 능력 등을 신장시킬 수 있다. 부모나 가족에 대한 주제는 유아의 가치와 신념과 연관되며, 종교나 다른 문화에 대한 주제는 유아의 문화적 능력과 의사소통 기술, 폭넓은 전문지식과 관련이 있다.

#### ① 역사

역사적인 사건, 인물, 문화, 문화유산을 교육에 활용할 수 있으며, 축제 전통 알기, 전래 이야기 듣기, 전통 게임하기, 오래된 노래 배우기 방법 등으로 가르칠 수 있다.

#### ② 사회

미디어로 접하고, 재미있는 방식으로 미디어를 만들어내는 등의 방법으로 지역사회와 사회적인 이슈에 대해 관심을 가지고 토론할 수 있다. 그리고 UN의 아동권리협약에 소개된 아동의 권리에 대해 소개한다. 유아들은 그들만의 규칙을 만들고 준수해보면서 지역사회의 규칙도 이해해 볼 수 있다. 지역사회에 직접 참여해보는 기회를 가지는 것도 유아들에게 의미가 있다.

#### ③ 윤리

모든 교육내용에는 윤리에 대한 내용을 포함하고 있지만, 일상생활 및 가상 상황을 통해 윤리적 선택을 하는 경험을 다양하게 해야 한다. 갈등 상황을 책임 있는 방식으로 해결하고, 다른 사람을 존중하고, 성 평등에 대한 올바른 관점도 발달시켜야 한다. 역할 놀이나 동화 등을 통해 자연스러운 방법으로 윤리교육을 실시한다.

#### ④ 문화

서로 다른 철학적 전통과 정책, 인식을 가진 사람들과 가족들을 존중하고 이해할 수 있어야 한다. 또한 종교와 신념에 관련된 단어와 개념들에 대해서도 관심을 가질 수 있도록 교육한다. 관련된 곳으로 현장학습을 가거나 지역 행사에 참여해볼 수 있다.

### 라 환경

환경은 풍부한 학습 자료가 될 수 있는데, 세계와 환경의 작용에 대한 경험은 수학적 사고능력, 기술력을 발달시키는 데 도움이 된다. 그래서 유아교육에서는 유아들의 수학적 사고력과 수학에 대한 흥미를 발달시키도록 하는 것을 목표로 한다. 또한 자연에 대한 지식, 자연과의 관계를 알며 일상 속에서 기술을 발견하는 것도 목표로 한다. 환경에 대한 관찰, 연구, 실험, 추론 등을 통해 학습한다.

#### ① 수학

유아들은 일상과 환경에서 수학을 발견하고 주의를 기울이면서 수학적 사고와 수학 학습에 대한 토대를 마련한다. 수 이해, 수 세기, 변화와 시간 개념, 단계와 공간에 대한 내용을 다룬다. 이를 통해 유아들이 수학적 사고의 단계 속에서 통찰력과 기쁨을 가질 수 있도록 한다.

② 자연

유아들은 환경을 관찰하고 자신만의 해결방법을 시도하고 찾아낸다. 유아들은 관찰이나 측정을 통해 얻은 정보를 질문하고, 분류하고, 비교하고, 조직화하면서 배울 수 있어야 한다. 유아들이 자연을 존중하면서 실외 활동을 충분히 경험할 수 있도록 하고, 교사는 발견한 것에 대해 토의하고 개념을 찾고 관계를 이해할 수 있게 지원한다.

### 마 성장과 발달

성장과 발달을 위한 교육활동은 운동, 음식, 소비주의, 건강, 안전의 관점에서 구성된다. 교육 목표는 행동적·운동적인 삶의 방식의 가치를 반영한 유아의 건강과 행복을 위한 기반을 마련하고, 건강과 안전 기술에 대한 전문적인 지식을 발달시킬 수 있도록 하는 것이다. 또한 지속 가능한 삶의 실천을 위한 식생활, 소비습관을 형성하는 것이다.

유아들은 다양한 운동을 경험하면서 운동이 건강과 행복과 관련이 있다는 것을 이해하게 된다. 교육 활동은 유아들에게 운동적·사회적 기술을 발달시킬 기회를 제공해주고, 건강한 음식과 그 중요성에 대해 다룬다. 그리고 신체적 활동, 휴식, 건강한 대인관계가 행복과 건강에 중요한 요소임을 강조한다. 유아들은 안전할 권리에 대해 배우고, 신체적·정신적 위험에 대해 알고 대처할 수 있는 감각을 기르도록 한다.

## 3 평가

- 핀란드의 영·유아교육기관에서 평가는 각 영·유아들의 행복, 성장, 학습을 지원하는 교육활동을 계획하고 개발하기 위해 실행된다. 각 기관은 평가를 위한 연간 계획을 수립하여 교육에 대한 평가와 효과성, 외부 평가를 실시해야한다.
- 평가를 통해 영·유아들의 학습의 질과 상태를 점검하고, 개선해 나가야한다. 평가는 서면평가, 관찰뿐만 아니라 유아, 학부모, 다른 영·유아교육기관 직원들의 평가 등으로 수행된다.

- 교사는 영·유아를 지속적으로 관찰하고 다양한 자료들을 수집하면서 영·유아의 행동, 발달상태, 학습수준 등을 평가한다.
- 영·유아의 발달을 돕기 위해 부모와 자주 영·유아의 발달 상태에 대하여 상담하는 것을 중요하게 여긴다.

**읽을거리**

### 핀란드 영·유아교육기관에 도입된 '괴롭힘 금지법'

- 핀란드 정부는 2018년 가을부터 영·유아교육기관에서 괴롭힘(bullying)을 불법으로 규정하는 신규 법안을 발표하였다. 기관에 근무하는 교사들은 괴롭힘을 미연에 방지하기 위해 사소한 무언가라도 관찰하게 된다면 조치를 취해야 한다.
- 산니 그라한-라오넨(Sanni Grahan-Laasonen) 교육문화부 장관은 "영·유아교육기관은 영·유아에게 반드시 안전한 장소여야 하므로, 어떤 영·유아도 괴롭힘을 당해선 안되고, 괴롭히는 법을 배워서도 안된다."고 말하며, "교사 및 기관종사자들은 논란의 여지없이 이런 일을 방지하며, 적극 개입할 책임이 있다."고 설명하였다.
- 하지만 법안 초안에서는 괴롭힌 영·유아나, 그것을 적극적으로 개입 및 저지하지 않은 교사에 대하여 어떤 처벌이나 불이익을 받게 되는지에 대해서는 언급하지 않았다.
- 핀란드에는 이미 종합학교, 고등학교에서 괴롭힘을 금지하는 법이 존재한다. 정부는 기존의 아동보육법에 추가로 내용을 더하는 방식으로 괴롭힘 금지법을 확장시켰다.

출처: YLE(2018.04.13.)

## [핀란드 관련 활동안 예시]

### 교수 · 학습 과정안

<table>
<tr><th rowspan="2">생활주제</th><td rowspan="2">세계 여러 나라</td><th rowspan="2">활동명</th><td rowspan="2">산타마을<br>스노우볼<br>만들기</td><th>활동유형</th><td>자유선택활동<br>(미술영역)</td></tr>
<tr><th>활동형태</th><td>소집단</td></tr>
<tr><th>활동목표</th><td colspan="5">• 자신의 생각과 느낌을 말로 표현한다.<br>• 스노우볼을 만들 수 있다.</td></tr>
<tr><th>활동자료</th><td colspan="5">'산타 할아버지' 동화책, 유리병(재활용품), 증류수, 글리세린, 반짝이 가루, 컬러 점토, 매니큐어, 글루 건</td></tr>
<tr><th>활동과정</th><th colspan="4">활 동 내 용</th><th>유의점</th></tr>
<tr><td>도 입<br>(5')</td><td colspan="4">■ 동기 유발<br>• 크리스마스 캐럴을 들으며, 산타에 대해 이야기 나눈다.<br>-산타는 어디에 있을까?<br>-핀란드에는 산타마을이 있다는 것을 알고 있니?<br><br>(출처: https://blog.naver.com/gojimank/130153020571)<br>-산타 할아버지에 대한 동화를 읽어볼까?<br><br>■ 활동 안내<br>• 오늘의 활동을 안내한다.<br>-산타 할아버지가 사는 곳은 겨울이면 눈이 많이 내린다고 해.<br>-우리는 눈이 내리는 작은 구슬을 만들어 볼 거예요.</td><td><br></td></tr>
<tr><td>전개<br>(30')</td><td colspan="4">-투명한 유리 안에 모형을 넣고 반짝이 액체를 넣어서 만든다.<br>-유리를 흔들면 유리 안에 있던 반짝이가 눈이 내리는 것처럼 보여서 스노우볼이라고 한다.<br><br>■ 스노우볼에 대해 이해하기<br>• 스노우볼에 대해 설명해준다.</td><td></td></tr>
</table>

<table>
<tr>
<td></td>
<td>

■ 스노우볼 만들기에 필요한 재료 탐색하기<br>
• 스노우볼의 모양과 사용된 재료에 대해 이야기 나눈다.<br>
－스노우볼은 재활용품을 이용해서 만들 수도 있어.<br>
－스노우볼을 만들기 위해서 어떤 재료들을 사용했을까?<br>
<br>
■ 스노우볼 만들기<br>
• 순서에 따라 스노우볼을 만들어본다.<br>
<br>
1. 산타 할아버지에게 받고 싶은 선물을 컬러 점토로 만들고 수분이 흡수되지 않도록 매니큐어를 칠해 말려 준다.<br>
2. 병에 증류수와 장식용 반짝이 가루 한 줌과 글리세린 몇 방울을 넣고 잘 저어준다. 이때 글리세린을 너무 많이 넣으면 반짝이 가루가 뭉칠 수 있다.<br>
3. 병뚜껑에 장난감 또는 피겨를 접착제로 고정한다.<br>
4. 병뚜껑을 닫고 병과 뚜껑 사이에 접착제를 발라 내용물이 새어 나오지 않도록 한다.<br>
5. 병을 뒤집으면 스노우볼이 완성된다.<br>
<br>
〈참고영상〉 스노우볼 만들기 놀이(캐리와 장난감 친구들)<br>
https://tv.naver.com/v/3067280<br>
<br>
 <br>
(출처: https://funkyyeb.blog.me/221166226151)

</td>
<td></td>
</tr>
<tr>
<td>마무리<br>(5')</td>
<td>

■ 직접 만든 스노우볼 소개하기<br>
• 다른 친구들에게 직접 만든 스노우볼을 소개한다.<br>
－○○와 친구들이 만든 스노우볼 안에는 무엇이 들어갔는지 감상해보자.<br>
<br>
■ 평가하기<br>
• 오늘의 활동을 평가해본다.<br>
－스노우볼을 만들어보니 어땠니?

</td>
<td>－유아들의 다양한 의견을 들을 수 있도록 기회를 제공한다.</td>
</tr>
<tr>
<td>확장활동</td>
<td>

• 산타 할아버지에게 편지를 써 본다.<br>
－산타마을 주소: Santa Claus' Main Post Office: Tähtikuja 1, 96930 Arctic Circle, FINLAND

</td>
<td></td>
</tr>
</table>

# 스웨덴(Sweden)

## ◉ 달라호스(Dala Horse/Dalahast)

**행운을 가져다준다는 스웨덴 전통 목각인형**

달라호스는 스웨덴 달라르나 지방에서 장작불 앞에 앉은 아버지가 어린 자녀를 위해 땔감 하나를 깎아 말의 형태를 만들면서 시작되었다. 물물교환의 수단으로도 사용되다가 점차 달라르나 지역, 나아가 스웨덴을 상징하는 아이콘이 되었다. 아시아 문화권의 대표적인 '말' 이미지들이 지배계층의 무덤에서 나왔다는 것과 달리 달라호스는 서민들의 문화에 뿌리를 두고 있다는 점이 독특하다.

스웨덴 몇 개의 마을에서 여전히 전통적인 수공업 방식으로 생산되는 달라호스는 여러 가지 색깔이 있지만 붉은색이 가장 오랜 전통이 있다. 또한 천천히 자란 소나무 중에서도 조각에 적합한 최상급을 골라 깎고 다듬고 색칠하는 많은 과정을 거쳐 만들어지므로 세상에 똑같은 모양이 하나도 없다.

출처: 서울경제(2016. 04. 01.), Government Offices of Sweden(2016)

## ◉ 스웨덴에 대해 알아볼까요?

| 국가명(공식 명칭) | 스웨덴(Kingdom of Sweden) |
|---|---|
| 수도 | 스톡홀름(Stockholm) |
| 위치 | 북부 유럽 스칸디나비아 반도 동쪽 |
| 면적 | 450,294㎢ |
| 민족 | 북구 게르만족(95%) Sami족(0.2%) 등 |
| 인구 | 10,272,518명 (Kotra, 2019b) |
| 언어 | 스웨덴어 |
| 종교 | 루터교(국교, 88%), 기타(10%): 가톨릭, 그리스정교, 이슬람교 등 |
| 정치체제 | 입헌군주제(내각책임제) |
| 화폐단위 | 스웨덴 크로나(Swedish Krona, SEK) |
| 빅맥 지수 | 5.38$ (Economist, 2019.07.) |

# I 스웨덴의 교육제도

## 1 스웨덴 교육의 특징

- 스웨덴은 사회민주주의를 바탕으로 모든 국민은 성별, 연령, 인종, 장애, 사회·경제적 배경, 성적 취향 등과 상관없이 누구나 동등한 교육을 받을 권리가 있음을 실천해 오고 있다. 개인의 안정된 삶을 추구하고 모든 학생들의 교육기회를 평등하게 보장하면서 사회적인 형평성을 지향하는 복지의 관점을 중요시하고 있으며 이는 교육정책의 중요한 부분으로 하고 있다.
- 스웨덴의 교육법(Skollag/SFS No.1985)은 학교교육에 관한 기본적 합의 및 법적 효력을 담고 있으며, 특히 학교교육 활동의 방향, 목적, 방법 등을 상세하게 규정하고 있다. 그 밖에도 학교교육을 책임지고 있는 지방자치단체의 의무사항, 학부모 및 학생의 권리와 의무 등에 대해서도 규정한다. 이 법에서는 학생, 학부모 그리고 교사가 참여하여 교육목적 및 목표를 달성하려는 방향에서 교육 관련 당사자 스스로가 교육방식을 결정하는 적극적 참여형태로 이루어지고 있다. 그리고 사회적 지위 및 지리적 위치 혹은 경제적 소득에 따라 차별받지 않고 스웨덴에 거주하는 모든 교육연령의 아동들이 교육을 받을 수 있도록 한다(노기호, 2014).

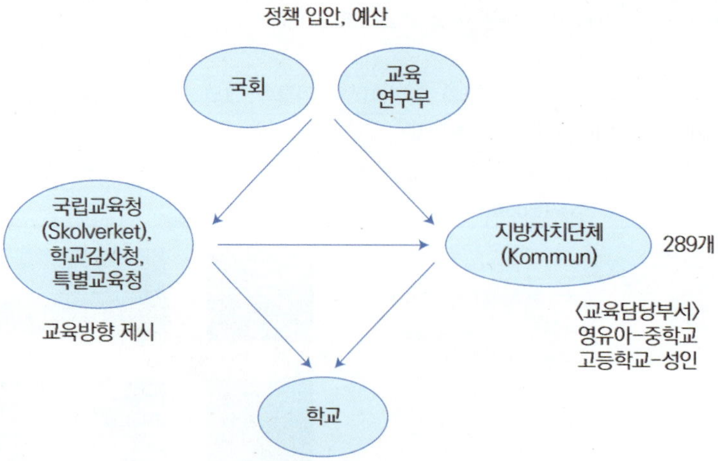


[스웨덴의 교육 체제]

- 국회와 교육연구부는 스웨덴의 모든 학교에 적용되는 교육정책을 입안하며 특히 교육의 질과 전체적인 교육평등을 보장하고자 노력한다. 교육연구부는 교육 관련 정부 예산안을 준비하는 책임을 맡고 있으며, 산하 행정부처로는 국립교육청, 학교감사청, 특별교육청이 있다. 교육연구부 소관 예산은 스웨덴 의회에서 결정한 총 27개 지출 항목 중에 학비지원, 교육 및 학술연구, 문화, 미디어, 종교 커뮤니티 및 레저 활동 등의 3개 항목으로 구성되어 있다.
- 국립교육청(Skolverket)은 학교에서 기본적으로 가르쳐야 하는 가치들과 기본 교육방향을 제시하고, 시설 감시, 관련 인력 교육 및 재교육을 담당한다.
- 스웨덴에서는 우리나라처럼 지방교육청이 별도로 설치되어 있지 않고, 각 지방자치단체(kommun, 콤문) 내 교육 관련 부서가 학교 행정을 담당하고 있다. 지방자치단체에서는 정해진 규정 내에서 자유롭게 학교들을 관리하고, 학교 간 평등한 자원분배 및 평가 등을 담당한다(주스웨덴대한민국대사관, 2010).

## 2 스웨덴의 학제

### 가 유아교육

유아교육에는 만 1~5세 어린이를 대상으로 하는 유아학교(förskola, 푀르스콜라)와 만 6세 어린이를 대상으로 하는 취학 전 학급(förskoleklass, 푀르스콜라클라스)이 있다. 유아교육은 무상으로 제공되지만 의무교육은 아니다.

### 나 의무교육

만 7~15세 학생을 위한 의무학교(grundskola, 그룬드스콜라)는 우리나라의 초등학교와 중학교에 해당하는 9년 과정으로 구성되어 있으며, 입학 연령은 학생의 상황에 따라서 만 6~8세로 유연하게 규정되어 있다. 이러한 의무학교들은 성격에 따라 일반 의무학교(compulsory school), 장애학생을 위한 특별학교(special school), 사미어를 사용하는 학생들을 위한 학교(Sami school), 학습 부진아를 위한 학교(for children with learning disabilities)로 나누어진다. 처음 6년간은 모든 학생이 전 과목을 공부한다. 7~8학년에서는 선택과목이 도입되고, 마지막 9학년 때에는 모든 학생이 9개의 학습 코스로 나뉘어 학습한 다음 각자의 진로와 흥미에 따라 고등학교에 진학한다.

### 다 중등교육

만 16~18세 학생들을 위한 고등학교(upper secondary school)가 있다. 3년간 지속되는 고등학교 교육은 의무교육이 아니지만 교육은 무상으로 제공된다. 이러한 고등학교 교육의 목적은 학생들로 하여금 계속적인 학습과 미래의 진로를 위한 지식의 기반을 갖추도록 하는 데 있다. 고등학교는 일반 고등학교(regular)와 학습부진아를 위한 고등학교(for children with learning disabilities)로 나누어진다. 일반 고등학교가 3년간 교육받도록 되어 있는 데 비해 학습부진아를 위한 고등학교는 4년간 교육받도록 되어 있다.

### 라 고등교육

고등교육기관으로서 2~5년 과정으로 구성된 종합대학교(university), 단과대학(university college), 고등직업교육훈련(higher vocational education and training) 등이 있다. 마지막으로, 석사, 박사 등의 대학원 과정이 존재한다.

스웨덴의 학제를 표로 정리하면 다음과 같다.

<table>
<tr><th>나이</th><th colspan="7">스웨덴의 학제</th><th>한국과 비교</th></tr>
<tr><td>27</td><td colspan="7" rowspan="4">대학원<br>(석사, 박사)</td><td rowspan="6">대학원</td></tr>
<tr><td>26</td></tr>
<tr><td>25</td></tr>
<tr><td>24</td></tr>
<tr><td>23</td><td colspan="2" rowspan="5">종합대학교</td><td colspan="3" rowspan="4">단과대학교</td><td colspan="2" rowspan="5">고급직업교육훈련</td></tr>
<tr><td>22</td></tr>
<tr><td>21</td><td rowspan="4">(전문)대학교</td></tr>
<tr><td>20</td></tr>
<tr><td>19</td><td colspan="3" rowspan="4">학습부진아<br>학교<br>(4년)</td></tr>
<tr><td>18</td><td colspan="2" rowspan="3">고등학교<br>(3년)</td><td colspan="2" rowspan="3">성인교육<br>－시립 성인교육<br>－이민자 교육<br>－지적 손상을 가진 성인 교육</td></tr>
<tr><td>17</td><td rowspan="3">고등학교</td></tr>
<tr><td>16</td></tr>
<tr><td>15</td><td rowspan="9">일반<br>학교</td><td colspan="2" rowspan="9">특수<br>학교</td><td colspan="2" rowspan="9">사미<br>(Sami)<br>학교</td><td rowspan="9">학습부진아<br>학교</td><td rowspan="15">방과 후<br>교육센터<br>(fritidshemmet),<br>기타<br>교육활동기관</td></tr>
<tr><td>14</td><td rowspan="3">중학교</td></tr>
<tr><td>13</td></tr>
<tr><td>12</td></tr>
<tr><td>11</td><td rowspan="6">초등학교</td></tr>
<tr><td>10</td></tr>
<tr><td>9</td></tr>
<tr><td>8</td></tr>
<tr><td>7</td></tr>
<tr><td>6</td><td colspan="4">취학 전 학급<br>(förskoleklass)</td><td colspan="2" rowspan="6">가정보육<br>(pedagogical<br>care)</td></tr>
<tr><td>5</td><td colspan="4" rowspan="5">유아학교<br>(förskola)</td><td rowspan="3">유치원 및<br>어린이집</td></tr>
<tr><td>4</td></tr>
<tr><td>3</td></tr>
<tr><td>2</td><td rowspan="2">어린이집</td></tr>
<tr><td>1</td></tr>
</table>

# Ⅱ 스웨덴 유아교육의 역사

## 1 스웨덴 유아교육의 역사

- 스웨덴의 유아교육은 19세기 중반에 뿌리내리기 시작했으며, 최초의 유아학교(infant school)는 1836년 스톡홀름에서 빈민구제를 위한 사회적 동기 및 교육적 동기를 가지고 시작되었다.
- 1854년에는 최초의 탁아소가 설립되었으며, 저소득층 가정의 유아들을 보호하고 기본적인 능력을 함양시키는 데 목적을 두었다(김재인, 이향란, 2005; 장정백, 2009).
- 20세기 초반까지 스웨덴의 유아교육기관은 그 수가 매우 적었으며 자선의 일환으로 설립되었다.
- 1943년부터 정부 보조금이 탁아소에 지급되기 시작하였으며, 1949년에는 국가보육위원회가 설립되면서 아동보육 체계의 확대가 이루어지기 시작하였다.
- 1968년에 이르러서는 보육과 교육의 이상적인 결합을 추구하자는 취지로 반일제 유치원과 종일제 탁아소를 단일 기관 및 개념의 유아학교로 통합하는 방안에 관한 문제제기와 더불어 취업모 증가로 인한 보육서비스에 대한 요구가 급격히 높아졌다(김은설, 2015; 김재인, 이향란, 2005).
- 1975년에는 유아학교법(National Pre-school Act)이 제정되면서 지방자치단체는 모든 만 6세 아동에게 최소한 1년간 525시간의 취학 전 무상교육을 제공하도록 규정되었다. 1991년에 이르기까지 만 1.5~6세의 모든 유아는 부모가 일을 하거나 학업을 하는 동안 보육서비스를 받을 권리가 보장되었다.
- 1995년에는 유아학교법이 개정되면서 지방자치단체의 책임이 유아교육과 보호시설 확충 및 공급까지로 확장되었다. 부모가 유아의 취원을 신청할 경우, 3~4개월 이내에 시설을 제공해야 한다는 내용이 명시되어 있다.
- 1996년에는 유아교육 및 보육 담당부처를 보건사회부에서 교육연구부로 변경하였으며, 1998년에는 유아교육과 보육기관을 통일하기 위하여 보육시설과 유치원

의 구분을 없애고, 만 1~5세까지 영·유아를 유아학교(förskola)와 만 6세를 위한 취학 전 학급(förskoleklass)으로 운영하고 있다. 이외에도 개방형 유아학교(oppenförskola), 방과 후 교육센터(fritidshemmet), 가정보육(pedagogical care) 등과 같은 영·유아교육기관이 있다.

## 2 스웨덴 유아교육학자

출처: 위키백과(2019)

- 엘렌 카롤리나 소피아 케이(Ellen Karolina Sofia Key, 1849. 12. 11.~1926. 04. 25.)는 스웨덴의 사상가이며, 교육자이다. 엘렌 케이는 루소를 대대로 추앙하는 집안에서 장녀로 태어나, 20대부터 아동교육과 여성의 자유에 관한 논문을 발표했다. 교육 관련의 주요 글로는 <가정과 학교에서 유아들을 위한 교사>(1876), <남녀 공학에 대한 진술>(1888), <학교에서의 영혼 살인>(1891), <교육>(1897), <미적 감각의 발달을 고려한 대중 교육>(1906)이 있으며, 가장 중요하고 가장 잘 알려진 케이의 작품은 〈어린이의 세기〉라는 책이다.
- 〈어린이의 세기〉 책을 통해 엘렌 케이는 루소의 개인적 자유주의에 찰스 다윈(C. Darwin) 학파의 생물학적 원리를 가미한 교육사상을 제시하였다(Key, 2009). 엘

렌 케이는 아동 본래의 선성(善性)의 자기발전력을 확신하고 있으면서도 사회 환경에서 격리된 고립된 환경보다는 사회 안에서 타인의 권리를 침해하지 않는 범위 안에서 개인의 자유로운 자기활동을 통한 교육을 주장하였다.

- 엘렌 케이의 교육사상은 그 뒤 신루소주의로 불리면서 영향을 주었는데, 특히 독일의 구를리트, 이탈리아의 몬테소리의 '몬테소리법(法)', 벨기에의 데크롤리(O. Decroly, 1871~1932)의 '데크롤리법', 미국 파커스트(H. Parkhust, 1887~1959)의 '돌턴 플랜(Dalton plan)' 등의 새로운 교육방법에 영향을 주었다(위키백과, 2019).

## Ⅲ 스웨덴 유아교육의 행·재정 체제 및 교원 제도

### 1 스웨덴 유아교육 관련법

- 스웨덴헌법(Grundlagen)에는 국가 및 지방자치단체에 의하여 관할되는 교육 관계 법률이 크게 '고등교육법'과 '교육법'으로 나뉜다. 유아교육은 취학 전 학교교육에 해당하며 '교육법' 안에 규정되어 있다(노기호, 2014).
- 교육법은 전체 15장으로 이루어져 있는데, 제2장에서 주로 유아학교에 관한 규정을 담고 있다. 또한 법적으로 유아학교에서 모국어가 스웨덴어가 아닌 유아들에게 모국어를 배울 기회를 제공해야 할 의무가 있음을 명시하고 있다(김문희, 2010; 김재인, 이향란, 2004; 노기호, 2014).

교육법 2장에는 다음과 같이 명시되어 있다.
- 유아들의 집단은 적절한 연령과 인원으로 구성한다.
- 유아교육기관에는 유아의 발달과 학습을 지원하는 데 필요한 교육과 경험을 가진 교직원이 반드시 필요하다.
- 유아교육기관을 운영하는 데 필요한 부지와 시설이 반드시 필요하다.

## 2 스웨덴 유아교육의 행·재정 제도

- 스웨덴은 유아교육과 보육이 통합되어 일원화된 국가로, 1996년부터 유아교육에 관한 행정, 정책입안권, 재정적 지원을 교육연구부(Ministry of Education and Research)에서 총괄하고 있다.
- 유아교육에 대한 행정적 책임 및 권한은 지방자치단체에서 대부분 행사하고, 중앙정부의 역할은 국가적 차원의 유아교육 정책을 수립하고 전국적으로 모든 기관들이 동등한 질적 수준을 유지할 수 있도록 재정적 지원을 하는 것에 국한한다(장정백, 2009).
- 유아교육은 만 1~6세까지를 대상으로 하며, 유아교육과 보육의 완전한 통합을 통해 만 0세부터의 총체적 유아교육과 보육이 유아에게 있어 보편적 복지권이고 유아교육 및 보육은 공공적 책임이며 유아학교는 학교처럼 중요한 공공기관이라는 인식을 가지고 있다(김은설, 2015).
- 영·유아가 취원하는 모든 유형의 기관에 중앙정부 보조금과 지방세로 동일한 재정을 지원함으로써 유아교육과 보육에의 접근성을 높이고 있다. 유아 관련 공공 지출은 스웨덴 전체 GDP의 1.8%를 차지(2013년 기준)하며 이는 OECD 평균 0.8%를 2배가량 웃도는 수치다. 유아교육비는 국가가 90%를 지원하므로, 부모의 부담은 매우 적은 편이다. 따라서 자녀양육비 지출이 가정 소득의 10% 안팎으로 비교적 낮은 편이다(김은설, 2015; 박은혜, 장민영, 2014; OECD, 2015a). 2002년부터는 교육비 상한제를 두어 학부모의 소득수준에 따라 학비를 지불하도록 하여 교육비 부담을 최소화하고 있다(Naumann et al., 2013; 노기호, 2014).
- 2003년 이후 모든 만 4~6세 유아에게 일일 3시간, 연간 525시간의 무상교육을 제공하고, 2010년 이후로는 모든 만 3세 유아에게까지 확대하였다. 그 밖에 소외·취약계층 유아를 지원하는 방안으로 다문화 가정 유아 및 부모를 위해 이민자 부모 및 유아에게 스웨덴어뿐만 아니라 모국어를 동시에 학습할 수 있는 기회를 제공하기도 하고, 일주일에 두세 번 유아교육기관에 모국어 교사를 파견하여 다문화 가정 유아들에게 모국어를 가르치기도 한다(김문희, 2010; 노기호, 2014; 박

은혜, 장민영, 2014).

- 거의 모든 만 1세 미만의 영아들은 부모가 육아휴직을 하여 가정에서 양육한다. 최소한 만 1세까지는 부모가 직접 돌보는 것이 아이의 정서와 발달에 가장 좋다는 사회적 합의에 따른 것이다. 이를 위해 아빠나 엄마가 경제적 부담 없이 육아휴직을 쓸 수 있도록 월급의 80%를 수당으로 지급한다.
- 스웨덴은 육아 부담을 여성 혼자 짊어지지 않도록 1974년 육아휴직제도를 '부모휴가제도'로 개정하고, 부부 공동양육 모델을 제시했다. 480일의 육아휴직 기간 중 부부가 각각 최소 60일을 써야 하며 다 채우지 못하더라도 배우자에게 이전할 수 없다. 이에 따라 남편도 반드시 최소 2개월을 휴직해서 아이를 돌봐야 한다는 뜻이다. 부부가 육아휴직을 절반씩 쓰면 월 일정액을 '성 평등 보너스' 명목으로도 받을 수 있다. 육아휴직은 시간 단위로 나눠 쓸 수 있으며, 필요에 따라 최장 8년까지 사용할 수 있다(김은설, 2015).

## 3 스웨덴 유아교육기관의 유형

스웨덴에서는 교육연구부 관할 하에 연령 통합형 기관이 단일 유형으로 존재한다. 만 1~5세까지의 영 · 유아는 유아학교(förskola, 푀르스콜라)에 다닐 수 있으며, 만 6세 유아는 초등학교 내 취학 전 학급(förskoleklass, 푀르스콜라클라스)에 다닐 수 있다. 유아학교와 취학 전 학급 이외에도 부모나 양육자를 동반한 만 3세 이하의 영아는 개방형 유아학교(oppenförskola, 오픈푀르스콜라), 만 1~6세는 가정보육(pedagogical care), 만 6~12세는 방과 후 교육센터(fritidshemmet, 프리팃셈멧)를 이용할 수 있다(박은혜, 장민영, 2014).

<table>
<tr><th>연령</th><th>1세</th><th>2세</th><th>3세</th><th>4세</th><th>5세</th><th>6세</th></tr>
<tr><td rowspan="2">기관 유형</td><td colspan="5">förskola(유아학교) 또는 pedagogical care(가정보육)</td><td>förskoleklass<br>(취학 전 학급)</td></tr>
<tr><td colspan="3">oppenförskola<br>(개방형 유아학교)</td><td colspan="2"></td><td>fritidshemmet<br>(방과 후 교육센터)</td></tr>
</table>

[크리스탈 유아학교(Kristallen förskola)]

## 4 스웨덴 유아교육 현황

### 가 비용

유아학교 비용은 중앙정부, 지방자치단체, 부모가 함께 부담한다. 지방자치단체에서 80% 정도로 가장 많이 부담하고 있고, 부모가 10~15% 정도, 중앙정부가 5~10% 정도 부담한다. 부모가 부담하는 비용은 상한제를 두고 있으며, 첫째 자녀 기준으로 가정 소득의 3% 이내 수준에서 월 최대 1,313SEK(약 18만원)을 넘지 않도록 한다. 가정 소득뿐만 아니라 이용시간, 자녀 연령, 자녀 수, 맞벌이 여부 또한 비용 책정에 고려된다. 둘째 자녀일 경우 가정 소득의 2% 이내 수준에서 월 최대 875SEK, 셋째 자녀일 경우 가정 소득의 1% 이내 수준에서 월 최대 438SEK 이상 책정되지 않는다. 넷째 자녀일 경우는 무료다. 시간제로 이용하는 방과 후 교육센터의 비용도 가정 소득, 이용시간, 자녀 연령, 자녀 수 등을 고려하여 부모 부담 상한액이 있다(최윤경, 김윤환, 이혜민, 2015).

### 나 이용 현황

스웨덴의 유아들은 유아학교 등의 유아교육 서비스를 87% 이용하고 있으며, 나머지 13%는 사립 서비스나 부모가 양육하고 있다. 연령별 유아교육 서비스 이용률(2013년 기준)을 살펴보면 다음 표와 같다(최윤경, 김윤환, 이혜민, 2015; OECD, 2015a).

| 연령 | 1세 | 2세 | 3세 | 4세 | 5세 이상 |
|---|---|---|---|---|---|
| 취원율 | 4% | 88% | 93% | 95% | 98% |

공립 유아학교나 방과 후 교육센터가 대부분이나, 사립이나 영리 기관의 비중이 점점 늘어나는 추세로 2013년 기준으로 27.8%를 차지하였다. 한편으로 가정보육 서비스를 이용하는 비율은 9.6%이다.

## 다 이용 시간

부모는 자녀가 3세가 되었을 때부터 주당 15시간, 연간 525시간까지 무료로 유아학교를 이용할 수 있다. 유아학교의 운영시간은 시설마다 자체적으로 운영하므로 다양하지만 07:00~17:00이 대부분이고, 특별한 경우 6:30~18:30까지 운영되기도 한다.

스웨덴은 대다수의 여성들이 직장생활을 하기 때문에 거의 모든 영·유아들이 유아교육기관에 다닌다. 특히 하루 종일 아이를 맡길 수 있는 체계가 마련되어 있어서 이른 아침부터 맡기고 늦게 데려가더라도 방과 후 교육센터 등과 연결되어 퇴근할 때까지 믿고 맡길 수 있다.

부모 모두 일하는 경우 하루 종일 기관을 이용할 수 있다. 또한 부모 중 한 사람이 휴직 기간이더라도 하루 3시간은 기관에 아이를 맡길 수 있도록 제도화 되어 있다. 취업하지 않는 경우에도 아이들은 하루 3시간 또는 일주일의 15시간은 무료로 유아학교에 다닐 수 있고 시간을 초과하는 경우 부모가 나머지 비용을 지불하도록 하고 있다. 또한 현재 육아휴직기간 중에도 개방형 유아학교에 아이를 보낼 수 있다(보건복지부, 2013).

[스웨덴의 공공놀이터]

## 5 스웨덴 유아교원 양성 및 처우

### 가 양성과정 및 자격

- 유아교원의 체계는 교사와 원장으로 구분되어 있고, 그 중 유아교사는 근무하는 기관 유형에 따라 유아교사(förskollärare, 푀르스콜라라레), 보조교사, 가정보육사로 구분된다.
- 유아교사는 대학 3.5년의 양성과정을 거치며, 학사학위 수준이 요구된다. 보조교사는 고등학교에서 3년간의 교육과정을 이수하거나 성인교육기관에서 1년의 교육훈련 과정을 이수해야 한다. 가정보육사의 경우는 형식적인 교육자격 요건은 요구하지 않으나, 90~100시간의 사전훈련 비용을 국가에서 전액부담하고 자격증과 연수를 받도록 권장하고 있다(김은설 외, 2009).
- 가정보육사는 지방자치단체에 고용되어 급여를 받고 철저한 관리 및 감독을 받는 공립 가정보육사와 지방자치단체에 인가를 얻고 난 후 규제를 받지 않고 완전히 개인적으로 운영되는 사립보육사가 있다.
- 유아교사 양성과정에서는 210학점을 이수하면서 유아교육을 위해 필요한 일반교육, 교육심리학, 아동발달 등의 이론과목과 현장실습과목을 수강한다. 특히 교육실습과 연구과제, 기술습득(높은 수준의 읽기와 쓰기, 기초 계산 능력 관련 지식)을 강조한다(OECD, 2013). 2011년부터 새로운 교사양성 프로그램을 도입하고 독립적 교사자격(preschool teacher degree)을 부여하도록 하고 있으며 2012년부터 유아교사 등록체제를 전면적으로 도입하여 실시하고 있다.
- 유아교사는 면허증 소지 혹은 박사학위 취득 후 선임교사 승진이 가능하며, 원장이나 학교 및 시 관리자로 근무할 수 있다(OECD, 2013).
- 원장은 일정한 자격심사를 통해 지방자치단체의 교육위원회에서 선출되거나, 본인의 지원, 타 기관 원장 및 공무원의 추천을 받을 수 있다. 유아교사들도 원장 선임에 참여하여 의견을 제시할 수 있다(최윤경, 김윤환, 이혜민, 2015).

## 나 급여 및 보수

- 스웨덴 정부의 통합적 교사양성정책과 교사 전문성 발달을 위한 지원정책은 초등과의 급여 차이를 줄이고 유아교사에 대한 인식을 높이는 데 기여하였다. 유아교사는 초등과 중등교사보다 월 급여를 11% 정도 적게 받는다. 2013년을 기준으로 볼 때, 평균적으로 스웨덴 초등교사의 월 급여는 약 268,943크로나(27,410유로)이며, 유아교사의 월 급여는 248,044크로나(25,280유로)이다. 이는 2005년과 비교했을 때 14% 정도 향상된 금액이지만, 다른 직종에 종사하는 사람들의 급여보다는 24%가량 낮은 금액이다(OECD, 2015a).
- 유아교사의 월 급여는 다소 적으나 근무조건이 양호한 편이고 이직률도 낮게 나타난다. 모든 유아교사들이 지방자치단체에 의해 임명이 되고, 급여도 지방자치단체로부터 받는 공무원 신분이라는 점에서 스웨덴의 유아교사는 다른 직종에 비해 매우 안정된 직종이라 볼 수 있다. 교사 만족도를 구체적으로 살펴보면 공립보다 사립의 유아교사가 높은 만족도를 보이는데, 이는 사립이 아동 수와 학급 크기가 작고, 교육 계획에서 자율권이 상대적으로 많이 부여되며 교사 대 아동 비율이 낮기 때문인 것으로 나타난다(김은설 외, 2009).
- 보조교사는 220,276크로나(22,450유로), 가정보육사는 197,709크로나(20,150유로)로 유아교사에 비해 낮게 받는다.

## 다 근무 여건

- 스웨덴에서는 학급 당 영·유아 수가 20명을 넘지 않는 경우가 대부분이며 학급당 3명의 교사가 팀을 이루어 일하고 있다. 일반적으로 3명 모두 유아교사인 경우, 2명의 유아교사와 1명의 보조교사로 팀을 구성하거나, 1명의 유아교사와 2명의 보조교사 등으로 구성될 수 있는데 이들은 상호 수평적 위치에서 협력하도록 되어 있다. 구체적으로 살펴보면 학급당 유아의 인원은 평균적으로 16.8명이며, 교사 대 유아 비율은 1:6.3이다.
- 유아교사의 근무시간은 일일 8시간, 주당 40시간, 연간 1,792시간으로 되어 있으

며, 하루 근무시간 가운데 오전, 오후 각각 15분의 휴식시간 및 30분의 점심시간을 보장해 준다. 유아학교는 종일제로 운영되며, 일반적으로 오전 7시에서 오후 5시로 10시간 운영되지만 교사는 교대근무나 시차제 근무를 통해 8시간만 일하도록 한다. 연간 근무시간은 국가에서 규정해놓았으나, 학교장의 재량으로 주당 근무시간을 결정할 수 있기 때문에 실제적으로는 주당 47시간을 근무하고 있다는 통계결과가 있다(장정백, 2009; OECD, 2015a). 근무시간 중 주 3~5시간은 교육계획 및 별도의 행정시간으로 사용하며, 이 중 월 4시간(18:00~20:00)은 회의시간으로 사용한다.

- 유아교사는 연 5주의 휴가를 사용할 수 있으며, 대체교사 지원 시스템도 운영되고 있다. 대체교사 지원 시스템은 유아교사가 몸이 아프거나 개인적 사정이 생겨 일할 수 없는 경우에 활용할 수 있다. 각 지방자치단체의 사정에 따라 약간의 차이는 있으나 교사가 병가를 낼 경우 둘째 날부터 급여의 90%를 보상받을 수 있으며 90일 이후부터는 1년까지 급여의 80%를 지급받을 수 있다(김은설 외, 2009; OECD, 2013).

## 라 현직교육

- 유아교사 전문성 향상을 위한 연수 프로그램은 대학에서 제공하는 6주 단기 연수 과정에서부터 1년이나 그 이상의 프로그램처럼 다양하다.
- 유아교사에게는 일반 유아교육을 위한 연수, 특수 아동을 위한 연수, 다문화 교육이나 교육행정 및 업무 관련 연수가 제공되며, 지방자치단체로부터 교사 연수 예산을 받아서 원장이 교사들에게 연수 기회를 제공한다. 유아교사들이 연수 받는 것이 의무사항은 아니나 급여 책정 시 불이익을 받을 수 있다(김은설 외, 2009).
- 가정보육사의 경우 연간 30시간의 연수를 지속적으로 받도록 권유되고 있으나, 실제적으로 가정보육사를 대상으로 하는 체계적인 연수 프로그램이 없는 실정이다.
- 유아학교 원장 연수는 국가와 지방자치단체가 각각 관여하는 프로그램들로 구성된다. 원장지원자 훈련을 위한 연수부터 심화연수까지 총 4단계로 구성되어 있으며, 원장의 경력에 따른 역할 수행을 지원하고 있다.

〈스웨덴의 유아학교 원장 연수〉

| 단계 | 연수내용 | 연수목적 | 연수주체 |
|---|---|---|---|
| 1단계<br>(원장지원자<br>훈련 연수) | 원장의 리더십과 국가 교육목표 | 여성 원장 증가<br>새로 임명된 원장 | 지방자치단체에서 제공하되 각 지방자치단체별로 다르게 운영 |
| 2단계<br>(원장기초연수) | 새로 임명된 원장의 첫 1년 업무 지원 | 원장 실무와 행정업무에 초점<br>교육적 리더십 | |
| 3단계<br>(원장연수<br>국립프로그램) | 경력 1년 이상 2년 이하 원장에게 30일 세미나 | 학교 시스템<br>푀르스콜라 목표, 학교 역할에 대한 이해와 지식 증진 | 중앙정부가 국립교육원을 통해 원장 훈련 책임 |
| 4단계<br>(심화연수<br>프로그램) | 경력 2년 이상의 원장 대상 | | 대학에서 제공 |

출처: Skolverket(2016a)

# Ⅳ 스웨덴 유아교육과정

## 1 유아학교(förskola, 만 1~5세) 교육과정

- 스웨덴 국립 교육청에서는 1998년에 질 높은 유아교육을 보장하고자 유아학교를 위한 교육과정(Läroplan för förskolan: Lpfö 98)을 시행하고, 2010년에 1회 개정하였다. 이후 한 번 더 개정(Läroplan för förskolan: Lpfö 18)하여 2019년 7월 1일부터 시행을 공포하였다.
- 각 유아학교에서는 국가 수준의 유아교육과정을 참고하여 자유롭게 지역 교육과 교육방법을 구성, 운

영하고 있다. 교육과정은 유아학교 교육의 기본 가치와 의무 그리고 목표와 지침이라는 2개의 부분으로 구성되어 있다(Skolverket, 2019).

## 가 기본가치와 의무

- 스웨덴 유아학교 교육과정은 민주주의에 기초를 두고 있으며, 교육법(2010: 800)에서는 유아학교 교육의 목적이 아이들이 지식과 가치를 습득하고 발달시킬 수 있도록 하는 데 있다고 규정하고 있다.
- 유아학교에서는 유엔아동권리협약(CRC)에 따른 아동의 가치와 권리를 반영해야 하며, 유아학교에 다니는 모든 유아들은 성별, 성 정체성, 성적 취향, 인종, 종교, 장애, 연령에 따른 차별을 받지 않아야 한다.

### ① 타인에 대한 이해와 존중

- 유아학교는 사회적, 문화적으로 다양한 사람을 만나는 공간으로서, 교육을 통해 유아가 다른 사람의 생각과 삶의 방식에서 오는 차이를 존중하고 공감 및 배려를 표현할 수 있는 기회를 제공해야 한다. 스웨덴 사회의 국제화가 심화됨에 따라, 문화 다양성의 가치와 더불어 다양한 문화를 가진 사람들과 함께 살아가고 이들을 이해할 수 있는 능력이 요구된다.

### ② 객관성과 포괄성

- 유아학교에서 일하는 모든 사람들은 교육법과 유아학교 교육과정에 명시된 기본 가치를 지켜야 하는 의무가 있다는 점에서, 각자 갖고 있는 신념이나 생각이 이러한 가치와 충돌한다 하더라도 객관성을 유지해야 한다.
- 유아학교는 유아가 자신의 견해에 따라 선택을 할 수 있는 기회가 제공되어야 하고, 유아의 의견을 교육에 반영해야 한다. 단, 유아가 어떤 한 가지 관점만 찬성하거나 어떤 한 신념에 일방적인 영향을 받지 않도록 객관적이고 포괄적으로 이루어져야 한다.

### ③ 평등교육

• 유아학교는 유아의 다양한 조건과 필요를 고려하여 더 많은 안내와 도움, 또는 지원이 필요한 유아에게는 특별한 주의를 기울여 좀 더 구조화된 교육을 제공해야 한다. 또한 성별에 관계없이 모든 유아가 동등한 권리와 기회를 가질 수 있도록 해야 하고, 함께 놀고 배우며 능력과 관심을 확장시킬 수 있도록 해야 한다.

**읽을거리**

**스웨덴 화장실에는 남녀 구분이 없다**

• 스웨덴은 남녀 구분이 없는 화장실이 '젠더 해방'의 상징으로 여겨지고 있다. 여성과 남성의 의도적인 구분 자체가 전혀 이성적이지 않다는 인식을 바탕으로 한다.
• 화장실 문에는 남녀를 상징하는 표시가 함께 있고, 심지어는 장애인 표시까지 같이 있다. 그리고 어떤 곳에는 여성의 표시인지 남성의 표시인지 알 수 없는 표시가 함께 있기도 하다.
• 화장실 앞에 서 있는 줄을 봐도 그렇다. 줄에는 남녀가 섞여 있다. 그저 화장실의 문이 열리면 순서대로 들어가면 그만이다.
• 스웨덴의 그런 화장실은 단순히 '남녀 공용 화장실'이라는 말로 표현하지 않는다. 이 같은 화장실들을 일컫는 말은 'Gender neutral restroom', 즉 '성 중립 화장실'이다. 남녀 화장실을 구분하지 않는다는 것은, 남녀라는 이분법적 성 정체성을 지니지 않은 '중립 성 소유자'들에 대한 배려인 것이다.

출처: 데일리안(2018. 06. 20.)

### ④ 유아학교의 의무

• 유아학교는 즐겁고, 안전하며, 유아가 배울 수 있는 것이 많은 곳이어야 한다. 이에 따라 유아학교는 유아의 발달과 요구에 기반을 두고 다양한 자극과 도전과제를 제시하여 유아의 발전과 학습을 장려해야 하고, 호기심과 창의력을 증진시킬 수 있도록 격려하며, 건강과 정서적 안녕을 위해 힘써야 한다. 또한, 다양한

활동을 제공해야 하고, 가정과 협력하여 유아가 적극적이고, 창의적이며, 유능하고 책임감 있는 사회 구성원으로 나아가도록 이끌어주어야 한다.

- 놀이가 교육의 중심에 있어야 하고, 창의적 활동을 할 수 있는 시간과 공간을 제공해주어야 하며, 다른 문화를 가진 유아가 문화적 정체성을 발전시킬 수 있도록 지원하고 장애 아동의 경우 특별한 지원을 받는 등 교육에 문화적인 요소가 반영되어야 하고, 지속 가능한 발전에 대한 관심을 자극해야 한다.

### ⑤ 보살핌, 발달 및 학습

- 유아학교는 유아를 안전하게 보살피는 것과 더불어 유아가 다양한 기술과 경험을 습득하고, 학습의 주체로서 자신에 대해 긍정적으로 인식할 수 있는 기회를 제공해주어야 한다.
- 특히 개별 유아의 경험, 요구 및 관심사를 고려하면서 인지적, 언어적, 윤리적, 미적 등 다양한 측면에서 모든 유아의 발달과 학습이 이루어지도록 경험과 지식이 통합적으로 운영될 수 있도록 해야 한다.
- 또한 유아의 창의력과 호기심을 자극하여 탐험 기회와 자기 발전을 할 수 있는 기회뿐 아니라 독립적으로, 또 다른 사람들과 함께 협력하여 문제를 해결하는 기회도 제공해 주어야 한다. 즉 유아가 또래 및 성인과의 사회적 상호작용을 통해 학습하기 때문에 도전적이고 다양한 활동을 제공해 주는 것이 중요하다.

### ⑥ 개별 유아학교의 발전에 대한 노력(자체 평가)

- 유아학교의 교육은 국가수준의 교육과정에 부합해야 하고, 모든 유아학교는 교

육의 발전을 위해 힘써야 한다. 원장의 지도력과 교사의 교육 의무, 유아의 발달 및 학습 증진을 위한 사명감 등은 교육의 발전과 질을 높이기 위한 전제 조건이다. 따라서 원장뿐 아니라 모든 교사가 교육 결과를 체계적이고 지속적으로 문서화하고 모니터링하며 평가하고 분석해야 한다.

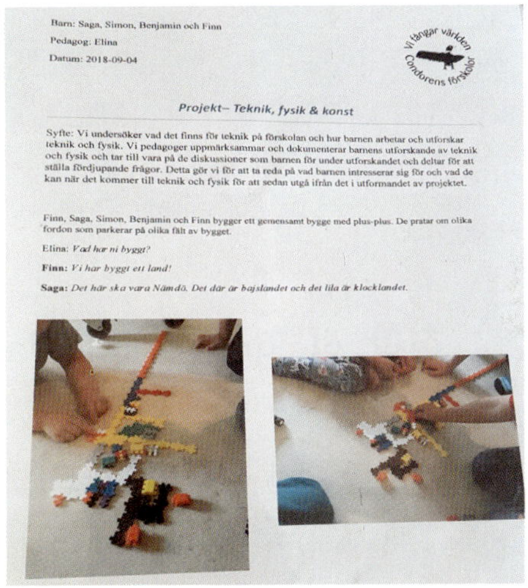

Barn: Saga, Simon, Benjamin och Finn
Pedagog: Elina
Datum: 2018-09-04

Vi fångar världen — Condorens förskolor

Projekt– Teknik, fysik & konst

Syfte: Vi undersöker vad det finns för teknik på förskolan och hur barnen arbetar och utforskar teknik och fysik. Vi pedagoger uppmärksammar och dokumenterar barnens utforskande av teknik och fysik och tar till vara på de diskussioner som barnen för under utforskandet och deltar för att ställa fördjupande frågor. Detta gör vi för att ta reda på vad barnen intresserar sig för och vad de kan när det kommer till teknik och fysik för att sedan utgå ifrån det i utformandet av projektet.

Finn, Saga, Simon, Benjamin och Finn bygger ett gemensamt bygge med plus-plus. De pratar om olika fordon som parkerar på olika fält av bygget.

Elina: *Vad har ni byggt?*

**Finn:** *Vi har byggt ett land!*

**Saga:** *Det här ska vara Nämdö. Det där är bajslandet och det lila är klocklandet.*

기록의 예시: Saga, Simon, Benjamin, Finn은 블록들을 계속 추가하면서 공동으로 건물을 지었다. 그리고 건물 밖에 주차된 차에 대해서 이야기했다.

[유아들의 기술, 물리, 예술에 관한 프로젝트에 관한 교사의 기록물]

## 나 목표와 지침

- 목표에서는 유아학교의 교육적 지향점과 질적 발전, 유아들의 발달과 배움에 기여하는 방법을 명시하고 있다.
- 지침에서는 교육과정의 목표에 따라 유아학교의 교육이 이루어질 수 있도록 교사의 책임을 명시하고 있다. 또한 교사뿐만 아니라 교직원 모두가 유아들에게 안전한 보살핌을 제공하고, 발달과 배움을 지원해주어야 하는 의무를 규정하고 있다.
- 목표와 지침에서 다루고 있는 내용은 ① 규범과 가치, ② 보살핌, 발달 및 학습, ③ 유아의 참여와 영향, ④ 가정과의 협력, ⑤ 취학 전 학급 및 의무학교와의 연계, ⑥ 후속조치, 평가와 발전, ⑦ 교사의 책임, ⑧ 관리자의 책임이 있다.

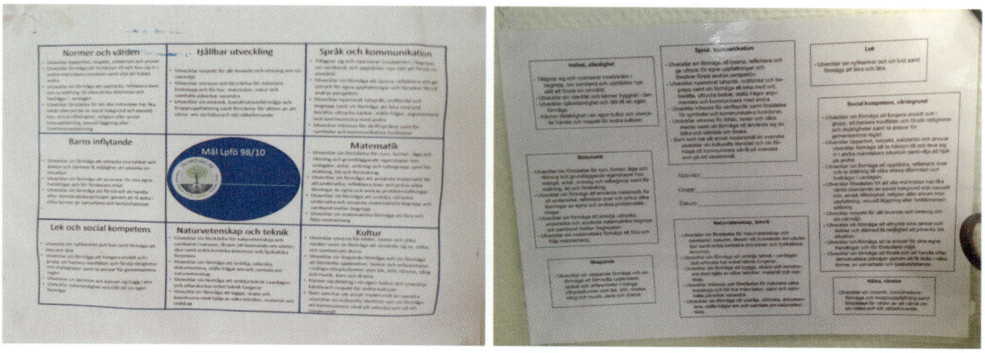


[förskola 교실 벽면에 붙어있는 교육과정 내용]
교사들이 유아들의 놀이를 관찰하며 수시로 교육과정 내용을 확인한다.

## 2 취학 전 학급(föskoleklass, 만 6세) 교육과정

- 6세 유아를 위한 취학 전 학급 교육과정(Läoplan för föskoleklassen)이 2011년에 시행된 이후 2016년에 개정되었다. 이 분서에는 의무교육, 취학 전 학급, 방과 후 교육센터의 교육과정이 모두 수록되어 있으며, 20~24쪽에 취학 전 학급 교육과정에 대한 내용이 기술되어 있다. 취학 전 학급 교육과정은 목표 및 중점방향, 영역별 핵심내용으로 구성되어 있다(Skolverket, 2016b).

### 가 지향점 및 특징

- 취학 전 학급 교육과정은 스웨덴 사회가 바탕으로 하는 인권 존중과 근본적인 민주주의 가치를 배우고 발달시키는 것을 목적으로 해야 하며, 생명의 불가침성, 개인의 자유, 평등의 가치들을 가르쳐야 한다. 또한 모든 유아들이 긍정적인 자아존중감을 가지고 책임감 있는 자유 속에서 최선을 다하며 공동체 생활에 참여하도록 독려해야 한다.
- 취학 전 학급에서는 유아의 전인적인 발달과 학습이 이루어지도록 해야 한다. 또한 유아가 놀이, 움직임, 미적 표현, 탐색 등을 통해 다른 이들과 협력하고 상

상하며 경험하면서 학습 능력을 한층 더 발전시킬 수 있도록 해야 한다.

- 교육 활동은 유아의 요구와 흥미, 이전에 획득한 지식이나 경험에서 시작되어야만 하며, 유아가 계속 도전하며 새로운 발견을 하고 새로운 지식을 얻을 수 있도록 격려해야 한다. 유아들이 다양한 방식으로 표현할 수 있도록 교육적 환경을 제공하며, 유아의 발달과 학습의 연속성뿐만 아니라 이후 학교 준비에도 도움을 줄 수 있어야 한다.
- 유아가 자신과 타인의 생각을 들여다보고, 문제를 해결하며, 아이디어를 실천으로 옮기도록 격려해야 한다. 아울러, 유아가 좋은 또래 관계를 형성하고, 소속감과 안전감을 느낄 수 있는 기회를 제공해야 한다. 유아는 다른 사람과 만나고 상호작용을 하면서 자신의 정체성과 관점을 발달시키고 이를 시험해볼 기회를 가져야 한다.
- 취학 전 학급에서는 유아 각자가 가진 다양성과 차이점을 통해 개개인의 생각과 존재에 대해 다양한 방식으로 이해해보는 기회를 제공해주어야 한다. 유아는 자신감을 키우고 서로 협력하며 건설적인 방식으로 갈등을 해결하는 능력을 키울 수 있다.
- 유아들은 읽고 듣고 쓰며 이야기 및 기타 유형의 글과 사건에 대해 이야기를 나눔으로써 호기심을 확장시킬 수 있으며, 글이나 말로 의사소통하는 능력에 대한 관심을 키울 수 있는 기회를 제공받아야만 한다. 또한 모국어가 스웨덴어가 아닌 유아들에게 스웨덴어와 모국어를 모두 사용할 수 있는 교육 활동 시간을 정기적으로 제공해야만 한다. 이와 더불어, 유아들에게 다양한 형태의 미적 표현을 해보면서 무엇인가를 창조해내고 자신을 표현할 수 있는 기회를 주어야 한다.
- 유아의 호기심을 충족시켜주고 수에 대한 흥미를 높이며 수가 다른 상황에서 어떻게 사용되는지 이해할 수 있는 기회를 제공해야 한다. 그러므로 유아는 수학적 개념과 추론을 사용하여 다양한 방식으로 표현하면서 의사소통을 하고 문제를 해결하며 주변 세계를 탐색하고 묘사해보는 것이 중요하다.
- 유아가 자연, 기술 및 사회에 대한 관심과 지식을 발달시킬 수 있도록 좀 더 큰 세상을 탐색하면서 세상의 모습과 관계에 대해 질문하고 이야기를 나누어볼 수 있는 기회가 주어져야 한다.
- 지속 가능한 발전에 기여할 수 있는 방법에는 어떤 것이 있는지 알아가는 기회도

있어야 한다. 교육을 통해 지금 여기뿐만 아니라 다양한 시점, 장소 및 문화에 대한 관심을 확장시킬 수 있어야 한다.

- 유아가 신체 활동에 참여하고 다양한 자연 환경을 방문하는 등 일반적인 운동 능력을 발달시킬 수 있는 환경을 마련해주어야 한다. 유아가 운동의 즐거움을 경험할 수 있는 기회를 갖게 하고 신체적 활동에 대한 관심을 키워줘야 한다. 또한, 신체 활동이 건강과 삶에 어떠한 영향을 미치는지에 대해 이해할 수 있도록 해야 한다.

**스웨덴 취학 전 학급에서 유아들이 반드시 획득해야 할 능력**

- 아이디어를 시험하고 발전시키기, 문제 해결하기, 아이디어를 실행에 옮기기
- 민주주의와 공감적 접근에 기초하여 좋은 관계를 만들고 유지하기
- 서로 다른 맥락에서 서로 다른 목적으로 말이나 글로 의사소통하기
- 다양한 미적 표현을 통해 창의적인 것을 만들고 자신을 표현하기
- 수학 개념과 추론을 사용하여 의사소통 및 문제 해결하기
- 자연, 기술 및 사회에서 현상과 관계에 대해 탐구하고 설명하기
- 다양한 환경에서 활발하게 활동하며, 이러한 신체적 움직임이 건강과 삶에 어떤 영향을 미칠 수 있는지 이해하기

## 나 교육과정 내용

### ① 언어 및 의사소통

- 일상적 사건과 같이 유아가 친숙하게 알고 있는 다양한 것에 대해 함께 이야기 나누고, 듣고, 질문하고, 자신의 생각, 의견 및 주장 제기
- 다양한 유형의 글에 대한 내용과 의미에 대한 토론
- 서술형 글, 실화, 글과 그림 및 소리가 결합되어 있는 글
- 메시지를 전달하기 위한 문자 및 기호
- 운율, 짧은 노래 및 기타 단어 게임
- 의사소통을 위한 디지털 도구 및 미디어
- 안전하게, 책임감을 가지고 의사소통하기; 디지털을 활용하는 상황도 포함
- 욕구, 감정, 지식 및 의견을 표현하는 단어와 개념

- 말과 표현이 나와 다른 사람에게 어떻게 인지되고 영향을 주는지 알기

### ② 창작 활동과 미적 표현

- 놀이, 그림 및 색칠, 음악, 춤, 연극 및 기타 예술 표현을 통한 창작
- 자신을 표현하기 위한 다양한 재료, 도구, 기술
- 다양한 예술 표현에 담겨있는 내용과 의미를 해석하고 토론
- 다양한 예술 표현을 위한 디지털 도구

### ③ 수학적 추론과 표현

- 간단한 수학적 추론을 활용한 문제 탐색, 분석 및 해결
- 자연수의 특징 및 수를 세는 방법과 순서
- 전체와 부분
- 공간, 방향, 위치, 형태, 시간, 규칙성에 따른 변화 탐색 및 다양한 방법으로 수학적인 개념 설명하기

### ④ 자연, 기술 및 사회

- 관찰, 측정, 발견을 통해 자연, 기술, 사회에서 나타나는 현상과 관계를 다양하게 탐색하여 표현하기(예: 단어, 그림, 간단한 표와 차트)
- 일상생활에서의 규칙 알기, 규칙이 필요한 이유 알기(예: 놀이 및 게임할 때)
- 유아에게 친숙한 상황에서 민주적인 가치와 원리 알기(일반적인 의사 결정 방법과 갈등을 적절하게 해결하는 방법)
- 아동 권리 협약(UNCRC)에 따른 아동의 권리
- 우정, 정의 및 성역할과 같은 삶의 문제와 이에 대한 질문거리
- 유아의 경험과 흥미를 기반으로 자신이 살고 있는 지역 사회와 다른 곳(나라)에 살고 있는 사람들의 생활 모습과 환경 알기
- 식물과 동물을 나누고 분류하며 흔히 접하는 종의 이름 알기
- 유아들에게 익숙한 화학 및 물리적 현상(예: 얼음이 녹으면 물이 된다, 정전기, 번개 등)

- 일상생활에서의 일반적인 기술적 해결방법, 구조와 기능 및 개선 방법
- 다른 재료와 도구, 기술을 사용하여 구조화하고 디자인하기
- 일상에서 지속 가능한 발전에 기여할 수 있는 방법

### ⑤ 게임, 신체 활동 및 야외 활동

- 다양한 종류의 놀이와 게임을 시작, 구성, 참여하기
- 계절과 날씨에 따라 실내 및 실외활동하기
- 자연 속에 있을 때 환경과 다른 사람을 배려하고 안전하게 지키기
- 식사, 수면 및 신체활동 그리고 그것이 건강과 삶에 미치는 영향 알기

**읽을거리**

#### 인형놀이 남자아이, 진흙놀이 여자아이: 성 역할 탈피한 스웨덴의 성중립 교육

- 성평등 선진국으로 꼽히는 스웨덴에는 아이들이 전통적인 성 역할에 얽매이지 않도록 성중립 교육을 실시하는 유아학교를 심심치 않게 볼 수 있다. 스웨덴 스톡홀름 남부 외곽 하마뷔허이덴의 시페어러스 유아학교에서는 핑크색 드레스를 입고 인형을 가지고 노는 남자아이들과 바지에 진흙을 잔뜩 묻힌 채 뛰어다니는 여자아이들을 만날 수 있다. 이 유아학교의 교사들은 아이들을 '남자아이' '여자아이' 대신 '친구' '친구들'로 부른다. 이른바 '성중립 교육(Gender Neutral Education)'을 도입한 유아학교의 모습이다.
- 스웨덴은 지난해 세계경제포럼 조사 결과 세계에서 성평등지수 5위를 기록했다. 가장 먼저 '그(He)'와 '그녀(She)' 대신 성중립 대명사 '헨(Hen)'을 사용한 나라이기도 하다. 스웨덴은 성중립 교육을 통해 일상적으로 벌어지는 성차별을 줄이려고 노력하고 있다. '성중립 유아학교'는 스웨덴의 전체 유아학교 중 10% 정도다.
- 스웨덴에서 성중립 교육의 필요성을 처음 제안한 잉마르 겐스와 앨리스 스토레순드는 "남자다움 혹은 여자다움을 주입시키지 않고 아이들을 그저 '사람'으로 대하는 것이 스웨덴 성중립 교육의 핵심"이라고 말했다.
- 성중립 교육의 궁극적인 목표는 한 사람이 성별 같은 특정 기준에 따라 차별받는 것이 아닌 있는 그대로 존중받는 사회를 만드는 것이다. 스토레순드는 "성중립 교육을 받은 아이들은 최소한 성별로는 사람을 차별하지 말아야 한다는 것을 매일 배우는 셈"이라며 "성중립 교육의 방식이 인종과 종교, 나이, 성 정체성, 장애 여부 등으로 확산되면 그 의미가 더 커질 것"이라고 말했다.

출처: 국민일보(2018. 11. 09.)

## [스웨덴 관련 활동안 예시]

### 교수 · 학습 과정안

<table>
<tr><td rowspan="2">생활주제</td><td rowspan="2">세계 여러 나라</td><td rowspan="2">활동명</td><td rowspan="2">노벨 이야기</td><td>활동유형</td><td>동화</td></tr>
<tr><td>활동형태</td><td>대 · 소집단</td></tr>
<tr><td>활동목표</td><td colspan="5">• 스웨덴의 위인 노벨의 이야기를 듣는다.<br>• 자신의 생각과 느낌을 말로 표현한다.</td></tr>
<tr><td>활동자료</td><td colspan="5">노벨의 전기를 담은 애니메이션, 애니메이션의 주요장면을 캡처한 8절 크기의 그림카드</td></tr>
<tr><td>활동과정</td><td colspan="4">활 동 내 용</td><td>유의점</td></tr>
<tr><td>도 입<br>(10')</td><td colspan="4">■ 동기 유발<br>• 스웨덴이라는 나라에 대해 알고 있는 것들을 이야기 나눈다.<br>– 스웨덴에 대해 알고 있는 것을 이야기해볼까요?<br><br>■ 활동 안내<br>• 오늘의 활동을 안내한다.<br>– 오늘은 스웨덴의 대표적인 위인인 노벨이라는 사람의 이야기를 들어볼 거예요.<br></td><td>– 이전 경험을 떠올려서 다양한 생각을 해볼 수 있도록 교사가 발문한다.</td></tr>
<tr><td>전개<br>(30')</td><td colspan="4">■ 노벨 이야기 듣기<br>• 노벨의 전기를 담은 애니메이션을 본다.<br>– 노벨의 이야기를 애니메이션으로 함께 볼게요.<br>– 다른 친구들과 함께 애니메이션을 볼 때 조심해야 할 점은 무엇일까요?<br><br>〈노벨 이야기〉<br>노벨은 스웨덴의 수도 스톡홀름의 한 가난한 동네에서 태어났어요. 노벨의 아버지는 열정적인 발명가였지만, 발명품으로 벌인 사업이 실패하여 노벨 가족은 스웨덴을 떠나 러시아에서 살게 되었어요. 러시아에서 교육을 받으며 발명가의 꿈을 키운 노벨은 아버지의 권유로 독일, 프랑스, 미국 등에서 공부를 하러 떠났어요. 러시아로 돌아왔을 때쯤, 아버지의 사업이 또 망하면서 고향인 스웨덴으로 다시 돌아오게 되었어요. 노벨이 발명한 액체 폭약은 스웨덴에서 엄청 잘 팔렸지만, 실험실에서의 폭발사고로 동생이 죽고 말았어요. 안전한 폭약을 발명하기 위한 실험을 계속하다가 '다이너마이트'를 발명하</td><td>– 애니메이션 상영에 필요한 기자재를 점검하고, 유아들이 애니메이션을 볼 때 시야가 확보되는지 확인한다.</td></tr>
</table>

<table>
<tr><td></td><td>게 되었어요. 노벨이 발명한 다이너마이트가 전 세계에서 사용되었지만, 노벨은 다이너마이트가 공사현장이 아닌 전쟁에서 사용되는 것이 매우 괴로웠어요.<br>사람들은 전쟁에서 사람을 죽이는 다이너마이트를 발명한 노벨을 싫어했고, 노벨은 죽음을 파는 사람이 되고 싶지 않았어요. 그래서 노벨은 자신이 죽으면 인류의 발전과 평화를 위해 열심히 노력한 사람을 뽑아 상을 줄 수 있도록 자신의 전 재산을 기부하였어요. 그래서 노벨이 죽은 뒤 5년 후부터 지금까지 매년 노벨이 죽었던 12월 10일에 노벨상이 수여되고 있답니다.<br><br>■ 노벨 이야기 생각해보기<br>• 노벨 이야기를 떠올려본다.<br>−노벨은 어떤 일을 하는 사람이었니?<br>−노벨은 왜 사람들에게 상을 주기로 결심했을까?<br>−노벨은 어떤 사람들에게 상을 주도록 하였니?<br>• 노벨상에 대해 이야기를 나눈다.<br>−만약 노벨상을 받게 된다면, 어떤 상을 받고 싶니?<br>−우리나라에서 노벨상을 받은 사람이 누가 있을까?</td><td></td></tr>
<tr><td>마무리<br>(10')</td><td>■ 평가하기<br>• 오늘의 활동을 평가해본다.<br>−노벨의 이야기를 들어보니 어땠니?</td><td>−유아들의 다양한 의견을 들을 수 있도록 기회를 제공한다.</td></tr>
<tr><td>확장활동</td><td>• 노벨에게 편지를 써본다.<br>• 노벨처럼 다른 사람을 위한 발명을 해본다.</td><td></td></tr>
</table>

제4부

# 아메리카와 오세아니아의 유아교육

제1장 미국

제2장 호주

# 제 1 장 미국(USA)

## ◉ 자유의 여신상(Statue of Liberty)

미국의 자유를 형상화한 자유의 여신상. 1886년 뉴욕 리버티 섬에 세워진 자유의 여신상의 오른손에는 횃불이, 왼손에는 로마 숫자로 1776년 7월 4일이라는 날짜가 새겨진 책이 있다. 자유를 꿈꾸며 세워진 초대형 조형물의 공식적인 이름은 '세계를 비추는 자유(Liberty Enlightening the World)'이다. 여신상의 머리 부분에 있는 왕관에는 빛줄기를 표현한 일곱 개의 뿔이 박혀 있으며, 발밑에는 자유를 상징하는 의미에서 끊어진 사슬이 놓여 있다. 자유의 여신상은 프랑스 국민이 미국에 선물한 것으로, 제작 계획은 미국에서 노예제가 폐지되고 얼마 지나지 않은 시점에 시작됐지만, 1886년에 이르러서야 제작이 완료되어 미국에 헌정될 수 있었다고 한다.

출처: 주한미국대사관 및 영사관(2019)

## ◉ 미국에 대해 알아볼까요?

| 국가명(공식 명칭) | 미합중국(United States of America, USA, 미국) |
|---|---|
| 수도 | 워싱턴 D. C.(Washington D. C.) |
| 위치 | 북아메리카 |
| 면적 | 약 983만㎢(9,826,675㎢) |
| 민족 | 다문화주의 |
| 인구 | 약 329,093,110명(2019 기준) |
| 언어 | 영어, 일부 지역에서는 스페인어도 통용 |
| 종교 | 개신교 46.6%, 가톨릭 20.8%, 무종교 22.8%, 기타 9.8% |
| 정치체제 | 공화제, 민주제, 입헌제, 연방제, 대통령중심제 |
| 화폐단위 | USD(1USD=약 1,182원, 2019. 05. 09. 기준) |
| 빅맥 지수 | 5.74$ (Economist, 2019. 07.) |

# I 미국의 교육제도

## 1 미국 교육의 일반적 특징

일반 국가들과 달리 주 정부와 연방 정부 두 차원으로 나뉘어 주요 정책 결정/시행

▶ 연방정부: 미국 연방헌법이 부여하는 헌법적 권한만 행사 = 제한적 권력기관

▶ 주정부: 연방정부에 부여된 헌법적 권한 + 모든 권한 행사 = 일반적 권력기관

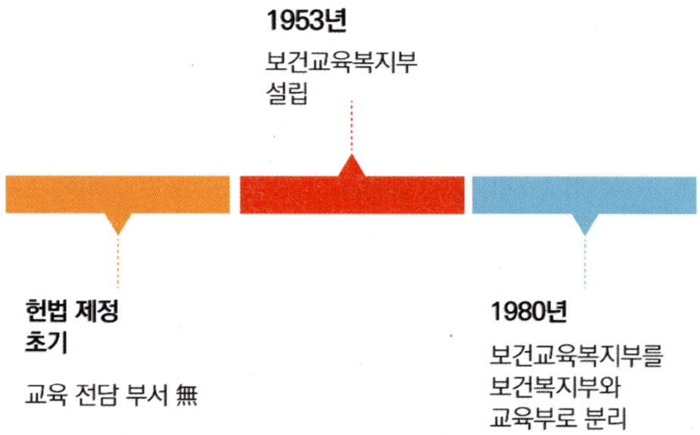


미국의 헌법에는 연방정부의 교육에 관한 권한을 명시하지 않았기 때문에 교육은 원칙적으로 주정부와 국민의 책임이다. 따라서 초기에는 연방정부 내에 교육을 담당하는 내각 수준의 전담 부서가 없었고 1953년에 보건교육복지부를 만들었다. 1980년에 이를 보건복지부와 교육부로 분리하여 연방정부의 교육기능을 점차 증대해 오고 있다.

### 가 미국의 교육행정 제도

미국의 주정부에는 독립된 기구로서 교육정책을 수립하고 예산을 결의하는 주교육위원회(State Board of Education)와 집행기구로서 주교육부(State Department of Education)가 설치되어 있다. 또한 각 지방 정부에는 지방교육위원회(Local Board of Education)가 구성되어 있어 그 지역 내의 학교 운영에 관한 정책을 결정한다.

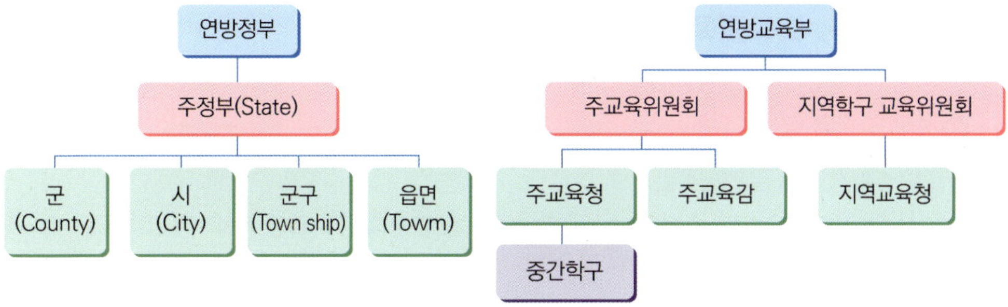


출처: 김남순(1994), 교육행정 및 경영의 이론과 실제, p. 288 내용을 참고하여 재구성함.

☞ 미국의 각 주는 자유로이 교육 조직을 편성하여 주마다 교육 체제가 다르다.

## 2 미국의 학제

미국의 일반적인 학제는 8・4제, 6・3・3제, 6・6제 등의 의무교육기간(초등~고등학교)으로 구성되어 있으며, 대부분의 주에서는 12년간의 무상 공교육제도가 확립되어 있다. 주마다 차이가 있을 수 있지만, 보통 초등학교 입학 연령은 만 6세이고, 만 16세까지 의무교육이 적용된다.

### 가 유아교육

- 대상: 만 3~5세 유아
- 유형: 유아원(nursery), 어린이집(day care center), 유아학교(preschool), 유치원(kindergarten) 등
- 만 3~4세는 preschool(또는 nursery school)에 다니고, 만 4세는 kindergarten을 가기 전의 나이로 pre-K라고 하며, 만 5세는 kindergarten(1~2년)에 다닌다.
- 유치원은 보통 각 지역의 공립초등학교에 부속으로 개설되어 있다.
- 유치원 이전 유아교육(pre-K)은 의무교육의 시작인 유치원 입학의 필요조건은 아니다.

## 나 초, 중, 고등교육

- 대상: 만 6~16세
- 12학년제
  - 초등학교 5~6학년, 중학교 6~8, 7~8 또는 7~9학년, 고등학교 9~12 또는 10~12 학년
- 또한 몇몇 지역에서는 두 개의 학년이 통합 및 운영되기도 한다.
- 교내 출석제도는 거의 모든 지역이 동일하여 주 5일제(월~금요일)이며, 연간 9개월씩(180일) 수업하도록 되어 있다.
- 일간 수업시간은 보통 점심시간과 휴식시간을 포함하여 7~8시간이지만, 3학년 이하의 아동의 경우, 위 학년 아동들보다 좀 더 일찍 하교한다.
- 8월 중순에 한 학년의 첫 학기가 시작되며, 이듬해 5월 중순이나 6월 말에 끝난다.
- 방학은 크게 2주 반 정도의 겨울방학(12월)과 1주일간의 봄방학(3월 말), 6~8주간의 여름방학이 있다.

## 다 대학교육

- 크게 대학교(university)와 2년제 대학(community college)으로 구분할 수 있고, 대부분 하나의 대학교는 수많은 단과 대학(college)으로 구성되어 있다.
- 단, 모든 대학교들을 college라고 해도 되지만, 모든 college를 대학이라고 할 수는 없다. 대학교가 조금 더 상위 개념이다.
- 다트머스 칼리지(Dartmouth college), 스미스 칼리지(Smith college) 등의 명문 사립학교도 있고, 각각의 주 단위로 설립된 공립 대학인 주립 대학교도 있다.
- 2년제 대학은 학비가 저렴하며 누구나 입학 가능하고, 4년제 학위를 요구하지 않는 직업군에 대한 자격 및 교육 훈련을 제공한다.

## 라 미국의 학교 제도

미국의 학교제도 역시 각 주나 지방마다 다르고 의무교육의 시작 시기나 연한도 다르다. 가장 일반적인 학제로는 5-3-4 시스템과 한국과 같은 6-3-3 시스템이 있으며, 이외에도 6-2-4, 8-4, 6-6 등 여러 학제가 있다. 일반적으로 미국의 초·중등 교육은 만 6세 이후의 학생들을 대상으로 12년 동안 진행되며, 실제로는 유치원 과정이 포함되어 있으므로 유치원에서 12학년까지(K~12) 13년이라 할 수 있다.

미국의 학제를 표로 정리하면 다음과 같다.

<table>
<tr><th>나이<br>(Age)</th><th>학년<br>(Grade)</th><th>구분</th><th colspan="3">미국의 학제</th><th colspan="2">한국과 비교</th></tr>
<tr><td>23</td><td>6</td><td rowspan="6">고등<br>교육</td><td colspan="2">박사과정<br>(Doctoral Degree Study)</td><td rowspan="3">전문과정의<br>대학(Professional Schools: Medicine, Theology, law, etc.)</td><td colspan="2">대학원: 박사</td></tr>
<tr><td>22</td><td>5</td><td colspan="2" rowspan="2">석사과정(Master's Degree Studies)</td><td colspan="2" rowspan="2">대학원: 석사</td></tr>
<tr><td>21</td><td>4</td></tr>
<tr><td>20</td><td>3</td><td colspan="3"></td><td></td><td rowspan="3">대학<br>(4~6년)</td></tr>
<tr><td>19</td><td>2</td><td rowspan="2">2년제 대학<br>(Community and Junior Colleges)</td><td rowspan="2">기술전문대학<br>(Technical Institutes)</td><td rowspan="2">학부과정<br>(Undergraduate)</td><td rowspan="2">전문<br>대학<br>(2~3년)</td></tr>
<tr><td>18</td><td>1</td></tr>
<tr><td colspan="8">고교 졸업증 (High School Diploma)</td></tr>
<tr><td>17</td><td>12</td><td rowspan="6">중등<br>교육</td><td rowspan="4">4년제<br>고등학교<br>(4-year High schools)</td><td rowspan="3">고등학교<br>(Senior High schools)</td><td rowspan="6">통합<br>중고등학교<br>(Combined Junior Senior High schools)</td><td colspan="2">고3</td></tr>
<tr><td>16</td><td>11</td><td colspan="2">고2</td></tr>
<tr><td>15</td><td>10</td><td colspan="2">고1</td></tr>
<tr><td>14</td><td>9</td><td rowspan="3">중학교<br>(Junior High schools)</td><td colspan="2">중3</td></tr>
<tr><td>13</td><td>8</td><td rowspan="2">(8-4)</td><td colspan="2">중2</td></tr>
<tr><td>12</td><td>7</td><td colspan="2">중1</td></tr>
<tr><td>11</td><td>6</td><td rowspan="6">초등<br>교육</td><td colspan="3" rowspan="6">(6-3-3) (6-6)<br>Elementary(or Primary) schools(초등학교)</td><td colspan="2">초등6</td></tr>
<tr><td>10</td><td>5</td><td colspan="2">초등5</td></tr>
<tr><td>9</td><td>4</td><td colspan="2">초등4</td></tr>
<tr><td>8</td><td>3</td><td colspan="2">초등3</td></tr>
<tr><td>7</td><td>2</td><td colspan="2">초등2</td></tr>
<tr><td>6</td><td>1</td><td colspan="2">초등1</td></tr>
<tr><td>5</td><td>K</td><td rowspan="2">취학 전<br>교육</td><td colspan="3">Kindergartens (유치원)</td><td colspan="2" rowspan="3">유치원/<br>어린이집</td></tr>
<tr><td>4</td><td>NS</td><td colspan="3" rowspan="2">Nursery Schools(보육시설, 유아원)</td></tr>
<tr><td>3</td><td colspan="2"></td></tr>
</table>

출처: 미국의 교육제도 http://www.broomeimmigrantguide.org/미국의-교육-제도

# Ⅱ 미국 유아교육의 역사 및 행·재정 체제

## 1 미국 유아교육의 역사

17세기 초반, 신대륙 개척자들이 미 대륙에 도착한 이래, 유아교육은 다양한 형태로 이루어져 왔다.

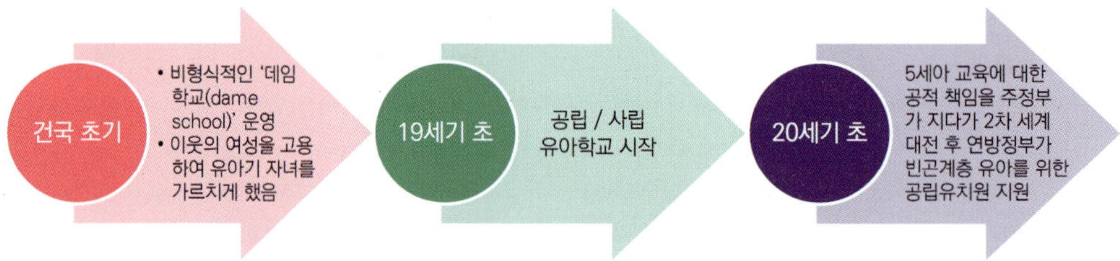


- 1830년: 영국의 오언이 인디애나주 뉴하모니에 최초의 '유아학교(infant school)' 설립
- 1856년: 위스콘신주 워터타운에 미국에서 첫 유치원 설립
- 1873년: 세인트루이스에 공립학교 유치원이 처음으로 설립
- 19세기 말: 유아교육의 확장기 프뢰벨 이념을 중심으로 한 유치원 확장(중류층 가정이 이용) 1880년에는 30개 주에 400개 유치원이 설립됨
- 1912년: 노동성 내에 아동국 신설. 모자법 제정, 교육국 내에 유치원과 설치
- 1957년: 러시아 스푸트니크 인공위성 발사로 진보주의 교육 비판
- 1965년: 헤드스타트(Head Start)의 설립. 3, 4세 저소득층 유아를 위한 빈곤퇴치 프로그램으로 연방정부가 지원하는 반일제 프로그램. 유아교육의 황금기
- 1971년: 국립 유아 옹호 센터(National Center for Child Advocacy) 창설
- 1975년: 유아 및 가족사업법(The Child and Family Service Act) 의회 통과
- 1987년: ABC(Act of Better Child Care) 법안 통과. 유아보호에 대한 재정적 지원 가동

- 1990년: 부시 대통령의 교육 개혁의 첫 단계로 "미국의 모든 취학 전 아동은 배울 자세를 갖춘 후 학교에 입학한다."라는 국가교육목표 발표
- 1994년: 조기 헤드스타트(Early Head Start) 프로그램 설치. 보건복지부가 관리하고 저소득층 임신부 및 영아 가정 지원, 종일제, 연중교육 프로그램으로 확장 시도
- 1997년: 클린턴 대통령 '21세기 미국 교육을 위한 행동 강령' 발표 - 유능한 교원의 확보, 아동의 읽기능력 향상, 조기유아교육, 공교육의 선택권 확대 및 책무성 강화, 안전한 학교, 학교 건물의 신축 및 현대화, 정보교육 강화 및 장비의 지원 등. 헤드스타트 프로그램의 확장(2002년까지 만 3~4세 유아를 우선 대상으로 하여 1백만 명으로 확대하고 새롭게 만 0~2세 영아에게도 적용)

## 2 미국 유아교육 학자

### 가 존 듀이(John Dewey, 1859~1952)

- 미국의 위대한 사상가일 뿐만 아니라 세계적인 철학가로서, 현대 교육에 가장 큰 공헌을 남긴 학자 중의 한 사람이다.

| 1859년 | 15세 | 대학 졸업 | 1882년 | 1894년 | 1904년 |
|---|---|---|---|---|---|
| • 미국 버몬트 주 벌링턴에서 출생 | • 고등학교 졸업/버몬트 주립대학 입학 | • 펜실베이니아 고등학교에서 교사생활 | • 존스홉킨스 대학교 대학원에서 박사학위 취득 후 미시간 대학 철학과 교수 임명 | • 시카고 대학 철학, 심리, 교육학과 주임교수로 임명 | • 콜롬비아 대학 철학과 과장 역임한 후 퇴직 때까지 많은 논문과 저서 집필 |

- 교육사상으로 교과 중심 교육과정보다 유아의 흥미 중심 교육을 강조하였다. 아동 중심 교육과정과 아동 중심 학교라는 말이 만들어진 것은 여기서 유래된 것이다.
- 이 진보적인 운동은 학교는 어떤 막연한 미래를 위해서가 아니라, 오늘날의 현실을 위해 어린이를 이끌어 나아가는 데 관련되어야 한다는 것에 역점을 두고 있다. 이러한 생각은 듀이의 유명한 『나의 교육적 신조』에서, "교육은 삶의 과정이지 미래의 삶을 위한 준비는 아니다(Archambault, 1964)."라고 표현한 부분에 잘 나타나 있다.
- 듀이는 "교육은 아동 자신의 흥미나 목적과 밀접한 관계를 맺어야 하며 일상생활과 연관이 있어야 한다."라고 하였다. 그리하여 그가 실험적으로 만든 교육과정은 가정 및 지역사회 생활과 사회발달에 대한 것(예: 빵집, 목수, 소방관 등의 생활을 현장견학이나 놀이를 통해 경험해 보도록 하는 것, 또는 정원 가꾸기, 요리하기, 재봉, 목공 등)이었다.
- 기본적인 교과와 기능을 강조하는 교육에 대한 전통적인 접근을 좋아하는 사람들은 진보적인 운동과 특히 듀이의 사상을 많이 오해하고 비판하였다. 1950년대에 기초 학습의 소홀로 학교의 무능함을 탓하는 비판이 일자, 미국에서는 진보적인 교육운동이 큰 비난을 받게 되었다. 그러나 현재 세계적으로 듀이의 교육사상은 재조명되고 있으며, 아동의 학습 및 생활에 대한 듀이의 신념은 피아제 이론에 기초한 유아교육 프로그램, 개방교육 프로그램 등에 잘 반영되어 나타나고 있다.

## 나 손다이크(Edward Lee Thorndike, 1874~1949)

1874년 미국의 매사추세츠주 윌리엄스버그에서 출생한 미국의 심리학자로, 웨슬리언 대학 졸업 후 하버드 대학에서 W. 제임스의 지도를 받아 기능주의 영향 아래 동물의 학습에 관한 실험을 했고, 이어 1903년 컬럼비아 대학으로 옮겨 J. M. 카텔 곁에서 고양이 등의 『미로(迷路)』, 『문제의 상자』 실험을 계속하여 동물지능에 관한 연구로 학위를 받았다. 박사 학위 논문 "Animal Intelligence: An Experimental Study of the Associative Processes in Animals"는 인간을 대상으로 삼지 않은 최초의 논문으로 행동주의와 학습뿐만이 아니라, 심리학 실험에 동물을 이용한 선구자이기도 했다.

### 손다이크의 퍼즐박스, "동물은 지능이 있는가?"

〈실험 절차〉

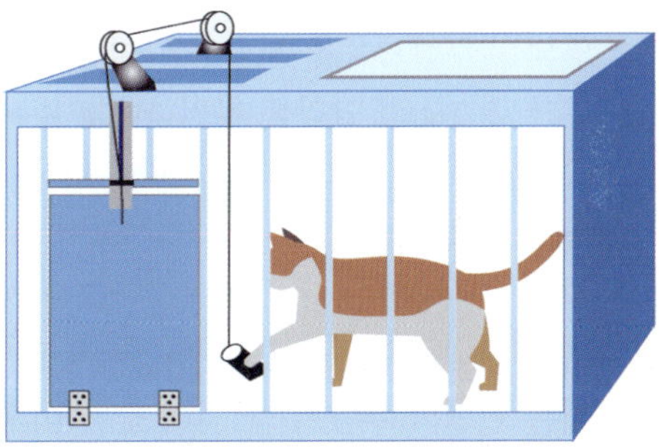

1. 고양이를 퍼즐박스에 집어넣고 고양이가 지렛대를 밟고 밖으로 나올 때까지 소요된 반응을 측정한다.
2. 퍼즐상자 속의 고양이는 상자에서 벗어나 바깥에 놓은 음식물을 얻기 위해 다양한 행동을 한다.
3. 처음에는 문을 앞발로 할퀴거나 이빨로 긁고, 벽을 할퀴며, 이리저리 돌아다닌다. 그러다가 우연히 지렛대를 밟으면 문이 열린다.
4. 다음부터 고양이는 이전과 비슷한 행동을 하지만, 조금 더 빨리 지렛대를 밟는다.
5. 시행이 반복됨에 따라 고양이가 지렛대를 밟고 바깥으로 나오는 반응 시간은 짧아지지만, 잠재기가 감소되는 형태는 점진적이고 다소 불규칙하다.

- 손다이크는 동물의 학습실험에서 연합과정(聯合過程) 분석을 통해 시행착오에 의한 우연의 반응이 올바른 결과를 가져오며, 만족을 줌에 따라 그 반응은 그때

의 사태와 연합을 강하게 한다는 '효과의 법칙'과 반응과 사태의 반복에 의해 한 층 더 연합이 강해진다는 '연습의 법칙'을 주장했다.

- "존재하는 것은 무엇이든 양으로 존재한다."라고 한 그는 과학적 측정을 앞세워 1910년대에 쓰기, 수학, 철자법, 그리기, 읽기, 언어영역에서 학생들의 학업성취도를 측정하는 도구를 개발하였다. 이것이 교육에 영향을 주어 어느 특정 집단의 학생에게 주어진 시간 안에 가장 효과적으로 제공할 수 있는 것이 무엇인지를 알고 돕는 개별화 교수법을 중요하게 여기도록 하였다. 그의 이론은 유치원 교육에도 영향을 주어 교육의 목적을 바람직한 행동습관 형성을 돕는 것에 두도록 하였다(Levin, 1991).

**읽을거리**

### 모두를 위한 보육(Preschool for All)

- 오바마 대통령은 2013년 연두교서에서 '모두를 위한 보육(Preschool for all)'을 천명하며 전 국민을 대상으로 하는 무상보육을 추진해나갈 것이라 밝혔다. 이후 미 연방교육부와 연방보건복지부의 협조 가운데 교육 및 복지정책의 우선순위가 양질의 교육·보육보장에 맞춰졌으며 다양한 정책 및 입법이 시도되고 있다. 정책안은 연방정부와 주정부의 협조를 통해 저소득층 및 차상위계층의 만 4세 아동에게 양질의 공적 기금으로 운영되는 무상보육을 제공하는 방향으로 추진되고 있으며 연방정부 차원에서 앞으로 10년간 총 750억 달러를 지원한다고 밝히고 있다. 단지 만 4세 Pre-Kindergarten뿐 아니라 '출생에서 입학까지(birth-to-school entry)'라는 모토 아래 전반적인 보육지원 서비스를 개선하고자 하고 있다.
- 재원조달은 연방 담배세 인상만을 통해 달성할 것이며, 재정분배는 주정부를 통해 지역의 각 Pre-Kindergarten 운영주체들에게 배분될 것이라고 밝히고 있다. 기금운영 초반에는 연방의 부담이 클 것이지만, 이후 주정부의 부담을 늘려가는 방향으로 운영할 것을 계획하고 있다. 해당 기금을 받기 위해서는 주정부가 높은 수준의 질관리표준과 적절한 규모의 매칭펀드를 마련해야 한다.
- 이 정책안에 따르면 Pre-Kindergarten 참여율이 3배로 높아질 것이라 예상되고 연소득 12만 달러인 가구의 경우 3천 달러 정도의 세금혜택을 받게 되며, 아동보육발전기금도 대폭 확대될 것으로 보인다. 또한 이 정책안에는 조기 헤드스타트의 확대와 연간 운영되는 전일제 헤드스타트 프로그램 확대, 산모 및 신생아 가정방문 프로그램 등이 포함되어 있다. 국민 여론은 무상보육 및 보육서비스 확대를 찬성하고 있으나 막대한 예산 소요 및 미국 양당의 연방정부의 역할 및 권한에 대한 입장 차이로 여전히 정책안이 법안으로 구체화되지 않은 상태이며 아직까지 많은 논쟁이 벌어지고 있다.

출처: 국가별 교육동향(2015. 06. 24.). 교육정책네트워크 정보센터.

## 3 미국의 유아교육과 보육 형태

미국 내 유아교육기관의 종류는 50개 주의 교육체제가 다르듯이 매우 다양하다. 프로그램의 운영 주체도 연방정부, 주정부, 지방정부, 산업체, 종교나 자선단체, 조직단체, 대학, 부모모임, 영리단체, 개인 등으로 다양하다. 1995년 현재 미국 내 5세 전체 아동 중 94%가 기관에 등록하고 있으며, 만 3세 34%, 만 4세 62%가 등록하고 있다(Verry, 1998; 나정, 장영숙, 2002a 재인용).

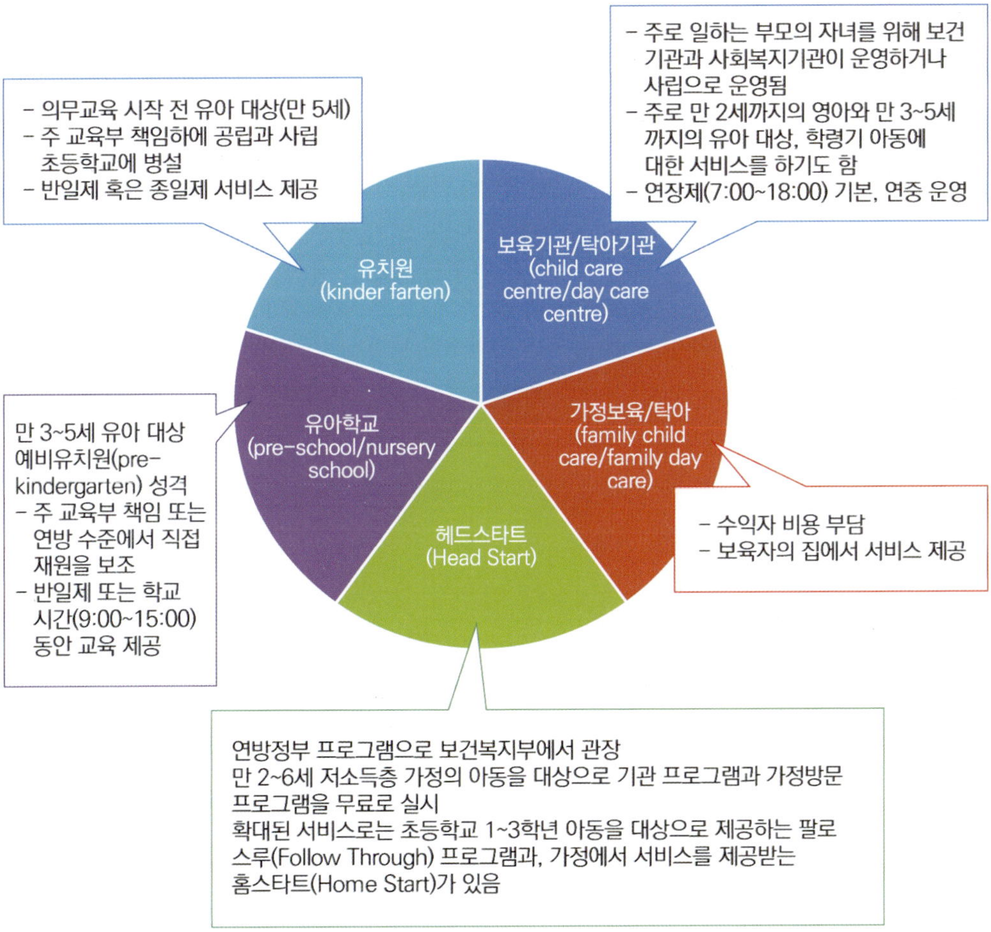


출처: 나정, 장영숙(2002) 내용을 참고하여 재구성함.

# 4 미국의 교사 양성과정 및 자격

## 가 유아교육기관의 교사 양성 체제

미국의 유아교사 자격취득 요건은 주마다 다르기 때문에 한마디로 규정하기는 어려우나 공립유치원의 교사가 되기 위해서는 4년제 대학을 졸업하는 것을 원칙으로 하고 있다(김명순 외, 1999).

| 교육 관련법에 따른 자격 기준 승인제도 | 직업교육으로서의 양성과정 | 국가자격증 프로그램 이수 |
|---|---|---|
| • 주정부가 제시하는 요건을 충족시키고 있다고 판단되는 대학의 양성과정을 이수한 자에게 자격증 수여<br>• 조건: 4년제 학사 학위 프로그램의 이수 (+시험과 학점, 교육 경험 등을 자격 규준으로 규정하는 주도 있음) | • 준학사 학위로 2년제인 대학이 보조 교사나 아동 양육 보조 등의 자격을 주는 과정<br>• 많은 주들은 교사가 되기 전에 의무적인 훈련을 제시하고 있으며, 직업교육프로그램의 모든 자격증을 위한 직전 훈련을 실시하고 있음 | • 국가적 수준에서 전문 단체인 아동 발달협회의 국가자격증 프로그램(CDA)을 성공적으로 졸업한 사람에게 자격증 수여<br>• 이 프로그램은 1971년에 시작하여 기관 유아원, 기관 영·유아 프로그램, 가정탁아, 가정방문자, 이중 언어 프로그램에 종사하는 보육자의 기술을 증진하고 평가하며 자격증 제공 |

## 나 교사교육 프로그램

2011년, 모든 교사들의 교수행동에 대한 기준을 제시할 필요가 있다는 취지로 교원평가 및 지원 협력단 연합(InTASC)에서 '핵심교수기준모델'을 제시하였다. 이 모델은 미국 전역에서 사용되고 있고, 교사가 반드시 갖추고 있어야 할 자질을 10가지의 기준으로 나누어 각각의 기준에 구체적인 지식과 성향을 제시하고 있다.

〈핵심교수기준모델의 구성: 10가지 기준〉

| 부문 | 기준 |
|---|---|
| 학습자와 학습 | 1. 학습자의 발달<br>• 교사는 인지, 언어, 사회, 정서, 신체의 개개 영역 내에서나, 또는 이들 영역 간에서 학습과 발달이 다양하게 일어남을 인식하여 학습자가 어떻게 성장·발달하는지 이해하고, 발달에 적합하고 도전적인 학습경험을 계획하고 수행한다. |
| | 2. 학습의 개인차<br>• 교사는 개인차에 대한 이해 및 다양한 문화와 사회에 대한 이해를 활용하여 모든 학습자가 각각 높은 수준의 성취를 도모할 수 있는 학습 환경을 조성한다. |
| | 3. 학습 환경<br>• 교사는 개별학습과 협동학습을 지원하고, 긍정적 사회적 상호작용과 학습과정의 적극적인 참여, 자기 동기화 등을 격려하는 환경을 조성하기 위해 다른 사람들과 협력한다. |
| 교과내용에 관한 지식 | 4. 교과목 내용에 관한 지식<br>• 교사는 자신이 가르치는 교과목의 중심개념, 탐구방법, 구성 등을 이해하고, 학습자가 그 내용을 완전히 습득하도록 도울 수 있는 쉽고 의미 있는 학습 환경을 고안한다. |
| | 5. 교과목 내용에 관한 지식의 적용<br>• 교사는 학습자들이 지역사회뿐 아니라 세계적인 관심사들에 관하여 비판적 사고, 창의성, 협력적 문제해결력을 가지고 접근하도록 돕기 위해 개념들을 어떻게 연결하며 다른 견해들을 어떻게 사용할 것인지 안다. |
| 교수실제 | 6. 평가<br>• 교사는 학습자들을 자신의 성장에 참여하게 하고, 학습자들의 발언을 평가하며, 교사 자신과 학습자들의 판단과 결정을 이끌어 줄 수 있는 다양한 평가도구와 방법을 이해하고 사용한다. |
| | 7. 교수계획<br>• 지역사회의 특징, 학습자에 대한 지식, 교수법, 학제들 간의 기술, 교육과정, 교과목의 지식 등에 근거하여 모든 학생이 철저히 학습의 목표를 달성하도록 지원하는 교수를 계획한다. |
| | 8. 교수전략<br>• 교사는 학습자들이 교과목의 내용들과 그 내용들이 어떻게 연결되는지를 깊이 이해하고 지식을 의미 있게 적용하는 기술을 발달시킬 수 있도록 다양한 교수전략을 이해하고 활용한다. |
| 전문적 책무 | 9. 전문성 신장과 윤리적 실천<br>• 교사는 계속해서 전문성 신장에 참여하고 자신의 교수, 특히 자신의 행동이나 선택이 학습자와 그의 가족들, 다른 전문가들과 지역사회에 미친 영향 등을 지속적으로 평가하며, 개개 학습자의 요구를 만족시키기 위해 자신의 교수를 개선한다. |
| | 10. 리더십과 협력<br>• 교사는 학생들의 학습을 책임지고, 학습자와 그의 가족들, 동료교사들, 학교의 다른 전문가들 및 지역사회의 구성원들과 협력하며 교직을 발전시키는 데 필요한 적절한 지도능력과 기회를 모색한다. |

출처: 배소연(2014). 유아교사교육기준 구성방안에 관한 연구. 유아교육연구, 34(1). p. 281~282

# Ⅲ 미국 유아교육과정 및 프로그램

## 1 유아교육과정

미국의 교육과정은 주, 지역, 기관, 그리고 교사에 따라 매우 다양하며 프로그램의 철학이나 기관의 운영 주체, 대상 아동, 부모의 요구, 기초된 이론 등도 매우 다르다. 따라서 전 국가적으로 동일하게 같은 교육과정을 운영하는 것은 생각할 수 없다. 각 주가 교육에 관한 책임과 권한을 가지고 주민의 요구와 합의에 따라 다양한 프로그램을 실행하고 있다(박은혜 외, 2000).

### 가 유아교육과정의 발달

| 시기 | 내용 |
|---|---|
| 1960년 & 1970년대 | • 유아교육과정에 대한 다양한 모델 및 프로그램 개발, 연구 진행<br>• 유아교육 프로그램 개발의 황금기 |
| 1980년대 | • 유아교육 프로그램에 대한 연방정부 지원 감소<br>• 반면, 공립학교 위한 주정부와 지방정부 지원 확대<br>• 공립학교에 지원 많음 |
| 1987년 | • NAEYC 「발달에 적합한 실제(Developmentally Appropriate Practice)」<br>• 만 3~4세 공립학교 프로그램의 질 통제 |

## 나 유아교육 목표

### ① 첫째, 사회성 형성

- 인간은 사회성 동물임을 인식하여 또래 및 주변 사람과 소통하는 방법, 조화를 이루어 교류하는 방법, 원만한 관계를 유지하는 방법, 친구에게 도움을 주거나 협력하는 방법 등을 배움
- 세부내용
  ㉠ 나의 행동이 다른 사람에게 미치는 영향에 대해 알기
  ㉡ 서로 순서를 지켜야 한다는 것을 알기
  ㉢ 다른 사람의 감정도 중요하다는 것을 알기
  ㉣ 단체 생활의 규칙을 알고 이를 준수하는 경험 갖기

### ② 둘째, 자립정신 습득

- 인간은 스스로 자신의 행동에 책임을 져야 할 의무가 있고, 일정한 나이가 되면 누군가의 도움 없이도 자신의 필요와 욕구를 해결할 능력 갖추기
- 세부내용
  ㉠ 자신의 행동과 감정 및 집중력을 조절하는 능력 키우기
  ㉡ 식습관, 위생 개념 등을 알고 스스로 실천하기
  ㉢ 자신에 대한 긍정적인 마음가짐 갖기
  ㉣ 자신이 소중한 존재임을 알게 하기
  ㉤ 자신의 감정과 욕구를 바르게 표현하는 방법 배우기

### ③ 셋째, 학습에 대한 흥미

- 유아마다 배우는 속도와 단계가 다르므로 무엇인가를 배우는 것에 대해 흥미를 갖고 탐색할 수 있도록 함
- 세부내용
  ㉠ 읽는 것에 대해 흥미를 갖게 하기
  ㉡ 글의 규칙에 대해 알기

㉢ 언어가 의사소통의 수단임을 알기

㉣ 한 가지 문제를 여러 방면에서 생각해보면서 해결점 찾기

㉤ 잠재되어 있는 호기심을 이끌어내고, 창의성을 높일 수 있도록 유도하기

## 2 유아교육 프로그램

### 가 개방주의 프로그램

- 기본 가정은 유아가 다양한 흥미 영역에서 여러 경험을 통하여 능동적으로 전인적인 인격을 형성해 간다는 것이다.
- 교육내용은 실내·외 흥미 영역의 종류나 각 흥미 영역에 비치되어 있는 교재·교구의 종류나 성격에 따라 결정되므로 학습내용의 종류와 범위는 매우 다양하다.
- 현재 유치원뿐 아니라 초등학교에서 개방주의 교육체제를 선택하고 있다.

### 나 디스타 프로그램(DISTAR program)

- 이 프로그램은 행동주의 이론에 입각하여 교사 중심의 직접적인 교수를 통해 초등학교 교과학습에서의 성공을 지향하고 있는 일종의 초등학교 준비교육 프로그램이다.
- 유아의 수, 언어, 읽기 능력을 길러주는 미국의 대표적인 팔로 스루(Follow-Through) 프로그램의 한 유형이다.

### 다 카미 · 드브리스 프로그램(Kamil & Devries program)

- 1966년, 와이카트와 함께 미국 미시간주의 입실란티 공립학교의 저소득층 유아들을 대상으로 피아제의 인지 발달 이론에 기초하여 연구·개발하기 시작한 유아교육 프로그램이다.
- 이 프로그램은 피아제가 인지 개념 및 과정을 설명하기 위해 도입하였던 표상양

식들을 그대로 유아에게 적용한 것이다.

## 라 헤드스타트 프로그램(Head start program)

### ① 헤드스타트 개요

- 1965년 존슨 대통령의 '가난과의 전쟁(the War on Poverty)'을 위해 설계된 연방정부 아동 중심 프로그램이다.
- 1964년 제정된 「경제기회법(Economic Opportunity Act)」
  → 2012년 9월 30일 「헤드스타트법(Head Start Act)」 제정

- 연방정부 차원에서의 저소득가정의 아동을 위한 지원정책/프로그램
- 헤드스타트는 만 0~5세 아동과 그 가족을 대상으로 하는 포괄적 아동발달프로그램으로 식품권(food stamp), 의료부조(medical), 학교급식(school lunch and breakfast program) 등과 함께 저소득가정의 아동에게 제공되는 대표적인 현물급여이다.
- 이 프로그램의 주요 목표는 저소득가정 아동의 사회성, 학습능력, 건강 및 영양 수준을 개선하여 일반가정 아동들과 동일한 선상에서 출발할 수 있도록 지원하자는 것이다.
- 서비스 내용은 아동의 인지 및 언어발달 서비스, 의료·치과·정신보건서비스, 영양 및 사회서비스의 세 가지로 크게 나뉜다.
- 아동의 부모는 자발적으로 가담하여 진행을 도울 수 있고, 직업으로 고용되어 프로그램을 운영하기도 한다.

### ② 헤드스타트 대상 아동

- 대상아동을 선정하는 우선순위는 프로그램의 욕구가 큰, 다시 말해 프로그램의 서비스를 가장 절실히 필요로 하는 아동에 둔다.
- 해당 지역뿐만 아니라 전 지역을 포함할 수 있으나, 근거리에 있는 서비스와 연계한다.
- 대상아동 선정 기준 및 절차

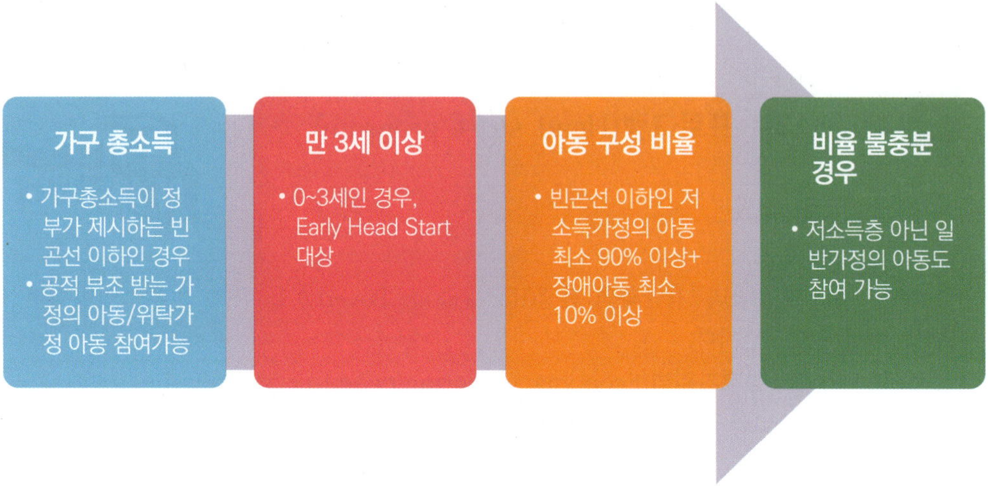


### ③ 헤드스타트 서비스 내용

| | |
|---|---|
| Head Start 프로그램(HS) | • 대상: 만 3~5세 유아<br>• 프로그램 구성: 교육, 부모참여, 건강진단, 사회봉사, 영양, 교사진과 부모를 위한 진로지도 등 |
| 조기헤드스타트 프로그램(EHS) | • 대상: 만 3세 미만의 영아와 임산부<br>• 프로그램 구성: 가정 내외에서 일어나는 질적인 유아교육 담당, 부모교육, 임신 전후에 대한 건강과 정신건강에 대한 지식 제공, 가족지원과 영양교육 등 |
| Head Start 프로그램(HS) | • 서비스 제공 후 매 3년마다 서비스 내용을 분석하고 프로그램 평가<br>• 평가내용: 주로 프로그램에 참여하고 있는 아동 및 부모의 인구사회학적 특성, 프로그램에 참여하고 있는 아동 수 추이와 다른 프로그램 수혜실태, 장애아동의 수와 장애유형, 아동 및 부모의 교육, 보건, 영양, 사회적 서비스 등 복지욕구 실태, 프로그램 수행을 위해 활용될 수 있는 지역사회의 자원 등 |
| 조기헤드스타트 프로그램(EHS) | • 임산부에 대한 서비스: 임신 초기부터 포괄적인 서비스 제공 → 저소득 가정 아동의 건강 및 발달상의 문제 최소화하기 위함<br>• 3세 미만 영아를 위한 서비스: 영아의 신체적·인지적·사회적·정서적인 발달을 목표로, 부모와의 협력을 통한 프로그램 제공<br>• 특히 영아의 사회성 발달이 강화될 수 있도록 아동과 부모의 목표 구체화, 목표 성취를 위한 경험 제공, 교사와 부모의 적절한 역할 제시, 아동의 단계에 따른 교구 제공, 아동이 있는 가정의 개별적인 문화, 인종, 언어, 경험을 고려한 프로그램 제시 등 |

④ 헤드스타트 지원체계

- 연방정부기관인 보건복지부(Department of Health and Human Services) 산하의 아동가족청(Administration for Children and Families) 내에 있는 헤드스타트국(Office of Head Start)에서 담당한다.
- ACF는 각 주에 흩어져 있는 지청을 통해 지방공공기관, 민간 비영리조직 및 영리조직, 학교 등 지역에서 헤드스타트 프로그램을 운영(계획)하는 기관에 운영예산을 직접 전달하는 체제를 유지한다.

⑤ 헤드스타트 예산

- 기본적으로 연방정부의 재정지원에 전체 예산의 약 75% 정도를 의존하고 있으며, 나머지는 지방에서 비용을 부담하고 이용자들은 전액 무료로 이용한다.

## 3 유아교육 프로그램 운영 실제

### 가 대상별 교육내용

① 영아

- 인지, 신체, 정서, 언어, 사회성 발달을 돕고 발달에 적합하고 성유형화되지 않은 자료나 장난감들을 제공하며 프로그램의 활동을 쉽고 효과적으로 제공한다.
- 보육기관은 자유로운 놀이를 통해 하루 일과를 진행하며 소꿉 영역, 물・모래영역, 블록영역, 책・언어영역, 퍼즐・조작 흥미영역으로 교실을 조직하여 활동을 경험하도록 한다. 실외 놀이와 산책의 경험도 매일의 일과에 포함하도록 한다. 간식과 점심, 화장실 가기 등의 일상생활 훈련을 포함한다.

② 유치원 유아

- 유치원 교육과정에서 가장 큰 논쟁거리는 학습 준비도에 대한 것이다. 읽기, 쓰기, 극 놀이, 게임, 미술, 음악, 동작, 수, 과학 활동 및 실외 놀이 등을 교육내용에 포함하며 주제나 단원을 중심으로 교육내용을 운영한다.

• 미국 테네시 녹스 카운티(Tennessee Knox County)의 유치원 교육현장에 실제 참여하여 관찰한 조정봉(2005)의 연구 자료에 따르면, 미국 공립유치원의 수업은 읽기, 쓰기, 셈하기 중심이며 이 시간이 전체 수업시간의 반을 차지한다. 특히 읽기 중심으로 시간표가 짜여 있고, 읽기 능력은 독서퀴즈 테스트로 정기적으로 평가하며 외국어(스페인어) 교육을 실시한다.

**읽을거리** 뉴멕시코주의 학습 성과(Learning Outcomes) 및 지표(Indicators) 예시

| 영역 | 성과 | 지표 |
|---|---|---|
| 신체 발달, 건강 | #1 균형, 공간지각과 안정성을 포함하여 대근육 운동 능력 발달 | 1.1 한 발씩 발을 바꾸어 계단 오르기, 행진하기, 달리기, 점프하기, 호핑, 춤추기, 세발자전거나 스쿠터 타기와 같은 활동에서 신체협응능력을 나타내고 강화하기 |
| | | 1.2 다양한 상황(달리다가 멈추기, 기어오르기, 공 다루기 등)에서 균형감각과 공간 지각 나타내기 |
| | #2 소근육 기술 발달 | 2.1 가위와 쓰기도구의 사용에 필요한 손 협응능력 발달과 단추 끼우기나 지퍼 올리기와 같은 자조기술 발달 |
| | | 2.2 구슬 끼우기, 실 꿰기, 퍼즐, 작은 조작적 교구 사용에 필요한 눈과 손의 협응력 |
| | #3 건강과 위생 능력을 나타내는 행동 | 3.1 손 씻기, 화장실 사용하기, 이 닦기와 같은 행동에서 위생에 대한 인식이 증가함을 보여주기 |
| | ----------- 생략 ------------ | ---------------------------- 생략 ---------------------------- |
| 수리력 | #9 숫자를 나타내고 양과 수의 관계를 나타내는 방식으로 수를 이해 | 9.1 물체의 수가 많아도 일대일 대응을 함 |
| | | 9.2 문제 해결과 양을 결정하기 위한 수단으로 숫자와 수 세기를 활용 |
| | | 9.3 숫자를 인식 |
| | #10 기하와 도형 개념을 이해하였음을 나타냄 | 10.1 친숙한 모양 인식, 도형 이름 말하기, 설명하기, 비교하기, 창안하기 |
| | | 10.2 공간과 위치 묘사와 해석 |
| | #11 비표준화 단위를 활용한 측정과 비교를 이해했음을 나타냄 | 11.1 점차 정확하게 시간을 비교하고 시간과 관련된 용어를 사용 |
| | | 11.2 점점 더 정확하게 사건의 순서를 예상, 기억, 그리고 설명 |
| | #12 탐구, 조직, 표상을 만들어내는 능력을 나타냄 | 12.1 분류하고 자기 자신, 환경, 의미 있는 경험들에 대해 어떤 방식으로든 표상하기 시작 |

출처: 성원경, 안부금, 전홍주(2010). 미국 유아교육과정의 현대적 동향. pp. 19-20.

## 나 미국 유치원 하루 일과 예시

보통 보육 및 교육기관의 운영시간은 9시부터인데 직장에 가야 하는 부모님들의 편의를 위해 7시부터 문을 여는 곳도 많다.

| 시 간 | 계 획 | 활 동 내 용 |
|---|---|---|
| 7:00 ~8:30 | 등원 및 놀이 | 기관에 등원한 유아 및 학부모를 맞이하고, 유아는 아무런 부담 없이 자신이 선택한 놀이를 하며 하루 일과를 시작한다. |
| 8:30 ~9:00 | 정리정돈 | 모든 유아와 교사가 협력하여 주변을 정리하며 하루 일과를 시작할 준비를 한다. |
| 9:00 ~9:30 | 이야기 나누기 | 오늘 어떤 놀이를 할지, 어떻게 놀이할지 이야기를 나눈다. |
| 9:30 ~9:45 | 간식 | 주로 야채나 과일 등을 준비한다. |
| 9:45 ~10:30 | 학습 시간 | 그달의 주제에 맞게 준비된 언어, 과학, 또는 실생활 관련 활동 등을 그룹별로 혹은 개별적으로 학습한다. |
| 10:45 ~11:00 | 이야기 나누기 | 교실을 정리하며 점심식사를 준비하는 과정이다. |
| 11:00 ~11:45 | 바깥놀이 | 밖으로 나가 뛰어놀며 신체를 움직이는 시간이다. |
| 12:00 ~12:35 | 점심 | 점심식사 |
| 12:35 ~1:00 | 정리정돈 | 자기가 먹은 자리를 정리하고 바닥에 떨어진 부스러기들을 쓸어 담는다. |
| 1:00 ~2:30 | 낮잠 | 낮잠 시간 |
| 2:30 ~3:00 | 간식 | 오후 간식 시간 |
| 3:00 ~4:00 | 자유놀이 | 자유롭게 놀이한다. |
| 4:00~ | 하원 | 집으로 갈 준비를 한다. |

## [미국 관련 활동안 예시]

### 교수 · 학습 과정안

| 생활주제 | 세계 여러 나라 | 활동명 | 인디언처럼 | 활동유형 | 자유선택활동<br>(역할영역) |
|---|---|---|---|---|---|
| | | | | 활동형태 | 소집단 |
| 활동목표 | • 미국의 원주민인 인디언의 생활에 관심을 갖는다.<br>• 인디언의 의 · 식 · 주의 모습을 역할놀이로 해본다. | | | | |
| 누리과정 관련요소 | • 사회관계: 사회에 관심 갖기-세계와 여러 문화에 관심 가지기<br>• 의사소통: 말하기-느낌, 생각, 경험 말하기<br>• 예술경험: 예술적 표현하기-극놀이로 표현하기 | | | | |
| 활동자료 | 그림책 영상 파일, 인디언 생활 모습이 담긴 사진, 인디언 머리띠, 옷, 티피 텐트, 음식 모형, 활, 장신구 등 | | | | |
| 활동과정 | 활 동 내 용 | | | | 유의점 |
| 도 입<br>(10') | ■ 동기 유발<br>•'인디언 붓꽃의 전설' 그림책 영상을 본다.<br>－미국이라는 나라에 오래전부터 살아온 인디언 이야기를 함께 들어봐요.<br>■ 활동 안내<br>• 오늘의 활동을 안내한다.<br>－오늘은 미국 원주민 인디언처럼 행동하며 놀이해 볼 거예요. | | | | |
| 전개<br>(30') | ■ 인디언의 생활 이해하기<br>• 그림책에서 본 인디언의 생활 모습을 떠올려 본다.<br>－인디언들은 어떻게 살아갈까요?<br>－인디언의 모습은 어땠나요?<br>(얼굴, 몸, 옷, 모자, 신발 등)<br>－인디언들은 무엇을 먹나요?<br>－인디언들은 어디에 사나요?<br>－인디언들을 티피라는 원뿔 모양의 텐트에 산다.<br>－인디언들은 한곳에 오래 살지 않고, 말을 타고 이동하면서 산다.<br>－인디언들은 사냥을 해서 먹고산다.<br>－깃털로 머리띠를 화려하게 장식한다.<br>－인디언들은 축제하는 것을 좋아한다.<br>－인디언들은 학교에 다니지 않고 아빠나 어른들에게 사냥하는 방법, 전투를 하는 방법, 활을 쏘는 방법 등을 배운다.<br>－인디언들은 사람의 이름이나 열두 달의 명칭을 고유한 특징을 붙여 부른다.<br>－인디언들은 실뜨기, 고누, 윷놀이를 좋아한다. | | | | |

| | | |
|---|---|---|
| | ■ 놀이 계획하기<br>• 인디언 역할놀이를 하기 위한 계획을 세운다.<br>– 우리가 인디언이 된 것처럼 놀이하려면 어떤 준비가 필요할까요?<br>– 각각 어떤 역할을 맡는 것이 좋을지 함께 이야기해보자.<br><br>■ 놀이 도구 제작하기<br>• 인디언 역할놀이에 필요한 도구를 만든다.<br>– 인디언의 머리띠를 표현하려면 어떤 재료가 필요할까요?<br>– 인디언 옷의 무늬는 어떻게 표현해볼까요?<br>– 인디언이 축제에 사용할 악기는 어떤 소리가 나는 것으로 할까요?<br><br>■ 인디언처럼 놀이한다.<br>• 인디언 생활 사진을 보면서 어떤 일이 일어난 상황인지 상상하며 놀이를 해본다.<br>– 이 사진 속에서 인디언들은 어떤 이야기를 하고 있을까? 너희들이 상상하면서 즐겁게 놀이해보자.<br>– 인디언이 좋아하는 실뜨기 놀이를 해보자.<br>  | |
| 마무리<br>(10') | ■ 평가하기<br>• 오늘의 활동을 평가해본다.<br>– 인디언처럼 행동하면서 역할놀이를 해보니 기분이 어땠나요?<br>– 인디언 역할놀이를 하며 가장 즐거웠던 점은 무엇인가요? | |
| 확장활동 | • 다른 나라의 원주민이나 조상에 대한 이야기를 알아본다. | |

# 제 2 장 호주(Australia)

## ◉ 오페라 하우스(The Sydney Opera House)

1973년에 문을 연 시드니 오페라 하우스(Sydney Opera House)는 오스트레일리아 뉴사우스웨일스주의 수도 시드니에 있는 공연장이다. 이곳은 가장 유명하고 인상적인 20세기의 건축물 가운데 하나로, 세계에서 가장 유명한 공연장 중 하나이다. 공원 지역과 함께 시드니 하버 브리지가 있다. 오페라 하우스는 20세기를 대표하는 현대 건축물로 요트의 돛과 조개껍데기를 모티브로 한 아름답고 우아한 외양이 특징적이다. 호주를 대표하는 종합 극장으로 문화적 가치를 인정받아 2007년에는 세계문화유산으로 선정되었다. 오페라하우스에서는 약 2700석을 보유한 콘서트홀과 약 1500석의 오페라 시어터 외에 수백 석 규모의 드라마 시어터를 소유하고 있으며 연간 3000회 이상의 공연이 열리고 있다.

## ◉ 호주에 대해 알아볼까요?

| 국가명(공식명칭) | 오스트레일리아(Australia, 호주) |
|---|---|
| 수도 | 캔버라(Canberra) |
| 위치 | 남반구에 위치(동경 151°12′40″, 남위 33°51′35.9″)오세아니아 대륙에 속함 |
| 면적 | 768만㎢(동서 길이 약 4,000㎞, 남북 길이 약 3,200㎞: 한반도의 약 35배) |
| 민족 | 다문화주의 |
| 인구 | 약 22,507,617명 세계55위 (2014. 07. est. CIA 기준) |
| 언어 | 영어 |
| 종교 | 기독교 67%, 무종교 26%, 기타 7% |
| 정치체제 | 연방의원제, 입헌군주제 |
| 화폐단위 | AUD (1AUD= 약 814원, 2019. 8. 30일 기준) |
| 빅맥 지수 | 4.26$ (Economist, 2019.07.) |

# I 호주의 교육제도

## 1 호주교육의 일반적 특징

호주인들은 그들의 역사적, 문화적 뿌리인 영국의 문화와 전통을 존중하면서도, 영국의 문화를 그대로 유지하기보다는 새로운 국가적 상황을 고려한 자체적인 사회와 문화를 만들어가고 있다. '독립적인 호주인을 추구하면서도 영국과 영국의 Royal Family에 대한 애정을 가지고 있는 시민들'이 호주인의 심리적 특성이라 할 수 있을 것이다. 호주의 교육제도 또한 이러한 특성을 도드라지게 보이고 있다.

영국(England)이나 스코틀랜드 혹은 유럽의 제도를 받아들였지만, 거기에 머무르지 않고 독특한 교육 및 학교제도로 발전시켜가고 있다. 호주의 학교제도는 영국의 제도에 비해 비교적 단순하게 보이지만, 미국이나 우리나라의 제도에 비하면 상대적으로 복잡한 구조를 가지고 있다.

### 가 수월성을 인정받는 호주교육

호주교육은 교육내용과 교수방법적 측면에서 그 수월성을 인정받고 있다. 즉, 호주 교육의 우수성은 미국, 캐나다 등의 서구 국가들과 비교해 볼 때 교육 내용과 교수 방법적 측면에서 결코 뒤처지지 않는다.

이를 뒷받침하는 것은 항공기 블랙박스, 자동차용 에어컨디셔너, 복사기 등이 호주인의 발명품이고 문학, 과학, 의학 분야 등에서 최근까지 노벨 물리학상을 수여한 브라이언 슈미트를 비롯해 12명의 노벨 수상자가 배출되었다는 것이다(한국교육개발원, 2006).

[브라이언 슈미트]
(Brian Schmidt, 2011년 노벨물리학 수상자)
출처: 주한호주대사관 (2012. 05. 16.)

## 2 호주의 교육목표

호주의 교육목표와 비전은 호주 연방정부와 각 주 정부, 뉴질랜드 등의 교육부 장관들의 모임인 MCEETYA(Ministerial Council on Education, Employment, Training and Youth Affairs)에서 1999년에 선언한 '21세기 호주 학교 교육의 목표(National Goals for Schooling in the 21st Century)'에 나타나 있다.

이 선언에 나타난 구체적인 호주 학교교육의 목표는 학교교육과 관련된 목표, 교육과정과 관련된 목표, 그리고 학교의 사회적 정당성의 측면에서 추구해야 하는 목표 등으로 크게 3영역으로 구분하고 있다. 각 영역별 구체적인 목표를 살펴보면 다음과 같다.

### 가 학교교육 관련 기본 목표

학교교육과 관련된 기본 목표는 "학교교육은 모든 학생의 타고난 소질과 능력을 완전하게 개발할 수 있도록 노력"하는 것이며 이러한 기본 목표를 달성하기 위하여 다음과 같은 8가지 구체적인 목표들을 제시하고 있다(한국교육개발원, 2006).

1. 분석력, 문제해결력, 의사소통 능력, 특정 활동에 대한 계획을 세우고 효과적으로 조직하여 집행할 수 있는 능력, 타인과 협력할 수 있는 능력 등
2. 높은 자신감, 낙관적인 태도, 자긍심, 그리고 미래에 가정, 지역 사회와 일터에서 성공적인 역할을 수행할 수 있는 능력 배양
3. 도덕적, 윤리적 사회정의의 실현을 위한 합리적 판단력과 책임감
4. 국가와 시민의식에 기초한 적극적인 시민 교육
5. 직업관련 지식과 직업 환경에 대한 이해, 미래의 진로, 직업교육, 계속교육과 평생교육에 대한 긍정적인 태도 함양
6. ICT 등 새로운 기술에 대한 창의적이며 유능한 사용자가 되어야 하며 이러한 기술이 사회에 미칠 영향에 대한 이해 증진
7. 자연환경에 대한 청지기 정신을 가지고 생태계의 보존과 발전을 위해 공헌할 지식과 기술 습득
8. 건강한 삶을 유지하며, 창의적이고 만족할 만한 여가 시간을 활용하기 위한 지식과 기술, 태도 배양

## 나 교육과정 관련 기본 목표

교육과정의 측면과 관련된 목표로는 의무교육 기간 동안 학교는 예술(Arts), 영어, 체육, LOTE(Language Other Than English), 수학, 과학, 사회 및 환경 교육, 그리고 기술 등 8개의 기본교과에 대한 종합적이고 균형 있는 교육과정을 제공해야 한다는 것이다.

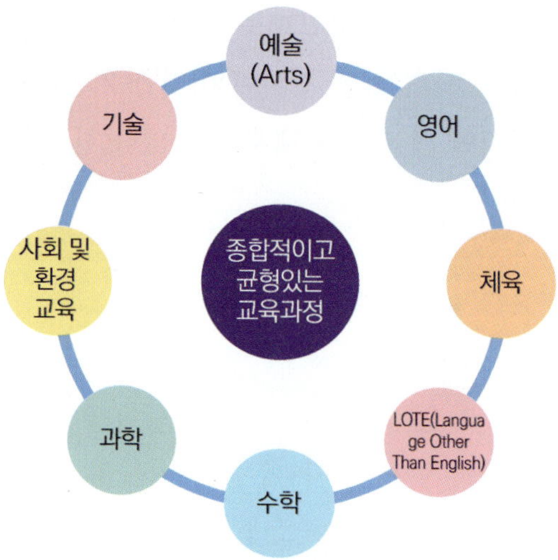

### 다 사회적 정당성 측면: 사회적 공평성 추구

학교교육이 사회적 정당성 측면에서 추구해야 할 목표는 학교교육은 사회적 공평성을 추구해야 한다는 것이다. 이러한 학교의 사회적 공평성과 관련된 주요 목표들은 다음과 같다.

**학업성취도**

부정적인 영향 NO!!!

학생들의 학업성취도는 성별, 언어, 문화, 인종, 종교와 장애(disability), 그리고 사회경제적 차이 혹은 지리적 위치(geographic location) 등에 의해 부정적인 영향을 받아서는 안 된다.

**불이익, 시간경과**

계속 증진, 비슷한 수준 접근

교육적으로 불이익을 받는 학생들의 학업성취도는 계속 증진되어야 하고 시간이 경과함에 따라 다른 학생들과 비슷한 수준에 접근해야 한다.

**다문화주의**

세계적인 다양화 시대

모든 학생들은 다문화주의를 이해하고 인정해야 하며 세계적인 다양화시대에서 상호 혜택을 받기 위한 지식과 기술, 이해력을 가져야 한다.

## 3 호주의 학제

호주의 학제는 영국의 학제를 바탕으로 발달되었다. 호주의 의무교육은 6세에서 15세까지(타즈마니아는 16세까지)에 해당하는 학생들에게 적용된다. 즉 10학년(고등학교 1학년)까지 의무교육이고 그 이상 학년부터는 학생의 희망에 따라서 학업을 지속하거나 직업교육을 이수하기 위해 전문대학에 입학하기도 한다. 그리고 대부분의 아이들은 5세부터 교육을 받기 시작한다.

최근에는 부모가 교육에 대한 관여가 높아지면서 재택교육(home education)이 의무교육에 대한 하나의 교육적 대안으로서 채택되고 있다(김영철, 2006).

호주의 학제를 표로 정리하면 다음과 같다.

<table>
<tr><th rowspan="2">구분</th><th rowspan="2">나이</th><th rowspan="2">학년</th><th colspan="2">학제</th><th rowspan="2">한국과 비교</th></tr>
<tr><th>대학교</th><th>전문대학교</th></tr>
<tr><td rowspan="8">고등<br>교육</td><td>25세</td><td>-</td><td colspan="2">박사(Ph. D)</td><td rowspan="2">대학원<br>박사과정</td></tr>
<tr><td>24세</td><td>-</td><td colspan="2">석사 학위(Master degree)</td></tr>
<tr><td>23세</td><td>-</td><td>졸업 및 졸업 증서<br>(Graduate Certificate/<br>Graduate Diploma)</td><td>직업대학원 학사 과정<br>(Vocational Graduate<br>Diploma)</td><td rowspan="2">대학원<br>석사과정</td></tr>
<tr><td>22세</td><td>-</td><td>학사(우등) 과정<br>(Bachelor(Honours) degree)</td><td>직업대학원 수료증 과정<br>(Vocational Graduate<br>Certificate)</td></tr>
<tr><td>21세</td><td>4학년</td><td rowspan="4">대학교(University)</td><td rowspan="2">전문대학교</td><td rowspan="4">대학교/<br>전문대학교</td></tr>
<tr><td>20세</td><td>3학년</td></tr>
<tr><td>19세</td><td>2학년</td><td>고급준학사과정(Advanced<br>Diploma)</td></tr>
<tr><td>18세</td><td>1학년</td><td>준학사과정(Diploma)</td></tr>
<tr><td rowspan="2">무상<br>교육</td><td>17세</td><td>12학년</td><td rowspan="6" colspan="1">중등학교(Secondary School)</td><td>수료증 과정(CertificateⅢ,<br>CertificateⅣ)</td><td rowspan="3">고등학교</td></tr>
<tr><td>16세</td><td>11학년</td><td>수료증 과정(Certificate Ⅰ,<br>Certificate Ⅱ)</td></tr>
<tr><td rowspan="12">무상<br>의무<br>교육</td><td>15세</td><td>10학년</td><td rowspan="3"></td></tr>
<tr><td>14세</td><td>9학년</td><td rowspan="3">중학교</td></tr>
<tr><td>13세</td><td>8학년</td></tr>
<tr><td>12세</td><td>7학년</td><td>(주에 따라 차이가 있음)</td></tr>
<tr><td>11세</td><td>6학년</td><td colspan="2" rowspan="6">초등학교(Primary School)</td><td rowspan="7">초등학교</td></tr>
<tr><td>10세</td><td>5학년</td></tr>
<tr><td>9세</td><td>4학년</td></tr>
<tr><td>8세</td><td>3학년</td></tr>
<tr><td>7세</td><td>2학년</td></tr>
<tr><td>6세</td><td>1학년</td></tr>
<tr><td>5세</td><td>0학년</td><td colspan="2">취학 예비과정(Preprimary)</td></tr>
<tr><td rowspan="2">대부분<br>무상</td><td>4세</td><td colspan="3" rowspan="2">취학 전 교육 또는 유치원(PreSchool)</td><td rowspan="2">유치원</td></tr>
<tr><td>3세</td></tr>
</table>

## 가 취학 전 교육

출처: https://www.acecqa.gov.au/

호주는 2000년부터 초등학교 1학년이 되기 전의 2년간의 교육프로그램을 취학 전 교육(Preschool Education)으로 규정하였다. 취학 전 교육(Preschool Education)은 보통 만 3~4세의 유아가 공립 유치원 또는 사립 유치원에서 교육받는 기간을 뜻한다. 의무적인 교육단계는 아니지만 대부분의 학부모들은 자녀의 취학을 권장받는다. 주된 교육내용은 아동의 지적 · 사회적 · 정서적 · 육체적 필요와 더불어 흥미를 반영한 내용으로 구성되어 있다.

## 나 초등예비교육

출처: https://elaa.org.au/wp-content/uploads/2019/09/term3

예비교육은 1학년이 되기 전의 교육을 의미하는 것으로 주와 지역에 따라 유치원(Kindergarten), 예비교육(Preparatory), 초등전(Preprimary), 전이(Transition), 준비(Reception) 등 다양하게 명명되고 있다. 호주에서는 퀸스랜드와 서부 오스트렐리아를 제외한 모든 주와 특별지구에서 예비교육단계를 초등교육의 한 단계로 간주한다(한국교육개발원, 2006).

## 다 초등교육

호주는 초등교육이 주에 따라 교육기간이 다른데 수도 특별지구, 타즈마니아, 빅토리아, 뉴 사우스 웨일즈는 6년간이고, 그 밖의 주는 7년간의 교육을 한다.

초등교육의 교육내용은 주로 아동의 전인적인 발달과 초등교육과 관련된 교육과정에 초점을 두고 다룬다. 호주 초등교육은 학습내용이 창의성 증진을 위한 교육과 실용교육을 위한 내용으로 구성되어 있다.

교육방법으로는 학생 스스로 혹은 소그룹 속에서 협동하여 자료를 수집·발표하여 보고서를 제출하는 프로젝트식의 수업이 보편화되어 있다. 또한 박물관, 도서관 및 미술관 견학, 공공기관 방문, 자연 보호활동, 실제 운동 경기 참여, 실험 실습 등의 현장체험학습이 강조되고 있다.

수업시간은 하루 보통 5시간이고 수업일수는 연간 200일이다. 초등학교 졸업 시 제도화된 졸업시험이나 자격증은 없으며, 초등교육 6년 과정을 마치면 자동적으로 중등학교에 진학한다. 학기는 1월 말 또는 2월 초에 시작하여 12월 초까지 계속되며, 1년 과정은 1월, 4월, 7월, 10월을 기준으로 4학기로 나뉘어 있으며 모든 학교는 교복을 착용한다(한국교육개발원, 2006).

[초등학교 학생들의 모습]

출처: https://www.studyinaustralia.gov.au

## 라 중등교육

[중학교 학생들의 모습]

출처: https://www.studyinaustralia.gov.au

호주의 중등교육은 초등교육을 6세부터 받기 시작하여 7학년이나 8학년이 되는 12~13세가 되면 자동적으로 중등학교에 진학하게 되는데 중등교육은 5~6년간 실시된다. 중등교육은 7학년에서 10학년까지인 전기 과정과 11학년에서 12학년까지인

후기 과정으로 구분된다. 전기 중등교육은 초등교육과 마찬가지로 의무교육기간이다.

## 마 직업기술 전문과정

호주의 직업교육은 오랜 전통을 가지고 있는데, 19세기 후반 식민지 시절부터 시작되었다. 기술 및 직업 교육(TAFE: Technical and Further Education)으로 통용되던 직업교육은 현재는 직업 기술 전문 교육과정(VET: Vocational Education and Training)이라는 용어로 쓰이고 있다. 직업기술 전문과정은 직업에 보다 연관되는 실질적이고 전문적인 학업에 중점을 주는 실무 중심의 교육이라고 할 수 있다. 이를 위해 기초학업능력과 노동시장에서 필요한 기술이 연계적으로 제공되도록 교육과정을 설계하여 운영하고 있다.

## 바 고등교육

호주는 39개 대학 중 36개가 국립대학이므로 대학 간의 수준 차이가 거의 없으며 연방정부의 재정지원을 받는다. 39개 대학 중 100년 이상의 전통을 가진 대학은 4개 대학으로서 1850년에 설립된 시드니대학(the University of Sydney)을 비롯하여 1853년 멜버른대학(The University of Melbourne), 1874년 아델레이드대학(The Unversity of Adelaide)이, 1890년에 타즈마니아대학(the University of Tasmania)이 각각 설립되었다. 한국의 대학과는 달리 각 대학은 다양한 전공을 제공하면서 특정 분야에 특성화되어 있다(한국교육개발원, 2006).

1850년에 설립된 시드니대학

1853년 설립된 멜버른대학

# Ⅱ 호주 유아교육의 교육철학 및 행·재정 체제

## 1 호주 영·유아교육의 방향의 틀(EYLF)

### 가 EYLF의 의미 및 비전

호주는 **"모든 어린이는 자신과 국가를 위한 더 나은 미래를 창출하기 위해 최상의 인생 출발을 한다"**라는 비전을 가지고 영·유아교육 방향의 틀(The Early Years Learning Framework)을 개발했다.

이 The Early Years Learning Framework(EYLF)는 출생에서 만 5세 영·유아들의 학습을 촉진시키고, 학교생활로의 전환을 지원하고자 영·유아교육의 원리와 방법과 결과를 명시하며 호주의 유아 교육과정과 같은 역할을 하고 있다.

뿐만 아니라 EYLF는 유아 교육자들에게 영·유아가 자신의 잠재 능력을 최대한 발휘하고 미래의 학습 성공을 위한 토대를 개발하기 위한 기회를 유아들에게 제공할 수 있도록 지원하기 위한 것이다(서문희, 이혜민, 2013).

> "All children have the best start in life to create a better future for themselves and for the nation."

### 나 EYLF의 목표

모든 어린이들은 경험하며 배우고, 성공의 경험을 쌓음으로써 배움이 일어난다. EYLF의 기본 틀은 소속감, 존재감, 자아형성이 된 영·유아로 자라나는 것으로 이는 곧 삶의 방향이라고도 할 수 있다.

출생 전부터 아이들은 가족, 지역 사회, 문화 및 공간과 연결되어 있기 때문에 가장 초기의 발달과 학습은 이러한 관계 속에서 이루어져야 한다. 특히 영·유아의 1차

접촉자이자 가장 영향력 있는 교육자인 가족이 중요하다. 아이들은 일상생활에 참여하면서 관심사를 발전시키고 자신의 정체성과 이해를 구축한다.

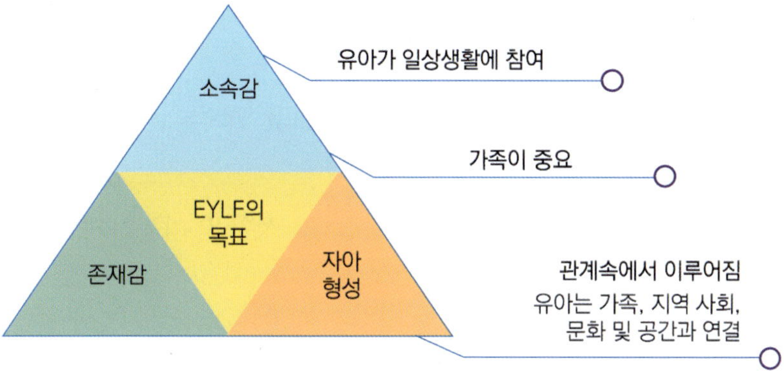


### ① 소속감

아동은 소속감 아래 자신이 누구이며 무엇이 될 수 있는가를 고찰함으로써 자신의 존재감 및 자아 형성의 핵심을 구성하게 된다. 아동은 우선 가족, 문화적 집단, 이웃, 그리고 큰 지역사회에 소속되어 있으며, 소속감은 존재감과 자아 형성의 근간을 이루며, 상호의존과 관계기초를 구성한다.

### ② 존재감

EYLF 존재감은 아동의 현 상태의 중요성을 인식하는 것에서 시작하며, 현재와 자신들을 알아가는 자기 자신에 관해서, 그리고 타인과의 관계를 형성·유지하고 삶의 기쁨과 복잡함에 관여되며, 일상생활에서의 도전을 맞이하는 것과 관련되었다. 따라서 유아기는 오직 미래를 위한 준비 단계로서 존재하는 것이 아니라, 현재로서 경험될 수 있다.

### ③ 자아형성

아동이 배우고 성장함에 따라 초기 연령에서 발생하는 빠르고 중요한 변화의 과정을 반영한다. 이는 여러 사건과 상황에 의해 형성되는데, 유아기 아동의 학습과 성장의 급속한 변화의 과정을 반영하게 되며, 완전하고 활동적인 참여자로서의 사회적 역할을 강조한다.

## 다 EYLF의 구성(원칙, 실행, 학습결과)

### ① 원칙

- 아동이 안정되고 존중받는 상호관계를 형성하고 가족들과 협력하며, 높은 기대치 및 형평성을 가지는 것
- 아동의 다양성을 존중하고 지속적인 학습 및 성찰을 가능하게 하는 것

### ② 실행

- 원칙을 바탕으로 총체적 접근 방법을 통해 아동에 대한 민감성을 가지고 놀이 중심으로 학습
- 교육에 있어 목적의식을 가지며 학습 환경과 문화적 역량을 구축하고, 학습 및 진입 과정의 연속성을 유지하며 학습에 대한 평가를 실행(아동이 사회에 온전하게 그리고 능동적으로 참여하기 위한 학습에 역점을 두는 것)

### ③ 학습결과

- 출생에서 만 5세에 진입하여 학교 진학 이전까지의 모든 어린이의 학습을 위한 최고 수준의 기대치를 명시하고, 이들 기대를 정체성, 자신과 타인 및 세계와의 관계, 복지감, 학습적 측면, 의사소통적 측면의 다섯 가지 학습 결과를 통해 표명하였다.

〈5세까지의 아이들을 위한 학습결과〉

| 학습결과 1. Children have a strong sense of identity. | |
|---|---|
| 아이들은 강한 정체성을 가지고 있다. | • 아이들은 안전하고 보호받고 지원되고 있음을 느낀다.<br>• 아이들은 자율성, 상호 의존, 회복력 및 주체성이 새롭게 발달한다.<br>• 아이들은 지식과 자신감에 기초한 자아 정체성이 발달한다.<br>• 아이들은 타인과의 관계에서 돌봄과 공감과 존중으로 상호작용하는 것을 배운다. |
| 학습결과 2. Children are connected with and contribute to their world. | |
| 어린이는 자신의 세계와 연결되고 그 세계에 기여한다. | • 아이들은 그룹과 공동체에 대한 소속감, 그리고 적극적인 공동체 참여를 위해 필요한 상호 권리 및 책임에 대한 이해를 발달시킨다.<br>• 아이들은 다양성에 대해 존중하는 태도로 반응한다.<br>• 아이들은 공정성을 인식하기 시작한다.<br>• 아이들은 사회적으로 책임성을 가지게 되고 환경에 대해 존중하는 태도를 보인다. |
| 학습결과 3. Children have a strong sense of wellbeing. | |
| 어린이는 강한 복지감을 가진다. | • 아이들은 자신의 사회적, 정서적 복지에서 강해진다.<br>• 아이들은 자신의 건강과 신체적 복지에 대한 책임성을 증대시킨다. |
| 학습결과 4. Children are confident and involved learners. | |
| 어린이는 자신감이 있고 몰입하는 학습자이다. | • 아이들은 호기심, 협동, 자신감, 창의성, 노력, 열의, 인내, 상상력 및 성찰 등 학습을 위한 기질을 발달시킨다.<br>• 아이들은 문제 해결, 문의, 실험, 가설 설정, 연구 및 조사와 같은 다양한 기술과 절차를 발달시킨다.<br>• 아이들은 한 상황에서 배운 것을 다른 상황으로 이동 적용시킨다.<br>• 아이들은 사람과 장소, 테크놀로지 및 자연적 가공적 재료와 연결시켜 자신의 학습 자원을 제공한다. |
| 학습결과 5. Children are effective communicators. | |
| 어린이는 효과적인 의사소통자이다. | • 아이들은 다양한 목적을 위해 언어적, 비언어적으로 타인과 상호작용을 한다.<br>• 아이들은 다양한 텍스트에 관여하고 이들 텍스트에서 의미를 파악한다.<br>• 아이들은 다양한 미디어를 사용하여 아이디어를 표현하고 의미를 창출한다.<br>• 아이들은 부호와 패턴 시스템이 작용하는 법을 이해하기 시작한다.<br>• 아이들은 정보를 이용하기 위해 정보 및 커뮤니케이션 테크놀로지를 사용하며 아이디어를 조사하고 자신의 생각을 나타낸다. |

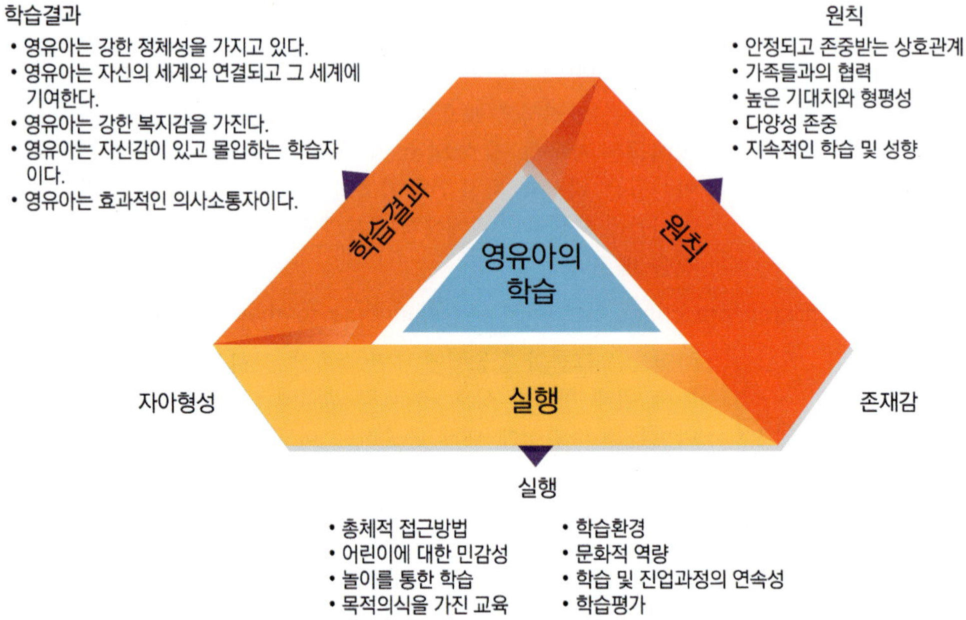


[영 · 유아교육 프레임 요소들]

## 2 영 · 유아교육 관련법

호주 정부는 일찍이 유아교육의 중요성을 인식하고 취학 전 유아들에게 체계적인 교육과 양질의 시설 및 환경을 제공하고자 노력하고 있다. 그 방법으로는 우수한 교사를 양성하기 위해 노력하고 유아교사의 임금과 처우를 향상시키며, 우수한 시설과 교육 프로그램을 실시하는 시설에 대하여 정부의 보조금 지원확대를 위하여 노력하고 있다. 이에 유아교육 질적 수준 개선을 위한 관련법을 제정하여 행・재정적인 지원방안 통로를 마련하였다. 대표법안으로는 1972년 아동보육법(Child Care, 1972), 2010년 국가 교육과 보호 서비스 법(Education and Care Services National Law Act, 2010), 1999년 신조세체계법(가족지원)[A New Tax System(Family Assistance) Act, 1999]이 있다.

## 가 1972년 아동보육법

1972년 제정된 아동보육법은 주로 공공보육시설 설치에 소요되는 재정 지원을 주요 내용으로 하는 법안으로 총 8장으로 구성되어 있다. 주요 내용을 몇 가지로 정리해 보면,

- 보육시설(Child Care Center)은 아동보육을 제공하거나 제공하려는 의도를 가진 장소로 규정하고, 이용 아동은 다수가 취학 전 아동으로 평일 8시간, 주 5일, 연간 48주 이상을 운영하는 것을 원칙으로 한다. 또한 보육시설은 비영리 기업, 지방정부, 비영리 조합(Trustee) 등이 설치한 비영리 시설로 규정하고 있다.
- 보육시설을 신규로 설치하는 데 소요되는 비용 지원에 관한 내용이다. 신규로 공공 비영리 보육시설 설치와 장비에 소요되는 재정을 지원할 수 있고(Capital Grant), 순환 보조금(Recurrent Grant) 제도를 두어서 신규 보육시설을 설치한 후 개원 이전까지 6주간 개원 준비를 위하여 고용한 사람의 인건비를 지원할 수 있도록 규정하고 있다.
- 이외 비밀유지 조항을 두어서 공개가 허용된 정보에 한하여 정보 접근권을 보장하고, 정보 불법 접근 및 유출에 대한 벌칙 등을 명시하고 있다.
- 보육 관련 연구 및 보육시설 개발 관련 예산 지원을 규정하고 있으며, 장관 자문기관으로 보육 기준위원회(Child Care Standard Committee)의 설립과 운영을 규정하고 있다.

이 법에서는 필요시 장관이 하위법령인 지침을 작성하도록 규정하고 있다(Child Care Act, 1972).

## 나 1999년 신-조세체계법(가족지원)

1999년 신-조세체계법(가족지원)법은 가족지원 전반에 대한 사항을 규정한 법으로, 5장과 4개의 부칙으로 구성되어 있다. 보육료 지원인 보육급여와 보육환급, 가족세액공제, 출생아에 지급하는 아기보너스, 모성예방접종 등 자녀 출산 및 양육과 관

련하여 지원 대상과 조건, 지원 비율, 지원 비율 산정방법 등에 대한 내용을 구체적으로 담고 있다. 이러한 지원은 인력노동부(Department of Human Services) 소관이다.

1999년 신조세체계법(가족지원) 하위법령은 대체로 결정(Determination)으로 고시되는데 대부분이 보육급여 지원 대상이나 시간 결정 조건에 관한 내용들이다[A New TaxSystem(Family Assistance) Act, 1999].

## 다 2010년 국가 교육과 보호 서비스 법

### ① 법의 목적

- 운영자 및 서비스 인가, 서비스 운영 내용과 평가 등 아동 교육과 보호 서비스 전반에 대한 영·유아 보육교육 국가 품질 체계(National Quality Framework)를 확립하기 위해 제정되었다.
- 교육과 보호, 아동안전, 건강과 안녕을 보장하고, 참여 아동의 교육과 발달 성과를 증진하며, 보호와 교육 질적 수준의 지속적 개선을 증진시키고자 한다.
- 아동에 대한 교육과 보호 서비스 제공을 위한 질적 체계에서 연방정부와 지역정부 간의 통합과 공동책임을 확립하고, 질적 수준에 대한 공적 지식과 정보 접근을 개선하며, 연방정부와 지방정부 간 정보 공유 확립으로 행정적 부담을 줄이고자 하는 목적이 있다.

### ② 법의 내용

이 법의 본문은 총 15개의 장으로 구성되어 있는데, 이 중에서 핵심을 이루는 부분은 2~6장이다.

- 제2장은 하나 이상의 교육·보육 서비스를 제공하는 대표자 인가에 관한 것: 인가 신청, 적합성 평가, 인가 변경, 중지 및 취소, 유고 시 대체 방법 등을 담고 있다.
- 제3장은 교육·보육 서비스의 인가를 규정: 기관 서비스와 가정 서비스가 모두 포함되며, 기관 서비스에는 종일제보육, 학교 밖 보육 및 유치원이 포함된다.
- 제4장은 원장에 관한 규정: 원장 자격을 소지한 자만이 서비스 제공기관의 원장

으로 임용될 수 있다.

- 제5장은 교육・보육 서비스 평가와 등급에 관련된 규정: 1990년대 초부터 시행해 온 평가인증 제도를 평가제도로 변경하고 그 대상에 유치원을 추가시켰다.
- 제6장은 교육과 보육 서비스 운영과 관련된 포괄적 내용을 담고 있다.

(Education and Care Services National Law Act, 2010)

## 라 2012년 영・유아 교육・보육 품질관리(National Quality Framework: NQF)

호주는 정부 차원에서 영・유아 교육・보육서비스에 대한 국가 수준의 질 관리 체계를 구축, 운영하고 있다(서문희, 이혜민, 2013). 국가품질체계(National Quality Framework: NQF)는 호주의 새로운 국가 시스템으로 영・유아의 교육과 보육 서비스에 관한 기준을 규정함으로써 교육 및 보육 서비스에 관한 인가와 질적 수준 점검을 담당하게 된다. 이는 호주 전역에서 영・유아의 교육과 보육의 품질을 개선하고자 노력에 의해 계획되었다. NQF는 2012년 1월 1일 본격적으로 실시되어 유아교육 및 종일제 보육, 가정보육, 방과후보육 서비스, 일시적 보육 등에 적용된다.

### ① 국가품질 체계(NQF)의 역할

- 국가학습체계를 지원하고 증진하는 일이다. 이 교육 프레임은 영・유아교육 프레임과 초등학생 보호 두 가지이다. 이는 영・유아 교육 프레임인 '소속감, 존재감, 그리고 자아 형성(Belonging, Being and Becoming the Early Years Framework; EYLF)'과 초등학생 보호 프레임인 '나의 시간, 우리 장소(My Time, Our Place: Framework for School Age Care in Australia: Framework for School Age Care)에 나타나 있다.
- 교사 대 아동의 비율을 개선하여 각 아동들이 보다 개별적인 보호와 관심을 받도록 하는 것이다. 교사 대 아동 비율은 출생부터 24개월 1:4, 24개월 이상 36개월 미만 1:5, 3세 이상 1:11이다. 방과후 및 혼합연령은 1:7을 적용하는 것을 목표로 하고 있다(보육교육품질관리원, 2013).
- 교사 자격 기준을 강화하는 일이다. 각 교사들이 아동 학습과 발달을 도울 수

있는 기술을 갖추도록 한다. 교사 자격은 교사 대 아동 수와 더불어 2020년까지 점차 정비하는 것으로 계획하고 있다.

- 새로운 평가체계이다. 각 호주의 가정에서 아동 기관 교육과 보호에 관하여 모든 정보를 가감 없이 접근할 수 있도록 한다.

이처럼 국가 품질 체계는 기관의 평가뿐만 아닌 교사의 자격 요건과 교사 대 아동 비율, 영·유아 교육 및 보육의 품질을 보증하는 새로운 국가 기관의 설립을 모두 포함하는 포괄적인 질적 수준 관리 체계에 개입하는 역할을 한다.

### ② 국가품질 체계(NQF)의 목적 및 지향방법

국가 교육 보육 품질 체계의 목적은 보육 및 교육 서비스의 질적 수준을 높이고 지속적으로 개선하는 데 있고, 그 수단은 몇 가지 방법으로 구성된다.

- 호주의 모든 아동 서비스에 대하여 동일한 기준으로 규제하고 질을 평가하는 법인 국가 교육·보육 서비스 법(The Education and Care Services National Law)과 그 하위 법령(The Education and Care Services National Regulations)을 적용하는 것이다.
- 영·유아에게 제공되는 교육·보육 서비스 질 관리 차원에서 국가 기준이 되는 국가 품질 기준(National Quality Standard)을 적용하는 것이다.
- 국가 품질 기준을 적용하여 모든 영·유아 교육 및 보육 서비스를 평가하고 등급화하는 절차와 과정을 구축하는 것이다.
- 새로 정비한 규제, 연방과 주 정부가 공동으로 관여하는 새로운 조직인 호주 아동 교육·보육 품질관리원(the Australian Children's Education and Care Quality Authority; ACECQA)의 설립이다.

### ③ 국가 품질 기준(National Quality Standard)

국가 품질 기준(NQS)은 국가 품질 프레임 워크(NQF)의 핵심 요소이며, 유아교육 및 보육, 방과후보육 서비스 등에 대해 호주만의 기준을 설정하였다. 이를 통해 교육 및 보육 서비스 수준의 질을 개선하고 영·유아 교육·보육기관에 대한 더욱 투명하고 포괄적인 정보를 부모에게 제공함으로써 자녀들을 위한 최상의 서비스를 선택 및 결정할 수 있도록 하는 것이다.

국가 품질 기준(National Quality Standard)은 영・유아 교육・보육의 질에 관련된 7가지 분야를 제시하였다.

- 교육 프로그램과 연습(Educational program and practice)
- 어린이의 건강과 안전(Children's health and safety)
- 물리적 환경(Children's health and safety)
- 인력 배치(Staffing arrangements)
- 자녀와의 관계(Relationships with children)
- 가족과 사회와의 공동 협력(Collaborative partnerships with families and communities)
- 리더십과 서비스 관리(Leadership and service management)

NQS 각 품질 영역에서 두 개 또는 세 개의 표준으로 구성되어, 총 18개의 표준을 포함하고 있다. 각각의 표준에서 달성해야 할 목표를 성취하기 위한 방법을 설명하는 총 58개의 요소가 정해져 있다. 이는 영・유아교육체계 프라임(Early Years Learning Framework)과 방과후 보육체계(Framework for School Age Care)와 연계된다.

#### ④ 평가결과

2012년부터 새로운 정부 조직인 호주 아동 교육・보육 품질관리원(the Australian Children's Education and Care Quality Authority; ACECQA)에서 영・유아 교육・보육 국가 품질체계를 관리하였다. 이 기관은 종전에 국립보육인증위원회(National Childcare Accreditation Council; NCAC)에서 실시하던 보육서비스 평가인증 제도를 평가제도로 개편하여 실시하게 된 것이다.

ACECQA는 국가 품질 기준(National Quality Standard)의 7가지 영역별 평가를 통하여 하나의 최종적인 등급을 결정한다. 평가 과정을 거쳐 결정된 영역별 및 총괄적 등급은 부모에게는 물론 인터넷을 통해 일반대중에게도 공개된다. 각 서비스의 등급은 5단계로 나누어진다(서문희, 이혜민, 2013).

- 최우수(Excellent)
- 국가 기준 초과(Exceeding National Quality Standard)

- 국가 기준 충족(Meeting National Quality Standard)
- 국가 기준 도달 노력 중(Working toward National Quality Standard)
- 현저한 개선 필요(Significant Improvement Required)

평가결과에 따라 인증 주기가 달라지는데 최우수와 국가 기준 초과는 3년마다, 국가 기준 충족은 2년마다 평가를 받는다. 노력 중 평가를 받은 시설은 1년 후 평가를 받아야 한다. 평가 결과 5등급인 현저한 개선 필요 평가를 받은 시설은 개선 계획과 함께 수시로 방문점검을 받게 되며, 개선 정도에 따라 처벌/폐쇄 조치가 가능하다.

## 3 교육 및 보육의 행·제정 체계

호주의 영·유아 프로그램 제공체계는 유치원과 보육시설로 이원화되어 있는데, 최근 수년간의 논의 과정을 거쳐서 2013년 교육부(Department of Education)로 소관 부처가 일원화되었다가, 유치원과 보육단계만이 2014년 12월 23일자로 사회복지부(Department of Social Service)로 그 관할부서가 변경되었다.

- 호주에서 유치원은 초기 아동발달 이론이나 유럽에서의 유치원 설치 운동의 영향으로 일찍이 1890년대부터 설치되어 주로 아동의 교육과 사회성 발달에 중점을 두는 반면에, 보육시설은 주로 일하는 부모의 자녀 보호와 그들의 자녀의 복지 요구를 충족시키는 데 주목적을 두고 발전하여 왔다.
- 가족, 주택, 지역 사회 서비스 및 원주민 문제 담당 부서(Department of Human Family, Housing, Community Services and Indigenous Affairs; FaHCSIA)는 보육 주무 부처이고, 교육과학기술부(Department of Education, Science and Technology)는 유아교육담당 부처였다. 이후 2009년에 학교, 고용 및 노사관계부를 만들어서 유아교육과 보육을 하나의 부서 아래 두었고, 2013년에 다시 학교, 고용 및 노사관계부를 교육부와 고용부로 나누고 유아교육과 보육을 교육부 산하에 두었다.
- 2014년 호주중앙정부는 교육부를 교육훈련부(Department of Education and Training)로 변경하고, 국가정책과 프로그램을 유아교육, 학교교육, 고등교육, 직

업훈련, 국제교육 그리고 학술연구로 나누어 관할하였는데, 2014년 행정제정명령에 따라 아동보육은 사회복지부로, 직업훈련은 산업부로 편입되는 등 관련부처의 통합과 분리가 반복되고 있다.

## 가 유아교육 이용 현황

- 2018년에 호주에서 유치원 프로그램을 제공하는 11,695개의 기관이 있는데, 이 중 36%는 프리 스쿨(독립형 또는 학교의 일부)이고, 64%는 CBDC(Centre based day care, 종일보육센터)이다.
- 유아수를 살펴보면 Preschool(취학 전 프로그램 또는 유치원)에 등록한 만 4세 또는 만 5세 342,479명이다. 이 중 274,582명(80%)이 4세이고 67,896(20%)는 5세이다. 4~5세의 전체 등록 유아 중 42%가 유치원에 등록되었고, 50%는 종일보육센터(CBDC)에 등록되었으며, 8%는 기타 기관에 등록되어 있다.
- 취학 전 프로그램에 등록한 유아 중 39%는 정부 유치원에 다니고 있고 59%가 비정부 유치원에 다니고 있다. 이 외의 유아들은 기타 기관에 등록되어 있다.
- 유치원이나 종일보육센터(CBDC)에 등록한 유아 수는 주마다 다양하다. 퀸즐랜드, 뉴사우스웨일즈 및 빅토리아에서는 유치원보다 종일보육센터(CBDC)에 더 많은 유아가 등록되어 있다(각각 68%, 65% 및 47%). 서부 호주는 유치원에 입학한 유아의 비율이 높다(78%).
- 유치원 프로그램에 등록된 대부분의 유아(95%)는 주당 15시간 이상 프로그램에 등록되어 있다. 15시간 이상 등록된 유아 중 43%는 유치원에 등록했으며 48%는 종일보육센터(CBDC)에 등록했으며 나머지 9%는 이 외의 기관에 등록되어 있다.
- 유치원 프로그램에 등록한 유아 수 중 원주민과 토레스 스트레이트 섬 주민들은 5%(18,253명)를 구성하고 있다.

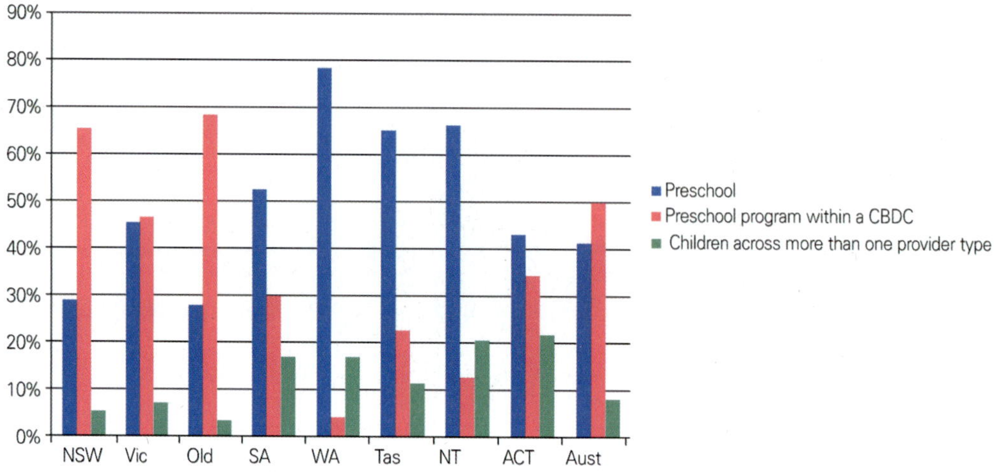


출처: https://www.abs.gov.au/(Australian Bureau of Statistics 중 Preschool Education Australia, 2018: 2019. 3. 15. 발표)

## 나 영 · 유아 보육 이용 현황

• 호주는 0~12세 영 · 유아의 보육 서비스를 제공하고 있다. 그중 만 2세(71.8%)와 만 3세(71.1%) 영아가 공식적 · 비공식적 보육에 가장 많이 참여한다.

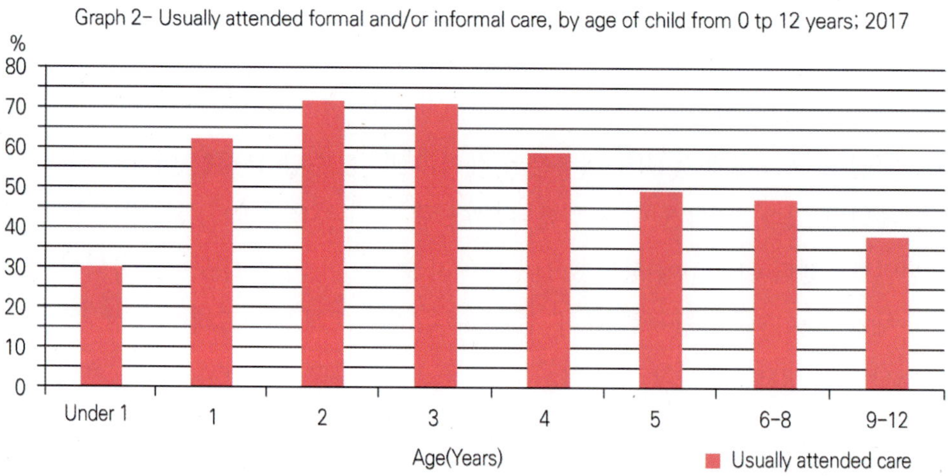


출처: Australian Bureau of Statistics (2018). Childhood Education and Care. www.abs.gov.au/childcare

- 만 0~12세 영·유아는 학교에서 학교에서 출석하여 보육서비스를 제공받는 것이 일반적이다. 하지만 학교에 가지 않는 경우는 온종일돌봄(Long day care center)을 이용하는 비율(36.9%)이 가장 높으며 조부모의 돌봄을 받는 경우도 25.8%로 높은 편이다.
- 보육서비스를 이용하는 영·유아의 부모는 맞벌이 부모(35%)인 경우가 가장 높지만 부모 모두 직업이 없는 경우에도 보육서비스를 이용하는 비율(13%)이다.
- 만 0~12세 영·유아를 돌보기 위해 육아휴직을 사용하는 여성부모의 비율은 2011년 74.3%에서 2017년 69.5%로 감소하였다. 이는 남성부모의 육아휴직 사용이 2008년 이후부터 꾸준히 증가하고 있는 것과 관련이 있다고 볼 수 있다.

읽을거리

## 호주 영·유아 교육·보육기관 방문기

마가렛 스트리트 센터(시드니 유아교육기관)

- 가디언즈 그룹에서 운영하는 기업형 직장보육센터 가운데 마가렛 스트리트 센터는 시드니 가장 중심가에 위치한 센터였다. 특히 이곳에서는 미래형 교육 기관의 원형을 엿볼 수 있었다. 한국 역시 도시화, 4차 산업혁명이 가속화됨에 따라 교육기관을 위한 유휴 공간을 찾기 어려워지고 있어 시드니의 초고층 빌딩숲 사이에 위치한 마가렛 스트리트 센터의 기관 설립 형태 및 운영 방법으로부터 적지 않은 시사점을 찾을 수 있었다.

레몬트리 킨더가든(멜버른 유아교육기관)

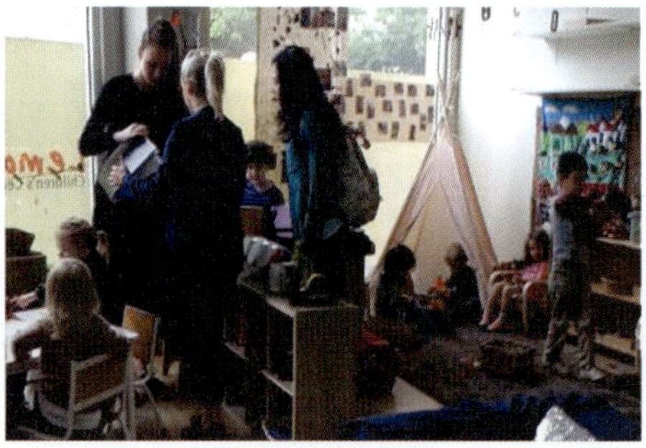

- 레몬트리 킨더가든은 멜버른 시티의 북쪽 Carton이라는 지역에 위치한다. 이곳은 멜버른 대학의 근처이며 조용한 주택가에 위치하고 있었다. 레몬트리 유치원의 특징은 부모교육과 지역사회자원을 활용한 가족 프로그램이었다. 일주일에 1~2회 진행되는 부모참여 프로그램은 모든 부모에게 열려 있었고 경험들은 유치원 커뮤니티를 통해 공유되고 있었다. 이러한 가족 참여 프로그램을 통해 얻은 경험들은 개인 포트폴리오를 통해 관리되고 있었다.

# 4 영 · 유아교사의 교원제도

## 가 영 · 유아교육 · 보육 인력 전략(The Early Years Workforce Strategy 2012-2016)

이 전략은 영 · 유아교육 · 보육의 전문성을 높이기 위한 정책으로, 지속적으로 높은 자격요건을 갖춘 영 · 유아 인력을 이루기 위해서 전문적 인력, 성장하는 인력, 자격요건을 갖춘 인력, 반응적인 인력, 협력적 인력이 필수적이라고 제안하였으며, 이를 이루기 위한 중요 접근방법과 성공지표 등을 제시하여 추진하고 있다(김명순, 신윤승, 이세원, 서재화, 2016).

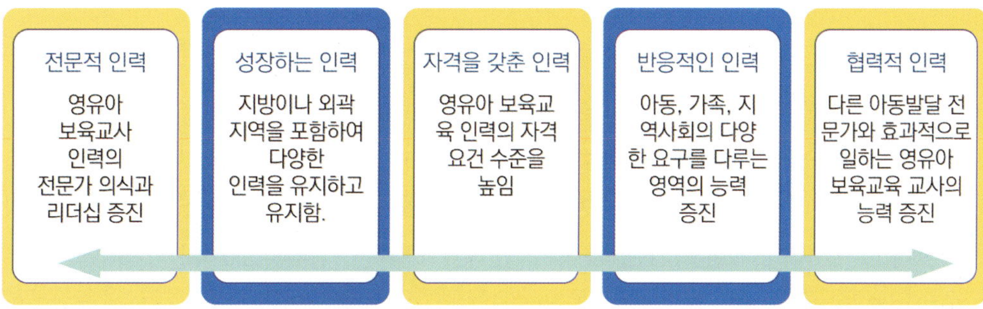


[지속적이고 높은 자격요건을 갖춘 영 · 유아 교육 · 보육 인력을 이루기 위한 필수 요소]

출처: Standing Council on School Education and Early Childhood (2012). Early Years Workforce Strategy (p. 4)

## 나 호주 자격증 체계(Australian Qualifications Framework: AQF)

호주는 각 주의 특색에 따라 정책이 이루어지지만 영 · 유아 교육 · 보육 교사의 자격증은 국가 차원에서 관리하며, 자격증을 관리하는 시스템은 호주 자격증 체계(Australian Qualifications Framework: AQF)에 근거한다. AQF 내에 10단계의 자격수준이 있으며 이에 기초하여 호주의 자격증이 국내외적으로 인정 및 이해될 수 있도록 관리한다. 호주는 영 · 유아교육기관의 다양성을 인정하면서, 유치원 교사와 보육교사의 자격 취득 조건체계 및 양성 과정 관리를 통합하고 일원화하여 운영하고 있다.

- 영·유아교사는 전문대학, 3년, 4년제 대학 등의 고급 교육기관에서 학사학위를 취득하고 정해진 관련 과목 학점을 이수하여 취득한 영·유아교사 자격증(teaching qualification)을 가진 사람으로, 유치원과 기관 중심 보육시설에서 필요로 하는 교사 요구조건이며, 이 요구조건은 기관에 다니는 영·유아의 정원 수에 기초한다.
- 2013년 9월, ACECQA는 영·유아교사(ECT) 자격에 대해서 최소한 만 5~8세를 중점으로 하는 초등교사자격, 호주의 유아교사 등록, ACECQA 자격 리스트에 기재되어 있는 승인된 영·유아교육·보육 학위 또는 상위 자격 등의 사항을 모두 충족시키는 사람에 한해 영·유아교사로 인정한다고 발표하였다(김명순 외, 2016).
- 호주는 2011년 교육·보육 서비스규칙(Education and Care Services National Regulations, 2011)을 통해 영·유아교육·보육 기관유형(가정보육 또는 기관 중심 보육)에 따라 다른 자격증 수준과 수준별 자격증 소지자의 비율을 법적으로 규정하고 있다.
- 기관 중심 보육시설의 경우에는 시설 이용 아동 수와 시설 운영시간에 따라 영·유아교사(ECT)가 꼭 참여해야 하는 시간비율을 규정하였으며, 아동 수 관련 조항이나 주에 따라 적용시기에 차이가 있기는 하지만 대부분 2014년 1월부터 적용되도록 하여 자격증과 교사 대 아동비율을 통한 질 관리를 철저히 하고 있다.

## 다 영·유아교사(Early Childhood Teacher: ECT)의 자격

### ① 유치원 교사

- 호주의 유치원 교사의 자격은 4년제 정규대학 및 전문대학에서 유아교육이나 아동 관계 학문을 전공한 자이다.
- 호주의 유치원은 유아의 수에 따라 배치해야 할 교사의 수(4년제 대학을 졸업한 교사)가 규정되어 있다. 유아가 40명 이상 59명 이하의 시설이면 4년제 대학을 졸업한 교사가 반드시 2명 이상 있어야 한다. 유아수가 60명 이상 79명 이하인 유치원은 4년제 대학을 졸업한 교사가 3명 이상 배치되어야 하고, 80명 이상의 시설에서는 4년제 대학을 졸업한 교사가 4명 이상 있어야 한다. 이를 표로 정리하면 다음과 같다.

| 유아 수 | 배치 규정 |
|---|---|
| 40명~59명 | 4년제 대학을 졸업한 교사가 2명 이상 있어야 함. |
| 60명~79명 | 4년제 대학을 졸업한 교사가 3명 이상 있어야 함. |
| 80명 이상 | 4년제 대학을 졸업한 교사가 4명 이상 있어야 함. |

- 전문대학을 졸업한 교사는 아동이 29명 미만인 시설에서만 근무할 수 있으며, 고등학교를 졸업한 무자격 교사는 보조역할만 가능하다.
- 호주의 유아교사들은 다른 국가들과 비교하여, 매우 만족스러운 근무생활을 즐긴다. 호주 유아교사의 봉급과 근무조건은 초등학교·중학교 교사와 동일하다(김옥석, 2002).

### ② 보육교사

- 호주의 보육교사는 2년제 또는 3년제 대학을 졸업해야 한다. 호주는 보육인력에 관한 교육과정을 통해 자격을 부여하고 있고, 일부 기존 인력에 대해서는 국가가 직업자격기준에 의하여 자격을 인증하는 제도를 채택하였다.
- 보육교사 양성은 TAFE(Technical And Further Education)와 국립보육인가위원회가 함께, 호주 공보육의 근간을 이루는 핵심 기관이다. TAFE는 한국의 전문대 개념인 산업기술대학과 비슷하다. 현재 호주 전역에 600여 곳의 TAFE가 보육교사를 양성하고 있다.
- TAFE는 보육시설을 포함해 호주의 모든 산업현장에 있는 인력을 양성하는 기관으로 TAFE에서 교육을 받은 뒤 자격증을 갖추면 곧바로 현장에 투입될 수 있다. 2년여 동안 이론 및 실습과정을 마치면 학위가 주어진다. 이때부터는 호주는 물론, 전 세계적으로 TAFE를 인정하는 모든 국가의 보육시설에서 보육교사로 일할 수 있다. 또한 자신이 살고 있는 집에서도 최대 7명의 어린이를 맡아 1인당 하루 60달러를 받고 보육교사로 활동할 수 있다(영남일보, 2011. 06. 13.).
- 급여 수준은 연간 유치원 종일제 근로자가 52,000달러, 보육시설은 31,200~51,999달러를 받는 것으로 알려져 있다(서문희, 이혜민, 2013).

[TAFE(Technican And Further Education)의 보육교사 양성 모습]
(영남일보, 2011. 06. 13.)

〈호주 영 · 유아교사의 현황〉

| 구분 | 유치원 교사 | 보육교사 |
|---|---|---|
| 양성과정 | 3~4년제 대학 | 2~3년제 대학 / 4년제 대학은 소수 |
| 대상연령 | 0~8세 | 0~5세 |
| 주근무지 | 유아학교, 유치원 | 종일제보육시설 |
| 초등근무 | 가능 | 불가능 |
| 현직교육기회 | 연중 며칠간 지원받음 | 일부 서비스에 제한됨 |
| 초등교사임금대비 | 100% | 75% |

출처: 육아정책개발센터(2008)

# Ⅲ 호주 영 · 유아교육 서비스 운영의 실제

## 1 유아교육 서비스 운영

호주에서는 지자체별로 차이가 있으나 취학 전 1년인 만 4세 혹은 5세 유아들에게 유치원 교육을 대개 무상으로 실시하나 의무교육은 아니다. 호주에서 유아교육 실시 주체는 유치원과 종일제 유치원 프로그램의 제공 사업자로 구성된다. 유치원 이외에 종일제 보육서비스(Long Day Care; LDC)도 유치원과 같은 위치에서 유아교육 프로그램을 제공하고 있다.

유치원은 대부분 학위를 가진 유치원 교사가 놀이 중심의 교육 프로그램을 실시한다. 유치원은 만 3~5세 유아를 대상으로 오전 9시부터 오후 3시까지 운영되며, 방학기간 중에는 운영되지 않는다. 지역마다 또는 유치원마다 운영 시간, 프로그램, 아동연령 등은 차이가 있을 수 있다. 유치원은 취학 전 아동을 위한 정규반 이외에도 나이 어린 아동을 위한 준비반(Pre-entry)이나 놀이그룹(Play-group), 일시보육(Occasional Care) 등을 하루 또는 시간 단위로 제공하고 있다(서문희, 이혜민, 2013).

호주에서는 킨더가든(Kindergarten)이라는 용어를 사용하는 지역이 있고, 프리스쿨(Pre-school)로 사용하는 지역이 있다.

### 가 유치원(Kindergarten, 킨더가든)

- 정규 교육과정은 아니며, 정규과정인 Prep에 들어가기 1년 전에 들어가서 1년만 다니는 곳이다. 킨더가든은 만 4세 이상부터 이용할 수 있도록 제한이 있다.
- 정규 교육과정은 아니나 호주 정부는 만 4세부터 킨더가든에 보내도록 부모님들을 독려하고 있다. 운영 시간은 아침 8:30부터 오후 2:30까지이며, 수업은 월~금요일로 2회 혹은 3회로 나누어서 수업을 진행한다.
- 킨더가든은 보육서비스와는 다르게 시간마다 각각의 프로그램이 진행되기 때문에 부모들이 자유롭게 아이를 데려오거나 데려가는 시스템이 아니라 정해진 시

간을 지켜야 한다. 호주의 한 유치원의 연간활동 계획안을 살펴보면 예술, 요리, 과학, 신체활동을 월별로 진행하고 있음을 알 수 있다.

| | 예술경험 | 요리 | 자연탐구 | 신체 |
|---|---|---|---|---|
| 9월 | 2차원 공간에서 크레용, 마커, 분필, 연필 및 펜을 사용하여 소근육 기술을 발달시킨다. | (버터 등을 얇게 펴서) 바르고, 담그고, 찢어보고, 분리시키거나 섞어보면서 소근육 운동과 손과 눈의 협응 작업을 연습한다. | 색상, 모양, 크기 및 무게를 비교해보며 분류 및 정렬하는 기술을 배우고 관찰 능력을 발달시킨다. | 몸을 움직이면서 안정적인 자세 잡는 법, 협응 및 제어하는 법을 연습한다. |
| 10월 | 찢기, 오리기, 풀칠하기 및 붙이기를 통해 질감, 깊이 및 공간 관계와 같은 3차원 개념을 알아본다. | 그림으로 되어 있는 여러 단계의 조리법을 왼쪽에서 오른쪽으로 읽어가면서 재료를 짜보고, 부어보고, 랩으로 싸보면서 소근육을 발달시킨다. | 인체와 감각에 중점을 두어 신체를 인식하고 감각 시스템을 자극해본다. | 기어보기, 살금살금 걷기 및 다양한 촉각 활동을 통해 다양한 촉감을 경험하고, 처리하며 해석해본다. |
| 11월 | 자연물을 탐구하고 작품을 만들어보면서 다양한 촉감을 경험해본다. | 양손으로 반죽하고 굴려보면서 신체 부위의 양측이 통합(신체가 서로 의사 소통하고 함께 일할 수 있는 능력)되고 중심선을 발달시킨다. | 음식과 영양에 중점을 두고 신체를 인식하고 감각 시스템을 자극해본다. | 다양한 균형잡기 및 구르기 활동을 통해 달팽이관 (균형) 체계를 자극시킨다. |
| 12월 | 콜라주와 모자이크와 같이, 종이 위에 패턴을 따라가고, 인식하고, 만들어보면서 소근육 능력과 인지 능력을 지속적으로 발달시킨다. | 양을 측정하고, 틀에 맞춰보고, 재료를 저어서 섞는 것과 관련된 조리법을 따라 기초 수학 및 읽기 능력을 발달시킨다. | 빛을 사용해 여러 실험을 하면서 물과 색, 그림자 및 지구와의 관계를 알아본다. | 사다리를 오르며 상체 힘을 키우고, 다양한 활동을 통해 공간 인식 및 운동 능력을 발달시킨다. |
| 1월 | 무늬를 새기고, 조형물을 만들고 조각을 하면서 시각적 (깊이) 지각 및 계획 능력을 | 거품기를 사용해 휘저으면서 신체 부위의 양측이 통합되고 손과 팔의 협응이 이 | 물리, 움직임 및 화학 반응을 통해 자연 세계를 관찰하고, 예측하며 탐색한다. | 스쿠터보드를 이용해 상체 힘을 키운다. |

| | 예술경험 | 요리 | 자연탐구 | 신체 |
|---|---|---|---|---|
| | 구축한다. | 루어지며 온도에 따라 변해가는 것을 보며 요리를 시작한다. | | |
| 2월 | 글씨를 쓰거나 도장을 찍으면서 독창적인 방식으로 예술작품을 표현해보고 만들어본다. | 밀대로 밀어보고 가위로 오려보며 운동능력과 인지능력을 키우고 중심부의 힘을 키우는 연습을 한다. | 식물의 삶과 공룡을 탐구하고 이야기를 나누며 과학적인 방법으로 유기체의 상호 의존성에 대해 생각해본다. | 매트 경험과 텀블링 활동을 통해 대근육 운동과 협응 능력을 키운다. |
| 3월 | 여러 재료를 사용하여 소근육 운동 협응을 연습하고, 천과 끈, 실을 엮어서 패턴을 발견하고 만들어서 시각적 및 수학적 기술을 구축한다. | 긁어내는 도구(scraper)로 재료를 자르고, 갈고, 썰고, 껍질을 벗겨가며 다양한 조리도구를 알고 근육 운동을 계속 발달시킨다. | 동물과 수명 주기, 곤충 및 멸종 위기에 처한 종에 대해 알아보면서 식물과 동물의 차이점과 유사점을 관찰한다. | 점프하기, 한 발로 깡충깡충 뛰기, 훌라후프와 줄넘기 사용하기 등을 통해 신체를 인식하고 균형 및 안정성을 연습하고, 하체 힘을 기른다. |
| 4월 | 다양한 질감, 색상, 소리, 냄새 및 활동을 통해 오감을 활용한 예술 경험을 한다. | 음식을 손가락으로 껍질을 벗기고, 갈라보고 즙을 짜보면서 음식의 겉과 속을 보고 결과를 예측해보며 음식의 다양한 속성에 대해 이야기를 나눈다. | 지구와 우주 및 다른 행성을 탐험하면서 지구의 다양한 모습에 대해 알아본다. | 공과 콩 주머니를 던져 팔의 힘을 기르고, 손과 눈의 협응력, 시선 추적 능력과 균형 감각을 기른다. |
| 5월 | 가장 좋아하는 활동을 복습한다. | 연습했던 요리 기술을 모두 합쳐 좀 더 복잡한 조리법을 따라 요리를 해보고 가장 좋아하는 활동을 복습한다. | 해양 및 해양 생물에 대한 연구를 보며 지구상의 다양한 생태계를 알아보고, 항공 및 수상 운송의 특성을 실험해본다. | 신체 중심부의 균형을 맞추는 연습을 하고 가장 좋아하는 활동을 복습한다. |

- 각각의 킨더가든은 교육목적을 설정하고 돌봄보다는 교육을 실시하여 일정 수로 정해진 반의 친구들과 담당 선생님과 함께 수업을 하게 된다. 각각의 킨더가든의 교육목적에 따라 활동방법은 다를 수 있지만 최근 창의력에 도움이 되는 활동인 음악, 언어, 미적 개발 활동 등을 진행한다.

출처: http://media.hojunara.com/archives/3629

출처: http://www.hanhodaily.com/news/articleView.html?idxno=56948(한호일보, 2018.6.21.)

[호주 킨더가든의 활동 모습]

## 나 취학 전 학교(Prep: 취학 전 예비학교)

- 호주 Prep은 초등학교 입학 전에 1년 동안 학교 들어가기 전에 준비하고 배우는 기초 과정이다. 초등교육기관에서 의무적으로 시작하는 정규 과정인 셈인데 프리스쿨 혹은 프렙은 초등학교 0학년으로 표현하며, 나이는 만 5세로 1년 동안 진행하게 된다. 1년 동안 총 4학기로 이루어져 있으며, 그 후에는 초등학교에 입학한다.
- 초등학교를 선택한 뒤 그 학교 내의 Prep을 다니게 되지만 학기가 나누어져 있기 때문에 등록을 언제부터 받는지 등록 기간을 알아보고 신청해야 한다. 초등학교 준비 과정이라고 해서 어렵거나 특별히 다른 것을 준비할 필요는 없고 킨더가든과 같이 놀이를 통한 교육이 진행된다.

• Prep과정을 통해 아이들은 언어, 숫자, 사회적 능력, 감정 제어 등을 구축하여 단체 생활을 하며 지내는 학교에서 적응을 잘 할 수 있게 된다.

## 다 보육서비스의 종류

• 호주의 보육서비스는 만 0~12세 아이들을 대상으로 여러 가지 형태로 실시되고 있다. 호주의 보육서비스는 인가보육(Approved Care)과 등록보육(Registered Care)서비스로 구분된다. 인가보육(Approved Care)은 주 및 지방 정부로부터 인가를 받아서 운영하는 기관 중심의 서비스이고, 등록보육(Registered Care)은 등록을 하고 인정을 받은 개인에 의한 보육 서비스이다. 이외에도 직장보육 서비스 등 그 유형은 다양하다. 이를 구체적으로 살펴보면 다음과 같다(서문희, 이혜민, 2013).

| 구분 | 유형 | 내용 |
|---|---|---|
| 인가보육 서비스 | 종일제보육 (Long Day Care) | • 종일제 보육은 인가보육 서비스로 대부분의 서비스, 약 70%가량이 민간부문에 의해 공급된다. 종일제 보육은 기관 보육으로 주로 0세부터 5세까지의 아동에게 종일제와 시간제 서비스를 제공하지만, 취학아동도 이용이 가능하다.<br>• 보통 오전 7시 30분에서 오후 6시까지 운영하기 때문에, 부모들은 자신의 취업 및 근로 상태에 따라 보육 서비스를 선택할 수 있다. |
| | 가정보육 (Family Day Care) | • 가정보육의 핵심은 일정한 자격을 가진 전문적인 보육자가 자신의 집에서 소수의 아동을 보육하는 것이다. 이에 기관보육과 마찬가지로 취학 아동을 보육하기도 한다.<br>• 이때 전문적인 가정보육 제공자는 등록을 해야 하며, 대체로 가정보육센터가 일정 수의 가정보육 운영을 지원하고 지도·관리하는 체계로 운영한다. |
| | 방과후보육 (Outside School Hours Care) | • 주로 만 4세부터 12세까지의 취학아동을 대상으로 학교 운영시간 전이나 방과후, 휴일 등에 실시하는 보육 서비스이다. 보통 학교 주변에 위치해 있으며, 주로 학부모 연합회나 비영리 단체가 운영한다. |
| | 일시보육 (Occasional Care) | • 일시보육은 일시보육센터에서 제공하는 서비스로 짧은 시간이나 응급 상황 시 이용 가능하다. 주로 지역사회 공공기관이나 단체들에 의하여 운영되며, 운영시간은 일정하지 않다. 이외에 소외지역이나 원주민을 대상으로 몇몇 특별한 보육서비스를 제공한다. |

| 구분 | 유형 | 내용 |
|---|---|---|
| | 가정 내 보육 (In-Home Care) | • 서비스 제공자가 아동의 집을 방문하여 보육하는 서비스이다. 소외 지역 거주 아동, 장애 아동처럼 집 밖에서 보육받는 것이 어려운 아동을 대상으로만 운영되며, 가정보육과 마찬가지로 가정 내 보육센터가 일정수의 가정 내 보육 제공자를 관리한다. |
| | 탄력적 서비스 (Flexible Services) | • 농촌 및 벽지를 중심으로 종일보육, 방과후보육, 일시보육, 이동보육, 농장보육, 24시간 보육 등 다양한 형태로 제공된다. 보육이 필요한 시간은 부모와의 협의하에 결정한다.<br>• 원주민 아동의 문화적·사회적·발달적 욕구를 충족시키기 위해 다기능 원주민 아동 서비스(Multifunctional Aboriginal Children's Services)를 제공하고, 소외지역을 이동하며 아동을 보육하거나 같이 놀아주는 서비스(Mobile Children's Services)가 있다.<br>• 이는 일시보육, 휴일보육, 놀이집단, 이야기 들려주기 등의 서비스를 제공한다. 또한 장난감이나 비디오를 대여해주기도 하고, 건강 등에 대한 교육을 실시하며, 주변의 아동들과 같이 놀 수 있는 기회를 제공하기도 한다. |
| 등록보육 서비스 | | • 등록보육은 가족지원사무소(Family Assistance Office; FAO)에 보육 제공자로 등록한 조부모, 친인척, 친구, 내니(아이를 돌보는 업무가 주요인 직업) 등에 의한 보육을 말한다. 이들 등록보육 제공자는 가정에서뿐만 아니라 보육센터 등 기관에서도 일할 수 있다. |
| 직장보육 | | • 1990년대 중반부터 ILO협약 제156조에 명시된 의무사항에 따라, 사업주가 제공하는 보육 서비스가 권장되었다. 그러나 직장보육시설이 설치되어 있는 사업장은 소수이다. 사업주는 근로자 자녀 보육을 종일제보육센터 또는 가정보육에 위탁하기도 한다. |

## 라 보육서비스 운영

• 차일드 케어 센터(Child Care Center)는 나이 제한이 없이 유아 자녀들은 모두 이용 가능하다. 운영 시간은 직장인 부모들의 시간에 맞춘 오전 7시부터 오후 6시까지이고, 대부분의 센터에서 수업은 일주일에 화, 목(2회반), 월, 수, 금(3회반)으로 진행하는 곳이 많다.

• 차일드 케어 센터(Child Care Center)는 킨더가든에 비해 자유롭기 때문에 아이를 늦게 데려다주거나 일찍 집으로 데려오는 등 자유롭게 아이를 데리고 갈 수 있다.

차일드 케어 센터에서는 단순히 돌봄만 제공하는 것이 아니라 연령별로 다양한 프로그램을 계획하여 교실을 운영하고 있다. 실내의 다양한 활동과 넓은 놀이터에서 하는 바깥놀이 활동 등을 통해 아이들이 자유롭게 즐거운 시간을 보낼 수 있다.

- 센터마다 차이가 있을 수 있지만, 10시 정도가 되면 아침 간식시간으로 모닝 티(Morning Tea) 시간을 갖는다. 모닝 티 시간이 끝나면 오전 활동을 하게 된다. 햇빛이 강한 호주에서는 오전시간에 야외에 나가 활동하는 것을 피하기 때문에 실내에서 이루어지게 된다. 장남감 가지고 놀기, 물감놀이, 그림 그리기, 퍼즐 맞추기, 만들기 자신이 원하는 것을 골라서 놀 수 있다. 이는 호주의 유아교육이 놀이 중심 프로그램을 운영하고자 하는 것과 맥락을 같이한다고 볼 수 있다.
- 오전활동 후 점심식사를 하고 난 뒤에는 낮잠 시간을 가지게 된다. 호주에서는 아이들의 낮잠시간을 적극적으로 권장하고 있다. 낮잠 후에는 조용히 하고 싶은 활동을 하고 난 뒤 애프터눈 티(Afternoon tea) 시간을 가져 간단한 간식을 먹는다. 그 후에는 바깥에서 놀다가 집으로 돌아간다.
- 차일드 케어의 경우 돌봐주는 선생님이 일정하지 않으며 아이들도 정규적으로 다니지 않는 영·유아들도 있다. 차일드 케어센터의 하루일과표를 제시하면 다음과 같다.

〈차일드케어 센터의 하루 일과표 예시〉

| 일과 | 활동 |
|---|---|
| 차일드케어 등원 | 아이들마다 센터에 도착하는 시간이 다르기 때문에 모든 유아들이 올 때까지 야외에서 자유롭게 논다. |
| 모닝 티<br>(Morning tea) | 10시가 되면 모두 실내로 들어와 모닝티 시간을 가진다.<br>오전 간식으로 간단한 것들을 먹는다. |
| 오전활동 | 장난감 가지고 놀기, 그림 그리기, 퍼즐 맞추기 등 간단한 활동을 실내에서 한다. |
| 점심시간 | 손을 씻고 점심을 먹는다. |
| 낮잠시간 | 1~2시간 낮잠을 잔다. |
| 오후활동 | 낮잠을 자고 난 후 조용한 활동을 하거나 선생님과 함께 다양한 활동을 한다. |
| 애프터눈 티<br>(Afternoon tea) | 모닝티와 유사하게 간단한 간식을 함께 먹는다. |
| 바깥놀이 | 밖으로 나가 놀이를 하다가 집으로 귀가한다. |

**읽을거리** **알아두면 재미있는 호주 유아교육**

### 호주 유치원 입학을 위한 팁!

차일드 케어 센터의 경우에는 일주일에 3번씩 오는 곳으로 나누어져 있는 곳이 많은데, 수업은 물론 시간이 자유롭기 때문에 꼭 정해진 날이 아닌 다른 날이든지 필요한 어느 때든지 맡겨도 상관이 없다는 점! 아이가 영어를 하지 못해 적응하지 못할까 걱정하시는 분들도 많이 있을 텐데, 호주에는 다양한 나라의 아이들이 살고 있기 때문에 여러 나라의 언어를 구사하는 교사가 있는 차일드 케어 센터도 있다. 선생님들은 적응하기 힘든 아이에게 적응할 수 있도록 도움을 준다. 또한 언어가 잘 되지 않아도 차일드 케어 센터에서 선생님의 관심, 보살핌과 다양한 놀이 활동을 통해 금세 적응해서 친구들과 함께 놀이를 해 나갈 수 있다.

한국에서는 유명한 유치원에 많은 사람이 몰려 대기를 하며 자리가 나길 기다리기도 하는데, 호주에도 이미 많은 사람들에게 소문난 유명 차일드 케어 센터나 킨더 가든들이 있다. 이런 곳을 들어가기 위해 많은 분들이 최소 1년 전부터 예약을 하는 경우가 많으니 미리 대기를 걸어놓는 것이 중요하다. 뿐만 아니라 몇몇의 킨더 가든들은 함께 운영되는 차일드 케어 센터를 다녀야만 들어갈 수 있는 곳이 있으니 꼭 확인이 필요하다.

호주의 차일드 케어 센터와 킨더 가든, 프리스쿨은 정부에서 시설 및 교육 등 수십 가지의 방침을 주면서 그 방침을 통과하지 못하면 함부로 운영할 수 없으며, 지속적으로 위생, 안전 수칙, 시설, 활동 등을 검사한다. 이렇게 정부에서 철저히 하니 걱정 없이 아이를 맡길 수 있을 것이다.

출처: 한국관광신문(2011. 07. 22.)

## [호주 관련 활동안 예시]

### 교수 · 학습 과정안

<table>
<tr><td rowspan="2">생활주제</td><td rowspan="2">세계 여러 나라</td><td rowspan="2">활동명</td><td rowspan="2">호주 퍼즐 맞추기</td><td>활동유형</td><td>자유선택활동<br>(수 · 조작영역)</td></tr>
<tr><td>활동형태</td><td>소집단</td></tr>
<tr><td>활동목표</td><td colspan="5">• 자신의 생각과 느낌을 말로 표현한다.<br>• 스노우볼을 만들 수 있다.</td></tr>
<tr><td>누리과정<br>관련요소</td><td colspan="5">• 신체운동 · 건강: 신체 조절과 기본 운동하기 - 신체 조절하기<br>• 자연탐구: 탐구하는 태도 기르기 - 호기심을 유지하고 확장하기</td></tr>
<tr><td>활동자료</td><td colspan="5">호주의 대표사진(도안), 코팅기, 가위, 우드락, 우드락커터기 또는 칼</td></tr>
<tr><td>활동과정</td><td colspan="4">활 동 내 용</td><td>유의점</td></tr>
<tr><td>도 입<br>(10')</td><td colspan="4">■ 동기 유발<br>• 캥거루와 코알라 영상을 본다.<br>- 캥거루와 코알라가 유명한 이 나라는 어디일까?<br>〈참고영상 https://blog.naver.com/sampgon/221489237079〉<br><br>- 호주에 유명한 것들은 또 뭐가 있을까?<br><br>■ 활동 안내<br>• 오늘의 활동을 안내한다.<br>- 호주의 유명한 건물, 동물, 지도 등을 퍼즐로 맞춰볼 거예요.</td><td></td></tr>
<tr><td>전개<br>(20')</td><td colspan="4">■ 사전에 퍼즐 만들기<br>1. 같은 사진을 2장(가, 나) 인쇄하여 코팅한다.<br>2. 가 사진은 테두리에 우드락을 붙여 퍼즐 조각이 흐트러지지 않도록 한다.<br>3. 나 사진은 조각을 내어 조각 크기대로 우드락을 덧댄다.<br>• 높은 연령은 가 사진 없이 우드락 판만 제공해도 무방하다.<br>• 연령에 따라 퍼즐 조각의 수와 크기를 달리한다.<br><br>■ 퍼즐 탐색하기<br>• 어떤 퍼즐들이 있을지 탐색한다.<br>- 캥거루, 코알라 말고도 오페라 하우스, 하버브릿지, 시드니타워 등이 있대</td><td></td></tr>
</table>

<table>
<tr><td></td><td>■ 퍼즐 맞추기<br>• 연령에 따라 1개의 퍼즐만 제공하거나 2, 3개의 퍼즐 조각을 섞어서 제공할 수도 있다.<br><br>■ 퍼즐 맞추기 대결하기<br>• 같은 도안 또는 다른 도안으로 2~3명이 모여 퍼즐 먼저 맞추기 게임을 한다.</td><td></td></tr>
<tr><td>마무리<br>(5')</td><td>■ 퍼즐을 정리하는 방법 이야기 나누기<br>• 다음에 또 퍼즐을 맞추기 위해서 어떻게 정리해야 할지 이야기를 나눈다.<br>－모든 퍼즐이 섞여 있으면 다음에 사용할 친구들이 맞추기 어려울 것 같아. 어떻게 해결할 수 있을까?<br>－바구니마다 하나씩 넣는 방법도 있고, 퍼즐 테두리를 다른 색 테이프를 붙여서 표시하는 방법도 있구나.<br><br>■ 평가하기<br>• 오늘의 활동을 평가해본다.<br>－퍼즐을 맞춰보니 어땠니?</td><td>• 유아들의 다양한 의견을 들을 수 있도록 기회를 제공한다.</td></tr>
<tr><td>확장활동</td><td>• 조각만 보고 전체 모습을 맞추는 게임을 한다.</td><td></td></tr>
</table>

제5부

# 아시아의 유아교육

제1장 중국

제2장 일본

제3장 한국

# 제 1 장 중국(China)

### ◉ 중국의 만리장성(萬里長城)

만리장성(萬里長城)은 흉노족 등의 유목 민족의 침입을 막기 위해 중국의 고대 진나라(시황제) 때 기존의 성곽을 잇고 부족한 부분은 새롭게 축조하여 만든 거대한 성곽이다. 이후 명나라 시대에 이르기까지 중국의 역대 왕조에서 지속적으로 보수하고 개축 및 신축하여 현재까지 남아 있으며 중국을 상징하는 대표적인 유적으로 널리 알려져 있다. 1987년에 유네스코의 세계문화유산에 등재되었다. 줄여서 장성(長城)이라고 하며, 중국인들도 만리장성이라 부르지 않고 장성이라 부른다. 지도상의 연장은 약 2,700km이지만, 기복이 있거나 중첩된 부분을 고려한다면 총 길이 5,000~6,000km에 달한다. 그 거대함 때문에 "달에서도 보이는 유일한 인공 건축물"이라고 거론되었으나 2004년 12월 8일 중국과학원은 사람의 눈으로는 우주 공간에서 만리장성을 관측할 수 없다고 밝혔다. 중국 스포츠 국가대표팀의 별칭으로도 사용되고 있다.

출처: 트립알고가자(http://tripalgogaja.com. 2019.09.08. 인출)

### ◉ 중국에 대해 알아볼까요?

| 국가명 | 중국(China) |
|---|---|
| 수도 | 베이징(Beijing) |
| 위치 | 동경 73°~135°, 북위 23°~53°32´ |
| 면적 | 약 9,596,961㎢ 세계 4위(CIA 기준) |
| 민족 | 한족과 55개 소수민족 |
| 인구 | 약 1,373,541,278명, 세계 1위(2016. 12. est. CIA 기준) |
| 언어 | 한어(Chinese) [*표준어: 보통화(Mandarin)]<br>※ 한어는 표준어와 지방어(方言)를 모두 포함하는 개념임 |
| 종교 | 불교(B.C. 2), 도교(2세기경), 천주교, 이슬람교(7세기경), 기독교(19세기경) 등 |
| 정치체제 | 중국공산당, 국가기관, 인민정치협상회 |
| 화폐단위 | 위안(Yuan, RMB) |
| 빅맥 지수 | 3.05$ (Economist, 2019. 07.) |

# I 중국의 교육제도

## 1 중국의 교육목표

중국은 균형 있고 지속 가능한 경제, 법치 안정과 인권 증진에 앞장서는 정부, 국민의 삶의 질을 향상하고 자원과 환경을 보전하는 소강사회(小康社會) 실현을 목표로 세웠다. 중국 정부는 이러한 목표 달성을 위한 교육발전 전략도 수립하여, 현대화된 교육을 통해 인적 자원이 풍부한 학습사회로 건설하고자 한다. 이러한 교육 발전의 구체적인 목표로 1) 높은 수준의 교육 대중화 2) 교육형평성 제고 3) 교육의 질 제고 4) 정교한 평생교육제도 구축, 그리고 5) 교육 제도 활성화 등 다섯 가지를 제시하고 있다(국가평생교육진흥원, 2013).

## 2 중국의 학제

- 중국의 교육제도는 크게 보통학교 교육제도와 직업・성인 교육제도로 나눌 수 있다.
- 보통학교 교육제도란 일반적인 진학교육과정을 의미하며, 이를 시기별로 구분해보면 취학 전 교육, 초등교육, 중등교육, 고등교육으로 분류할 수 있다.
- 직업・성인 교육제도는 우리나라의 직업교육이나 평생교육에 상응하는 개념으로 직업교육제도는 직업・생산노동에 관련된 지식・기술 등을 학습시키고 일정한 문화수준과 기술능력을 갖춘 인재를 배양하는 교육을 의미한다. 직업교육 역시 초등, 중등, 고등단계로 나눌 수 있으며 형태에 따라서 전문직업학교(專業學校), 기술공업학교(技工學校), 직업중학교(職業中學校) 등으로 구분할 수 있다. 성인교육이란 성인을 교육대상으로 한 교육을 의미하며 초등교육에서 고등교육까지 개설된 정규 학교교육과 직장에 설치된 성인직업연수반 등이 있다.
- 여기에서는 중국 학위 인증이라는 목적에 따라서 일반적 진학과정인 보통학교 교육제도를 중점적으로 다룰 것이며 보통학교의 학제는 다음과 같다. 보통학교

교육제도는 언급하였듯이 취학 전 교육, 초등교육, 중등교육, 고등교육으로 분류할 수 있다. 중국의 「의무교육법」에서는 소학교와 초등중학교까지의 9년간의 교육을 의무교육단계로 정하고 있다.

<table>
<tr><td>취학 전 교육</td><td>중국의 취학 전 교육은 만 0세부터 2세까지의 유아를 대상으로 한 탁아소(託兒所), 만 3세부터 6세까지의 아동을 교육대상으로 하는 유아원(幼兒園)이 있다. 유아원에는 학전반(學前班)이라는 과정이 설치되어 있는데 이는 소학교(小學)에 입학하기 전 단계의 아동들을 1년간 기초교육을 시키는 과정을 의미한다.</td><td><br>탁아소</td></tr>
<tr><td>초등 교육</td><td>중국 정부가 공포한 「의무교육법」에 따라 6세 내지 7세의 아동은 반드시 학교에 입학해야 하며, 초등교육의 대상이 된다. 중국의 초등교육기관은 우리나라의 초등학교에 상응하는 소학교(小學)가 있으며 학제는 6년제이고 전일제(全日制) 학교교육을 실시한다.</td><td><br>초등교육</td></tr>
<tr><td>중등 교육</td><td>초등교육을 모두 이수하고 졸업한 아동은 중등교육의 대상이 되는데 중등교육기관은 초등중학교(初中)와 고등중학교(高中)로 이루어져 있다. 고등중학교는 한국 고등학교에 상응하는 개념이다. 고등중학교의 학제는 3년이고 고등교육 진학을 목표로 한다.</td><td><br>초등중학교<br><br>고등중학교</td></tr>
<tr><td>고등 교육</td><td>고등교육은 전과(專科), 본과(本科), 대학원(研究生院)으로 구성되어 있다. 전과는 우리나라의 전문대학에 상응하는 교육기관으로 수업연한은 2년 내지 3년이고, 본과는 일반적으로 4년인데 일부 의과 대학과 소수 이공계 대학은 수업연한이 5년 내지 6년이다. 중국의 대학원 교육과정은 석사과정과 박사과정으로 구분되는데 석사과정은 2년제(专业型, 전공형) 혹은 3년제(学术型, 학술형)로 구분되며 박사과정은 3년제 혹은 4년제이다.</td><td><br>대학원 졸업식</td></tr>
</table>

중국의 학제를 표로 나타내면 다음과 같다(周祝瑛, 2007).

<table>
<tr><th>나이</th><th>교육유형</th><th colspan="6">학제</th><th>한국과 비교</th></tr>
<tr><td>26</td><td rowspan="9">고등교육</td><td rowspan="5">대학원<br>(大學院)<br>석사<br>박사</td><td colspan="4" rowspan="6"></td><td rowspan="7"></td><td rowspan="2">대학원<br>박사과정</td></tr>
<tr><td>25</td></tr>
<tr><td>24</td><td rowspan="3">대학원<br>석사과정</td></tr>
<tr><td>23</td></tr>
<tr><td>22</td></tr>
<tr><td>21</td><td rowspan="4">본과<br>(本科)</td><td rowspan="4">대학교/<br>전문대학교</td></tr>
<tr><td>20</td><td rowspan="3">전과<br>(全科)</td><td></td><td colspan="2" rowspan="3">직업기술학교</td></tr>
<tr><td>19</td><td rowspan="2"></td><td rowspan="5">중등전문학교</td></tr>
<tr><td>18</td></tr>
<tr><td>17</td><td rowspan="6">중등교육</td><td colspan="2" rowspan="3">고등중학교<br>(高中)</td><td colspan="2" rowspan="3">기술노동<br>학교</td><td rowspan="3">직업중학교</td><td rowspan="3">고등학교</td></tr>
<tr><td>16</td></tr>
<tr><td>15</td></tr>
<tr><td>14</td><td colspan="6" rowspan="3">초등중학교(初中)(초등중학)</td><td rowspan="3">중학교</td></tr>
<tr><td>13</td></tr>
<tr><td>12</td></tr>
<tr><td>11</td><td rowspan="6">초등교육</td><td colspan="6" rowspan="6">소학(小学)</td><td rowspan="6">초등학교</td></tr>
<tr><td>10</td></tr>
<tr><td>9</td></tr>
<tr><td>8</td></tr>
<tr><td>7</td></tr>
<tr><td>6</td></tr>
<tr><td>5</td><td rowspan="6">취학 전<br>교육</td><td colspan="4" rowspan="3">유아원<br>(幼儿园)</td><td colspan="2">대반(大班)</td><td rowspan="3">유치원 및<br>어린이집</td></tr>
<tr><td>4</td><td colspan="2">중반(中班)</td></tr>
<tr><td>3</td><td colspan="2">소반(小班)</td></tr>
<tr><td>2</td><td colspan="4" rowspan="3">탁아소</td><td colspan="2" rowspan="3"></td><td rowspan="3">어린이집</td></tr>
<tr><td>1</td></tr>
<tr><td>0</td></tr>
</table>

# Ⅱ 중국 유아교육 역사 및 행·재정 체제

## 1 중국 유아교육의 역사

### 가 고대 유아교육

- 중국은 전통적으로 유교의 영향으로 교육을 중시해왔고, 유아교육 역시 예외는 아니었다(진영남, 2006). 중국 고대 유아교육은 주로 가정교육과 몽학(蒙學) 두 가지 형식으로 이루어졌다.
- 유아가 글씨를 배우기 시작하는 시기부터 15살까지의 시기, 태학(太學, 지금 대학 상당)에 들어가기 전의 시기를 몽학 시기라고 부른다(현재 유치원과 소학교육 시기). 몽학의 교육방법은 경서를 반복해 읽고 익히는 것이다.
- 유아가 가정에서 몽학 교육을 받는 경우도 있고 사숙(私塾)을 다니는 경우도 많았다. 그래서 중국 고대 유아교육은 가정교육과 학교교육이 다 포함된다(杜成憲, 王伦信著, 1998).
- 가정교육은 도덕 교육, 생활습관 교육, 지식 계몽 교육 등이 포함된다. 몽학 교육은 도덕 윤리, 예의, 역사, 지리, 지혜 계몽 이야기, 노래 혹은 춤으로 성품을 도야하는 교육으로 구성된다.
- 중국 고대의 유아교육은 다 받는 교육이 아니라 지식인이나 사대부(士大夫)의 가정에 한하였다. 아동을 축소된 어른으로 여기면서 지식을 담는 그릇처럼 교육을 시켰고 봉건(封建) 윤리, 예의 인문 지식을 중시하고 과학 지식을 경시하며, 아동의 특성을 소홀히 하였다(蒋雅俊, 2006).

[가정교육]

[사숙교육]

## 나 청나라 말기 및 중화민국 초기의 유아교육

- 일찍이 1880년대 외국 선교단체는 이미 중국 연해 지역에서 유치원을 운영했다. 하지만 정부가 정식으로 첫 번째 설립한 유아교육기관은 1904년 후베이성몽양원(湖北省蒙養院)이다.
- 1903년 호광총독(湖广总督)이었던 장지동(張之洞)은 후베이성(湖北省)에 유치원을 창설하기 위하여 일본에서 필요한 교구, 교재를 구입하고 보모(保姆)를 초청하여 1904년에 후베이성유치원(湖北省幼稚园)을 개원하기에 이르렀다. 1904년 정부는 「주정학당장정(奏定學堂章程)」을 반포했다. 이는 중국의 첫 번째 취학 전 교육에 대한 법규이다. 주정학당장정에서 "몽양원(蒙養院)은 만 3세에서 7세의 아동을 보육하고 교육한다. 하루에 4시간을 초과하면 안 되며 전국 각지에 유치원을 설립하여 3세에서 7세의 아동을 보육하는 기관은 몽양원이라고 칭한다."라고 규정하였다(舒新城, 1961).
- 1932년 10월 국민 정부 교육부에서 「유치원교육과정표준(幼稚園課程標準)」을 공포하였다. 이는 중국 역사상 첫 번째 공포된 유치원 교육과정이다. 1943년에는 유치원설치방법(幼稚園設置辦法)을 공포하였는데, 여기서는 유치원의 교육 대상, 설치방식, 명명(命名), 설립 신청 조건, 원아 수, 교육과정, 교재·교구의 배치 등을 상세하게 설명했다. 그 당시의 유치원의 교육 과정이 주로 3가지가 있었는데, 즉 종교적 교육과정, 일본식 교육과정, 프뢰벨식 혹은 몬테소리식 교육과정이다. 이 중에 종교적 교육과정을 운영하는 유치원이 가장 많았다(孟瑜, 2010).

- 외국식 또는 종교적 교육방식에 불만족하면서 진학금(陳鶴琴), 장설문(張雪門), 도행지(陶行知) 등의 중국교육가들은 중국인에 맞는 유아교육을 탐색하기 시작했다.
- 진학금(陳鶴琴)은 외국에서 유학했고 귀국해서도 다시 여러 나라의 학교를 견학하면서 중국에 맞는 유아교육을 탐색했다. 진학금은 1923년 난징(南京)에 남경구루유치원(南京鼓樓幼稚園)을 세웠고 교육과정, 교육방법 등의 실험했으며, "단원교학(單元教學)", "다섯 손가락 활동 교육과정"의 교육 방법 및 교육과정을 형성했다. 이는 중국 특색이 있는 유아교육과정의 사상 체계 확립에 있어 중요한 공헌이었다(孟瑜, 2010).
- 장설문(張雪門)은 1920년대 영향력을 많이 끼친 교육가이다. 장설문은 북경대학 출신이고 서방의 행동주의 심리학, 실용주의 교육사상 및 프뢰벨, 몬테소리 유아교육사상의 영향을 받는 동시에 중국 교육가 도행지(陶行知)의 이념과 진학금의 교육사상을 받아들여 "행위(行為) 교육과정"을 형성하였다. 특히 일본 침략 전쟁 발발 후 장설문은 아동의 존재의 의의, 민족의 책임자로서의 교육을 중시했다.

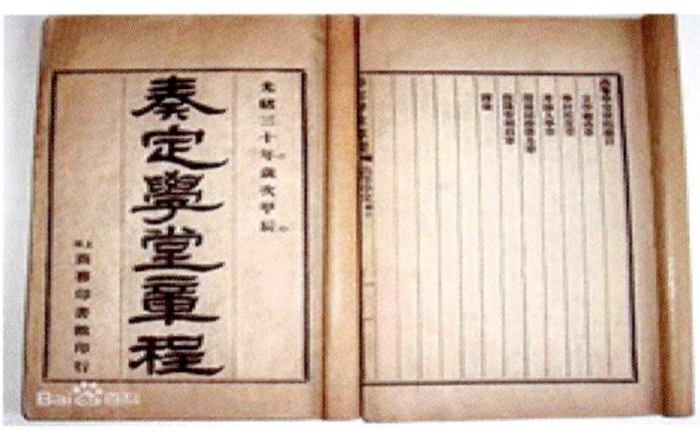


[취학 전 교육에 대한 법규]

[후베이성멍양원(湖北蒙养院)]

## 다 중화인민공화국 건국 초기의 유아교육

- 1949년 중화인민공화국 건국 후 중국은 전면적으로 소련을 모방하였고 교육계도 예외는 아니었다. 1950년부터 정부의 주도로 소련의 교육 저서를 번역하고, 유아교육 전문가를 초청했다. 소련의 유아교육 전문가들이 소련의 유아교육방법, 경험을 가르치고 전국적으로 세미나를 하고 주요 도시에 실험 유치원을 세웠다. 이 시기에 교과목별교수법이 실행되었다. 동시에 정부의 "유물주의로 자본계급

의 유심주의를 비판하는 지시"로 인해 실용주의 교육이론, 아동중심주의 진학금의 "활교육" 이론 및 "단원교학" 등이 다 금지되었다.

- 1952년 정부가 「유아원잠행규정(幼兒園暫行規程)」과 「유아원잠행교수강요(幼兒園暫行教學綱要)」를 반포했다. 중국 유아교육의 과목별 교육과정이 형성되었다(陳璠, 2008). 이때부터 교과목별로 교육활동을 하였다. 교과목은 체육, 언어, 환경인식(일상생활환경, 사회환경, 자연환경), 수공, 음악, 계산 등 8개의 과목으로 구성된다.
- 1966년 중국에서 문화대혁명이 발생했다. 이 시대는 중국이 혼란에 빠졌다. 유아사범학교를 폐지하고 대학교도 학생 모집을 중지했다. 많은 교구, 도서를 태우게 되었고 많은 유아원이 파괴되었다. 이런 현상이 장기간 지속되어 중국의 유아교육은 큰 피해를 입었다.

## 라 중화인민공화국 개혁개방 후의 유아교육

- 1978년 등소평(鄧小平)이 개혁개방의 정책을 실행했다. 경제뿐만 아니라 중국과 외국의 학술의 교류도 빈번해졌다. 아동심리, 교육이론, 교육과정이론 등이 다시 들어왔고 중국의 유아교육 전문가들의 이론에 대한 여러 견해가 나타나면서 실천하려 노력했다(蔣雅俊, 2006). 진학금의 "활교육" 사상 및 "단원교육과정"이 다시 인정을 받았다.
- 1981년 정부가 반포한 교육과정 「유아원교육강요(시행초안)[幼兒園教育綱要(試行草案)]」 중 교과목별 교수방법을 계속 채택하고 있었다. 각 연령별 교육내용을 상세하게 규정을 하고 "수업" 형식으로 진행되었다(陳璠, 2008).
- 2001년에 중국 교육부가 「유아원교육지도강요(시행)[幼兒園教育指導綱要(试行)]」을 반포했다. 이는 유아원 교육과정을 건강, 언어, 사회, 과학, 예술 5개의 영역으로 했다. 이는 교과목별 교수법을 바꾸어 유아 주도 학습을 강조한 것이다.
- 2016년에 「유아원 작업절차(幼儿园工作规程)」 시행을 반포하였으며, 유아원의 목적 및 성격, 유아의 입학 및 준비, 안전, 건강 관리, 유아원 교육, 정원과 시설, 직원, 기금, 유아원과 가정 및 지역사회 연계, 유아원 관리에 대한 구체적인 조항을 마련하였다.

信息名称：教育部关于印发《幼儿园教育指导纲要（试行）》的通知

信息索引：　生成日期：　发文机构：

发文字号：　信息类别：

内容概述：

教　育　部　文　件

教基[2001]20号

유아원교육지도강요(시행)[幼兒園教育指導綱要(试行)]

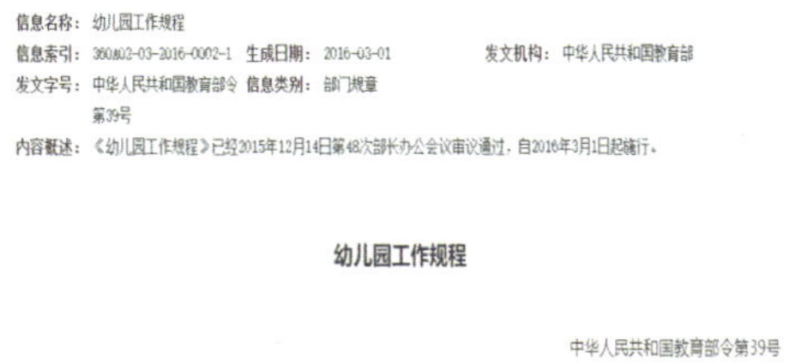
信息名称：幼儿园工作规程

信息索引：360A02-03-2016-0002-1　生成日期：2016-03-01　发文机构：中华人民共和国教育部

发文字号：中华人民共和国教育部令第39号　信息类别：部门规章

内容概述：《幼儿园工作规程》已经2015年12月14日第48次部长办公会议审议通过，自2016年3月1日起施行。

幼儿园工作规程

中华人民共和国教育部令第39号

유아원 작업절차(幼儿园工作规程)

## 2 중국 유아교육학자

### 가 도행지의 출생과 업적

출처: http://baike.baidu.com (2018.9.10. 인출)

도행지(1891. 10. 18.~1946. 7.)는 중국의 교육가로서 안후이성[安徽省]에서 출생하였고, 1914년에 미국으로 건거나 듀이에게서 수학하였다. '생활 교육' 이론은 그의 교육 활동의 기조(基調)로서 경험주의·개량주의적이었지만, 1935년 이후에는 장개석의 '독서구국(讀書救國)'에 반대하고 항일 민족통일전선에서 중요한 역할을 수행하였다. 1936년 『대중을 위한 국난 교육방안』을 집필하고, 어린 학생을 가르치는 교사를 육성하는 방법을 창안하였으며 해방 지역의 교사와의 제휴에도 협력하였다.

### 나 도행지의 교육이론

1914년 진링[金陵]대학을 졸업한 뒤 미국에서 유학하며 듀이에게 교육학을 배우고 1916년 귀국하여 후스[胡適] 등과 그 교육론 보급에 힘썼다. 난징[南京]고등사범학교(후에 국립 동남대학, 東南大學) 교수로 근무하였고, 1923년 이후로는 민족자본을 기금으로 한 민간교육운동에 헌신하며 강단에 서지 않았다. 장개석[蔣介石] 정부하에서 창조적인 형태의 학교를 개설하고, 노동존중과 사상의 자유에 철저하여 공산당원을 옹호하였으며, 많은 혁명청년을 양성하였다. 난징의 사오좡[曉莊]사범학교, 상하이[上海]의 산하이공학단(工學團), 충칭[重慶]의 육재(育才)학교·사회대학 등을 경영하였다.

1935년 이후 항일 민족통일전선 운동에 참가하여, 교육은 어린이와 대중의 생활해방을 위해 민족해방에 봉사하여야 한다고 주장하였다. 제2차 세계대전 후 상하이에서 내전반대·정치민주화를 주장하다가 1946년 7월 뇌일혈로 갑자기 죽었다. 전 생애를 통해 반식민지인 중국 사회에 근대교육의 원칙을 어떻게 실현할 것인가를 추구하여 오늘날 중국 신민주주의 혁명기의 애국주의자로 여겨지고 있으며, 그의 교육이론은 중국의 교육이론으로 계승되고 있다. 특히 도행지는 창조적인 교육 과정을 개척하여 현대 중국 교육 이론의 틀을 잡은 인물로 평가받는다. 기존의 봉건 교육방식에 반대해 인성 교육과 창의력 발달을 중시했으며 학생들에게 진실을 가르치는 것을 최우선으로 삼았다.

## 3 영·유아교육 행·재정 체제

- 중국의 유아교육은 사회주의 교육사업의 성격을 띠고 있으며, 또한 사회복지사업의 일환으로서 복리성과 공익성을 띠고 있다고 「중화인민공화국헌법」 제18조 2항에서는 규정하고 있다. 또한 「유아원작업절차(幼儿园工作规程)」(중화인민공화국 교육부, 2019)에서는 유아원 보육 및 교육의 목표를 네 가지로 규정하였다.
  첫째, 유아의 정상적인 신체 및 기능의 발달과 체력을 향상시키며, 정신 건강 증진, 좋은 위생 습관 및 스포츠 활동 참여에 대한 관심을 갖게 한다.
  둘째, 유아의 지능을 개발하고, 감각을 올바르게 사용하고 의사소통을 할 수 있는 기본능력을 키우며, 환경에 대한 이해를 높이고, 지식에 대한 유용한 관심사와 욕구를 키우며, 예비 탐구 능력을 기른다.
  셋째, 유아들은 자신감을 키우고, 예의, 정직, 우정, 용기, 근면, 좋은 질문, 공공재를 돌보거나 어려움을 극복하는 훈련을 한다. 또한 나라, 고향, 집단을 사랑하고, 노동을 사랑하고, 과학을 사랑하며 활기차고 쾌활한 성격뿐만 아니라 도덕적 행동과 습관을 형성한다.

넷째, 아이들의 취향과 아름다움을 느끼고 아름다움을 표현할 수 있는 능력을 배양한다.

- 「유아원작업절차(幼儿园工作规程)」에 나타난 원칙과 요건은 다음과 같다. 첫째, 유아의 도덕적, 지적, 신체적, 미학적 측면의 교육은 서로 유기적으로 연계되어야 한다. 둘째, 유아의 신체 및 정서 발달 규칙을 따르고, 유아의 연령 특성을 고려하며, 개인의 차이에 주의를 기울이고, 아동의 건강한 발달을 지도하도록 가르친다. 셋째, 모든 아이들을 위해, 아이들을 사랑하고 적극적으로 격려하고 영감을 주는 긍정적인 교육을 실천한다. 넷째, 건강, 언어, 사회, 과학 및 예술 분야의 다양한 교육 내용을 포괄적으로 구성하고, 일상생활과 연계하며, 교사, 환경 등과의 상호작용을 최대한 활용한다. 다섯째, 놀이를 기본 활동으로 삼고 다양한 활동을 실행한다. 여섯째, 교육에 적합한 좋은 환경을 조성하고 아이들이 적극적으로 표현할 수 있는 기회와 조건을 제공한다.
- 유아교육은 기타 기초교육과 더불어 국가의 거시적인 책임하에 지방정부에서 관리하고 있으며, 국가, 성급, 시급, 현급으로 등급제를 실시하고 있다(教育部, 2010). 교육부는 기초교육의 법규, 방침, 정책 및 총체적 발전 계획과 기본 학제 제정 등을 책임지고 있으며, 빈곤지구, 민족지구, 사범교육의 전문적 재정지원 및 지방교육부문에 대한 감독, 지도를 책임지고 있다.
- 유아교육을 포함한 교육은 일반교육과 소수민족교육으로 나누어 관리하고 있다(王鉴, 2009). 교육부, 위생부, 내무부에서 연합하여 제기한 「유아원, 탁아소에 대한 몇 개의 문제(教育部, 卫生部, 内务部关于托儿所幼儿园几个问题的联合通知)」에서는 유아교육기관은 연령에 따라 탁아소와 유아원으로 나뉘는데, 3세 미만의 아동을 대상으로 한 기관은 탁아소로, 만 3~6세 아동을 대상으로 한 기관은 유아원으로 구분하였다(袁振国, 2010).
- 중국의 유아교육 재정은 교육부문에서의 재정지원과 기타 비교육 부문의 재정지원 두 부분으로 구성한다.

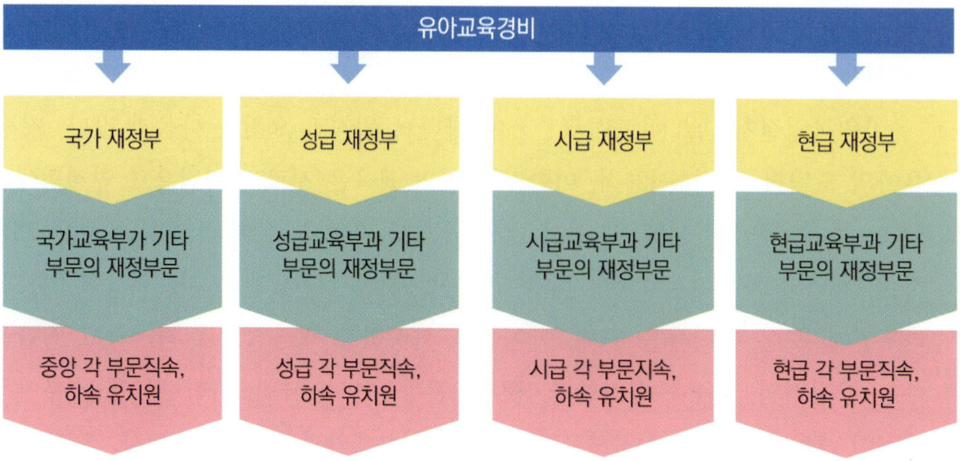


- 유아교육 재정투입체제는 국가, 성, 시, 현의 재정이 수평적으로만 유동할 수 있고 수직적인 재정 유동은 없다. 이는 재정분배의 합리성과 효율성에 영향을 받았다(蔡迎旗, 冯晓霞, 2006)는 것이다.
- 재정구조에 따르면 농촌 유아교육에 관한 재정지원 부문이 명확하게 제시되어 있지 않은 것으로 보아 농촌의 유아교육재정 지원이 소극적인 상황임을 알 수 있다.
- 시장경제의 발전에 따라 비교육부문의 유아교육 재정지원이 없어지고 있다. 현재 유아교육에 재정지원은 교육부문만 되고 있는데 총 교육비의 1.3%, GDP의 0.03% 정도로 의무교육과 고등교육에 비해서 너무 적다.

## 가 중국의 유아교육 관련 법규

- 중국은 1951년 학제 개혁에 대한 결정을 발표하였는데 이 결정에서 학제의 제1단계를 유아교육으로 정하고 유아교육을 실시하는 기관을 유아원이라고 명명하였다(具滋亿, 1996). 그러나 1966년부터 1976년까지 문화대혁명이 진행되는 동안 유아교육의 이론이나 실제에 있어서는 다른 교육체제와 마찬가지로 암흑기였다고 할 수 있다. 문화대혁명 기간이 지난 후 유아교육에 대한 개혁도 활발히 이루어졌다.

- 1970년대 말, 중국 정부는 개혁개방정책을 실시하고, 각 부문에 이를 관철시키고 실행하고자 하였다. 이에 따라 1979년 「성시 유아원관리 규정(幼兒園管理規程)」이, 1981년에는 「유아원교육강요(시행초안)[幼兒園教育綱要(試行草案)]」가 반포되었다. 위생부(衛生部) 역시 세 살까지의 「3세전소아교양대강(三岁前小兒教養大綱)」을 공포하였다. 이는 정부의 입장에서 0~6세 유아에 대한 교육과 보육 내용을 확정하고 공포한다는 점에서 의의가 있다.
- 유아원 교육은 1980년대에 전면적인 체제 개혁을 행함으로써 교육의 목표, 원칙, 내용, 방식 등에서 크게 변화하였다. 또한 유아교사는 새로운 아동관, 발달관, 교육관을 가지고, 자신의 직무상황을 평가하고, 유아, 아동의 건강발달에 해를 가져오는 각종 폐단, 악영향의 극복, 해결에 전념했다. 예를 들면, 중국의 유아원은 「학과과정(學科課程)」을 채용하고 있었는데, 학과과정(學科課程)은 교사 위주의 수업을 유일한 교육활동으로 하였다. 단순한 지식(識), 기능(技能) 교육을 강조하고, 비지력(非知力) 요소의 양성이나 손의 동・조작(動・操作) 및 놀이를 통한 학습활동을 무시하고 있었다. 이렇게 초등교육화되는 경향은 유아의 발달적 특징을 무시한 것으로써, 유아의 전반적 발달에 나쁜 영향을 끼쳤기 때문에 1980년대 이후 계속된 개혁으로 교육목표, 교육원칙, 교육내용, 교육방법 등에 커다란 변화를 시도하였다.
- 1979년 국제 아동의 해를 맞이하여 각지에 급속하게 유아교육에 대한 관심이 고조되기도 하였는데 일례로 1979년 5월에 중국 최초로 "전국유아교육연구회"가 설립되기도 하였다. 1985년 유아교육계에서도 "전국유아교육연구회"가 제2기 이사회를 통해 "유아원 교육과정의 구조 개혁" 연구팀을 조직하고 유아원 교육과정 개혁을 가속화하였다. 이때에 와서 유아원 교육과정 개혁이 보편성과 정체성을 갖게 되었다.
- 1989년 6월에는 「유아원 관리 규정(시행)(幼兒園管理規程(试行)」을 공포하고 1990년 2월 1일부터 시행함으로써 중국의 유아교육자, 교사, 교육행정가, 연구원 등 모두가 유아교육연구의 활성화에 적극적으로 참여하는 계기가 되었다. 1995년부터 교육부는 규정(시행)의 개정에 착수하였고 「유아원 관리규정」을 1996년 3월에 고시하고 1996년 6월부터 시행하였다. 2001년 9월에는 「유아원 교육지도강요(시행)[幼兒園教育指導綱要(试行)]」를 발표하였다.

• 그 이후에도 2012년 「3~6세 아동 학습 및 발달 지침(3~6岁儿童学习与发展指南)」, 2016년 「유아원 작업절차(幼儿园工作规程)」가 발표되었다. 이러한 과정에서 나타난 유아교육 관련 법규를 정리하면 다음과 같다.

### ① 유아원 시행규칙

1952년 3월에 교육부에서 공포한 것으로 총 8장 44조로 구성되어 있다. 규정내용을 보면 1장은 총칙, 2장은 학제, 3장은 설치 및 지도, 4장은 보육의 원칙과 보육활동, 5장은 입원, 수업, 6장은 조직, 편성 및 회의제도, 7장은 경비 및 설비, 8장은 부칙으로 되어있다.

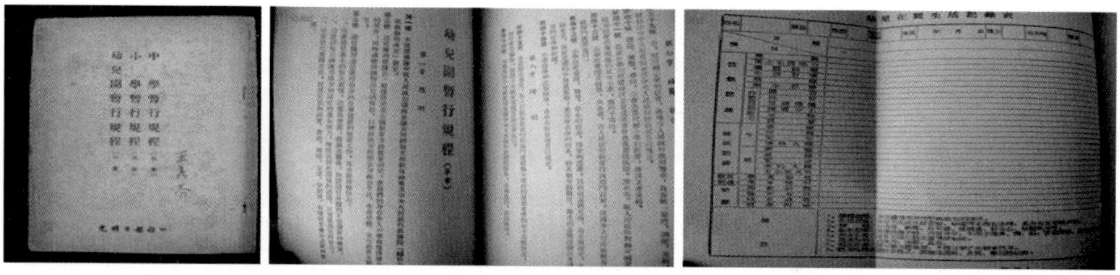

[유아원 시행 규칙]

### ② 성시 유아원 공작조례

1979년 10월에 교육부에서 공포한 것으로 총 6장으로 되어 있다. 1장은 총칙, 2장은 보건위생과 체육훈련, 3장은 유희와 학습, 4장은 사상, 도덕교육, 5장은 교사, 보모와 기타 요원, 6장은 조직과 편성 및 설비에 대한 내용으로 되어 있다. 총칙 제1조에 의하면 "유아원은 만 3세부터 만 6세까지의 유아에 대한 학령 전 교육을 실시하는 기관이다."라고 명시하고 있으며 크게 일탁(日托) 유아원과 전탁(全托) 유아원(기숙제)으로 구분하고 있다. 따라서 유아원의 성격 및 방침, 임무를 명확히 하고 유아원의 구분에 따라 교직원의 수, 학급 편성 시 유아의 수를 달리 정함으로써 보육 및 교육 담당자의 업무를 규정하고 있다.

### ③ 성시 탁아소 공작조례

1980년 11월에 위생부에서 공포한 것으로 총 5장으로 되어 있다. 1장은 총칙, 2장은 유아의 보건 위생, 3장은 유아의 교육, 4장은 조직, 편성 및 직원의 직무, 5장은 건물 및 설비의 내용으로 되어 있다.

#### ④ 유아원 공작규정

1989년에 시행하여 1996년부터 실시되었으며 중국 유아원의 보육과 교육의 목표를 규정하고 있다. 제1조: 유아원 업무의 과학적 관리를 강화하고 보육과 교육의 질을 높이기 위하여 〈중화인민공화국교육법〉에 의거하여 본 규정을 제정한다. 제2조: 유아원은 만 3살 이상부터 학령 전의 유아에게 보육과 교육을 실시하는 곳으로서 기초교육의 유기조성의 한 부분이며 학교교육제도의 기초단계이다. 제3조 유아원의 임무: 보육과 교육이 결합되는 원칙을 실행하여 유아를 대상으로 체(體), 지(知), 덕(德), 미(美) 등 모든 방면의 발전을 교육하고 그 심신의 조화로운 발전을 촉진시킨다. 제7조: 유아원은 전일제, 반일제, 정시제, 계절제와 기숙제 등으로 나눈다. 운영방식을 선택하여 설치할 수 있으며 또한 혼합설치도 가능하다. 제34조: 유아원은 편성 표준에 근거하여 원장, 부원장, 교사, 보육원, 의료원, 사무원, 취사원 등 기타 업무인원을 확충해야 한다.

#### ⑤ 유아원 교육지도강요

2001년 7월 교육부에서 발표하였는데 “유아원 교육은 기초교육의 중요한 구성부분이며, 동시에 중국 학교교육과 평생교육의 기초단계이다.”라고 기술하고 있다. 이 새로운 요강은 유아교육자와 부모들에게 유아기의 교육은 아동의 성장을 촉진하고 성인이 되도록 준비한다는 단순한 의미가 아니므로 아동에게 “연령에 적합하지 않은 지식의 주입식 교육이나 체력에 적합하지 않은 기능 훈련 등을 교육해서는 안 된다.”라고 경고하고 있다.

### 나 중국 유아교육기관의 유형

- 중국의 유아원은 설립 주체별로 공립 유아원, 민영 유아원, 사립 유아원으로 구분할 수 있다.
- 공립 유아원의 설치와 운영은 국가 또는 지방정부가 하고 유아원의 원장은 국가

가 임명하며 유아원의 설치비, 인건비, 운영비 등은 지방정부가 지불하는 등 정부가 직접 관리하고 재정 지원을 한다. 교사는 자격증을 가진 교사를 정식 교사로 채용한다. 정부의 재정 지원을 받기 때문에 일반적으로 규모가 크고 낮은 비용과 질 높은 교육 등의 이유로 학부모가 선호한다.

- 민영 유아원은 국가 기관 이외의 기업과 조직 등 사회 기업이 법률에 의하여 설립하는 유아원을 말한다. 그 중에는 복지 조직이 가난한 유아나 장애인 아동, 고아 등을 위주로 하여 설립하여 무료로 운영하는 복지적 성격의 유아원도 있다. 민영 유아원은 교사를 기업이나 조직이 초빙하고 계약한다. 혜택은 원칙적으로 직원만이 받을 수 있고 직원이 아닌 경우 설립하여 무료로 운영하는 유아원도 있으나 그 수는 미미하다.
- 사립 유아원은 개인이 이윤을 추구하는 목적으로 설립한 유아원으로 운영 경비는 학비로 충당한다. 교사는 유아원 운영자가 임의로 계약하고 임용한다. 교사의 임용과 월급은 스스로 정한다.

읽을거리

### 공립 유아원의 등급제도(베이징 유아원을 중심으로)

공립 유아원은 급과 유형에 따라서 4등급으로 분류할 수 있다. 급수는 유아원 시설, 환경, 장비, 교원조건, 품질관리 등을 말한 것이다. 유형은 유아원 보육, 교육, 위생보건, 아동발달 등이다. 등급은 주로 전문가가 정한다. 등급에 따라서 요금 기준이 다르다.

〈베이징 공립 유아원(국가가 요금을 설정함)〉

| 유아원 등급 | 교육비(원/달) | 숙박료(원/달) |
|---|---|---|
| 시범원 | 900 (200,000) | 300 (60,000) |
| 1급원 | 750 (150,000) | |
| 2급원 | 600 (120,000) | |
| 3급원 | 450 (90,000) | |
| 무 유형원 | 250 (50,000) | |

출처: http://bj.bendibao.com/cyfw/201341/99656.shtm

* 베이징 제일 유아원(北京第一幼儿园 공립 유아원)

베이징 사립 유아원 요금 현황

| 유아원 | 요금(rmb) |
|---|---|
| 북경시육룡유아원(北京市育龙幼儿园) | 1580원 |
| 북경령남유아원(北京岭南幼儿园) | 2200원 |
| 북경시해정구만천회가유인원(北京市海淀区万泉汇佳幼儿园) | 7450원 |
| 북경시해정구세기회가유인원(北京市海淀区世纪汇佳幼儿园) | 4400원 |
| 북경시해정구중과유교중관촌유인원(北京市海淀区中科幼教中关村幼儿园) | 3620원 |

출처: http://www.ysxiao.cn/c/201412/2549.html

## 다 유아교사 양성과 교사 처우

### ① 유아교사 양성 기관

- 중국의 유아교사 양성기관은 중등유아사범학교, 전과(专科, 전문대), 본과(本科, 대학교)로 구성된 "구3급(老三级)"에서 전과(专科), 본과(本科), 대학원으로 구성된 "신3급(新三级)"으로 변화하고 있다.
- 유아사범학교는 중학교 졸업자를 모집하여 3~4년의 교육과정을 통하여 유아교사를 양성한다. 주로 중등학교 졸업자를 대상으로 모집하기 때문에 학생의 기초지식이 부족하여 교육과정이 음악, 미술 등 가르치는 기술능력 위주로 구성되어 전문 이론 과목이 부족하여 유아사범학교 졸업생은 문제에 대한 해결능력이 낮고 교육연구 능력이나 창의적 능력이 부족하다는 문제가 제기되었다(时丽, 2005).
- 전과(专科)나 직업기술학교에서는 고등학교 졸업자를 대상으로 모집하며 유아교육이론 지식보다 기능교육을 더 강조한다. 전과, 직업기술학교에서 유아교육 전공 졸업한 자는 주로 유아원에서 교사를 한다.
- 본과(本科) 차원의 4년제 사범대학교와 4년제 종합대학교에서는 본과 과정에서 취학 전 교육 전공을 모집한다(4년제 대학교의 학전교육과가 처음 설립됐을 때는 교사를 양성하는 목적으로 하는 것이 아니고 유아사범학교의 교사, 연구원, 관리인원을 양성하는 것이 그 목적이었다). 이 과정에는 고등학교 졸업자가 응시할 수 있다. 최근에 중국 교사교육 개혁에 따라 본과(本科)를 졸업한 학생은 유아원 교사나 관리자 및 기타 유아교육에 관련이 있는 직업에 종사하고 있다.
- 다음 그림은 중국 유아교사의 자격을 나타내는 증명서이다.

[교사자격증]

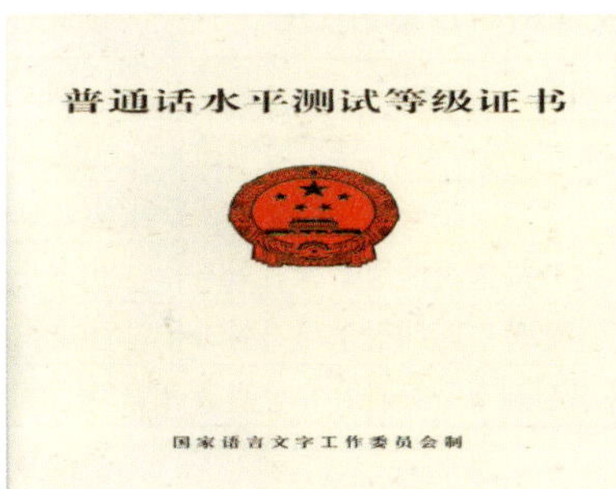


[표준화등급증명서]

### ② 유아교사 양성 교육과정

- 현재 중국에서 유아교사 양성 방식은 주로 3년제 전과(专科, 전문대학교) 교육과 4년제 본과(本科, 대학교) 교육이 있는데 4년제 본과 교육은 중국 유아교사 양성의 주요 기관으로 발전하는 추세라 할 수 있다. 이에 4년제 본과 대학의 교육과정을 통해 중국 유아교사 양성기관의 교육과정을 살펴보면, 크게 공공과정(公共課), 전공기초과정, 전공과정으로 나뉜다(王利明, 2007).
- 공공과정은 정치, 외국어, 수학, 국문, 컴퓨터, 체육, 군사 훈련, 사회실천, 또는 각 학교의 특색이 있는 과목들이 포함된다. 공공과정을 통식(通識)교육과정이나 다른 명칭으로 사용하는 학교도 있다.
- 전공기초과정은 교육이론 교과목으로 구성된다. 교육이론 교과목이란 교사로서 꼭 필요한 이론 및 기능을 학습하는 교과목을 말한다. 교육이론 수업에는 교육학, 심리학, 학전교육의 각 영역의 교수법 3가지를 포함한다(王利明, 2007).
- 전공과정은 현장 교육활동 혹은 연구 활동 중 필요한 지식을 말하며 아동심리, 학전아동교육학, 유아교육과정, 유아원 관리, 예능, 교육견학, 교육 실습 등이 포함된다(步社民, 2005). 각 대학교도 각자의 조건에 따라 특색이 있는 전공교과목들을 선정한다. 또한 이 부분의 교육과정을 기초와 심화과정 또는 전공과정을 여러분야를 나눠서 다양한 운영방식으로 운영하기도 한다.

### ③ 유아교사의 처우의 특징

- 중국 유아교사 월급은 전국에 비하면 상대적으로 낮은 편이다.
- 공・사립 유아원 교사 간 월급 차이가 크다.
- 정규직, 비정규직 교사 간 월급 차이가 크다.
- 도시, 농촌 교사 간 월급 차이가 크다.

# Ⅲ 중국 유아교육과정

## 1 중국 국가 수준 유아교육과정

### 가 유아교육의 목적

유아교육의 목적은 21세기의 인재를 배양하기 위한 전인 발달을 지향하여 체, 지, 덕, 미의 통합적인 발달을 도모하는 것을 목적으로 한다. 이러한 교육 목적을 달성하기 위하여 다음 네 가지의 유아원 교육목표를 유아원 공작규정(幼儿园工作规程) 제1장 5항에서 제시하고 있다.

※ 유아원 공작규정(제1장 5항)

- 유아의 신체를 정상적인 발육과 기능의 조화로운 발달을 촉진하고 유아의 체질을 증강하고 양호한 생활 습관과 위생 습관, 체육활동에 참가하는 흥미를 배양한다.
- 유아의 인지능력을 발전시키고 정확하게 감각 기관을 사용하며 언어를 수단으로 의사소통할 수 있는 기본적인 능력을 배양하고 환경에 대한 인식을 향상시키고 유아의 호기심과 탐구 능력을 배양하고 초보적인 조작 능력을 기른다.
- 자신의 고향, 나라, 집단, 노동, 과학에 대한 사랑하는 감정을 유발하고 성실함, 자신감, 자주 물어보는 능력(묻기 좋아함), 사람에 대한 우호적인 태도, 용감함, 사물에 대한 관심(사물의 소중함), 어려움을 극복하는 능력, 예의 바르고 규율을 지키는 능력 등 품성과 습관을 기르고 활발하고 명랑한 성격을 배양한다.
- 유아들이 초보적으로 미에 대한 감수성과 표현의 능력을 배양한다.

### 나 유아교육과정의 내용

유아원교육지도강요 시행(幼兒園教育指導綱要试行, 2001)에 따르면 중국 유아원 교육과정의 내용은 건강영역, 언어영역, 사회영역, 과학영역, 예술영역 등의 5개 영역으로 구성된다. 그리고 각 영역의 내용은 서로 영향을 주고받으며 여러 가지의 방향에서 유아들의 감성, 태도, 능력, 지식, 기술과 개발의 많은 측면을 촉진한다(教育

部, 2001).

### ① 건강영역

#### ㉠ 교육목표

가. 신체가 건강하고 집단생활에서 정서가 안정적이며 즐거운 마음을 가진다.
나. 건전한 생활, 위생습관을 기르고 스스로 생활하는 기본적인 능력을 가진다.
다. 필요한 안전, 보건 상식을 알고 스스로 보호하는 능력을 배운다.
라. 신체 활동에 참여하기를 즐기고 동작을 조화롭고 유연하게 한다.

#### ㉡ 교육내용

건강영역의 교육내용은 위생생활, 안전, 체능, 심리 등으로 구성되었다. 위생생활에서는 기본생활습관을 기르는 데 중심을 둔다. 안전에서는 자기를 보호하고 안전에 대한 초보 지식 알기에 중점을 둔다. 체능에서는 여러 가지 체육활동에 참여하고 실내외 및 자연환경에 적응하는 능력을 기르는 데 중점을 둔다. 심리에서는 정신건강을 중심내용으로 구성된다.

#### ㉢ 지도상의 유의점

첫째, 유아원은 반드시 유아의 생명 보호와 유아의 건강 촉진이 제일 중요하다고 생각해야 한다. 정확한 건강관념을 세우고 유아의 신체 건강을 중시하는 동시에 유아의 심리 건강도 매우 중시해야 한다.

둘째, 유아를 보호하고 보살필 뿐만 아니라 유아의 요구도 존중해야 하고, 과잉보호와 교사가 생각하는 대로 하는 것을 피하고, 유아를 격려하고 스스로 일 처리하는 능력을 지도한다.

셋째, 건강영역활동은 유아의 발달 수준을 존중해야 하고 유아 건강에 대한 모든 해로운 시합이나, 공연, 훈련을 금지한다.

넷째, 유아들이 체육 활동에 대한 관심을 가지는 것은 유아원 체육 분야의 중요한 목표이다. 유아의 특징에 따라 재미있고 다양한 형식의 체육 활동을 구성하고 유아들이 능동적으로 참여하는 것을 유도한다.

[건강영역 관련 활동 모습]

[건강영역 관련 활동 모습: 안전]

### ② 언어영역

#### ㉠ 교육목표

가. 사람과 대화를 즐기게 하고 예의 있게 대화한다.

나. 다른 사람의 말에 귀를 기울여 듣고 일상용어를 이해한다.

다. 자기가 하고 싶은 말은 정확하게 표현하도록 한다.

라. 이야기 듣기와 독서를 즐기게 한다.

마. 표준말을 알아들을 수 있고 말할 줄 알아야 한다.

#### ㉡ 교육내용

언어영역의 교육내용은 듣기, 말하기, 읽기, 쓰기 등으로 구성되어 있다. 듣기에서는 다른 사람의 말에 관심을 가지고 언어 이해 능력을 키우는 데 중심을 둔다. 말하기는 사람들과 예의 바르게 민족어, 표준어를 사용하여 말하는 내용으로 구성되어 있다. 읽기에서는 우수한 아동 문학 작품을 읽고 관심을 가지는 내용으로 구성된다. 쓰기에서는 간단한 표기와 글자에 대한 관심을 가지는 내용으로 구성된다.

#### ㉢ 지도상의 유의점

첫째, 유아들이 말하기를 두려워하지 않고 좋아하게 하고 기회가 되면 적극적으로 대답할 수 있는 언어 환경을 조성해야 한다.

둘째, 유아의 언어발달과 정서, 경험, 사고, 사회, 의사소통, 능력 등은 밀접하게 관련되어 있다. 그래서 통합적으로 다채로운 활동을 통해 유아의 경험을 확장시키고 언어발달을 촉진할 수 있는 조건을 제공한다.

셋째, 유아의 언어발달은 개인적인 특징을 가지고 있어서 교사와 개별적인 의사소통, 유아 간의 의사소통 등이 매우 중요하다.

넷째, 언어장애를 가지고 있는 유아에게 특별히 관심을 기울여야 하고 학부모와 협력해서 유아의 언어 능력을 향상시킨다.

[언어영역 관련 활동 모습]

### ③ 사회영역

#### ㉠ 교육목표

가. 능동적으로 각종 활동에 참여하고 자신 있게 활동한다.

나. 다른 사람과 대화를 즐기며 서로 도와주고 협력하고 함께 나누는 인정이 많아야 한다.

다. 일상생활에서 기본적인 사회적 행동이나 규칙을 준수하고 이해한다.

라. 자기가 할 수 있는 일을 잘 할 수 있도록 노력하고 어려움을 두려워하지 않고 기초적인 책임감을 가진다.

마. 부모, 어른들, 선생님, 친구, 집단, 고향, 나라를 사랑한다.

#### ㉡ 교육내용

사회영역의 교육내용은 기본생활습관, 개인생활, 집단생활, 애국, 애족 등의 내용으로 구성되어 있다. 기본생활습관에서는 사회생활을 지키는 데 기본적인 내용을 중심으로 한다. 개인생활에서는 맡은 일, 스스로 할 수 있는 일을 하는 것을 중심으로 한다. 집단생활에서는 다른 사람과 친근하게 지내며 사회 생활환경에 대한 내용을 중심으로 한다. 애국, 애족에서는 주변의 사람들을 사랑하고 나라를 사랑하고 인식하는 내용을 중심으로 한다.

#### ㉢ 지도상의 유의점

첫째, 사회영역의 교육은 자연스럽게 습득하도록 해야 한다. 유아의 사회 태도와 사회 감정의 배양에 있어서 유아가 관심, 사랑, 지지를 받을 수 있는 환경이 필요하다.

둘째, 유아와 성인과 또래 간의 공동생활, 교류, 탐구놀이 등이 사회에 대한 학습에서 중요한 과정이다. 따라서 유아에게 대인관계와 공동 활동의 기회를 만들어 주어야 한다.

셋째, 사회 학습을 잘 하려면 유아원과 가정 및 지역 사회의 협력이 필요하다.

[사회영역 관련 활동 모습: 아침 체조]

### ④ 과학영역

#### ㉠ 교육목표

가. 주변의 사물이나 현상에 대해 관심과 호기심을 가진다.
나. 신체 각 기관을 사용할 줄 알고 손과 머리를 써서 문제를 발견하고 탐구한다.
다. 적당한 방법으로 탐구한 과정과 결과를 표현한다.
라. 생활과 놀이 중에 간단한 수학 관계를 이해하고 수학에 대한 관심을 가지고 수학의 중요성을 안다.
마. 동물, 식물을 사랑하고 주변 환경에 관심을 가지고 자연과 가까이 지내며 자연 자원을 아끼고 초보적인 환경 보호의식을 가진다.

#### ㉡ 교육내용

과학영역의 교육내용은 과학적 탐구, 수학적 탐구, 창의적 탐구 등의 내용으로 구성된다. 과학적 탐구는 주변과 자연의 과학 현상들에 대해 관심 가지는 것을 중심으로 구성된다. 수학적 탐구는 숫자의 개념 이해하기를 중심으로 구성된다. 창의적 탐구에서는 주변의 물품과 재료를 활용하여 조작, 실험, 탐색하고 그 성과를 함께 나누는 내용을 중심으로 구성된다.

#### ㉢ 지도상의 유의점

첫째, 유아의 과학 교육은 과학에 대해 관심을 가지는 것을 중요시한다.

둘째, 유아들이 탐구활동을 실천할 수 있도록 필요한 환경을 만들어 주고 유아들이 탐구과정과 방법을 직접해 볼 수 있도록 도와준다.

셋째, 과학교육은 유아의 실제 생활과 관련이 있어야 하고 주변의 사물과 현상을 이용해 과학탐구를 한다.

[과학영역 관련 활동 모습: 과학]

[과학영역 관련 활동 모습: 수학]

### ⑤ 예술영역

#### ㉠ 교육목표

가. 환경, 생활과 예술에 아름다움을 느끼고 좋아한다.

나. 자기가 좋아하는 방식으로 예술 표현활동을 한다.

다. 예술 활동에 참여하기를 즐기고 자기의 감정과 체험을 대담하게 표현한다.

#### ㉡ 교육내용

예술생활의 교육내용은 개인의 생각, 표현, 감상 등의 내용으로 구성되어 있다. 개인의 생각은 예술 활동을 즐기는 것과 감정 및 정서적 경험을 중심으로 구성된다. 표현은 다양한 놀잇감, 공예장식품 등을 만들고 자기의 생각과 체험을 표현하는 내용을 중심으로 구성된다. 감상에서는 예술작품을 감상하는 내용을 중심으로 구성된다.

#### ⓒ 지도상의 유의점

첫째, 예술은 미적 능력 형성에 중요한 과정이다. 표현 능력과 예술 활동의 결과를 중시할 뿐만 아니라 유아가 생활 속의 감정, 태도도 중시해야 한다.

둘째, 유아가 창의적으로 표현하는 방식을 지지하고 기술적 능력과 정형화된 방식에 대해 지나치게 요구하면 안 된다.

셋째, 유아의 예술 활동의 능력은 대담하게 표현하는 과정에서 발달한다. 유아의 발달 상황에 따라 표현방식을 적절하게 지도해야 한다.

[예술영역 관련 활동 모습: 미술]

## 2 중국의 유아교육 프로그램

### 가 전통교육 프로그램 디즈궤(弟子规, 제자규)

중국 유아원 교육에 전통교육 내용이 점점 많아지고 있다. 특히 사립 유아원에서 디즈궤 프로그램을 많이 실시하고 있다.

- 교육 방법: 교사 지도하에 디즈궤를 반복해 읽으면서 익힌다. 디즈궤는 음운이 있어서 쉽게 외울 수 있다.
- 한국어 발음: 디지궤 성런쉰 서우싸우띠 츠찐씬 반애중 얼친런 유위리 쩌쒀원(弟子规 圣人训 首孝弟 次谨信 泛爱众 而亲仁 有余力 则学文)

| 弟子规 圣人训 首孝弟 次谨信 泛爱众 而亲仁 有余力 则学文 |
|---|
| 디지궤 성런쉰 서우싸우띠 츠찐씬 반애중 얼친런 유위리 쩌쒀원 |
| 우리의 규칙, 성인들의 교훈<br>먼저 부모님께 효도하고 형제간에 우애하고, 신중하게 말을 하고 신용을 잃지 않고,<br>모든 사람을 사랑하고, 어진 이와 친하게 지낸다.<br>그러고 나서, 학문을 닦는다. |

- 교육 내용: 디즈궤의 대부분의 내용은 역대 성인(聖人)들의 교훈이다. 먼저 부모님께 효도하고 선배 또는 형님을 존경하며 후배 또는 동생들을 우애한다. 신중하게 말을 해야 하고 다른 사람에게 신용을 잃지 않아야 한다. 그리고 모든 사람을 사랑해야 하며 품행이 바른 사람들과 친해야 한다. 언급한 내용들을 모두 달성하면 문학이나 서적에 있는 지식을 배울 수 있다.
- 다음 표는 중국 베이징창평위캉베(北京昌平育童康贝) 유아원 교육과정표이다.

〈유아원 교육과정표〉

| | 월 | 화 | 수 | 목 | 금 |
|---|---|---|---|---|---|
| 8:50~9:05 | 디즈궤 | 동화 | 행위배양 | 삼자경 | 동요 |
| 9:20~9:40 | 예의 교육 | 고체시 | 병음/산술 | 단계별 리딩 | 몬테소리 |
| 9:55~9:40 | 기능놀이 | 공동놀이 | 기능놀이 | 사유놀이 | 기능놀이 |
| 10:05~10:30 | 단계별 리딩 | 단계별 리딩 | 음악 | 몬테소리 | 안전교육 |
| 10:45~11:05 | 디즈궤 | 한자교육 | 행위배양 | 삼자경 | 고체시 |
| 14:50~15:25 | 영어 | 영어 | 몬테소리 | 영어 | 미술 |
| 15:25~15:50 | 기능놀이 | 공동놀이 | 기능놀이 | 사유놀이 | 기능놀이 |

[디즈궤 교육활동 모습]

## 나 유아원의 운영 실제

- 유아원의 운영은 기본적으로 소학교와 같은 체제를 유지한다. 월요일부터 금요일까지 주 5일 오전 8:30~11:30 / 오후 13:30~16:30 운영하며, 이는 지역마다 다소 차이가 날 수 있다.
- 11:30~13:30까지는 점심 및 휴식 시간으로 유아들은 집으로 귀가했다가 오후에 다시 등교할 수도 있고, 취업모의 자녀들은 학교에 마련된 식당에서 점심식사를 할 수 있다. 교사는 점심시간 동안 유아를 지도해야 할 의무가 없으므로 자신들의 시간으로 활용할 수 있고, 유아들은 보조교사들의 지도하에 식사를 한다. 중국의 공립 유아원의 주간 일정를 제시하면 다음과 같다.

〈중국의 공립 유아원 주간일정표〉

| | 시간 | 월 | 화 | 수 | 목 | 금 |
|---|---|---|---|---|---|---|
| 오전 | 8:00~8:30 | 아침 체조 | | | | |
| | 8:30~8:40 | 수업 전 준비 | | | | |
| | 8:40~9:00 | 안전활동 | 수학활동 | 언어활동 | 수학활동 | 언어활동 |
| | 9:00~9:30 | 실외 활동 | | | | |
| | 9:30~9:50 | 물과 간식 | | | | |
| | 9:50~10:00 | 수업 전 준비 | | | | |
| | 10:00~10:20 | 수학활동 | 언어활동 | 건강활동 | 과학활동 | 무용활동 |
| | 10:20~10:50 | 자율선택활동 | | | | |
| | 10:50~11:00 | 정리 | | | | |
| 점심 | 11:00~14:20 | 점심식사 및 휴식 | | | | |
| 오후 | 14:20~14:30 | 수업 전 준비 | | | | |
| | 14:30~14:50 | 미술활동 | 음악활동 | 무용활동 | 언어활동 | 수학활동 |
| | 14:50~15:20 | 실외활동 | | | | |
| | 15:20~15:40 | 물 간식 | | | | |
| | 15:40~15:50 | 수업 전 준비 | | | | |
| | 15:50~16:10 | 과학활동 | 사회활동 | 미술활동 | 음악활동 | 사회활동 |
| | 16:10~16:50 | 자율선택활동 | | | | |
| | 16:50~17:00 | 정리 | | | | |

- 수요일 오후나 방학 등 유아원에 가지 않는 날은 학교의 특별활동센터에서 여가를 위한 다양한 프로그램에 등록하고 있으며, 이러한 비용은 지역사회나 관련 기관에서 지원한다.
- 취업모들은 유아원 운영시간 이전과 이후에 학교에 부설된 보육소를 활용할 수 있으며, 최근에는 유아들이 유아원과 보육소를 왕래하며 겪는 혼란을 최소한으로 줄이고 학교생활의 적응을 돕는 것은 물론 교육의 일관성을 도모하기 위해 유아원과 보육소 종사자들이 협조 체제를 구성하여 종일제 프로그램을 운영하기 위한 시도를 하고 있다.

## [중국 관련 활동안 예시]

### 교수 · 학습 과정안

<table>
<tr><td rowspan="2">생활주제</td><td rowspan="2">세계 여러 나라</td><td rowspan="2">활동명</td><td rowspan="2">행복이 가득한 결혼식</td><td>활동유형</td><td>자유선택활동<br>(역할영역)</td></tr>
<tr><td>활동형태</td><td>소집단</td></tr>
<tr><td>활동목표</td><td colspan="5">• 세계 여러 나라의 결혼식에 관심을 갖는다.<br>• 중국의 결혼식 역할놀이에 즐겁게 참여한다.</td></tr>
<tr><td>누리과정<br>관련요소</td><td colspan="5">• 의사소통: 말하기 - 느낌, 생각, 경험 말하기<br>• 사회관계: 가족을 소중히 여기기 - 가족과 화목하게 지내기<br>• 예술경험: 예술적 표현하기 - 극놀이로 표현하기</td></tr>
<tr><td>활동자료</td><td colspan="5">세계 여러 나라의 결혼식 사진, 중국의 결혼식 동영상, 결혼식 놀이 의상 및 소품</td></tr>
<tr><td>활동과정</td><td colspan="4">활 동 내 용</td><td>유의점</td></tr>
<tr><td>도 입<br>(10´)</td><td colspan="4">■ 이전 경험 나누기 및 동기 유발<br>• 세계 여러 나라의 결혼식 사진을 보며 이야기 나눈다.<br>– 결혼식에 가본 적이 있니?<br>– 결혼식에서 어떤 것을 보았니? 결혼식에서만<br>– 나라마다 결혼식의 모습도 각기 달라요. 다른 나라의 결혼식은 어떤 모습일까?<br><br>■ 활동 안내<br>• 오늘의 활동을 안내한다.<br>– 오늘은 중국의 결혼식을 역할놀이로 해볼 거예요.<br><br>출처: 중국의 창(이단비 자유여행가, 2016. 9. 22.)</td><td></td></tr>
</table>

| | | |
|---|---|---|
| 전개<br>(30´) | ■ 중국의 결혼식에 대해 이해하기<br>• 중국의 결혼식 영상을 감상한다.<br>〈중국의 결혼식 순서〉<br>– 신랑이 신부를 데리러 온다. 신랑은 신부에게 청혼을 하고 나서 신부의 신발을 찾아 신부에게 신겨준다.<br>– 신부의 부모님께 차를 대접한다.<br>– 신랑과 신부는 결혼식장으로 간다.<br>– 결혼식장 앞에서 나쁜 기운을 물리치는 사자탈춤이 등장한다.<br>– 신랑과 신부는 마주 보고 맞절을 한다.<br>– 실로 이어진 술잔을 3잔 마신다.<br>– 성혼문에 도장을 찍는다.<br>– 결혼식에 참석한 손님들에게 사탕, 초콜릿 등을 나누어 준다.<br>〈빨간색의 의미〉<br>– 중국 사람들은 빨간색을 황제의 색이라고 하며, 빨간색에는 커다란 기운이 있어 나쁜 귀신을 물리쳐주고, 위험에서 벗어나게 도와주며, 행운을 가져다주는 특별한 색깔로 여긴다.<br>– 옛날에는 특히 붉은색 염료가 비싸서 빨간색 옷은 부와 명예를 상징했다.<br>– 중국의 결혼식에는 빨간색을 주로 많이 사용한다.<br>■ 중국의 결혼식에 필요한 재료 준비하기<br>• 중국의 결혼식 놀이를 하기 위해 필요한 준비물에 대해 이야기 나눈다.<br>• 교실의 놀이영역들에서 준비할 수 있는 것들을 만들거나 모아서 역할영역으로 가져온다.<br>〈준비사항〉<br>– 빨간색 신랑, 신부 의상<br>– 빨간색 신부 신발<br>– 신부 부모님께 드릴 찻잔<br>– 술잔, 술잔 올릴 테이블<br>– 사자탈, 춤음악<br>– 손님 답례품(사탕이나 초콜릿)<br>■ 중국의 결혼식 해보기<br>• 준비사항을 점검하고, 역할을 나누어 순서에 맞게 결혼식을 해본다. | |
| 마무리<br>(10´) | ■ 평가하기<br>• 오늘의 활동을 평가해본다.<br>– 중국 사람들처럼 결혼식을 해보니 어땠니? | – 유아들의 다양한 의견을 들을 수 있도록 기회를 제공한다. |
| 확장활동 | • 다른 나라의 결혼식도 역할놀이로 해본다. | |

# 제 2 장 일본(Japan)

## ◉ 히나마쓰리와 고이노보리

히나마쓰리(ひなまつり)는 여자 어린이들의 무병장수와 행복을 기원하는 일본의 전통 행사로, 해마다 3월 3일에 열린다. 3월 3일을 전후하여 복숭아꽃이 피는 까닭에 모모노셋쿠(もものせっく)라고도 하고, 딸들의 축제라는 뜻에서 온나노셋쿠(おんなのせっく)라고도 한다. 히나인형의 종류와 수량에 따라 적게는 2단에서 많게는 8단에 이르기까지 단의 형식도 다양하다. 보통 최상단부터 천황과 황후, 궁녀, 음악 연주가, 궁정 대신, 종자, 가재도구, 우마차 인형 등의 순으로 배치하지만, 지방에 따라 조금씩 다르다.

일본의 남자 어린이들의 무사 성장과 입신양명을 기원하는 행사가 매년 5월 5일에 열리며 이날은 일본의 어린이날로 기념하고 있다. 일본명으로는 이날을 고도모노히(子どもの日)라고 부른다. 이때 남자아이를 상징하는 잉어 모양을 대나무 장대에 걸어 세우는데 이것을 고이노보리(鯉のぼり)라고 부른다.

## ◉ 일본에 대해 알아볼까요?

| 국가명(공식 명칭) | 일본국(Japan) |
|---|---|
| 수도 | 동경(Tokyo) |
| 위치 | 아시아 대륙 동쪽 4개 큰 섬이 이어지는 섬나라 |
| 면적 | 3,779만 7,100㏊(2015 기준) |
| 민족 | 조몬인, 아이누족, 야요이족 |
| 인구 | 1억 2,685만 4,745명(2019 통계청, UN, 대만통계청 기준) |
| 언어 | 일본어 |
| 종교 | 신도 神道(Shintoism), 불교, 기독교 |
| 정치체제 | 입헌군주제(아키히토 천황), 내각책임제(아베 신조 자민당 대표) |
| 화폐단위 | 엔(JPY · ¥ · 円 · yen) |
| 빅맥 지수 | 3.43$ (Economist, 2018. 01.) |

# I 일본의 교육제도

## 1 일본의 교육목표

> 헌법 제26조 "모든 국민은 법률이 정하는 바에 따라
> 능력에 따라 균등하게 교육을 받을 권리를 가진다.
> 모든 국민은 법률이 정하는 바에 따라 보호하는 자녀에게
> 보통교육을 받게 할 의무가 있다. 의무교육은 무상으로 한다."

### 가 교육의 기회균등

일본 교육의 기본이념을 제시하는 법규는 헌법과 교육기본법이다. 헌법 제26조는 위에 제시되어 있듯이, 교육의 기회균등에 대해 규정해 놓은 것이다. 일본 국적을 가진 모든 국민은 교육을 받을 권리를 갖고 있으며, 능력에 따른 교육은 개인이 가지고 있는 능력의 다양성과 발전성을 고려해야 한다는 것이다.

### 나 교양 있는 시민 육성

교육기본법 제1조는 "교육은 인격의 완성을 목표로 하고, 평화롭고 민주적인 국가 및 사회의 형성자로서 필요한 자질을 갖춘 심신 모두 건강한 국민의 육성을 기르도록 한다."라고 명시하고 있다. 즉 교육은 사람을 기르는 것으로써, 인격은 교양 있는 시민을 기른다는 뜻으로 이해할 수 있다. 교육의 목적을 보다 세분화하여 구체적으로 규정한 교육의 목표는 교육기본법 제2조에 명시되어 있다.

### 다 교육기본법 제2조(교육의 목표)

제2조(교육의 목표)에서는 교육 목적을 실현하기 위해 학문의 자유를 존중하면서,

다음과 같이 제시된 목표를 달성하도록 한다.

1. 폭넓은 지식과 교양을 습득하고 진리를 구하는 태도를 기르고, 풍부한 정서와 도덕심, 건강한 신체를 기르는 것
2. 개인의 가치를 존중하고, 그 능력을 계발하고, 창조성을 길러서, 자주 및 자율 정신을 기르고 직업과 생활과의 관계를 중시하고 근로를 소중히 하는 태도를 기르는 것
3. 정의와 책임, 남녀평등, 자신과 타인을 사랑하고, 협력을 중시하고 공동체의 정신을 바탕으로 주체적으로 사회의 형성에 참여하고, 그 발전에 기여하는 태도를 기르는 것
4. 생명을 존중하며, 자연을 소중히 하고 환경의 보전에 기여하는 태도를 기르는 것
5. 전통과 문화를 존중하고, 그것을 지켜온 국가와 고향을 사랑하고, 다른 나라를 존중하며, 국제사회의 평화와 발전에 기여하는 태도를 기르는 것

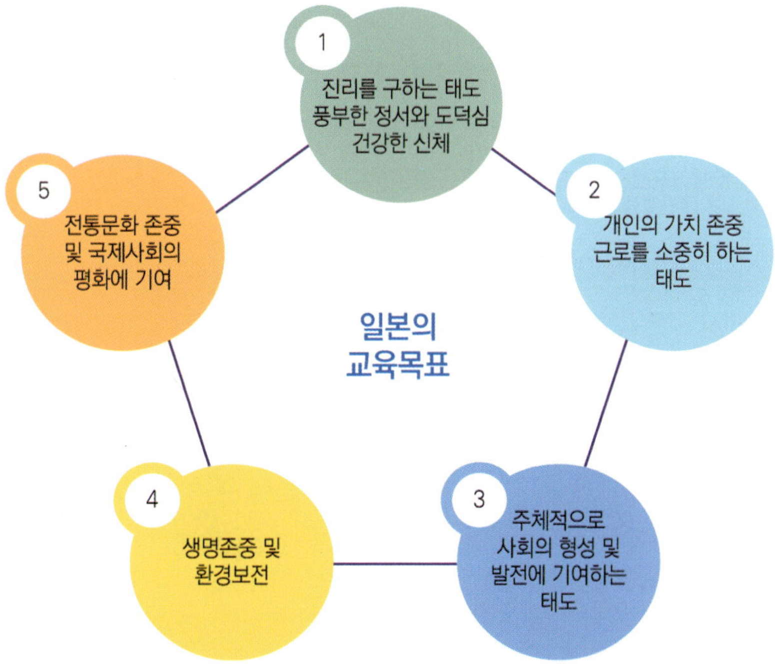

## 2 일본의 학제

일본의 학제는 제2차 세계대전 후 미국의 학제를 본받았기 때문에 한국의 학제와 일치한다. 소학교 6년, 중학교 3년, 고등학교 3년, 대학 4년을 기본으로 하고, 의무교육은 중학교까지 9년간으로 되어 있다. 또 박사전기(석사)과정 2년, 박사후기과정 3년의 대학원제 및 한국의 전문대학에 해당하는 2~3학년 과정의 단기(短期)대학제도는 한국과 흡사하다. 한국에 없는 학제로는 중학교 졸업자가 입학하는 5년제의 고등전문학교가 있는데, 중급기술자의 양성을 목적으로 하는 학교이다.

일본 사람들이 쓰는 말 중에 '학교 신앙(學校信仰)'이라는 말이 상징하는 것처럼 학교에 대한 사회의 기대가 매우 큰 반면, 다른 한편으로는 학교에 대한 불신이 문제가 되고 있다. 대학 진학시험은 경쟁이 매우 치열하여 이로 인한 압박과 부담으로 '시험지옥(試驗地獄)'이라는 말까지 생겨났고, 학교 내 '이지메(いじめ, 집단 괴롭힘)' 또는 등교 거부, 히키코모리(引きこもり, 은둔형 외톨이) 등이 사회문제화되고 있다. 일본의 학교생활은 보통 4월에 시작되며, 학교의 수업은 세 학기로 나뉘며, 봄과 겨울에 짤막한 방학이 있고 여름에는 긴 방학이 존재한다.

일본의 학제를 표로 정리하면 다음과 같다.

<table>
<tr><th>나이</th><th colspan="4">일본의 학제</th><th>한국과 비교</th></tr>
<tr><td>26</td><td colspan="4" rowspan="3">대학원 박사후기 과정<br>(大学院博士課程)</td><td rowspan="5">대학원</td></tr>
<tr><td>25</td></tr>
<tr><td>24</td></tr>
<tr><td>23</td><td colspan="4" rowspan="2">대학원 박사전기 과정<br>(大学院修士課程)</td></tr>
<tr><td>22</td></tr>
<tr><td>21</td><td rowspan="4">대학교<br>(大学校)</td><td colspan="3" rowspan="2"></td><td rowspan="4">대학교<br>및<br>전문대학교</td></tr>
<tr><td>20</td></tr>
<tr><td>19</td><td colspan="2" rowspan="2">단기대학<br>(短期大学)</td><td rowspan="5">고등전문학교<br>(高専)</td></tr>
<tr><td>18</td></tr>
<tr><td>17</td><td colspan="3" rowspan="3">고등학교<br>(高等学校 高校)</td><td rowspan="3">고등학교</td></tr>
<tr><td>16</td></tr>
<tr><td>15</td></tr>
<tr><td>14</td><td colspan="4" rowspan="3">중학교<br>(中学校)</td><td rowspan="3">중학교</td></tr>
<tr><td>13</td></tr>
<tr><td>12</td></tr>
<tr><td>11</td><td colspan="4" rowspan="6">소학교<br>(小学校)</td><td rowspan="6">초등학교</td></tr>
<tr><td>10</td></tr>
<tr><td>9</td></tr>
<tr><td>8</td></tr>
<tr><td>7</td></tr>
<tr><td>6</td></tr>
<tr><td>5</td><td colspan="2" rowspan="6">보육소, 인정어린이원</td><td colspan="2" rowspan="5">유치원</td><td rowspan="5">유치원 및<br>어린이집</td></tr>
<tr><td>4</td></tr>
<tr><td>3</td></tr>
<tr><td>2</td></tr>
<tr><td>1</td></tr>
<tr><td>0</td><td colspan="2"></td><td>어린이집</td></tr>
</table>

## 가 영 · 유아교육

일본에서는 초등학교에 들어가기 전에 유아들은 유치원, 보육소, 인정어린이원에 맡겨진다. 보육소 및 인정어린 만 5세 이하의 영・유아들을 양육하며, 유치원에서도 만 3~5세의 유아들을 교육한다. 유치원에서의 교육 방법은 원아가 사립 초등학교의 입학시험에 합격하는 데 초점을 맞추고 있다. 만 3~5세 유아의 약 56%가 유치원에 다니며, '일일 유치원'까지 포함하면 약 90%의 어린이가 유치원 교육을 받는다.

## 나 초등학교

초등학교에 해당하는 소학교는 의무교육이며, 한 명의 교사가 국어, 수학 등 일반 과목을 담당하고 음악, 미술 등은 전문교사가 지도한다.

## 다 중등교육

중학교 3년은 의무교육이며 사회에서 필요한 직업에 대한 기초적 지식 습득 및 개성에 맞는 장래 진로 선택 능력을 양성하는 데 중점을 두고 있다. 고등학교는 희망자만 입학시켜 고등보통교육 및 전문교육을 실시하고 있다.

## 라 고등교육

단기대학은 2년 또는 3년의 과정으로 준전문적(準專門的)인 직업교육을 실시할 것을 목적으로 하고 있다.

# Ⅱ 일본 영 · 유아교육의 역사 및 행 · 재정 체제, 교원 제도

## 1 일본 영 · 유아교육의 역사

### 가 유치원과 고모리 학교(1872~1940년)

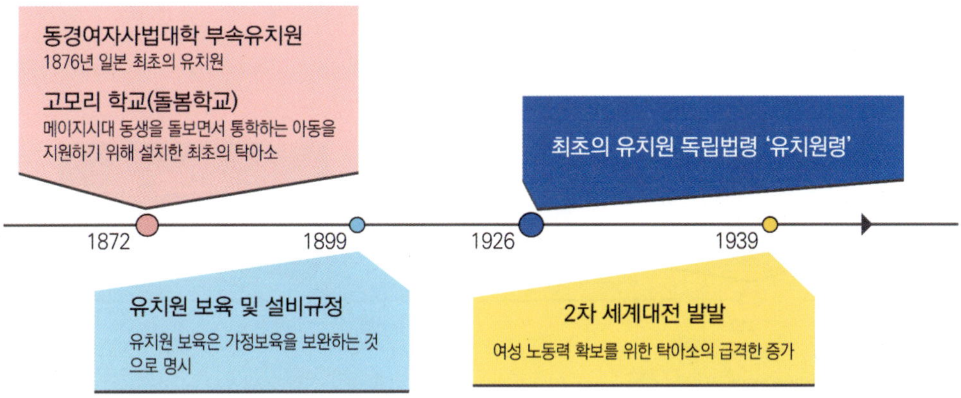


- 1872년에 공포된 학제에서 처음으로 명기된 유치소학(幼稚小学)은 소학교의 일종으로 유아 대상 시설이지만 실제로 설치되어 운영되지는 않았다. 실제 운영된 일본 최초의 유치원은 1876년 동경여자사범대학 부속유치원(공립)이고, 최초의 탁아소는 메이지 시대 동생을 돌보면서 통학하는 아동을 지원하기 위해 설치된 고모리 학교(돌봄학교)에서 시작되었다. 이 시기의 유아교육기관은 엘리트계층의 자녀들을 위해 유료로 운영되었다.
- 이곳에서는 프뢰벨 유치원 교육을 형식적으로 모방하여 교육이 이루어졌고, 보육시간 4시간, 일요일 휴원, 여름 · 겨울방학이 있었다.
- 1879년부터 '교육령'을 제정하면서 유치원 관련 업무를 문부성에서 담당하게 되었다. 이어 1899년(명치 32년) 6월에는 문부성령에 의해 현재의 유치원 교육요령에 해당되는 '유치원 보육 및 설비규정'이 제정되었다(김인아, 2000).

• 1926년(대정 15년)에는 일본국 최초로 유치원 독립법령으로서 14조로 구성된 '유치원령'이 공포되었다. '유치원령'에서 유치원의 목적은 '유아를 보육하고 그 심신을 건전하게 발달시키며 선량한 천성을 함양함으로써, 가정교육을 보충'하는 데 두었다. 만 3세부터 취학 전 유아를 대상으로 하되, 만 3세 미만의 유아도 입학할 수 있고, 보육시간은 4시간, 직원으로는 원장과 보모(보모면허를 가진 여성)를 둔다고 규정하였다(홍금자, 정효정, 이혜영, 2015).

## 나 유보이원화(1945~1990년)

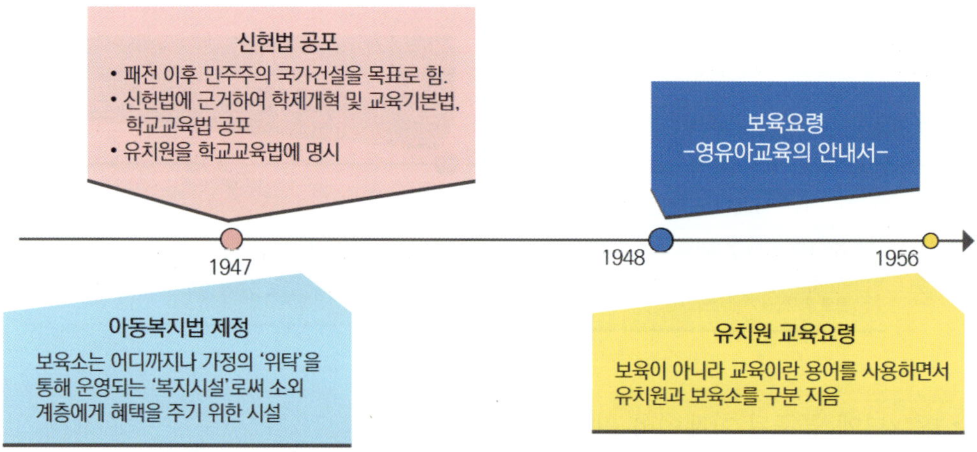


• 일본은 패전 이후 민주주의 국가건설을 목표로 개혁을 추진하게 되었다. 이에 미국에 교육사절단 파견을 요청하였고, 사절단은 1946년 4월에 관련 보고서를 제출하였다. 보고서에는 유치원과 탁아소 설치에 관한 권고 내용이 포함되어 있었다. 이에 1947년(소화 22년)에 신헌법이 발표되고, 교육기본법 및 학교교육법이 공포되면서 새로운 헌법에 근거하여 학제개혁이 이루어지고 유치원은 문부과학성의 관할하에 학교교육법에서 '학교'로서 인정되게 되었다. 이에 유치원은 단순한 가정교육을 보충하는 곳이 아니라 '유아를 보육하고 적당한 환경을 주어서 그 심신의 발달을 조장하는 것을 목적'으로 한 학교교육 체계의 일환이 되었다.
• 같은 해 학교교육법과 함께 아동복지법이 제정되었고, 탁아소(託兒所)라는 명칭이 보육소(保育所)로 변경되었다. 아동복지법 제39조는 '보육소는 보육을 필요로

하는 영아, 유아를 매일 보호자로부터 보육시설에 다니게 하여 보육하는 것을 목적으로 하는 시설'로 명시하고 있다. 보육소는 어디까지나 가정의 '위탁'을 통해 운영되는 '복지시설'로서 소외계층에게 혜택을 주기 위한 복지시설임이 명확해진 것이다.

## 다 유보일원화 추진(2000년대 이후)

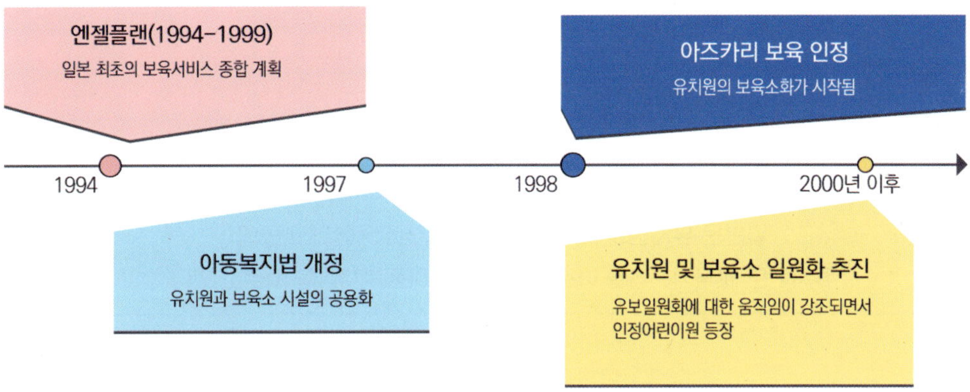


- 1960년대 중반부터 고도성장의 영향으로 맞벌이 부부가 증가하면서 보육소 대기 중인 유아들의 수가 늘어났다. 정부는 기혼여성의 육아부담을 덜고 출산을 장려하기 위한 정책들을 내놓았다. 그 결과 1994년 일본 최초의 보육서비스 종합 계획 '엔젤플랜(1994~1999년)'이 출범하였다. '엔젤플랜'에는 육아와 취업 양립을 위한 지원 방안, 모자보건 의료 체제의 정비방안, 육아로 인한 부담 완화 방안, 대기 아동 해소를 위한 저연령아 보육이나 일시 보육사업, 방과 후 아동 클럽의 내실화 등이 포함되었다(강현구, 이순형, 2014).
- 보호자의 요구 확대에 부응하기 위해 '장시간 교육(預かり保育, 아즈카리 보육)'을 공식적으로 인정하게 되었다. 아즈카리 보육이란 유치원 교육시간 전후나 토요일, 일요일, 장기휴업기간 중에 유치원에서 실시하는 교육활동으로, 1998년 유치원 교육 요령 개정 시 처음으로 교육활동으로 자리매김하게 되었고 일본 정부가 유치원에 대한 보조금 사업을 개시함으로써 유치원의 '보육소화'가 시작되었다(홍금자, 정효정, 이혜영, 2015).

- 1997년 아동복지법이 개정되면서 학부모의 보육소 선택권이 강화되고 보육소 입소가 학부모의 신청에 의한 방식으로 변하였다. 이에 따라 보육시설의 양적인 팽창과 함께 보육소의 설립 및 운영 주체가 정부 및 지방자치단체에서 사회복지법인, 교육재단, 주식회사 등 민간기업 등으로 확대되어, 공립 보육소의 민간 위탁 현상이 나타났다(김혜진, 손유진, 전윤숙, 2015).
- 유치원 및 보육소 일원화에 대한 움직임은 2000년에 접어들면서 더 강조되었고, 이에 따라 인정어린이원이 등장하게 되었다.

## 2 영 · 유아교육 관련법

일본은 유치원과 보육소 이원화 체제로 운영되고 있다.
유치원은 교육기본법을 따르며 보육소는 아동복지법을 따르고 있다.

### 가 교육기본법

- 〈교육기본법 제1조(교육의 목적)〉 인격의 완성
- 〈교육기본법 제11조(유아기의 교육)〉 유아기의 교육은 생애에 걸치는 인격형성의 기초를 마련하는 중요한 것이므로, 국가 및 지방공공단체는 유아가 건강한 성장에 이바지하도록 양호한 환경의 정비와 그 밖에 적당한 방법으로 노력하여야 한다.

➡ 인격의 완성을 위한 출발점으로서 유아기 교육의 중요성을 규정하였다.

### 나 아동복지법

- 〈아동복지법 제1조〉 1항 모든 국민은 아동의 몸과 마음이 모두 건강하게 태어나고 성장하도록 노력해야 한다. 2항 모든 아동은 평등한 생활을 보장받고 보호받아야 한다.

• 〈아동복지법 제2조〉 국가 및 지방공공단체는 아동의 보호자와 함께 몸과 마음을 모두 건전하게 육성할 책임을 진다.
• 〈아동복지법 제24조〉 보호자가 아동을 양육하기 곤란한 경우 시정촌(市町村)이 책임을 지고 아동을 보육소에 입소시켜야 한다.
• 〈아동복지법 제39조〉 보육소는 보육을 필요로 하는 영아, 유아를 매일 보호자로부터 보육시설에 다니게 하여 보육하는 것을 목적으로 하는 아동복지시설이다.

➡ 아동을 능동적인 권리주체가 아니라 사랑과 보호의 수동적 객체로서 인식하고 있다.

## 다 인정어린이원법

• 개정인정어린이원법 제2조 "의무교육 및 그 이후 교육의 기초를 형성하는 시설로서 만 3세 이상의 아동을 대상으로 교육을 제공할 뿐만 아니라 보육을 필요로 하는 아동에 대해서는 보육을 일체적으로 제공함으로써 이들 아동이 건전하게 성장할 수 있도록 적당한 환경을 제공하여 심신의 발달을 도모하도록 하고 보호자에 대해서는 자녀양육에 대한 지원을 목적으로 설치된 시설이다."라고 규정하고 있다.
• 입원(入園) 연령에 대해서는 제11조에서 "만 3세 이상의 아동 및 만 3세 미만의 보육을 필요로 하는 아동"으로 규정함으로써, 현재의 유치원과 보육소에서 보육을 받고 있는 모든 영·유아를 대상으로 기존의 인정어린이원과 동일한 역할을 하는 시설임을 명시하였다(장경희, 2014).
• 인정어린이원의 설치자는 개정인정어린이원법 제12조에서 "정부와 지방자치단체, 학교법인 및 사회복지법인"으로 한정하였다. 그리고 설치 및 폐지와 관련하여서는 제16조에서 공립의 유보연계형 인정어린이원은 신고로 가능하지만 사회복지법인 및 학교법인 등의 사립 유보연계형 인정어린이원의 경우에는 반드시 광역자치단체인 도도부현의 인가를 받도록 규정하였다.
• 개정 인정어린이원법은 제13조에서 유보연계형 인정어린이원의 설비 및 운영의 수준을 "아동의 신체적·정신적 및 사회적 발달에 필요한 교육 및 보육의 수준을 확보할 수 있어야만 한다."라고 명시하였다.

## 3 영 · 유아교육의 행 · 재정 체계

일본의 유아교육 · 보육기관은 2019년 현재 유치원, 보육소,
유보연계형 인정어린이원의 3가지 유형이 있다.

### 가 영 · 유아교육 · 보육 기관의 유형

- 일본의 영 · 유아교육 · 보육제도는 원래 문부과학성이 관할하는 유치원과 후생노동성이 관할하는 보육소의 이원화 체제였지만, 유보일원화를 목표로 성립된 「인정어린이원법」(2006)에 근거하여 인정어린이원이 추가되었다. 인정어린이원은 내각부 · 문부과학성 · 후생노동성이 관할하고 있다.
- 2012년에 「어린이 · 자녀양육3법」이 성립되어, 2015년에는 인정어린이원의 확충을 위한 「어린이 · 자녀양육지원신제도」가 시행되었다. 다음의 표는 현재의 보육시설 · 유치원 · 인정어린이원제도를 비교하며 정리한 것이다(林悠子, 韓在熙, 2019).

| | 보육소 | 유치원 | 인정어린이원 |
|---|---|---|---|
| 관할 | 후생노동성<br>시정촌 | 국립유치원 – 문부과학성<br>공립유치원 – 교육위원회<br>사립유치원 – 도도부현 | 내각부<br>문부과학성<br>후생노동성 |
| 법적 근거 | 아동복지법 | 학교교육법 | 취학 전 아동에 관한 교육, 보육 등의 종합적 제공 추진에 관한 법률(인정어린이원법) |
| 목적 | 보육을 필요로 하는 영 · 유아를 대상으로 일체적으로 보육하는 것 | 유아를 보육하고, 적절한 환경을 제공하여, 그 심신의 발달을 조장하는 것 | 만 3세 이상의 유아에 대한 학교교육과, 보육을 필요로 하는 영 · 유아를 대상으로 일체적으로 보육하는 것 |
| 대상 | 보육을 필요로 하는 만 0세부터 취학 전 영 · 유아 | 만 3세부터 취학 전 유아 | 보육을 필요로 하는 만 0세~취학 전 영 · 유아<br>만 3세아부터 취학 전 유아 |
| 보육 시간 | 원칙적으로 1일 8시간으로 하며, 보육시설장이 정함 | 1일 4시간을 표준으로 함<br>각 학년의 교육 주수는 39주 | 원칙적으로 1일 8시간으로 하며, 시설장이 정함 |

| | 보육소 | 유치원 | 인정어린이원 |
|---|---|---|---|
| 일수 | | 이상으로 함 | 교육에 필요한 표준은 1일당 4시간으로 함 |
| 보육 교사 자격 | 보육사 자격 | 유치원 교원 면허장 (2년제 대학 졸업 2종 면허/ 4년제 대학 졸업 1종 면허/ 대학원 수료 전수 면허) | 보육 교유 (보육사 자격과 유치원 교원 면허장 취득) |
| 직원 배치 | 만 1세 미만 3:1<br>만 1세~만 3세 미만 6:1<br>만 3세~만 4세 미만 20:1<br>만 4세~ 30:1 | 1학급당 35명 이하 | 보육시설 기능은 보육소와 동일<br>유치원 기능은 유치원과 동일 |
| 보육 내용 | 보육소 보육지침 | 유치원 교육요령 | 유보연계형 인정어린이원 교육·보육요령 |

## 나 영·유아교육·보육 시설에 대한 행정 체계

- 2015년 4월부터 시행되고 있는 신제도는 시정촌이 어린이 자녀양육회의의 의견을 수렴하면서, 어린이 자녀양육지원 사업계획을 책정하여 실시하고 있다. 신제도 시행 후에 지방행정이 관여하는 이용 절차는 다음과 같다.

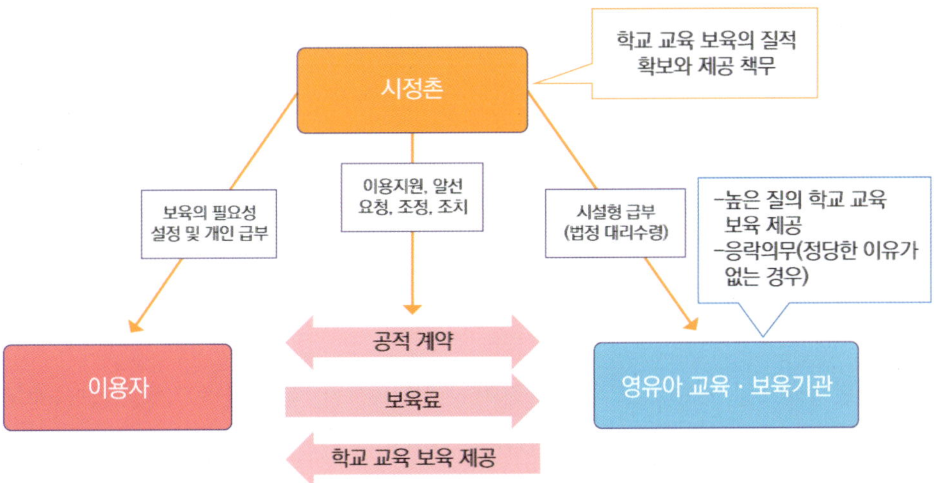

## 다 영 · 유아교육 · 보육 시설에 대한 재정 지원

• 국가 및 지방자치단체의 재정 부담 비율에 관한 표는 다음과 같다.

| | | 국가 | 도도부현 | 시정촌 | 비고 |
|---|---|---|---|---|---|
| 시설형 급부 | 사립 | 1/2 | 1/4 | 1/4 | 1호 급부에 대한 국가, 지방의 부담에 대해서는 경과조치 있음 |
| | 공립 | - | - | 10/10 | |
| 지역형 보육 급부(공사립 공통) | | 1/2 | 1/4 | 1/3 | |
| 지역의 어린이, 자녀양육 지원사업 | | 1/3 | 1/3 | 1/3 | 임산부 건강진단, 연장보육사업(공립)만 시정촌 10/10 |

## 라 영 · 유아교육 · 보육

일본은 2019년 10월부터 유아교육 무상화 정책을 도입하려 시도하였다.

• 2017년 10월 중의원 의원 선거에서 아베 신조 수상의 '경제 정책 패키지'로서의 공약으로 만 3~5세 유아는 소득 제한 없이, 유치원과 보육소의 교육비를 국가가 부담하기로 제안했다.
• 유치원은 월 25,700엔을 상한액으로 하고, 만 0~2세아는 주민세 비과세 세대로 한정했다. 무인가 보육소에 대해서는 만 0~2세아는 월 42,000엔, 만 3~5세아는 월 37,000엔을 상한액으로 정했다. 재원은 소비세 10%로 충당한다.
• 유아교육 무상화의 문제점 중 한 가지는 사립 유치원의 교육료 인상이다.

## 마 영 · 유아교육 · 보육 기관 이용현황

• 2017년 4월 1일 기준으로 인정어린이원 3,618개원, 유치원 807개원, 보육소 592개원, 지방재량형 64개원, 총 5,081개소이다.

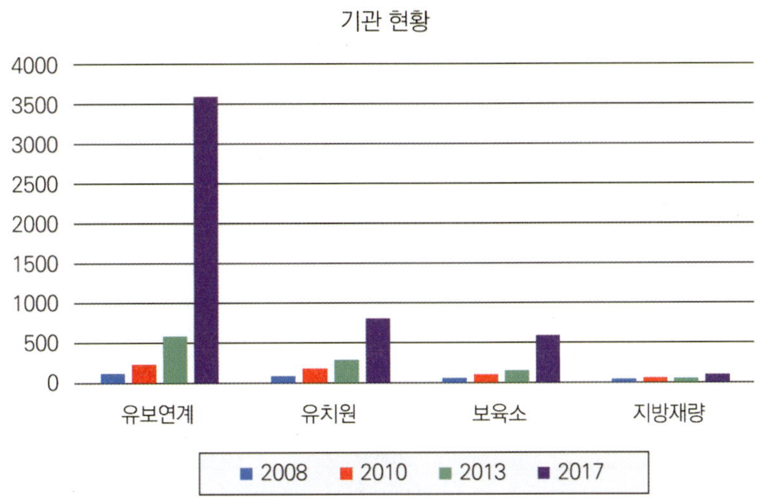


## 4 영 · 유아 교사 양성과정

### 가 유치원 교사, 보육사 및 보육교사

- 일본에는 영 · 유아들을 교육 · 보육하기 위하여 유치원과 보육소, 인정어린이원이 있다. 1947년 학교교육법과 아동복지법, 1949년에 교육직원면허법이 공포되어 '보모'라는 명칭에서, 유치원은 유치원 교사로, 보육소는 보육사(保育士)라는 호칭으로 바뀌었고, 그와 더불어 취득조건도 바뀌게 되었다.
- 유치원 교사는 대학 또는 문부과학대신이 지정하는 교원양성기관에서 문부과학성이 지정하는 과목의 단위를 이수하는 자에게 수여된다.
- 보육사는 후생노동대신이 지정하는 보육사를 양성하는 학교 또는 그 외의 시설(보육사양성소)을 졸업한 자, 그리고 보육사시험에 합격한 자에게 부여된다(이선옥, 2008).

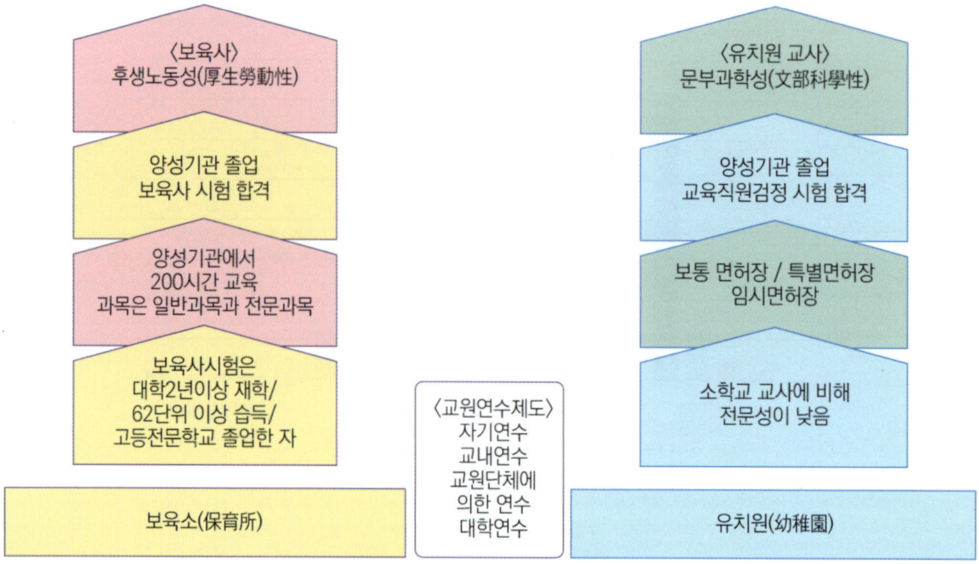


• 인정어린이원의 경우, 유치원 교사 면허와 보육사 자격이 모두 가지고 있는 보육교사로 규정한다.

• 유치원 교사 면허나 보육사 자격 중 한가지만 가진 사람은 필요한 경과 조치를 두어 자격을 갖추어야 한다.

## 나 유치원 교사 양성제도

• 일본의 학교교육법 제81조에는 「유치원 교원을 원장, 원감 및 교사로 구분하고 있으며 유치원에는 이들 외에 양호교사나 양호조교사 등 그 외에 필요한 직원을 둘 수 있다」라고 명시되어 있다. 유치원 교사는 교육직원면허법에 의거하여 유치원 교사 면허장 소지하고 있어야 한다. 면허장은 양성기관을 졸업하거나 '교육직원검정(教育職員檢定)' 시험에 합격하면 도도부현의 교육위원회에서 부여하며 보통 면허장과 특별면허장 그리고 임시면허장으로 구분된다(교육직원면허법 제2장 제4조).

• 보통면허장은 2종 면허, 1종 면허, 그리고 전수(專修)면허로 나누어지는데 2종 면허장은 2년제 및 3년제 단기대학에서 62단위 이상을 이수한 자에게 수여되며

1종 면허장은 4년제 대학에서 학사학위를 취득한 자에게 수여되고 전수면허장은 대학원에서 석사학위를 취득한 자에게 수여된다(교육직원면허법 제2장 제5조).

- 2017년 3월에 유치원 교육요령이나 학습지도 요령의 개정에 맞추어 개정된 교육직원면허법 시행규칙이 정하는 교육과정 내용은 ①영역 및 보육 내용 지도법에 관한 과목군, ②교육의 기초 이해에 관한 과목군, ③도덕, 종합적인 학습 시간 등의 지도법 및 학생지도, 교육 상담 등에 관한 과목군, ④교육 실천에 관한 과목군, ⑤대학이 독자적으로 설정하는 과목군이다.
- 이 개정에 맞추어 교직 과정 편성의 참고 지침으로서 교원 양성 공통으로 '교직과정 코어 커리큘럼'이 책정되었다. 교직 과정에 있어서 공통적으로 습득해야 할 최소한의 자질 능력을 제시함으로써 전국 수준의 확보를 목적으로 하고 있다.
- 유치원 교원양성은 원칙적으로 각종대학에서 이루어지고 있으나 예외적으로 지정 양성기관에서도 행해지고 있다. 문부과학대신의 지정을 받은 교원양성기관은 단기대학과 동등한 자격이 있어 2년간의 과정을 마친 수료자에게 2종 면허장이 수여된다(교육직원면허법 제2장 제5조).
- 유치원 교사 2종 면허장을 소지하고 유치원 교사로 일정 기간 동안 근무하면서 소정의 단위를 이수하고 교육직원검정시험에 합격한 자에게는 1종 면허장이 수여된다. 또한 임시면허장을 가지고 유치원에서 일정 기간 동안 근무한 자도 동일한 방법으로 2종 면허장을 취득할 수 있다.
- 그러나 이러한 유치원 교사의 자질은 소학교 교사에 비해 전문성이 낮을 뿐만 아니라 유치원 교육의 질적 향상에 대한 기대에도 미흡하다는 지적이 있다.

## 다 보육소 보육사 양성제도

- 보육사 양성기관의 종류는 학교교육에 의한 대학 및 2년제 단기대학과 후생노동성 대신에 의해 승인된 기관으로 구분되나 단기대학과 보육사 양성기관이 주된 보육사 양성기관이다. 양성기관의 교육기간과 교육과정은 주간은 2년, 야간은 3년 동안 200시간의 교육을 받게 되어 있다. 교육과목은 인문, 사회과학, 자연과학 관련 과목을 포함하는 일반과목과 복지, 교육심리, 보육내용, 가정, 기초기능

등을 포함하는 전문 과목으로 구성되어 있다.

- 보육사 양성기관의 입학은 아동복지법 시행규칙 제39조 2항에 의거하여 "학교교육법에 의한 고등학교 또는 중학교를 졸업한 자 또는 통상과정에서 12년의 학교교육을 수료한 자 또는 문부과학대신이 이것과 동일 이상의 자격을 인정한 자"가 할 수 있다.
- 보육사 시험은 아동복지법 시행규칙 제6조 10항에 의거하여 대학에서 2년 이상 재학하고 62단위 이상을 습득한 자 또는 고등전문학교를 졸업한 자 등이 응시할 수 있게 규정되어 있다. 보육사 시험은 필기시험 9개 과목(보육원리, 교육원리, 사회적 양호, 아동가정복지, 사회복지, 보육심리학, 소아보건, 아동의식과 영양, 보육실습이론)으로 이루어져 있고, 그 외 실기시험도 있다.

## 라 교원 연수제도

- 자기 연수

  자기연수는 도서관이나 박물관 등에서 연수를 하거나, 교육연구회 혹은 타 학교의 공개수업에 참가하는 등 자주적으로 시행하는 연수를 일컫는다.
- 교내 연수

  일본의 경우 수업연구 혹은 수업분석과 관련해서 교내연수가 활발하게 진행되고 있으며, 이 연수는 교사의 실질적인 교실 수업전문성 향상에 많은 영향을 미치고 있다.
- 교원단체에 의한 연수

  일본 최대의 교직원 조합인 '일본교직원조합'은 전국에 교육연구집회를 조직하고 있다. 교원단체에 의한 연수는 교사의 전문성을 향상시키는 데 직접적으로 기여하고 있다.
- 대학에서의 연수

  대표적으로 대학원 과정을 예로 들 수 있다.

읽을거리

### 유아교육 어드바이저의 육성과 배치

- 유아교육 어드바이저: 유아교육에 관한 전문지식과 풍부한 실천경험을 바탕으로 지역 내 유아교육시설 등을 순회하면서 교육내용이나 지도방법, 환경의 개선 등에 대해 지도를 함. 유아교육시설 근무경험, 연수이력 등을 반영하여 선발하며, 유아교육 분야의 공중위생, 위기관리, 아동심리, 특별지원교육 등에 대한 전문성을 지닌 인력도 활용함
- 육성 배경: 유치원의 소관부서인 시·정·촌 교육위원회와 수장부국은 주로 취원 장려비 보조금 등의 사무가 주된 업무로, 교육이나 교원연수 등의 문제에 깊이 관여하지 않는 것이 일반적임. 교사 재교육에 대한 문제가 제기됨
- 현황: 도쿄대학의 조사에 의하면 유아교육 어드바이저를 상근직원으로 배치하고 있는 시정촌은 전체의 12%에 불과하며, 비상근직원으로 배치하고 있는 지자체도 19%로 나타남. 따라서 시·정·촌 단위에 유아교육 어드바이저를 어떻게 보급해 나가는가가 관건임

(산케이신문 2017. 06. 19. 변용)

### 유아교육 무상화, 인가 외 보육서비스도 포함

- 2019년 10월부터 실시할 예정인 유아교육·보육 무상화에 대해, 정부는 5월 31일 무상화 대상을 확대한다는 방침을 굳힘. 유치원 보육, 인가 외 보육시설, 지자체 독자 인증보육시설, 베이비호텔, 베이비시터, 인가 외 사업소 내 보육 등을 무상 제공 대상으로 하고, 장애아동이 유치원과 장애아통원시설을 이용하는 경우에는 양쪽 모두 무상의 대상으로 한다고 함. 정부의 기준에 달하지 못하는 곳에는 5년간 유예기간을 둘 예정임
- 정부가 2017년 12월에 결정한 '새로운 경제정책 패키지'에서는 만 3~5세 아동을 둔 세대의 보육료를 무상화하고 주민세를 부과하지 않으며, 만 0~2세 아동의 보육료 무상화를 소비세율 인상에 맞추어 2020년 4월부터 전면 실시한다고 하고 있음

(교육신문 2018. 05. 31. 변용)

### 유치원 시설정비지침 개정, 학부모 지역주민도 교류할 수 있는 장으로

- 유치원은 4월부터 신교육요령에 의한 교육을 실시하고 있으며, 이에 맞추어 문부과학성은 3월에 유치원시설정비지침을 개정함
- 유치원은 종래에도 지역의 '유아기 교육센터'로서의 역할이 기대되어 왔음. 시설정비지침에서도 '유아교육, 육아에 관여하는 성인들에게 있어 서로 돕고 배우고 교류할 수 있는 장소'가 될 것을 지향하며 개정함. 구체적으로는 학부모 간 교류를 촉진하는 공간과 직원실에 학부모 상담을 하는 공간, 유아를 배웅하거나 마중 오는 학부모 간에 또는 교직원과 교류할 수 있는 공간을 설치하거나, 지역주민과 접할 수 있는 공간으로서의 의의를 지니는 통원 길을 설정하는 것 등이 포함되어 있음

(교육신문 2018. 05. 14. 변용)

# Ⅲ 일본 영 · 유아교육과정

- 유치원, 보육소, 인정어린이원에서 사용되는 교육 · 보육과정에 대해서 '유치원 교육요령 해설', '보육소 보육지침 해설', '유보연계형 인정어린이원 교육 · 보육요령 해설'로 나뉘어 있다.
- 만 3~5세 유아를 대상으로 운영하는 유치원은 유치원 교육요령을 따르며, 이는 주체적 · 대화적인 심화학습(active learning)과 유초등 연계(start curriculum)에 중점을 두고 있다.
- 만 0~5세 영 · 유아를 대상으로 운영하는 보육소(민간은 보육원)는 보육소 보육지침을 따르며, 이는 양육과 보호, 교육의 일체적 보육에 중점을 두고 있다. 보육소에 다니는 만 3~5세의 유아는 유치원 교육요령의 공통과정에 따라 교육한다.
- 유보연계형 인정 어린이원은 유보연계형 인정어린이원 교육 · 보육요령을 따르며, 다양한 보육시간과 다양한 보육 경험에 대응할 수 있도록 구성되어 있다.

## 1 영 · 유아교육과정의 목표

### 가 유아교육과정 각 영역의 목표

#### ① 건강

건강한 마음과 육체를 육성하여 스스로 건강하고 안전한 생활을 할 수 있는 힘을 기른다.

첫째, 밝고 자유롭게 행동하여, 성취감을 맛본다.

둘째, 자신의 몸을 충분히 움직이고, 스스로 행동하도록 한다.

셋째, 건강하고 안전한 생활에 필요한 습관과 태도를 몸에 익힌다.

#### ② 인간관계

타인과 친밀한 관계 속에서 서로 돕는 생활이 가능하도록 하기 위해 독립심을 기르고 타인과 상호작용하는 힘을 기른다.

첫째, 유치원 생활을 즐기고, 자기 힘으로 행동하는 성취감을 느낀다.

둘째, 스스로 나서서 가까운 사람들과 접하고, 애정과 신뢰감을 갖는다.

셋째, 사회생활에서 바람직한 습관과 태도를 몸에 익힌다.

### ③ 환경

주위의 다양한 환경을 호기심과 탐구심을 가지고 접하며, 이를 생활에 도입해 가고자 하는 힘을 기른다.

첫째, 주변의 환경에 친숙해지고, 자연을 접하면서 다양한 것에 흥미와 관심을 갖는다.

둘째, 주변의 환경에 스스로 먼저 다가가고, 발견을 즐기거나 생각함으로써, 이를 생활에 도입하고자 한다.

셋째, 주변의 것들을 보거나, 생각하거나, 다루면서, 그 성질이나 수량, 문자 등에 대한 감각을 풍부하게 한다.

### ④ 언어

경험한 것이나 생각한 것 등을 자기 나름대로의 언어로 표현하고 상대가 말하는 언어를 듣고자 하는 의욕과 태도를 길러, 언어에 대한 감각과 언어로 표현하는 힘을 기른다.

첫째, 자신의 기분을 말로 표현하는 즐거움을 느낀다.

둘째, 사람의 말과 이야기를 잘 듣고, 자신이 경험한 것이나 생각했던 것을 말하고, 이야기를 나누는 기쁨을 느낀다.

셋째, 일상생활에 필요한 언어를 알게 됨과 동시에 그림책이나 이야기 등에 친숙함을 느끼고, 선생님과 친구와 마음을 나눈다.

### ⑤ 표현

느낀 것이나 생각한 것을 자기 나름대로 표현하는 것을 통해 풍부한 감성과 표현력을 기르고, 창조성을 풍부히 한다.

첫째, 여러 가지 것의 아름다움에 대한 풍부한 감성을 가진다.

둘째, 느낀 것이나 생각했던 것을 자기 나름대로 표현하고 즐긴다.

셋째, 생활 안에서 이미지를 풍부히 하고, 다양한 표현을 즐긴다.

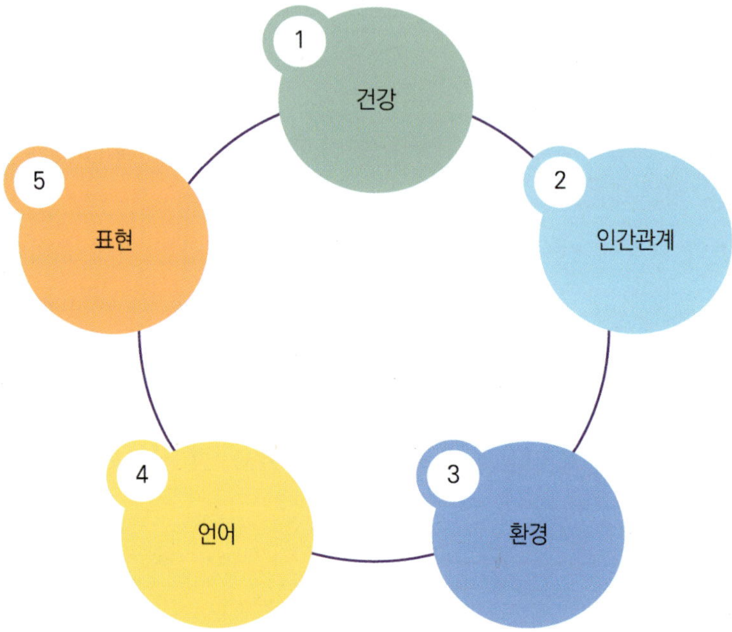


[영유아 교육과정 영역 구성]

현행 교육요령은 2000년 4월부터 시행되고 있으며, 제1장 총칙, 제2장 목표 및 내용, 제3장 지도계획상의 유의사항, 3장으로 구성되어 있고, 2017년 일본정부는 유치원 교육요령을 개정하였다.

## 나 보육과정의 목표

- 2000년(평성 12년) 4월 1일부터 실행된 보육소 보육지침 총칙에서 보육의 기본은 가정과 지역사회가 서로 연계하여 가정양육을 보완하며, 어린이의 건강과 안전, 정서적으로 안정된 생활을 할 수 있도록 환경을 정비하고, 자기개발에 충분한 활동이 될 수 있도록 하며, 심신의 발달을 도모하는 데 있다고 하며, 이를 위해 양호와 교육을 병행하여 풍부한 인간성을 지닌 어린이를 육성하는 데 보육소 보육의 특성이 있다고 밝히고 있다.

- 일본 보육소 보육지침에서는 6개월 미만, 6개월~1세 3개월 미만, 1세 3개월~2세 미만, 2세, 3세, 4세, 5세, 6세의 연령별로 보육내용을 구분하여 제시하고 있으며, 6개월 미만부터 만 2세까지는 구체적인 영역 구분 없이 연령에 따른 발달의 주요 특징, 목적, 내용, 배려사항 순으로 제시하고 있다.
- 만 3세부터 6세까지는 발달의 주된 특징, 목적, 내용, 배려사항으로 어린 연령과 동일하게 구성되어 있으나, '내용'에서 구체적인 사항을 기술하고, 건강, 인간관계, 환경, 언어, 표현의 5개 영역으로 조직하고 설정한 목표를 달성하기 위해 교사가 지도하여 유아가 습득하기를 기대하는 항목들을 선정하여 유아의 생활경험에 적합한 내용으로 영역별 내용 항목들을 제시한다. 이 영역 구분은 일본 유치원 교육요령에서 제시하고 있는 영역구분과 일치하는 것이다.
- 이는 유보일원화 추진의 일환으로 2000년도 이후 만 3세 이상의 유아는 보육소나 유치원에서 경험하는 내용이 같도록 문부과학성과 후생노동성이 협의하여 만 3~5세 유아 대상으로는 거의 동일한 교육내용이 작성되었다.

## 2 영 · 유아교육과정의 개정

### 가 유치원 교육요령 개정

일본 정부는 2017년 3월 유치원 교육요령, 보육소 보육지침, 유보연계형 인정어린이원 교육 · 보육요령을 개정하였다.

유치원 교육요령 개정의 특징은 다음과 같다.

- 전문 신설

– 교육기본법이 정하는 바에 따라 교육 목적과 목표 실현을 위해 노력할 것

㉠ 폭넓은 지식과 교양을 습득하며, 진리를 구하는 태도를 기르고 풍부한 정서와 도덕심을 배양하며 건강한 신체를 기르는 것

㉡ 개인의 가치 존중과 직업 생활 기초 준비

㉢ 사회생활 형성에 참가하고, 발전에 기여하는 태도 육성

㉣ 생명·자연 존중과 환경 보전에 기여하는 태도 육성

㉤ 전통과 문화를 존중하고 타국 존중 및 국제 사회의 평화와 발전에 기여하는 태도 육성

• 총칙

– 유치원 교육에 있어서 자질·능력 육성

㉠ 지식 및 기능의 기초, ㉡ 사고력, 판단력, 표현력 등의 기초, ㉢ 배우고자 하는 의욕, 인간성

– '유아기까지 기르고자 하는 육성상'의 명확화

㉠ 건강한 몸과 마음, ㉡ 자립심, ㉢ 협동성, ㉣ 도덕성·규범의식 싹 틔움, ㉤ 사회생활과의 관계, ㉥ 사고력의 싹 틔움, ㉦ 자연과의 관계·생명 존중, ㉧ 수량이나 도형, 표식이나 문자 등에 관심·감각, ㉨ 언어를 통한 소통, ㉩ 풍부한 감성과 표현

– 초등학교와의 연계

㉠ 유아기에 적합한 생활을 통해서 창조적 사고나 주체적인 생활 태도의 기초를 기를 것

㉡ '유아기까지 기르고자 하는 육성상'을 공유하고, 원활한 접촉을 꾀하도록 노력할 것

– 유아 이해 기초한 평가 실시

– 언어 활동의 충실을 꾀하며, 장애 유아나 귀국 유아 등 특별한 배려를 필요로 하는 유아 지도에 충실

※ '환경을 통한 교육'을 기본으로 하는 것은 변함이 없음

• 유아기의 교육 본질은 보호 + 교육

• 어린이는 스스로의 능력과 현재의 자신을 넘어서는 성장할 수 있는 본성이 있음

• 어린이의 생명을 빛나게 하는 '자기 충실'을 보장하는 환경과 '충실 지도'

## 3 인정어린이원의 교육과정

내각부, 문부과학성, 후생노동성은 2014년 4월 30일, 유보연계형 인정어린이원의 교육・보육요령을 고시하였다. 인정어린이원의 교육・보육요령은 유치원 교육요령, 보육소 보육지침과의 정합성, 초등학교 교육과의 원활한 연계를 통해 유아의 발달 연속성을 고려하였으며, 0세부터 초등학교 취학 전까지의 일관된 교육・보육을 도모한 것이다.

인정어린이원의 교육・보육 목적은 인정어린이원에서의 교육과 보육의 기본에 근거하여 일체적으로 전개되는 인정어린이원의 생활을 통하여 살아가는 힘의 기초를 가정과 연계하며 육성하도록 하는 것이다. 교육 내용은 건강, 인간관계, 환경, 언어, 표현의 5개 영역으로 구성되어 있으며, 목표와 내용에서 유아의 자립심, 살아가는 힘, 심정, 의욕, 태도라는 단어를 사용하였다(이성한, 2016).

**유보연계형 인정어린이원 교육・보육요령 구성**

제1장 총칙
- 1. 교육 및 보육의 기본 및 목표
- 2. 교육 및 보육의 내용에 관한 전체적인 계획의 작성
- 3. 인정어린이원으로서 특히 배려할 사항

제2장 목표 및 내용 및 배려사항
- 1. 목표 및 내용
  - 건강, 인간관계, 환경, 언어, 표현
- 2. 보육실시상의 배려사항

제3장 지도계획 작성에 있어서의 배려할 사항
- 1. 일반적인 배려사항
- 2. 특히 배려할 사항

유보연계형 인정어린이원의 교육・보육요령은 전체적으로 볼 때 보육소 보육지침보다는 유치원 교육요령을 위주로 주로 구성되어 있으며, 소학교 교육과의 연계를 유치원 교육의 준비단계로써 교육적인 면을 지나치게 강조했다는 점이 문제점으로 지적된다.

# Ⅳ 일본 영·유아교육의 운영 실제

## 1 유아교육과정 운영방법의 실제

### 가 유치원의 하루일과

9:00~9:20 – 등원, 인사, 옷 정돈
9:20~9:40 – 책 읽기, 즐겁게 대화하기, 정리정돈
9:40~11:40 – 조례(인사, 노래 부르기, 체조) 및 학습(건강, 사회관계, 환경, 언어, 표현 등)
11:50~12:00 – 손 닦기, 가글(점심 식사 준비)
12:00~12:40 – 점심 도시락(월, 수, 금) & 급식(화, 목)
12:40~12:50 – 정리 정돈, 양치
12:50~13:15 – 이야기 나누기, 놀이 등
13:15~13:50 – 화장실 가기, 옷 입기, 조례(인사, 노래 부르기 등)
13:50~ – 하원

### 나 일일활동계획

#### ① 집단활동

– 실내활동: 악기 연주(건반, 하모니카 등), 그림책 일기, 그림 그리기&공작(만들기)
– 실외활동: 캐치볼, 술래잡기, 릴레이

#### ② 자유활동

– 실내활동: 실뜨기, 팽이돌리기, 죽방울(일본놀이), 블록쌓기
– 실외활동: 줄넘기, 모래놀이, 철봉, 정글짐

〈유치원 점심 식단표 예시(2019. 02.)〉

| 월요일 | 화요일 | 수요일 | 목요일 | 금요일 |
|---|---|---|---|---|
| | | | | 1 |
| | | | | 닭고기 미소구이, 브로콜리, 찐 양배추, 콩조림 |
| 4 | 5 | 6 | 7 | 8 |
| 순무오믈렛, 닭튀김, 마카로니조림, 토란과 고구마조림, 연어 후리가케 | 연어소금구이, 계란말이, 야키소바, 무와 당근조림, 가다랑어 후리가케 | 츠쿠네(닭고기 완자), 옥수수볼, 방울토마토, 강낭콩과 숙주나물볶음, 브로콜리샐러드, 김&계란 후리가케 | 함박스테이크, 새우튀김, 스파게티, 메추리알과 당근조림, 명란 후리가케 | 흰살생선튀김, 소시지구이, 브로콜리, 볶음면, 톳샐러드, 가다랑어 후리가케 |
| 11 | 12 | 13 | 14 | 15 |
| 휴일 | 두부함박스테이크, 감자튀김, 강낭콩과 옥수수 볶음, 무 무침, 연어 후리가케 | 닭고기 데리야키, 오징어 튀김, 찐 야채, 옥수수맛 미트볼, 브로콜리, 김&계란 후리가케 | 오믈렛, 닭튀김, 스파게티, 숙주&콘의 중화풍 샐러드, 가다랑어 후리가케 | 비프스튜, 브로콜리, 게살크림 고로케 |
| 18 | 19 | 20 | 21 | 22 |
| 연어튀김, 새우구이, 케첩마카로니, 양배추 참깨무침, 명란 후리가케 | 치즈 함박스테이크, 핫도그, 브로콜리, 면볶음, 순무 달걀볶음, 연어 후리가케 | 구운 햄, 도넛고로케, 강낭콩과 숙주나물 볶음, 무샐러드, 가다랑어 후리가케 | 치즈 쓰쿠네, 계란말이, 무조림, 돼지고기 케첩조림, 미역밥 | 탄두리 치킨, 코키유(조개껍데기에 재료를 담아서 굽는 서양 요리), 야키소바, 브로콜리 참치샐러드, 김&계란 후리가케 |
| 25 | 26 | 27 | 28 | |
| 치킨 피카타, 고구마튀김, 강낭콩과 숙주나물볶음, 톳조림, 연어 후리가케 | 카레, 메추리알, 고로케, 장아찌, 요구르트 | 치킨카쓰, 게살구이, 감자샐러드, 소시지, 브로콜리, 가다랑어 후리가케 | 닭고기생강구이, 감자튀김, 스파게티, 무 샐러드, 김 & 계란 후리가케 | |

* 월, 수, 금은 보호자가 싼 도시락으로, 화, 목은 급식 가능; 급식은 유치원에서 만들지 않고 외부 급식 센터에서 배달해옴.
간식은 오후 3시 이후까지 맡겨진 아이에 한해 센베, 비스킷 등 제공.

## [일본 관련 활동안 예시]

교수 · 학습 과정안

<table>
<tr><td rowspan="2">생활주제</td><td rowspan="2">세계 여러 나라</td><td rowspan="2">활동명</td><td rowspan="2">달마 떨어뜨리기</td><td>활동유형</td><td colspan="2">게임</td></tr>
<tr><td>활동형태</td><td colspan="2">대집단</td></tr>
<tr><td>활동목표</td><td colspan="6">• 세계 여러 나라의 전통놀이에 관심을 갖는다.<br>• 일본의 전통놀이에 즐겁고 안전하게 참여한다.</td></tr>
<tr><td>누리과정<br>관련요소</td><td colspan="6">• 신체운동 · 건강: 신체활동에 참여하기-기구를 이용하여 신체 활동하기<br>• 사회관계: 사회에 관심 갖기-세계 여러 문화에 관심 가지기</td></tr>
<tr><td>활동자료</td><td colspan="6">원통형 나무토막, 꼭대기에 올릴 달마 모양 나무토막, 나무망치</td></tr>
<tr><td>활동과정</td><td colspan="5">활 동 내 용</td><td>유의점</td></tr>
<tr><td>도 입<br>(10´)</td><td colspan="5">■ 동기 유발<br>• 세계 여러 나라의 전통놀이에 대해 이야기 나눈다.<br>－너희들은 무엇을 하고 노니? 어떤 놀이를 할 때 가장 재미있니?<br>－우리보다 오래전에 살았던 조상님들도 재미있게 놀이하면서 살았는데, 우리와는 다른 놀이를 했었다고 해. 어떤 놀이가 있을까?<br>－다른 나라에도 이렇게 오래전부터 해오던 놀이가 있는데, 어떤 놀이가 있는지 알아볼까?<br>• 게임 도구들을 보여주고 유아들의 흥미를 자극한다.<br>－이것은 어떤 놀이를 하기 위해 준비한 것일까?<br>－이것으로 어떻게 놀이할 수 있을까?<br><br>■ 활동 안내<br>• 오늘의 활동을 안내한다.<br>－오늘은 일본의 달마 떨어뜨리기 게임을 해볼 거예요.</td><td></td></tr>
<tr><td>전개<br>(30´)</td><td colspan="5">■ 일본의 달마 떨어뜨리기 게임에 대해 이해하기<br>• 일본의 달마 떨어뜨리기 게임에 대해 설명한다.<br>－일본어로는 '다루마 오토시'라고 하는 게임이다.<br>－동그랗고 납작한 나무토막을 몇 층으로 쌓아놓고 나무망치로 아래 블록부터 차례대로 쳐내서 빼내는 게임이다.<br>－맨 위에 있는 달마 모양 나무토막이 떨어지지 않게 해야 한다.<br><br>■ 게임에 필요한 준비하기<br>* 놀이를 할 장소를 정하고, 필요한 도구들을 준비한다.</td><td></td></tr>
</table>

| | | |
|---|---|---|
| | * 게임에 참여할 팀과 순서를 정한다.<br>* 게임을 할 때 유의해야 할 점에 대해 이야기 나눈다.<br><br>■ 게임하기<br>• 안전하고 즐겁게 게임한다.<br>(참고영상 https://blog.naver.com/xiumin_soulmate/221322880136)<br> | |
| 마무리<br>(10´) | ■ 평가하기<br>• 오늘의 활동을 평가해본다.<br>－일본의 전통놀이를 게임으로 해보니 어땠니? | －유아들의 다양한 의견을 들을 수 있도록 기회를 제공한다. |
| 확장활동 | • 다른 나라의 전통놀이도 해본다. | |

제3장

# 한국(Korea)

## ◉ 경복궁

한국하면 떠오르는 것은 한복, 김치, 한옥, 한류 등이 있다. 뿐만 아니라 외국인이 한국에 오면 꼭 관람하는 곳인 경복궁도 빼놓을 수 없다. 경복궁은 1395년 태조 이성계가 창건한 조선 제일의 법궁(임금이 사는 궁궐)으로 현재 서울에 남아있는 창덕궁 · 창경궁 및 덕수궁과 함께 조선시대 4대 궁궐 중 하나이다. 북으로는 북악산, 남쪽으로는 청계천 물길을 품은 완벽한 배산임수 지형에 자리 잡은 경복궁은 '하늘이 내린 큰 복'이란 뜻을 품고 있다. 경복궁 안으로 들어서면 왕의 생활공간과 정무시설, 후원을 비롯해 왕비의 생활공간인 중궁, 세자의 동궁 등이 자리한다. 경복궁은 1963년 1월에 사적 117호로 지정된 한국의 문화재로서 대한민국 궁궐의 건축미를 자랑하는 역사 문화의 관광명소이다.

## ◉ 한국에 대해 알아볼까요?

| 국가명(공식 명칭) | 대한민국(Republic of Korea, 한국) |
|---|---|
| 수도 | 서울(Seoul) |
| 위치 | 동경 127°30', 북위 37°00' 아시아 대륙에 속함 |
| 면적 | 100,210㎢(한반도에서 북한 영토의 넓이를 뺀 면적) |
| 민족 | 한민족 |
| 인구 | 약 5,136만 명(통계청, 2017) |
| 언어 | 한국어 |
| 종교 | 국교 없음 |
| 정치체제 | 의원내각제 요소가 가미된 대통령중심제 |
| 화폐단위 | 원(won, KRW) |
| 빅맥 지수 | 4.02$ (Economist, 2019. 07.) |

# I 한국의 교육제도

## 1 한국의 교육이념 및 목표

> 교육은 홍익인간(弘益人間)의 이념 아래 모든 국민으로 하여금 인격을 도야(陶冶)하고 자주적 생활능력과 민주시민으로서 필요한 자질을 갖추게 함으로써 인간다운 삶을 영위하게 하고 민주국가의 발전과 인류공영(人類共榮)의 이상을 실현하는 데에 이바지하게 함을 목적으로 한다.

한국은 교육기본법 제2조에 교육이념을 위와 같이 규정하여 밝히고 있다. 한국은 오랜 세월에 걸쳐 홍익인간, 전인의 육성 등이 교육의 이상으로 자리 잡아왔다. 교육기본법에 제시된 교육이념은 한국 교육 전반에서 추구해 나가야 할 교육의 지표가 되기 때문에 교육을 통해 추구해야 할 인간상과 각급 학교의 교육목적 및 교육목표 설정의 기저가 된다.

### 가 유아교육의 목적

유아교육의 목적은 유아가 통합적이고 조화롭게 전인적 발달을 할 수 있도록 유아기에 받아야 할 다양한 교육적 경험을 제공하는 데 있다(한국유아교육학회, 2000). 한국 유아들의 첫 번째 교육과정인 누리과정(유아교육과정)은 유아가 놀이를 통해 심신의 건강과 조화로운 발달을 이루고 바른인성과 민주시민의 기초를 형성하는 것을 목적으로 하여 유치원에 다니는 유아와 어린이집에 다니는 만 3~5세 유아가 공통으로 배우는 교육내용을 명시하고 있다.

## 나 초등교육의 목적

한국의 초등교육은 국민으로서 받아야 할 기초교육이며 인간의 성장발달에 있어서 이수해야 하는 의무교육이다. 이에 초·중등교육법은 초등학교의 목적을 국민 생활에 필요한 기초적인 초등교육을 하는 것이라고 규정하고 있다.

〈초등학교의 교육 목표〉

① 자신의 소중함을 알고 건강한 생활 습관을 기르며, 풍부한 학습 경험을 통해 자신의 꿈을 키운다.

② 학습과 생활에서 문제를 발견하고 해결하는 기초 능력을 기르고, 이를 새롭게 경험할 수 있는 상상력을 키운다.

출처: http://www.hangyo.com/news/article.html?no=90174(한국교육신문)

③ 다양한 문화 활동을 즐기고 자연과 생활 속에서 아름다움과 행복을 느낄 수 있는 심성을 기른다.

④ 규칙과 질서를 지키고 협동정신을 바탕으로 서로 돕고 배려하는 태도를 기른다.

## 다 중등교육의 목적

한국의 중등교육은 초등교육에 이은 제2단계 교육이라고도 한다. 중등교육은 중학교, 고등학교에서 받는 교육을 이르는 말이며 고등공민학교, 고등기술학교 등의 교육도 중등교육에 포함한다.

출처: http://m.naeil.com/m_news_view.php?id_art=188120(내일신문)

### ① 중학교의 교육 목표

㉠ 심신의 조화로운 발달을 바탕으로 자아존중감을 기르고, 다양한 지식과 경험을 통해 적극적으로 삶의 방향과 진로를 탐색한다.

㉡ 학습과 생활에 필요한 기본 능력 및 문제 해결력을 바탕으로, 도전정신과 창의적 사고력을 기른다.

㉢ 자신을 둘러싼 세계에서 경험한 내용을 토대로 우리나라와 세계의 다양한 문화를 이해하고 공감하는 태도를 기른다.

㉣ 공동체 의식을 바탕으로 타인을 존중하고 서로 소통하는 민주 시민의 자질과 태도를 기른다.

### ② 고등학교의 교육 목표

고등학교 교육은 중학교 교육의 성과를 바탕으로, 학생의 적성과 소질에 맞게 진로를 개척하며 세계와 소통하는 민주 시민으로서의 자질을 함양하는 데에 중점을 둔다.

㉠ 성숙한 자아의식과 바른 품성을 갖추고, 자신의 진로에 맞는 지식과 기능을 익히며 평생학습의 기본 능력을 기른다.

㉡ 다양한 분야의 지식과 경험을 융합하여 창의적으로 문제를 해결하고, 새로운 상황에 능동적으로 대처하는 능력을 기른다.

㉢ 인문・사회・과학기술 소양과 다양한 문화에 대한 이해를 바탕으로 새로운 문화창출에 기여할 수 있는 자질과 태도를 기른다.

㉣ 국가 공동체에 대한 책임감을 바탕으로 배려와 나눔을 실천하며 세계와 소통하는 민주 시민으로서의 자질과 태도를 기른다.

## 라 고등교육의 목적

출처: https://www.hankyung.com/society/article/2014090946341(한국경제신문)

초등, 중등 단계에 이어지는 가장 높은 단계의 교육인 고등교육은 이른바 대학을 말한다. 고등교육법에 의하면 한국 대학의 목적은 “인격을 도야하고, 국가와 인류사회의 발전에 필요한 심오한 학술이론과 그 응용방법을 가르치고 연구하며, 국가와 인류사회에 이바지함을 목적으로 한다."라고 명시되어 있다.

## 2 한국의 학제

한국의 학제는 광복 이후 6-3-3-4를 기간학제로 한 단선형이다. 이는 미국의 영향을 받은 것으로 1949년 교육법을 제정하면서 미국에서 가장 널리 활용되던 6-3-3-4제 학제를 도입하여 현재의 한국의 교육제도로 완성되었다. 이는 초등학교 6년, 중학교 3년, 고등학교 3년, 대학교 4년을 기간으로 하여, 먼저 초등학교 6년과 중학교 3년, 총 9년을 의무교육기간으로 하고 있다. 이를 간단하게 정리하면 다음과 같다.

### 가 영 · 유아교육

한국의 영 · 유아교육은 만 0~5세의 미취학 영 · 유아를 대상으로 어린이집과 유치원에서 이루어지고 있다. 어린이집은 만 0~5세 영 · 유아를 위한 보육 및 교육기관으로서 보건복지부에서 관할하고 있으며 유치원은 교육기관으로서 만 3~5세 유아를 대상으로 하며, 교육부에서 관할하고 있다. 만 3~5세 대상으로 누리과정이라는 공통 교육과정을 적용함으로써 교육적 차이를 줄이고 유아교육과 보육의 통합을 위해 노력하고 있다. 또한 국가는 영 · 유아 교육 및 보육을 위한 보육료 및 유아학비를 지원하고 있다. 유치원은 설립주체에 따라 사립, 공립, 국립 유치원으로 구분되고, 어린이집은 직장, 가정, 합동, 민간 보육시설과 사회복지법인, 법인 · 단체 보육시설 및 국 · 공립 보육시설로 구분할 수 있다.

### 나 초등교육

한국의 초등교육은 의무교육으로서 모든 교육은 국가에서 지원하며 대부분 초등학교에서 교육을 받는다. 1학년부터 6학년까지 있고, 2019년을 기준으로 교육부에서 인가받은 초등학교는 6,087개에 이르며, 이 가운데 99%가량이 국 · 공립학교이다(교육부, 한국교육개발원, 2019). 학기는 보통 3월에 시작하여 7월 중순 이후 여름방학을 가지고, 9월에 대부분 2학기를 시작한다. 교사는 대부분 교육대학을 졸업한 자이며, 담임교사 한 명이 맡은 반의 많은 수업을 진행하고 음악이나 체육, 과학, 영어 등 특정 과목은 전담 교사가 담당하여 교육하고 있다.

### 다 중등교육

한국의 중등교육은 중학교와 고등학교로 구분되며, 중학교와 고등학교 모두 3학년제이다. 학기는 초·중·고등학교가 유사하며 수업시간은 중학교는 45분, 고등학교는 50분이다. 중·고등학교는 초등학교와 달리 한 교사가 모든 수업을 담당하지 않고 과목별로 다른 교사가 수업을 한다. 2019년 기준, 한국의 중학교는 3,241개이며, 그 가운데 2,570개는 공립학교이다. 고등학교는 일반 고등학교, 자율형 고등학교, 특수목적 고등학교, 특성화 고등학교, 대안학교 등이 있으며 의무교육은 아니다.

### 라 고등교육

한국의 대학은 일반적으로 4년제이며, 전문대학의 경우 2년제, 3년제가 있으며 학과의 성격에 따라 5년제, 6년제를 취하는 대학이 있다. 대학원은 석사와 박사과정으로 구분하여 수학하고 있다. 대학에 입학하기 위해서는 고등학교를 졸업하거나 그에 준하는 학력을 지녀야 하며 거의 모든 대학은 수능성적이나 내신성적으로 학생을 선발하고 있다.

### 마 평생교육

"평생교육"이란 학교의 정규교육과정을 제외한 학력보완교육, 성인 문자해득교육, 직업능력 향상교육, 인문교양교육, 문화예술교육, 시민참여교육 등을 포함하는 모든 형태의 조직적인 교육활동을 말한다(평생교육법 제2조 1항). 한국의 평생교육은 "요람에서 무덤까지 평생에 걸친 배움을 강조하는 교육이념으로서 교육 양태상으로는 형식, 비형식, 무형식 교육 그리고 교육 영역상으로는 가정교육, 사회교육, 학교교육을 포괄하며, 궁극적으로는 학습자의 자율적 학습 수행과 교육적 선택의 자유를 통한 학습권이 보장되는 학습사회를 지향하는 교육"이라고 정의하고 있다. 국가는 평생교육법으로 평생교육을 진흥하고 있으며 국가는 평생교육 사업의 일환으로 평생학습관, 공공도서관, 문해 교육기관 등을 전국에 건립하였다(에버러닝 서울특별시교육청 평생학습포털, 2019. 9. 10. 인출).

<table>
<tr><th>나이</th><th>학년</th><th colspan="3">한국의 학제</th></tr>
<tr><td rowspan="2"></td><td colspan="3">대학원 박사과정(2~3년)</td><td rowspan="6">고등교육</td></tr>
<tr><td colspan="3">대학원 석사과정(2~3년)</td></tr>
<tr><td>21세</td><td>대학교 4</td><td rowspan="4">일반대학<br>4~6년제</td><td></td></tr>
<tr><td>20세</td><td>대학교 3</td><td>전문대학 3년제</td></tr>
<tr><td>19세</td><td>대학교 2</td><td rowspan="2">전문대학 2년제</td></tr>
<tr><td>18세</td><td>대학교 1</td></tr>
<tr><td>17세</td><td>고등학교 3</td><td colspan="2" rowspan="3">고등학교<br>(일반고, 특성화고, 특수목적고, 자율고)</td><td rowspan="6">중등교육</td></tr>
<tr><td>16세</td><td>고등학교 2</td></tr>
<tr><td>15세</td><td>고등학교 1</td></tr>
<tr><td>14세</td><td>중학교 3</td><td colspan="2" rowspan="3">중학교</td></tr>
<tr><td>13세</td><td>중학교 2</td></tr>
<tr><td>12세</td><td>중학교 1</td></tr>
<tr><td>11세</td><td>6학년</td><td colspan="2" rowspan="6">초등학교</td><td rowspan="6">초등교육</td></tr>
<tr><td>10세</td><td>5학년</td></tr>
<tr><td>9세</td><td>4학년</td></tr>
<tr><td>8세</td><td>3학년</td></tr>
<tr><td>7세</td><td>2학년</td></tr>
<tr><td>6세</td><td>1학년</td></tr>
<tr><td>5세</td><td colspan="2" rowspan="4">어린이집(0세~만 5세)</td><td rowspan="3">유치원(만 3~5세)</td><td rowspan="4">유아교육</td></tr>
<tr><td>4세</td></tr>
<tr><td>3세</td></tr>
<tr><td>0~2세</td><td></td></tr>
</table>

# Ⅱ 한국 유아교육의 역사 및 학자

## 1 유치원의 역사

### 가 1단계: 유치원 형성기(초기 유치원 설립~1948년)

유치원 형성기는 한국 최초의 유치원 설립부터 해방 후 교육법을 제정·공포하기 이전까지의 시기를 의미한다. 1897년에 최초로 설립한 유치원은 '부산유치원'으로 일본 식민정책의 일환으로 일본인 거류민이 늘어나면서 일본인 자녀들을 위한 목적으로 설립되었다. 한국의 어린이를 위한 유치원은 1914년 이화유치원이, 1916년 중앙유치원이 선교를 위한 목적으로 설립되었다. 이렇게 설립된 유치원이 민족의 정신을 단합시키고 항일 독립정신과 연결됨으로써 국권을 회복하기 위한 힘을 형성할 수 있는 곳으로 여겨져 그 발달을 이룰 수 있었다.

### 나 2단계: 유치원 교육에 관한 법적 규정 형성기(1949~1968년)

유치원 교육에 관한 법적 규정 형성기는 1949년 「교육법」이 제정·공포되고 유치원 교육과정에 대한 법적 근거가 마련됨으로써 유아교육이 정규 교육제도로 진입하는 시기이다. 해방 후 최초로 제정·공포된 교육법 제148조에 유치원 취원 대상을 만 4세부터 초등학교 취학 전까지로 명시하였으며 유치원 교육의 목적, 목표, 내용 및 교원의 임무에 관한 규정을 두어 유치원 교육에 대한 최소한의 법적 근거가 마련되었다. 이어서 1953년 「교육공무원법」이 제정·공포되어 유치원 교원의 자격이 가시화되기 시작하였다. 1962년에는 「유치원 시설기준령」이 공포됨으로써 그동안 무질서하게 설치·운영되었던 유치원의 환경을 교육적으로 개선하는 데 큰 영향을 미쳤다.

## 다 3단계: 유치원 교육과정 형성기(1969~1980년)

유치원 교육과정 형성기는 유아교육에 대한 중요성이 우리 사회에 널리 인식되었으며, 「유치원 교육과정」이 제정·공포되고 국가수준의 교육과정이 정착된 시기이다. 또한 이때가 공립유치원의 기초가 확립된 시기이다. 유치원 교육과정의 제정은 유아교육의 방향 정립과 유치원 교육의 질적 수준 향상을 위한 출발 신호를 의미한다. 1969년에 제1차 유치원 교육과정이 문교부령으로 고시된 후 2007년에 제7차 유치원 교육과정까지 고시되었고, 2012년 3~5세 연령별 누리과정 및 2019년 개정 누리과정 고시됨으로써 유치원 교육과정은 크게 변천해왔다.

## 라 4단계: 영·유아교육의 발전기(1981~1996년)

정부는 1982년에 '유아교육진흥법'을 제정하고 '유아교육진흥 종합계획'을 마련하여 문교부와 내무부는 유아교육진흥 세부 추진 계획으로 1982~1986년 유치원 확대 목표를 수립·추진하였다. 이는 영·유아 교육의 양적 및 질적 수준 확대를 위한 시초가 되었다. 이 계획에 따라 과거의 '어린이집'과 새마을 사업의 일환으로 설립·운영하던 '새마을 협동 유아원', 그리고 농촌진흥청이 농번기 때만 운영하던 '농번기 유아원' 등이 모두 합병되어 '새마을 유아원'이란 이름으로 새롭게 출발하였다. 이때부터 한국 유아교육기관은 크게 문교부 산하의 유치원과 내무부 산하의 새마을 유아원으로 이원화되었다.

이러한 체제는 1991년 「영·유아보육법」이 제정·공포되고 보건사회부 산하 보육시설이 확충됨에 따라 다시 변화되어 기존의 새마을 유아원이 1993년까지 유치원이나 보육시설로 전환하게 되었다. 그 결과 교육부의 유치원과 보건복지부의 어린이집이라는 이원화된 체계가 현재까지 유지되고 있다. 이러한 다양한 변화와 노력은 영·유아교육의 질적 수준 향상과 발전을 가져왔다.

## 마 5단계: 유아교육의 공교육화 진행기(1997년~현재)

1997년 6월 「유아교육의 공교육화 체제 확립」 방안이 발표되면서 유아교육계에서 유치원을 유아학교로 전환하자는 계획을 바탕으로 유아교육법을 제정하자는 의견(교육개혁위원회, 1997; 조은미, 2009; 최훈, 2001; 표갑수, 1997)이 제기된 이후 국회 상정과 폐기를 거듭해 오던 유아교육법이 2004년 제정·공포되었다. 동시에 다양한 보육욕구의 증대와 보육서비스 질적 향상에 대한 요구 등에 따라 영·유아 보육법이 개정되었다. 이렇게 두 법을 제정·개정함으로써 보편적 육아지원의 법적 기틀을 마련하는 계기가 되었다. 2006년 교육부에서는 유아교육을 정규학제로 편입시키자는 공교육화의 움직임이 있었으나 유아교육체제 이원화로 인하여 공교육화 방법과 절차에 대한 사회적 합의가 이루어지지 않았다(조은미, 2009).

이에 따라 유아교육과 보육의 가장 큰 이슈는 유아교육과 보육의 통합이다. 이를 위해 유아교육 정책, 제도, 교사 양성과정, 자격 제도 및 평가 등의 통합을 위한 세부적인 계획을 수립하고, 실천을 위한 노력을 해왔다. 예로는 2014년 영·유아보육법 개정을 통해 보육교사 양성과정이나 자격 등에 대한 기준을 강화하는 등 유아교육과 보육 통합을 향한 노력은 계속되고 있다.

## 2 한국 유아교육학자

### 가 방정환(1899년 11월 9일~1931년 7월 23일)

"조선의 소년 소녀 한 사람이라도 빼지 말고 한결같이 '좋은 사람' 되게 하자."
소파 방정환은 어린이 인권 운동가, 아동문학가, 어린이교육가, 독립운동가이며 어린이날의 창시자이다.

http://children365.or.kr (방정환재단)

#### ① 방정환의 생애

방정환은 1899년 서울의 야주개(지금의 당주동) 큰 상인 집안의 2남 3녀 중 둘째로 태어나 대가족이 함께 살며 사랑을 받으며 자랐다. 매우 부유한 편이었으나 아홉 살 때쯤 가세가 기울어 경제적으로 궁핍한 어린 시절을 보내기도 하였다. 1908년 '소년입지회'를 조직하여 동화구

연, 토론회, 연설회 등의 활동을 하였다. 1913년 초등학교를 졸업한 방정환은 선린상업고등학교에 입학하였으나 상업학교 공부보다는 신문화 흡수를 위해 독서에 주력하였다. 1917년 최남선이 펴내던 잡지〈청춘〉에 보낸 글이 현상문예 선외작가에 뽑히기도 하였다. 1923년 최초로 아동문학 연구단체인 '색동회'를 조직하고 순수아동잡지〈어린이〉를 창간하였다. 10여 년에 걸쳐 소년운동뿐만 아니라 청년운동 등의 민족운동에도 적극적으로 참여하였던 그는 무리한 활동으로 신장염과 고혈압으로 1931년 7월 만 31세의 짧은 삶을 마감하였다.

### ② 어린이 운동

방정환은 1920년 「어린이 노래」(『개벽』 3, 1920)를 번역하여 소개하면서 '어린이'라는 용어를 처음으로 사용하였다. 그는 한국 전통사회에서 천대받고 학대받던 아이들의 인권을 보호하기 위해 '어린이'라는 존칭어를 만들었고 세계 최초로 '어린이날'을 제정하여 어린이 인권 선언을 하는 등 어린이 운동을 주도하였다.

**작 사** 방정환

**작 곡** 외국곡

1 기쁘다 오늘날 오월 일일은
우리들 어린이의 명절날일세
복된 목숨 길이 품고 뛰어 노는 날
오늘이 어린이의 날

2 기쁘다 오늘날 오월 일일은
반도 정기 타고난 우리 어린이
길이 길이 뻗어날 새 목숨 품고
즐겁게 뛰어 노는 날

(후렴) 만세 만세를 같이 부르며
앞으로 앞으로 나아갑시다
아름다운 목소리와 기쁜 맘으로
노래를 부르며 가세

**출 처** 「동아일보」 1925년 4월 30일자 부록판

**해 설** 노래는 소파가 1925년 5월 1일, 제3회 어린이날을 경축하기 위하여 지은 것이다. 곡은 당시 유행하던 서양 행진곡 풍의 야구 노래인 「장엄하고 활발한 야구수들아」로서 2/4박자의 경쾌한 노래이다. 「어린이」 제7권 제4호 (1929년)의 표지에 곡과 가사가 실렸다.

출처: (재)한국방정환 재단 사이트(http://www.korsofa.org/sub_2_3-1.php/2019. 6. 23. 인출)

# Ⅲ 한국 유아교육 행 · 재정 체제 및 교원 제도

## 1 유아교육 행 · 재정 체제

### 가 영 · 유아교육 및 보육 관련 법령체제

한국은 유치원과 어린이집이라는 교육과 보육의 행정체계가 이원화되어 있는 것과 관련하여 관련법 또한 이원화되어 발전되어 왔다. 유치원은 「교육기본법」에 근거하여 「유아교육법」을 2004년에 제정 · 공포하였으며, 어린이집을 비롯한 보육기관은 「영 · 유아보육법」에 근거하여 운영되고 있다.

#### ① 유아교육법(2004. 1. 29., 제정 · 공포, 법률 제7120호)

- 목적: 교육기본법 규정에 따른 학교 교육
- 대상아동: 만 3세부터 취학 전 아동
- 설치주체: 국립유치원, 공립유치원, 사립유치원
- 제정의 의의
  - 모든 유아의 초등학교 들어가기 전 3년 무상교육을 지원한다.
  - 만 3, 4세 유아(저소득층 만 3, 4세 교육비 지원) 공교육화 법적 근거를 마련하였다.
  - 유치원 설립 및 운영에 관한 사항 및 사립유치원 지원 근거 등을 제시하였다.
  - 교육인적자원부 내의 유아교육 관련 행정은 초 · 중등교육법 하위법으로부터 독립하였다는 데 의의가 있다.

#### ② 영 · 유아보육법(1991. 1. 14., 제정, 법률 제4328호)

- 목적: 영 · 유아의 심신보호와 건전한 교육을 통한 건강한 사회 구성원 육성과 영 · 유아 및 가정의 복지 증진
- 대상아동: 0세부터 취학 전 아동

- 어린이집의 종류: 국·공립어린이집, 사회복지법인어린이집, 법인·단체 어린이집, 직장어린이집, 가정어린이집, 합동어린이집, 민간어린이집
- 제정의 의의
  - 국무총리 소속하에 보육정책조정위원회 보육정책위원회를 설치한다.
  - 보육교사자격기준을 강화하였다.
  - 보육시설평가인증 실시에 대해 명시하였다.
  - 보육에 대한 국가 및 지자체의 책임을 강화하였다.
  - 차등보육료 지원제도 실시 법적 근거를 마련하였다.

## 나 행정지원체제 및 이용현황

현재 한국의 유아교육체제는 크게 두 가지 종류의 영·유아 보육 및 교육기관으로 나뉘어 있다. 유치원은 교육부가 관리·감독하고 어린이집은 보건복지부가 담당부처인 이원화체제이다. 만 0~2세의 영·유아는 어린이집을 이용할 수 있고, 만 3~5세의 유아의 경우 유치원과 어린이집을 모두 이용할 수 있다.

- 유치원의 경우 특히 1980년대 들어서 유아교육의 진흥을 위해 국가적인 차원의 노력을 기울이기 시작했다. 1982년 제정된 유아교육진흥법에 의해 유아교육체제가 일원화되어 1986년 우리나라 유치원 역사상 최고의 취원율인 57.1%(5세아 기준)를 기록하였다. 하지만 1990년대 들어 유치원과 어린이집이 분리되면서 유치원의 경우 어린이집에 비해 전체 유치원 수는 크게 변화하지 않고 1997년까지 증가하였다가, 2004년까지 감소하는 추세였으나, 이후 다시 증가하고 있다. 2009년 이후 유치원 수 변화는 미미하나 학급 수, 교원 수는 증가하고 있으며 2017년 기준 유치원의 수는 9,029개였다(교육부, 한국교육개발원, 2017).

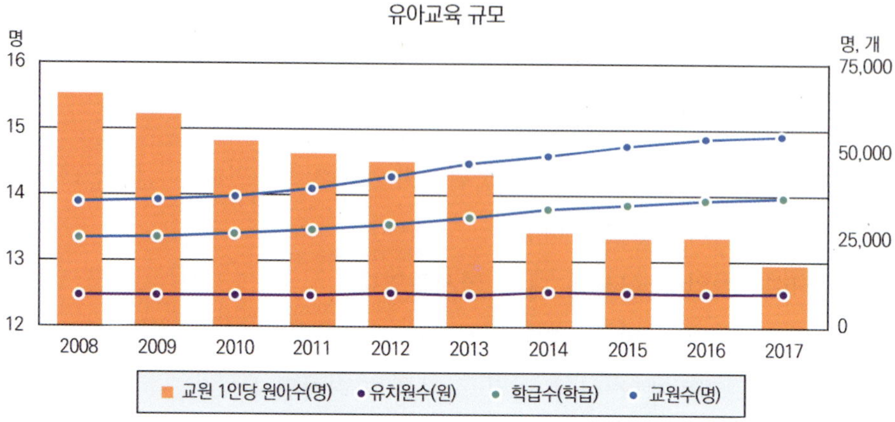


출처: 한국교육개발원 「교육통계연보」/e-나라지표

- 어린이집의 경우 1991년 영·유아보육법의 제정과 더불어 보육이 여성의 책임에서 사회적 책임으로 확대되면서 1995~1997년 기간 동안 정부 차원에서 보육시설 확충을 추진하였다.
- 그 이후 매년 보육시설은 보육시설의 수, 보육시비스를 제공받는 유아의 규모 등의 측면에서 유치원을 능가하는 양적 팽창을 이루게 되어 2014년 46.4%의 취원율을 기록하였다. 2018년 기준 어린이집의 수는 39,171개였다. 어린이집 수 중 국공립어린이집이 차지하는 비율은 9.2%(3,602개소)이고 민간과 가정어린이집은 82.1%(32,169개소)를 차지하고 있다.

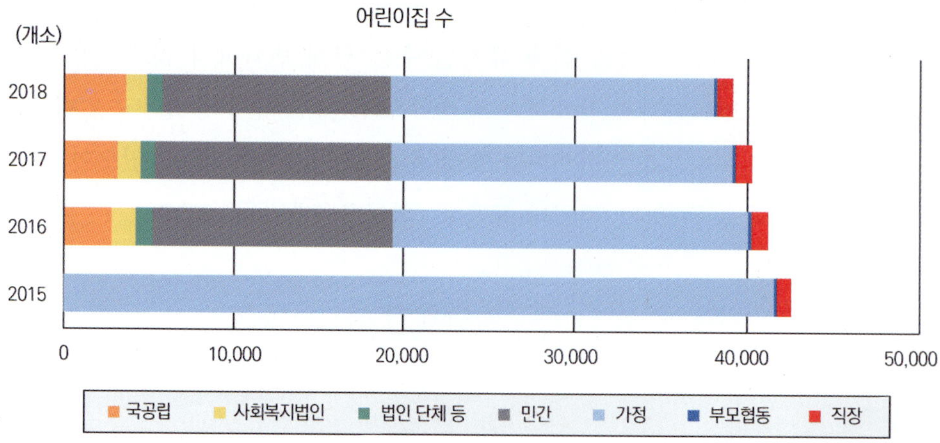


출처: 보건복지부 (2018). 보육통계.

## 다 재정지원체제

2012년 누리과정 도입 당시 만 5세의 유아에 한해 어린이집과 유치원에 관계없이 유아학비, 보육료를 시도교육청의 지방재정교부금으로 지원하였다. 2013년부터는 만 3~4세 유아까지 누리과정이 확대 적용되면서, 학비와 보육료 또한 지원하였다.

- 한국의 유아교육 재정은 2013년부터 가구의 소득과 재산수준과 관계없이 만 0~5세의 유아에게 유아학비 및 보육료를 지원하였다. 공립유치원의 경우, 교육과정비 60,000원과 방과 후 과정비 50,000원, 총 110,000원을 지원하고 있다. 사립유치원 및 어린이집의 경우, 교육과정비 220,000원, 방과 후 과정비 70,000원을 지원하고 있다.
- 무상교육에 해당하지 않는 만 0~2세의 보육료 지원액은 다음과 같다.

| | 종일반 | | 맞춤반 | | |
|---|---|---|---|---|---|
| | 부모보육료 | 기본보육료 | 부모보육료 | 기본보육료 | 긴급보육바우처 |
| 만 0세 | 441,000 | 437,000 | 344,000 | 395,000 | 60,000 |
| 만 1세 | 388,000 | 238,000 | 302,000 | 191,000 | 60,000 |
| 만 2세 | 321,000 | 161,000 | 250,000 | 125,000 | 60,000 |

출처: 보건복지부 '2018보육정책' 맞춤형 보육

- 한국은 보육정책의 일환으로 맞춤형 보육서비스를 2016년 7월부터 시행하고 있다. 맞춤형 보육이란 아이와 부모의 다양한 보육서비스 요구 상황에 맞게 지원을 다양화하는 정책으로 맞벌이 가정 등 장시간 어린이집 이용이 필요한 가구에게 필요한 만큼 충분한 보육서비스를 제공하는, 일-가정양립을 지원하는 제도이다. 이는 가정 내 돌봄이 가능한 영아에게 적정 시간의 보육서비스를 지원하여 영아시기의 건강한 성장발달을 지원할 수 있다.
- 긴급 보육 바우처는 맞춤형 보육을 이용하는 아동이 맞춤반 보육시간 이외에 어린이집 추가 이용이 필요할 때 사용하는 제도로 15시간 기준으로 60,000원 지원된다.

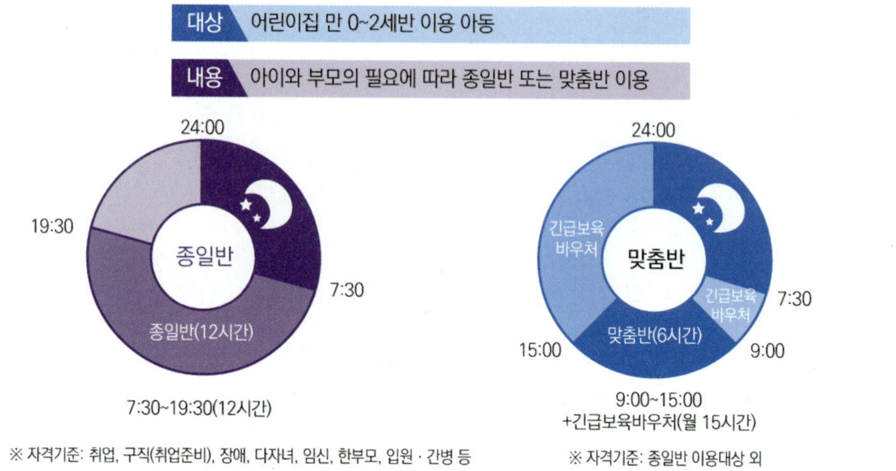


출처: 보건복지부 '2018보육정책' 맞춤형 보육

- 유치원 및 어린이집에 취원하고 있는 만 3~5세 유아에게 유아학비, 보육료뿐만 아니라 기본과정 후에 방과 후 과정을 이용하는 유아에게 방과 후 과정비를 지원하고 있다. 이는 생애 출발선에서의 균등한 교육기회 제공 및 학부모의 교육비 부담 경감 실현이 목적이다.
- 유치원과 어린이집에 공통 교육과정(누리과정)을 도입하고, 보호자의 소득수준에 관계없이 전 계층 유아학비 · 보육료를 지원하고 있다.

| 구 분 | 연령 | 생년월일 | 지원액(원/월) | | |
|---|---|---|---|---|---|
| | | | 국 · 공립 유치원 | 사립 유치원 | 어린이집 |
| 유아학비(유치원) 보육료(어린이집) | 만 5세 | 2013. 1. 1.~2013. 12. 31. | 60,000 | 220,000 | 220,000 |
| | 만 4세 | 2014. 1. 1.~2014. 12. 31. | | | |
| | 만 3세 | 2015. 1. 1.~2016. 2. 29. | | | |
| 방과 후 과정비 (유치원) | 만 3~5세 | 2013. 1. 1.~2016. 2. 29. | 50,000 | 70,000 | 70,000 |

출처: 교육부 「2019학년도 유아학비 지원 계획 안내」

# 2 교원 제도

## 가 영 · 유아교사 양성체제

한국의 영·유아교사는 유치원 교사와 보육교사로 구분된다.

- 유치원 교사는 현재 4년제 대학의 유아교육과와 아동 관련 학과, 한국방송통신대학교의 유아교육과, 2~3년제 전문대의 유아교육과 및 교육부가 인정하는 일부 교육대학원에서 양성되고 있으며 주 양성경로는 2, 3, 4년제 대학의 유아교육과로 학과 중심으로 양성되고 있다.
- 어린이집 교사는 2, 3년제 대학의 보육학과 및 관련 학과, 4년제 대학의 관련 학과 및 보육교사교육원 등의 다양한 경로를 통해 양성되며, 필수과목 및 학점 이수 중심의 양성체계를 갖추고 있다.
- 유치원과 어린이집 두 기관의 교사가 되기 위해 이수해야 하는 전공학점 및 실습학점은 유사하다. 전공학점은 유치원은 50학점 이상, 어린이집은 48학점 이상 이수해야 하며, 실습학점은 유치원은 4학점, 어린이집은 3학점으로 큰 차이는 없다.
- 다만 유치원 교사가 되기 위해서는 교직 영역의 학점을 이수해야 하므로 전체 학점은 72학점 이수해야 하고, 어린이집 교사는 전공과 실습학점인 51학점만 이수한다는 점에서 차이가 있다.
- 유치원 교사들은 4년제 대학의 경우 전공, 교직뿐만 아니라 교양과목까지 이수해야 하므로 평균적으로 140학점을 이수해야 한다. 전문대학의 유아교육과의 이수학점은 최저 120학점에서 최고 140학점까지 이수하도록 하여 4년제 대학의 교양과목 이수학점과는 차이가 많이 나고 있어 교사의 자질 격차가 한국 유아교육의 문제점으로 지적되고 있다.
- 어린이집 교사양성을 위한 전문대학 아동 및 보육 관련 학과의 이수학점을 알아보면 보육교사 자격취득에 필요한 최저학점은 71학점에서 109학점까지이다. 전공과 교양으로 구분하여 이수하는데 전공이 총 이수학점의 85~90%를 차지하고 교양학점은 5~17% 정도로 교양학점이 전공학점에 비해 월등히 낮게 운영되고 있다.
- 또한 보육교사교육원에서 보육교사 3급을 취득하기 위해 1년 동안 취득해야 할

학점은 65학점이며, 교직 영역은 따로 운영하지 않고 있다(김은영, 김길숙, 이연주, 2014).

## 나 영 · 유아교사 자격 기준

### ① 유치원 교사의 자격 기준

유치원 교사는 양성과정 체제를 통해 학점 이수를 마치면 유치원 2급 정교사 자격이 주어진다. 2급 정교사 자격증을 소지한 후 유치원 현장에서 교육경력을 쌓거나 대학원에서 수학하여 재교육을 받으면 1급 정교사로 승급될 수 있다. 또한 교육경력에 따라 수석교사, 원감, 원장 자격을 취득할 수 있다. 유치원 교원의 자격기준을 구체적으로 살펴보면 다음과 같다.

〈한국의 유치원 교원의 자격기준〉

| 구분 | 자격기준 |
|---|---|
| 원장 | • 유치원의 원감자격증을 가지고 3년 이상의 교육 경력과 소정의 재교육을 받은 자<br>• 학식 · 덕망이 높은 자로서 대통령령이 정하는 기준에 해당한다고 교육부장관의 인정을 받은 자 |
| 원감 | • 유치원 정교사(1급) 자격증을 가지고 3년 이상의 교육경력과 소정의 재교육을 받은 자<br>• 유치원 정교사(2급) 자격증을 가지고 6년 이상의 교육경력과 소정의 재교육을 받은 자 |
| 수석교사 | • 유치원 교사 자격을 소지한 사람으로서 15년 이상의 교육경력을 가지고 교수 · 연구에 우수한 자질과 능력을 가진 사람 중에서 대통령령으로 정한 바에 따라 교육부장관이 정하는 연수 이수 결과를 바탕으로 검정 · 수여하는 자격증을 받은 자 |
| 1급 정교사 | • 유치원 정교사(2급) 자격증을 가진 자로서 3년 이상의 교육경력을 가지고 소정의 재교육을 받은 자<br>• 유치원 정교사(2급) 자격증을 가지고 교육대학원 또는 교육부장관이 지정하는 대학원의 교육과에서 유치원 교육과정을 전공하여 석사학위를 받은 자로서 1년 이상의 교육경력이 있는 자 |
| 2급 정교사 | • 대학에 설치하는 유아교육과 졸업자<br>• 대학(전문대학 및 이와 동등 이상의 각종학교와 '평생교육법' 제31조 제3항에 따른 전문대학학력인정 평생교육시설을 포함함) 졸업자로서 재학 중 소정의 보육과 교직학점을 취득한 자<br>• 교육대학원 또는 교육부장관이 지정하는 대학원의 교육과에서 유치원 교육과정을 전공하고 석사학위를 받은 자 |

### ② 어린이집 교사의 자격 기준

어린이집 교사의 자격은 보육교사 3급, 보육교사 2급, 보육교사 1급으로 3단계의 자격과 원장 자격이 있다. 어린이집은 원감 자격제도가 없으며 이는 유치원 교원 자격체계와 가장 큰 차이점이다.

어린이집 원장은 영·유아보육법, 유아교육법, 초·중등교육법, 사회복지사업법, 의료법에 의한 다양한 경력을 인정하고 있다. 2014년 영·유아보육법 개정 이전에는 어린이집 원장은 최소경력 6년 이상이면 취득할 수 있었지만, 어린이집 원장 자격취득 요건이 강화되어 현재는 반드시 사전직무교육 80시간을 이수해야 원장 자격을 취득할 수 있다. 어린이집 교원의 자격요건을 정리하면 다음 표와 같다.

〈한국의 어린이집 교원의 자격기준〉

| 구분 | 자격기준 |
|---|---|
| 원장 | • 보육교사 1급 자격을 취득한 후 3년 이상의 보육 등 아동복지업무 경력이 있는 사람<br>• 「유아교육법」에 따른 유치원 정교사 1급 자격을 취득한 후 3년 이상의 보육 등 아동복지업무 경력이 있는 사람<br>• 유치원 원장의 자격을 가진 사람<br>• 「초·중등교육법」에 따른 초등학교 교사 자격을 취득한 후 5년 이상의 보육 등 아동복지업무 경력이 있는 사람<br>• 「사회복지사업법」에 따른 사회복지사 1급 자격을 취득한 후 5년 이상의 보육 등 아동복지업무 경력이 있는 사람<br>• 「의료법」에 따른 간호사 면허증을 취득한 후 7년 이상의 보육 등 아동복지업무 경력이 있는 사람<br>• 국가 또는 지방자치단체에서 7급 이상의 공무원으로 보육 등 아동복지업무에 5년 이상 근무한 경력이 있는 사람<br>(* 일반, 가정, 영아전담, 장애전담 어린이집 원장까지 어느 하나의 자격을 취득하는 자는 80시간의 자격연수를 받아야 함) |
| 보육교사 1급 | • 보육교사 2급 자격을 취득한 후 3년 이상의 보육업무 경력이 있는 사람으로서 보건복지부장관이 정하는 승급교육을 받은 사람<br>• 보육교사 2급 자격을 취득한 후 보육 관련 대학원에서 석사학위 이상을 취득하고 1년 이상의 보육업무 경력이 있는 사람으로서 보건복지부장관이 정하는 승급교육을 받은 사람 |
| 보육교사 2급 | • 전문대학 또는 이와 같은 수준 이상의 학교에서 보건복지부령으로 정하는 보육 관련 교과목 및 학점을 이수하고 졸업한 사람 |

## 다 영 · 유아교사 처우

### ① 유치원 교사

유치원은 설립 유형에 따라 국 · 공립 유치원과 사립 유치원으로 구분할 수 있다.

- 국 · 공립 유치원은 공무원 보수규정 제5조에 따라 자격, 경력, 직무의 곤란성 및 책임의 정도에 따라 대통령령으로 정하는 기준에 의해 급여를 지급하고 있다.
- 사립 유치원의 경우 교원지위향상을 위한 특별법 제3조 2항에 따라 "학교법인과 사립학교 경영자는 그가 설치 · 경영하는 학교 교원의 보수를 국 · 공립학교 교원의 보수 수준으로 유지하여야 한다."라고 명시하고 있어 사립 유치원 교사의 급여 또한 국 · 공립 유치원 교사의 급여 수준을 원칙으로 하고 있다.

다음 표는 공무원 보수규정 제5조에 따른 교원의 봉급표이다. 유치원 교사의 봉급은 학력에 따른 호봉 차이를 두고 있는데, 2년제 전문대학을 졸업한 경우 6호봉, 4년제 비사범계는 8호봉, 4년제 사범계는 9호봉부터 시작한다.

〈유치원 · 초등학교 · 중학교 · 고등학교 교원 등의 봉급표〉 (월 지급액, 단위: 원)

| 호봉 | 봉급 | 호봉 | 봉급 |
|---|---|---|---|
| 1 | 1,605,200 | 21 | 3,059,300 |
| 2 | 1,653,800 | 22 | 3,172,200 |
| 3 | 1,703,100 | 23 | 3,284,300 |
| 4 | 1,752,200 | 24 | 3,396,400 |
| 5 | 1,801,800 | 25 | 3,508,600 |
| 6 | 1,851,300 | 26 | 3,621,200 |
| 7 | 1,900,100 | 27 | 3,738,600 |
| 8 | 1,948,900 | 28 | 3,855,800 |
| 9 | 1,998,400 | 29 | 3,978,300 |
| 10 | 2,052,500 | 30 | 4,101,300 |

출처: 공무원 보수규정 제5조 및 별표1 관련〈2019. 1. 8.〉

### ② 보육 교사

- 2015 전국 보육 실태 조사에 따르면 보육교사의 평균 호봉과 급여를 원장들에게 질문한 결과 평균 호봉은 4.8호봉, 평균 급여는 기본급과 수당을 합하여 184만 3천 원으로 조사되었다고 보고하였다. 그러나 어린이집 기관유형별로 호봉과 월 급여에 차이가 있어 국·공립, 법인, 직장 어린이집 교사들이 가정이나 민간 어린이집 교사들에 비해 평균적으로 40~50만 원 이상까지 많이 받고 있다(보건복지부 보육정책과, 2016).
- 유치원 교사의 근무시간은 주당 45.7시간, 어린이집 근무시간은 주당 55.1시간이다. 특히 어린이집 교사의 경우 영·유아보육법 시행규칙에서는 모든 시설 보육교사의 1일 근무시간을 평일 8시간으로 정하고 있고, 보육사업 안내에서도 8시간 근무를 위하여 출퇴근 시간을 탄력적으로 할 수 있다고 규정하고 있다. 그러나 어린이집 교사들의 근무시간을 살펴보면 1일 평균 근무시간이 9시간 36분으로 법적 근무시간을 초과하여 근무하고 있다. 이외에도 중간경력 보육교사에게 초과근무가 있는지 질문한 결과 초과근무가 있다고 응답한 교사가 73.1%였고, 초과근무수당을 지급받는 경우는 42.1%로 나타났다(보건복지부 보육정책과, 2016). 다음 표는 2017년 보육교직원 인건비 지급 기준이다.

〈2017 보육교직원 인건비 지급기준〉 (단위: 원)

| 호봉 | 원장 | | 보육교사 | | 조리원 | |
|---|---|---|---|---|---|---|
| | 보수총액 | 월지급액 | 보수총액 | 월지급액 | 보수총액 | 월지급액 |
| 1 | 23,497,200 | 1,958,100 | 19,461,600 | 1,621,800 | 16,226,400 | 1,352,300 |
| 2 | 24,132,000 | 2,011,000 | 20,025,600 | 1,668,800 | 16,456,800 | 1,371,400 |
| 3 | 24,919,200 | 2,076,600 | 20,643,600 | 1,720,300 | 17,128,800 | 1,427,400 |
| 4 | 25,665,600 | 2,138,800 | 21,291,600 | 1,774,300 | 17,485,200 | 1,457,100 |
| 5 | 26,418,000 | 2,201,500 | 21,945,600 | 1,828,800 | 17,870,400 | 1,489,200 |
| 6 | 28,076,400 | 2,339,700 | 23,454,000 | 1,954,500 | 18,681,600 | 1,556,800 |
| 7 | 29,068,800 | 2,422,400 | 24,447,600 | 2,037,300 | 19,498,800 | 1,624,900 |
| 8 | 29,718,000 | 2,476,500 | 24,895,200 | 2,074,600 | 19,819,200 | 1,651,600 |
| 9 | 30,576,000 | 2,548,000 | 25,574,400 | 2,131,200 | 20,472,000 | 1,706,000 |
| 10 | 31,441,200 | 2,620,100 | 26,311,200 | 2,192,600 | 21,104,400 | 1,758,700 |
| 11 | 32,527,200 | 2,710,600 | 27,267,600 | 2,272,300 | 21,956,400 | 1,829,700 |
| 12 | 33,476,400 | 2,789,700 | 28,088,400 | 2,340,700 | 22,700,400 | 1,891,700 |
| 13 | 34,195,200 | 2,849,600 | 28,807,200 | 2,400,600 | 23,316,000 | 1,943,000 |
| 14 | 34,964,400 | 2,913,700 | 29,448,000 | 2,454,000 | 23,956,800 | 1,996,400 |
| 15 | 35,734,800 | 2,977,900 | 30,090,000 | 2,507,500 | 24,573,600 | 2,047,800 |

출처: 2017 보육사업안내

주1) 보육교사: 간호사, 영양사, 특수교사, 치료사 포함

주2) 특수교사 수당 20만 원은 별도지급

# Ⅳ 한국 유아교육과정

2013년부터 만 3~5세 유아는 재원하고 있는 기관에 상관없이
누리과정이라는 공통 교육과정으로 교육을 받고 있고,
어린이집에 재원하는 만 0~2세 영아는 표준보육과정을 기준으로 보육을 받고 있다.

## 1 한국 유아교육과정

한국의 「헌법」 제31조에서는 모든 국민이 능력에 따라 균등하게 교육을 받을 권리를 보장하고 있다. 따라서 유아는 올바른 교육을 받을 권리가 있으며, 유아의 부모, 교사, 유아교육기관의 설립자 및 국가는 이러한 유아의 교육권을 보장해야 하는 의무에 기초한 권리를 가지고 있다.

한국에서는 오랜 세월을 거쳐 홍익인간을 교육이념으로 삼아왔으며, 이는 교육기본법(1997. 12. 31. 제정)에 명시되어 있다. 「교육기본법」 제2조에는 "교육은 홍익인간의 이념 아래 모든 국민으로 하여금 인격을 도야하고 자주적 생활능력과 민주시민으로서 필요한 자질을 갖추게 함으로써 인간다운 삶을 영위하게 하고 민주국가의 발전과 인류 공영의 이상을 실현하는 데에 이바지하게 함을 목적으로 한다."(2007. 12. 21. 전문개정)라고 밝히고 있다.

### 가 유아교육의 목적

한국의 유아교육은 홍익인간이라는 이념하에 유아가 놀이를 통해 심신의 건강과 조화로운 발달을 이루고 바른인성과 민주시민의 기초를 형성하는데 목적을 두고 있다. 이러한 교육목적을 달성하기 위하여 유치원 교육과정(2019 개정 누리과정)에서는 구체적인 유아교육의 목표를 5가지로 제시하고 있다.

1. 자신의 소중함을 알고, 건강하고 안전한 생활습관을 기른다.

2. 자신의 일을 스스로 해결하는 기초능력을 기른다.
3. 호기심과 탐구심을 가지고 상상력과 창의력을 기른다.
4. 일상에서 아름다움을 느끼고 문화적 감수성를 기른다.
5. 사람과 자연을 존중하고 배려하며 소통하는 태도를 기른다.

## 나 영 · 유아보육의 목적

「영 · 유아보육법」(2011. 8. 4. 개정)에서는 보육의 이념으로 영 · 유아의 이익을 최우선으로 고려하여 보육을 제공하고, 영 · 유아가 안전하고 쾌적한 환경에서 건강하게 성장할 수 있도록 해야 하며, 영 · 유아가 자신이나 보호자의 성, 연령, 종교, 사회적 신분, 재산, 장애, 인종 및 출생지역 등에 따라 어떠한 종류의 차별을 받지 않고 보육되어야 함을 명시하고 있다. 이러한 『표준보육과정』(2013. 1. 고시)에서 "영 · 유아의 심신의 건강과 전인적 발달을 도와 행복을 도모하며 민주시민의 기초를 형성하는 것을 목적으로 한다."라는 보육의 목적을 두고 있다. 이러한 보육의 목적을 달성하기 위하여 연령에 따른 구체적인 보육 목표를 제시하고 있다.

첫째. 0~1세 보육과정의 목표는 다음과 같다.

1. 건강하고 안전한 일상생활을 경험한다.
2. 감각 및 기본 신체운동 능력을 기른다.
3. 말소리를 구분하고 의사소통의 기초를 마련한다.
4. 친숙한 사람과 관계를 형성한다.
5. 아름다움에 관심을 가진다.
6. 보고, 듣고, 만지면서 주변 환경에 관심을 가진다.

둘째. 2세 보육과정의 목표는 다음과 같다.

1. 건강하고 안전한 생활습관의 기초를 마련한다.
2. 감각, 신체조절 및 기본 운동 능력을 기른다.
3. 의사소통 능력의 기초를 기른다.
4. 나를 인식하고 다른 사람과 더불어 생활하는 경험을 한다.
5. 아름다움에 관심을 가지고 예술경험을 즐긴다.

6. 주변 환경에 호기심을 갖고 탐색하기를 즐긴다.

어린이집 표준 보육과정에서 제시한 범주별 내용 체계는 다음과 같다.

| | | 만 0~1세 | 만 2세 |
|---|---|---|---|
| 기본생활 | 내용범주 | 내용 | 내용 |
| | 건강하게 생활하기 | 몸을 깨끗이 하기 | 몸을 깨끗이 하기 |
| | | 즐겁게 먹기 | 바르게 먹기 |
| | | 건강한 일상생활하기 | 건강한 일상생활하기 |
| | | | 질병에 대해 알기 |
| | 안전하게 생활하기 | 안전하게 지내기 | 안전하게 놀이하기 |
| | | | 교통안전 알기 |
| | | 위험한 상황에 반응하기 | 위험한 상황알기 |
| 신체운동 | 내용범주 | 내용 | 내용 |
| | 감각과 신체 인식하기 | 감각적 자극에 반응하기 | 감각능력 기르기 |
| | | 감각기관으로 탐색하기 | 감각 기관 활용하기 |
| | | 신체 탐색하기 | 신체를 인식하고 움직이기 |
| | 신체조절과 기본 운동하기 | 신체 균형잡기 | 신체 균형잡기 |
| | | 대근육 조절하기 | 대근육 조절하기 |
| | | 소근육 조절하기 | 소근육 조절하기 |
| | | 기본운동하기 | 기본운동하기 |
| | 신체활동에 참여하기 | 몸 움직임 즐기기 | 신체활동에 참여하기 |
| | | 바깥에서 신체 움직이기 | 바깥에서 신체활동하기 |
| | | 기구를 이용하여 신체활동 시도하기 | 기구를 이용하여 신체활동 하기 |
| 의사소통 | 내용범주 | 내용 | 내용 |
| | 듣기 | 주변의 소리와 말소리 구분하여 듣기 | 말소리 구분하여 듣고 의미알기 |
| | | 경험과 관련된 말 듣고 알기 | 짧은 문장 듣고 알기 |
| | | 운율이 있는 말 듣기 | 짧은 이야기 듣기 |
| | | 말하는 사람을 보기 | 말하는 사람을 주의 깊게 보기 |
| | 말하기 | 발성과 발음으로 소리내기 | 낱말과 간단한 문장으로 말하기 |

| | | 만 0~1세 | 만 2세 |
|---|---|---|---|
| | | 표정, 몸짓, 말소리로 말하기 | 자신이 원하는 것을 말하기 |
| | | 말할 순서 구별하기 | 상대방을 바라보며 말하기 |
| | 읽기 | 그림책과 환경 인쇄물에 관심 가지기 | 그림책과 환경 인쇄물에 흥미 가지기 |
| | 쓰기 | 끼적이기 | 끼적이며 즐기기 |
| 사회관계 | 내용범주 | 내용 | 내용 |
| | 나를 알고 존중하기 | 나를 구별하기 | 나를 구별하기 |
| | | 나의 것 인식하기 | 좋아하는 것 해보기 |
| | 나와 다른 사람의 감정 알기 | 나의 감정을 나타내기 | 나의 감정을 나타내기 |
| | | 다른 사람에게 주의 기울이기 | 다른 사람의 감정에 반응하기 |
| | 더불어 생활하기 | 안정적인 애착형성하기 | 내 가족 알기 |
| | | 또래에 관심 갖기 | 또래와 관계하기 |
| | | 자신이 속한 집단 알기 | 자신이 속한 집단 알기 |
| | | 사회적 가치를 알기 | 사회적 가치를 알기 |
| 예술경험 | 내용범주 | 내용 | 내용 |
| | 아름다움 찾아보기 | 예술적 요소에 호기심 가지기 | 예술적 요소 탐색하기 |
| | 예술적 표현하기 | 리듬 있는 소리로 반응하기 | 리듬 있는 소리와 노래로 표현하기 |
| | | 움직임으로 반응하기 | 움직임으로 표현하기 |
| | | 단순한 미술 경험하기 | 자발적으로 미술활동하기 |
| | | 모방행동 즐기기 | 모방과 상상놀이하기 |
| | 예술 감상하기 | 아름다움 경험하기 | 아름다움 즐기기 |
| 자연탐구 | 내용범주 | 내용 | 내용 |
| | 탐구하는 태도 기르기 | 사물에 관심 가지기 | 호기심 가지기 |
| | | 탐색 시도하기 | 반복적 탐색 즐기기 |
| | 수학적 탐구하기 | 수량 지각하기 | 수량 인식하기 |
| | | 주변 공간 탐색하기 | 공간과 도형에 관심 가지기 |
| | | 차이를 지각하기 | 차이에 관심 가지기 |

| | | 만 0~1세 | 만 2세 |
|---|---|---|---|
| | | 간단한 규칙성 지각하기 | 단순한 규칙성에 관심 가지기 |
| | | | 구분하기 |
| | 과학적 탐구하기 | 물체와 물질 탐색하기 | 물체와 물질 탐색하기 |
| | | 주변 동식물에 관심 가지기 | 주변 동식물에 관심 가지기 |
| | | 주변 자연에 관심 가지기 | 자연을 탐색하기 |
| | | 생활도구 탐색하기 | 생활도구 사용하기 |

읽을거리

### 표준보육과정 고시문(보건복지부 고시 제 2013-8호)

어린이집 표준보육과정(이하, '표준보육과정'이라 함)은 어린이집의 만 0~5세 영 · 유아들에게 국가 수준에서 제공하는 보편적이고 공통적인 보육의 목표와 내용을 제시한 것이다. 어린이집 표준보육과정은 0~1세 보육과정, 2세 보육과정, 3~5세 보육과정(누리과정 포함)으로 구성한다. 국가수준의 어린이집 표준보육과정을 시행함으로써 영 · 유아의 전인적 발달과 우리 문화에 적합한 내용을 일관성 있고 연계적으로 실천하며, 궁극적으로 사회에서 추구하는 인간상을 구현하고 전국 어린이집의 질적 수준을 높이는 데 기여하고자 한다.

1. 추구하는 인간상
   가. 심신이 건강하고 행복한 사람
   나. 자율적이고 창의적인 사람
   다. 자신과 타인을 존중하고 배려하는 사람
   라. 자연과 우리문화를 사랑하는 사람
   마. 다양성을 인정하는 민주적인 사람

2. 표준보육과정의 기본전제
   가. 영 · 유아는 개별적인 특성을 지닌 고유한 존재이다.
   나. 영 · 유아는 연령에 따라 발달적 특성이 질적으로 다르다.
   다. 영 · 유아는 그 자체로서 존중 받아야 하는 존재이다.
   라. 영 · 유아는 직접적으로 경험할 때 의미 있는 지식, 기술 및 바람직한 태도를 형성해 간다.
   마. 영 · 유아는 일상생활이 편안하고 학습과 경험이 놀이중심으로 이루어질 때, 최대의 능력이 발휘된다.
   바. 영 · 유아는 민감하고 반응적인 성인과의 신뢰로운 관계 속에서 최적의 발달을 이룬다.

## 2 공통 교육과정(누리과정)과 표준보육과정 비교

- 담당부처 이원화 체제와 상관없이 만 3~5세 유아 대상의 누리과정과 만 0~2세 영유아 대상의 표준보육과정의 영역과 교육 내용 수준 구분을 중심으로 비교하면 다음 표와 같다.

〈누리과정과 표준보육과정의 비교〉

| | 누리과정 | 표준보육과정 |
|---|---|---|
| 영 역 | 신체운동・건강<br>의사소통<br>사회관계<br>예술경험<br>자연탐구 | 기본생활<br>신체운동<br>사회관계<br>의사소통<br>자연탐구<br>예술경험 |
| 대상 연령 | 만 3~5세 | 만 0~2세 |

## 3 2019 개정 누리과정

교육과정으로서「2019 개정 누리과정」개정

교육부는 국정과제 구현과 출발선 평등 실현을 위해 2017년 12월 '유아교육 혁신방안'을 발표하였다. '유아교육 혁신방안'의 주요 내용으로 '유아가 중심이 되는 놀이 위주의 교육과정 개편'이 명시되었다. 이에 유아・놀이 중심 교육과정 개편 방향을 반영하여 2019년 7월,「2019 개정 누리과정」이 고시되었다.「2019 개정 누리과정」은 유치원과 어린이집에 다니는 3~5세 유아에게 공통으로 적용되는 교육과정으로 2020년 3월부터 시행된다(교육부, 2019. 07. 19.)

## 가 주요 개정 내용

### ① 유아 중심 · 놀이 중심 교육과정

• 교사 주도 활동을 지양하며, 유아가 충분한 놀이 경험을 통해 몰입과 즐거움 속에서 자율 · 창의성을 신장하고, 전인적 발달과 행복을 추구할 수 있도록 하였다.

### ② 국가 수준 교육과정으로서 구성 체계 확립

• 누리과정의 성격을 국가 수준 공통 교육과정으로 명시하고, 미래사회 핵심역량을 반영한 인간상*과 목표를 밝혀 교육과정으로서 구성 체계를 확립하였다.

* 건강한 사람, 자주적인 사람, 창의적인 사람, 감성이 풍부한 사람, 더불어 사는 사람

〈누리과정의 목표〉

가. 자신의 소중함을 알고, 건강하고 안전한 생활 습관을 기른다.
나. 자신의 일을 스스로 해결하는 기초능력을 기른다.
다. 호기심과 탐구심을 가지고 상상력과 창의력을 기른다.
라. 일상에서 아름다움을 느끼고 문화적 감수성을 기른다.
마. 사람과 자연을 존중하고 배려하며 소통하는 태도를 기른다.

### ③ 내용구성의 간략화를 통한 현장 자율성 확대

• 교육과정의 5개 영역*은 유지하되, 연령별 세부내용(369개)을 연령 통합(59개)으로 간략화하고 다양한 교육방식이 발현될 수 있도록 현장 자율성을 확대하였다.

* 신체운동 · 건강, 의사소통, 사회관계, 예술경험, 자연탐구

### ④ 교사의 누리과정 실행력 지원

• 교사의 과다한 교육계획 작성을 경감하고, 주제와 유아 놀이를 일치시켜야 하는 부담감 등을 완화해 교사의 자신감 회복을 도우며 자율성과 책무성을 강조하여 누리과정 실행력을 지원하는 데 중점을 두었다.

## 나 영역별 목표 및 내용

### ① 영역별 목표

- 신체운동 · 건강: 실내외에서 신체활동을 즐기고, 건강하고 안전한 생활을 한다.
- 의사소통: 일상생활에 필요한 의사소통 능력과 상상력을 기른다.
- 사회관계: 자신을 존중하고 더불어 생활하는 태도를 가진다.
- 예술경험: 아름다움과 예술에 관심을 가지고 창의적 표현을 즐긴다.
- 자연탐구: 탐구하는 과정을 즐기고, 자연과 더불어 살아가는 태도를 가진다.

### ② 내용범주

| | 신체운동 · 건강 | 의사소통 | 사회관계 | 예술경험 | 자연탐구 |
|---|---|---|---|---|---|
| 내용 범주 | 신체활동 즐기기 | 듣기와 말하기 | 나를 알고 존중하기 | 아름다움 찾아보기 | 탐구과정 즐기기 |
| | 건강하게 생활하기 | 읽기와 쓰기에 관심 가지기 | 더불어 생활하기 | 창의적으로 표현하기 | 생활 속에서 탐구하기 |
| | 안전하게 생활하기 | 책과 이야기 즐기기 | 사회에 관심 가지기 | 예술 감상하기 | 자연과 더불어 살기 |

읽을거리

## 유치원 교육과정 고시문(교육부 고시 제2019-189호)

누리과정의 성격

누리과정은 3~5세 유아를 위한 국가 수준의 공통 교육과정이다.

가. 국가 수준의 공통성과 지역, 기관 및 개인 수준의 다양성을 동시에 추구한다.

나. 유아의 전인적 발달과 행복을 추구한다.

다. 유아 중심과 놀이 중심을 추구한다.

라. 유아의 자율성과 창의성 신장을 추구한다.

마. 유아, 교사, 원장(감), 학부모 및 지역사회가 함께 실현해가는 것을 추구한다.

Ⅰ. 누리과정의 구성방향

1. 추구하는 인간상

누리과정이 추구하는 인간상은 다음과 같다.

가. 건강한 사람

나. 자주적인 사람

다. 창의적인 사람

라. 감성이 풍부한 사람

마. 더불어 사는 사람

2. 목적과 목표

누리과정의 목적은 유아가 놀이를 통해 심신의 건강과 조화로운 발달을 이루고 바른 인성과 민주 시민의 기초를 형성하는 데에 있다.

이를 실현하기 위한 목표는 다음과 같다.

가. 자신의 소중함을 알고, 건강하고 안전한 생활 습관을 기른다.

나. 자신의 일을 스스로 해결하는 기초능력을 기른다.

다. 호기심과 탐구심을 가지고 상상력과 창의력을 기른다.

라. 일상에서 아름다움을 느끼고 문화적 감수성을 기른다.

마. 사람과 자연을 존중하고 배려하며 소통하는 태도를 기른다.

# V 한국 영 · 유아교육기관 운영의 실제

## 1 영 · 유아교육기관 운영 방법

### 가 운영시간

#### ① 유치원

- 누리과정 고시문에 1일 4~5시간을 기준으로 누리과정을 편성 · 운영하라고 제시하고 있으며, 대부분의 유치원은 오전 9시부터 오후 1~2시까지 운영한다.
- 누리과정 운영 이후에는 방과 후 과정을 운영할 수 있으며, 이는 운영기관의 형태 및 지역의 여건에 따라 다르게 운영된다.

출처: 유아교육법 제13조(교육과정 등)

#### ② 어린이집

- 어린이집은 주 6일 이상, 연중 계속 운영하는 것을 원칙으로 한다. 다만, 지역 및 시설여건 등을 고려하여 어린이집운영위원회의 결정에 따라 토요일은 휴무를 할 수 있다.
- 월~금요일: 12시간(07:30~19:30), 토요일: 8시간(07:30~15:30)
- 다만, 보호자의 근로시간 등을 고려하여 미리 보호자의 동의를 받은 경우에는 영 · 유아 및 그 보호자에게 불편을 주지 않는 범위에서 어린이집 운영일 및 운영시간을 조정하여 운영할 수 있다(표준보육과정 및 누리과정 진행 시간과는 별개임).

출처: 한국법령정보원(http://www.easylaw.go.kr)

## 나 학급편성

### ① 유치원

• 유아교육법 시행령 제13조(학급편성)에 의거하여 유치원의 학급편성은 같은 연령으로 편성하나, 원장은 교육과정의 운영에 필요한 경우 혼합연령으로 학급을 편성할 수 있다.

### ② 어린이집

• 학급편성은 동년도 출생아(동년도 1. 1.~동년도 12. 31. 출생아)끼리 반편성하는 것을 원칙으로 한다. 보육교사 1명당 담당 영·유아 수는 연령에 따라 다르다. 만 0세는 3명, 만 1세는 5명, 만 2세는 7명, 만 3세는 15명, 만 4세 이상은 20명이다.
• 교사 대 아동 비율을 준수하는 범위에서 1개의 보육실에서 2개 이상의 반을 함께 보육하는 것이 가능하다.
• 신학기(3월)에 기존 재원 아동을 상급반으로 편성할 때 반별 정원을 초과하는 경우 또는 신학기(3~5월) 아동 퇴소 등으로 인하여 기존 반 통폐합 시 잔류 아동이 반별 정원을 초과하는 경우에 한정하여 예외적으로 어린이집 총 정원 범위 내에서 반별 영·유아 수를 1~3명씩 추가 편성할 수 있다(영·유아보육법 시행규칙 제10조).

## 다 학급 및 일과 운영

유치원과 어린이집 대부분은 누리과정이나 표준보육과정에 근거하여 기관의 특성 및 상황에 맞게 세부적인 목표를 수립하여 교육을 운영한다. 유치원의 하루 일과 예시를 제시하면 다음과 같다.

### ① 유치원

| 반 이름 | 누리반(혼합반) | 시기 | 2017년 3월 21일<br>목요일 | 수업<br>일수 | 14/181일 |
|---|---|---|---|---|---|
| 생활<br>주제 | 유치원과 친구 | 주제 | 유치원에서의 친구 | 소주제 | 친구와 다른 점<br>알아보기 |

| 목표 | | |
|---|---|---|
| 목표 | 3세 | • 나와 형님들은 무엇이 다른지 이야기해 본다. |
| | 4세 | • 친구와 같은 점과 다른 점을 찾아본다.<br>• 다양한 문화를 가진 친구에 대해 관심을 가진다. |
| | 5세 | • 친구 간 화가 날 때 감정조절이 필요함을 알고, 실천한다.<br>• 친구의 다른 점을 존중해 준다. |
| 일과<br>시간표 | | 09:00 ~ 09:10 등원 및 교사와 친구와 개별인사<br>09:10 ~ 09:20 인사 나누기 및 놀이계획<br>09:20 ~ 10:20 자유선택활동 및 우유 간식<br>10:20 ~ 10:30 정리 및 놀이 평가<br>10:30 ~ 10:50 이야기 나누기 - 친구와 나의 같은 점과 다른 점을 찾아요.<br>10:50 ~ 11:50 바깥놀이<br>11:50 ~ 12:00 교실로 이동 및 손 씻기<br>12:00 ~ 13:00 점심 및 양치하기<br>13:00 ~ 13:20 새 노래 배우기 - 친구야 쉿!!<br>13:20 ~ 13:30 안전교육, 하루 평가 및 내일 활동, 방과 후 과정 소개 |

| 활동<br>시간 | 활동내용 | | | 자료 및 유의점 |
|---|---|---|---|---|
| | 3세 | 4세 | 5세 | |
| 9:00 ~<br>9:10<br>등원 | • 선생님, 친구들과 인사를 나눈다.<br>• 소지품을 정리하고 출석카드에 출석스티커를 붙이고 정리한다.<br>• 정리가 끝난 유아들은 대집단 자리에 모여 앉는다. | | | · 유아들의 기분과 건강상태를 살핀다. |
| 9:10 ~<br>9:20<br>인사 나누기,<br>일과소개 및<br>놀이계획 | • 날짜 노래를 부르며 오늘의 날짜와 날씨를 이야기한다.<br>• 출석 노래를 부르며 출석을 확인한다.<br>• "어떻게 지낼까요? 오늘 하루를" 노래를 부르며 하루 일과를 예상한다.<br>• 자유선택활동 놀이를 계획한다. | | | |
| | 중략 | | | |

## 2 유치원과 어린이집 평가

### 가 유치원 평가

#### ① 유치원 평가의 목적

- 누리과정을 충실히 운영할 수 있는 유치원 운영체계 구축 및 유치원의 책무성 제고를 통해 유치원 교육서비스의 질적 수준 향상
- 유치원 운영 전반을 체계적·종합적으로 점검하고 평가 결과 환류 및 맞춤형 지원을 통해 유치원 운영 개선
- 평가 결과 공개를 통해 학부모의 알 권리 및 유치원 선택권 보장으로 학부모의 유치원 교육에 대한 만족도 제고

#### ② 유치원 평가 추진 체제

- 교육부의 지원을 받아 각 시도교육청 주체로 유치원 평가를 추진한다.

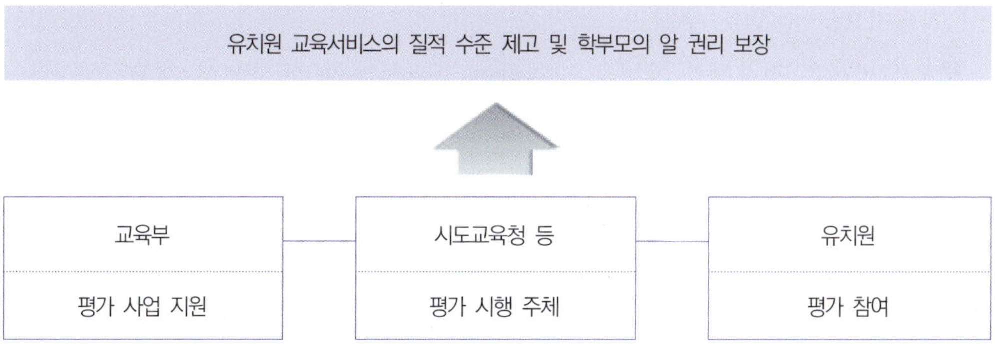


#### ③ 유치원 평가의 추진 방향

가. 누리과정을 공통 적용하고 있는 유치원과 어린이집에 대한 통합평가 실시

- 유치원과 어린이집의 공통 교육과정 및 환경·교직원 근무 여건 등 전반적 영역에 걸쳐 통합평가지표 적용

나. 시도교육청에서 평가를 실시하고, 교육부는 평가 지원

- 교육부는 시도교육청에서 추진하는 유치원 평가 사업 지원: (교육부) 유보통

합추진단에서 마련한 공통평가지표에 따라 교육부 평가 기본계획 시행, 공통 지표 및 매뉴얼 제공, 평가 데이터베이스 수정 · 보완 · 운영 등

- 시도교육청별 결과 입력 방식 보완 · 검토 중: (시 · 도교육청, 유아교육진흥원 등) 평가 세부계획 수립 · 시행, 평가위원 연수 운영, 평가 결과 DB입력, 평가 관련 공시정보 검증 등

다. 평가방식 개선을 통한 보고서 작성 간소화 및 결과의 객관성 제고

- 정량평가방식에 따라 평가하고 영역별 평가 의견 기술

라. 유치원 평가 결과를 공개하여 학부모의 알 권리 충족

- 평가 결과 공개를 통해 학부모가 알고자 하는 유치원의 정보 제공

※ 유치원알리미: 유치원 기본정보, 평가결과(총평, 영역별 소견 등)

### ④ 유치원 평가 영역 및 내용

- 평가 영역: ① 교육과정, ② 교육환경 및 운영관리, ③ 건강 · 안전, ④ 교직원
- 평가 지표는 공통지표(유아의 건전한 발달 및 유치원의 내실 있는 운영을 위해 전국적으로 활용하는 지표)와 자체지표[시 · 도교육청의 역점(특색)사업 등에서 자율적으로 선정]로 구성
- 평가 방식은 정량평가 방법을 도입하여 객관성과 예측 가능성 제고
- 평정 방식은 절대평가 방식의 등급제(4등급: A-B-C-D)

### ⑤ 유치원 평가 절차

- 자체평가 → 현장평가 → 종합평가로 3단계 평가(※ 원칙은 3단계 평가 절차이나, '현장 · 종합평가'를 통합하여 추진 가능)
- (자체평가) 각 유치원이 통합평가지표에 따라 매년 직접 평가한 후, 미흡 부분에 대한 개선계획을 수립 · 이행
- (현장평가) 현장평가자가 직접 방문하여 통합평가지표에 따라 관찰 · 면담 · 기록 확인을 통해 실제 운영 실태를 평가한 후 현장평가보고서를 작성 · 제출(※ 교원 능력개발평가, 컨설팅장학, 감사 결과 등을 활용하여 평가 항목 체크 가능)
- (종합평가) 자체 · 현장평가보고서, 기타 사항(법 위반, 정보공시 정확성 등) 등을 종합하여 평가한 후 최종 평가보고서를 작성 · 제출

- (심의) 평가결과서 통보 후 이의 제기 가능, 이의 제기가 인정되는 경우 해당 평가 지표, 평가 영역 등에 대해 등급 조정 가능

### ⑥ 유치원 평가 결과 공개 및 처리

- (공개 내용) 유치원·평가 영역 등급 공개를 권장하나 시·도의 여건 등을 고려하여 교육감이 결정, 총평과 영역별 소견은 반드시 공개
- (결과 처리) 결과에 따른 시도교육청별 맞춤형 지원

## 나 어린이집 평가

영·유아보육법 제30조(어린이집 평가인증)와 영·유아보육법 시행규칙 제32조의 4(평가인증의 결과 공표)에 근거하여 어린이집 평가인증이 시행되어왔고 2019년 6월부터 전체 어린이집 대상 평가제로 전환되었다.

### ① 어린이집 평가인증의 의미

- 어린이집 평가인증은 영·유아에게 안전하고 질 높은 보육을 제공하기 위하여 평가인증지표를 기준으로 어린이집이 자신의 어린이집 수준을 점검하고 개선한 후, 국가가 객관적인 평정을 실시하여 인증을 부여하는 제도이다.

KCA 보건복지부 평가인증어린이집 Korean Childcare Accreditation

〈평가인증 로고〉

빨강-노랑-하늘색의 조화와 어우러짐을 통해
안전하고 평화로운 어린이집을 상징하고 있습니다

〈현판〉

인증번호 : 제 0000-00000호

어린이집 평가인증서

어린이집명 : 대한민국어린이집
대 표 자 : 홍 길 동
주 소 : 서울시 용산구 서계동
유효기간 : 0000. 00. 00 ~ 0000. 00. 00

위 어린이집은 영유아보육법 제30조 규정에 의하여 평가인증을 받은 어린이집임을 증명합니다.

0000년 00월 00일

보 건 복 지 부 장 관

〈인증서〉

### ② 어린이집 평가인증의 배경과 목적

- 평가인증에 대한 세부 결과를 공개하여 부모의 알 권리를 충족하고, 어린이집의 보육서비스에 대한 질 개선 노력을 통해 보육서비스의 질을 제고하는 데 목적을 두고 있다.

### ③ 어린이집 평가인증의 결과 공표 방법

- 평가인증의 여부는 인증(A, B, C등급), 미인증(D등급)으로 구분된다.
- 보육과정 및 상호작용, 보육환경 및 운영관리, 건강·안전, 교직원의 4개 영역별 등급과 어린이집 등급에 따라 공표한다.

| 어린이집 등급 | 등급부여기준 | 예시 |
|---|---|---|
| A | 모든 영역에서 '우수' 등급 | '우수' 4개 |
| B | 3개 영역 이상 '우수' 등급<br>'개선필요' 등급이 없는 어린이집 | '우수' 3개, '적합' 1개 |
| C | '개선필요' 등급이 없고<br>A 또는 B 등급이 아닌 어린이집 | '우수' 2개, '적합' 2개<br>'우수' 1개, '적합' 3개<br>'적합' 4개 |
| D | 1개 영역 이상 '개선필요' 등급인 어린이집 | '개선필요' 1개 이상 |

- 평가결과서는 인증 여부(유효기간), 평가기간, 어린이집 등급, 영역별 등급 및 종합의견, 법적 사항 준수 여부, 총평 등으로 구성되어 있다.

### ④ 어린이집 평가인증 절차

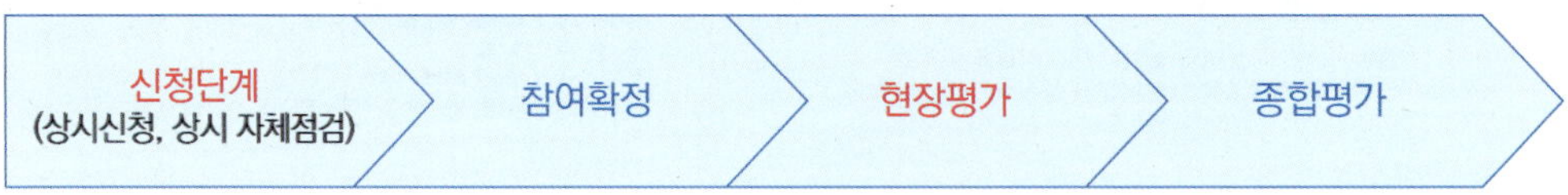


- 상시자체점검: 어린이집에서는 스스로 부모가 참여하는 자체점검위원회를 구성해서 보육환경과 질을 꼼꼼하게 체크하고 개선한다.
- 참여확정을 위해 기본사항을 확인하고, 자체점검보고서 제출 및 참여수수료를 납부한다.

• 기본사항: 총정원 준수, 예·결산서 및 회계서류 구비, 안전사고에 대한 보험 가입, 영·유아보육법 관련 행정 처분 등, 어린이집 설치기준, 보육실의 설치기준, 보육교직원의 배치 기준, 보육교직원의 정기 건강검진, 비상대피시설 설치에 대한 9가지 항목을 모두 준수한 어린이집만이 평가인증에 참여할 수 있다.
• 현장평가: 어린이집 근무경력을 갖고 있으며 전문적인 교육을 받은 현장관찰자들이 직접 해당 어린이집을 방문하여 어린이집을 살펴보고 아이들을 직접 보육하는 과정을 평가인증지표에 따라 객관적으로 평가한다.
• 종합평가: 학계전문가, 보육담당공무원, 현장전문가로 구성된 소위원회와 종합평가위원회에서 기본사항확인서, 자체점검보고서, 현장평가보고서를 기초로 어린이집 최종 등급을 결정하게 된다.

### ⑤ 어린이집 평가인증 제도의 효과

• 평가인증 참여어린이집에 대한 조사 결과, 응답한 어린이집의 88.8%가 평가인증에 참여한 경험에 대해 만족한다고 하였으며, 94.0%가 질적 수준 향상에 매우 효과적이었다고 응답했다.
• 평가인증 참여어린이집의 교사들을 대상으로 조사한 결과에서는 평가인증의 필요성에 대한 인식이 증가한 것으로 나타났으며, 대부분의 응답자가 평가인증에 참여한 이후 어린이집의 질적 수준이 '좋아졌다'라고 평가했다.
• 평가인증에 참여하는 과정을 통한 교사의 변화로는 1순위 '업무의 전문성 향상'을, 2순위 '직무에 대한 애정과 만족도 향상'을 꼽고 있었다. 특히 교사들은 평가인증에 참여하면서 좋았던 점으로 '영·유아를 위한 환경이 개선된 점'과 '교사 자신을 계발하는 기회'가 되었다는 점을 꼽아 평가인증제도가 영·유아를 위한 환경 개선 및 교사의 전문성 향상이라는 목적을 달성하고 있는 것으로 나타났다.
• 참여어린이집을 이용하고 있는 부모를 대상으로 한 만족도 조사 결과에서는 응답자의 대부분이 평가인증제도에 만족(93.0%)하고 있으며, 평가인증제도가 어린이집의 질적 수준 향상에 효과적(96.0%)이라고 응답한 것으로 나타났다. 또한 어린이집에 대한 부모의 신뢰도와 선호도가 참여 이전보다 높아졌다고 응답했다(보건복지부, 한국보육진흥원, 2017).

**읽을거리**

## 한국 유아교육기관 식단표 예

# 4월 식단 예정표

| 月 | 火 | 水 | 木 | 金 |
|---|---|---|---|---|
| 2 | 3 | 4 | 5 | 6 |
| 강낭콩밥<br>쇠고기미역국 5.6.16<br>파프리카겉절이<br>메쉬드포테이토 1.2.5.13.<br>옥수수시리얼닭강정<br>1.5.6.12.13.15<br>배추김치 9.<br>조각케익 1.2.5.6.10.13.<br>에너지/단백질/칼슘/철분<br>626.2/25.6/368.4/3.4 | 차수수밥<br>떡만두국 1.5.6.9.10.16<br>곤약야채무침 5.6.<br>애호박표고버섯볶음 5.9.<br>생선까스/브라운소스<br>1.2.5.6.10.12.13.<br>배추김치 9.<br>사과<br>에너지/단백질/칼슘/철분<br>585.2/22.8/301.6/3.1 | 오색나물비빔밥 5.6.10<br>미소된장국-5.6.9.<br>궁중떡볶음 1.5.6.16<br>데리야끼닭고치구이<br>5.6.12.13.15<br>깍두기 9.<br>오렌지<br>에너지/단백질/칼슘/철분<br>617.1/24.3/338.4/4 | 발아현미밥<br>오모가리김치찌개 5.9.10.<br>시금치들깨무침 5.6.<br>미트볼파스타볶음<br>1.2.5.6.10.12.<br>삼치엿장조림 5.6.<br>석박지<br>에너지/단백질/칼슘/철분<br>642.2/29.3/289.5/3.6 | 차조밥<br>들깨찹쌀옹심이 5.6.9.<br>감자멸치볶음 5.6.13.<br>돌나물오징어무침<br>5.6.13.17<br>돼지고기고추장구이<br>5.6.10.13.<br>배추김치 9.<br>포도쥬스•<br>에너지/단백질/칼슘/철분<br>676.8/29/347.3/4.4 |
| 9 | 10 | 11 | 12 | 13 |
| 약콩밥 5.<br>오징어매운탕 5.6.9.17<br>바베큐편육 5.6.10.12.<br>가지볶음 5.6.<br>김치잡채 5.6.8.9.10.<br>석박지<br>파인애플<br>에너지/단백질/칼슘/철분<br>627.7/31/270.4/4.5 | 옥수수밥<br>육개장 1.5.6.16<br>사과오이무침 5.6.<br>고추잡채/꽃빵 5.6.10.<br>임연수카레튀김 5.6.<br>치즈스틱 2.6.<br>깍두기 9.<br>에너지/단백질/칼슘/철분<br>588/29.2/290.8/4 | 오므라이스<br>1.2.5.6.10.12.<br>김치유부국 5.9.<br>삼색초무침 5.6.<br>새우튀김 5.6.9.<br>배추김치 9.<br>방울토마토• 12.<br>에너지/단백질/칼슘/철분<br>569.2/24.1/387/3.9 | 흑미밥<br>쑥감자된장국 5.6.9.<br>미나리숙주초무침 5.6.13.<br>닭찜 5.6.15<br>꽈리고추멸치볶음 5.6.<br>배추김치 9.<br>꿀떡<br>에너지/단백질/칼슘/철분<br>619.2/27/405.7/6.3 | 혼합잡곡밥 5.<br>순대국 6.9.10.<br>삼색계란찜 1.9.<br>건파래볶음<br>김치해물떡볶음<br>1.5.6.9.13.18<br>오이김치 9.13.<br>사과<br>에너지/단백질/칼슘/철분<br>621.2/24.9/295.5/5.2 |
| 16 | 17 | 18 | 19 | 20 |
| 흑미밥<br>콩가루배추국 5.6.9.<br>메밀묵김치무침 3.5.6.9.<br>애호박새우젓볶음 5.6.9.<br>바질포크커틀렛<br>1.2.5.6.10.12.13.<br>깍두기 9.<br>배<br>• 에너지/단백질/칼슘/철분<br>556.9/22.1/280.6/3.3 | 찰보리밥<br>북어된장배추국 5.6.9.<br>미트소스스파게티<br>1.2.5.6.9.10.12.13.<br>치커리사과무침 13.<br>가자미살바베큐소스<br>5.6.12.13.<br>배추김치 9.<br>요구르트(일반) 2.<br>• 에너지/단백질/칼슘/철분<br>613.5/27.1/324.6/3.9 | 날치알김치볶음밥<br>2.5.6.9.10.12.<br>미소된장국 5.6.9.<br>오븐구이양념치킨<br>1.4.5.6.10.12.13.15<br>브로콜리오징어초회 5.6.17<br>백김치<br>오렌지<br>• 에너지/단백질/칼슘/철분<br>633.6/32.4/328.1/4.2 | 체 험 학 습<br>(급식 미실시) | 혼합잡곡밥 5.<br>참치김치찌개 5.9.<br>찐만두 5.6.10.<br>애호박양념구이 5.6.9.13.<br>안동찜닭 5.6.8.15<br>영양채땅콩볶음 4.5.6.<br>총각김치 9.<br>• 에너지/단백질/칼슘/철분<br>653.6/34.2/379.1/4.4 |
| 23 | 24 | 25 | 26 | 27 |
| 차수수밥<br>당면어묵탕 1.5.6.8.9.13.<br>오향장육 5.6.10.<br>건도토리묵볶음 5.6.13.<br>미역줄기게맛살볶음 5.6.<br>보쌈김치<br>파인애플<br>양배추쌈 5.6.<br>• 에너지/단백질/칼슘/철분<br>612.4/26.3/336.3/3.9 | 찰기장밥<br>건새우아욱된장국 5.6.9.<br>닭간장조림 5.6.12.15<br>시금치고추장무침 5.6.<br>버섯맛살전 1.5.6.13.<br>배추김치 9.<br>참외<br>• 에너지/단백질/칼슘/철분<br>583.4/28.6/378.5/3.7 | 궁중비빔밥 5.6.16.<br>계란파국 1.5.6.9.<br>애느타리깨소스무침 5.6.<br>배추김치 9.<br>치킨케사디아<br>1.2.5.6.10.12.13.15<br>요구르트(망고) 2.<br>• 에너지/단백질/칼슘/철분<br>647.9/25.6/379.6/4 | 옥수수밥<br>부대찌개 2.5.6.9.10.<br>코다리무조림 5.6.<br>연두부계란찜 1.2.5.6.<br>어묵채가지볶음 5.6.<br>석박지<br>수제마늘빵 2.6.<br>• 에너지/단백질/칼슘/철분<br>629.5/31.6/348.9/3.5 | 서리태밥<br>근대감자된장국 5.6.9.<br>땅콩우엉조림 4.5.6.<br>청포묵오이무침 5.6.13.<br>오리주물럭 5.6.<br>쑥튀김 1.5.6.<br>배추김치 9.<br>방울토마토• 12.<br>• 에너지/단백질/칼슘/철분<br>598.1/23.1/322.1/4.1 |
| 30 | | | | |
| 강낭콩밥<br>바지락미역국 5.6.9.18<br>숙주모둠채소겨자무침 5.6.<br>건새우볶음 5.9.13.<br>닭살바베큐구이<br>5.6.12.13.15<br>배추김치 9.<br>수수부꾸미 5.<br>• 에너지/단백질/칼슘/철분<br>647.1/33.1/578.9/4.8 | ※ 문의 사항은 교무실 및 행정실로 연락해 주시기 바랍니다.<br>※ 위 식단은 학교의 사정에 의해 변동될 수 있습니다.<br>※ 수요일은 나트륨 제한식으로 국 없는 날을 운영하고자 합니다. | | | |

알레르기 정보

①난류, ②우유, ③메밀, ④땅콩, ⑤대두, ⑥밀, ⑦고등어, ⑧게, ⑨새우, ⑩돼지고기, ⑪복숭아, ⑫토마토, ⑬아황산염 ⑭호두 ⑮닭고기 ⑯소고기 ⑰오징어 ⑱조개류(굴, 전복, 홍합 포함)는 **식단표 옆에 번호로 표시**합니다.
기타 표기되지 않은 식품의 알레르기 증상을 보이는 학생들은 급식 시 각별한 주의를 부탁드립니다.

자세한 원산지 표시 및 영양량은 식당, 홈페이지등을 참고해주세요.

| 식재료 원산지 표시 | 쌀(햅쌀드리필) | 김치(배추, 고춧가루) | 쇠고기/가공품 | 돼지고기/가공품 | 닭고기/가공품 | 오리고기/가공품 | 낙지 | 명태(동태, 코다리) | 고등어 | 대구 | 갈치 | 오징어 | 꽃게 | 조기 | 두부 | 콩/콩비지 |
|---|---|---|---|---|---|---|---|---|---|---|---|---|---|---|---|---|
| | 국내산 | 국내산 | 국내산(한우)/국내산 | 국내산 | 국내산 | 국내산 | 중국산 | 러시아산 | 국내산 | 국내산 | 국내산 | 국내산 | 국내산 | 국내산 | 국내산 | 국내산 |

**잡곡 및 찹쌀** : 친환경 제품 사용, **채소 및 과일류** : 친환경(국내산) 제품 사용

## [한국 관련 활동안 예시]

### 교수 · 학습 과정안

<table>
<tr><td rowspan="2">생활주제</td><td rowspan="2">세계 여러 나라</td><td rowspan="2">활동명</td><td rowspan="2">여러 가지 까막잡기</td><td>활동유형</td><td>신체활동</td></tr>
<tr><td>활동형태</td><td>대집단</td></tr>
<tr><td>활동목표</td><td colspan="5">• 한국의 전통놀이에 즐겁게 참여한다.<br>• 한국의 전통놀이 까막잡기에 대해 관심을 갖는다.<br>• 친구들과 함께 활동하며 협동심을 기른다.</td></tr>
<tr><td>누리과정 관련요소</td><td colspan="5">• 신체운동 · 건강: 신체조절과 기본운동하기-신체 조절하기<br>• 사회관계: 다른 사람과 더불어 생활하기-친구와 사이좋게 지내기<br>• 사회관계: 사회에 관심 갖기-우리나라에 관심 갖고 이해하기</td></tr>
<tr><td>활동자료</td><td colspan="5">눈을 가릴 수 있는 수건이나 끈</td></tr>
<tr><td>활동과정</td><td colspan="4">활 동 내 용</td><td>유의점</td></tr>
<tr><td>도 입<br>(5')</td><td colspan="4">■ 이전 경험 나누기 및 동기 유발<br>• 한국의 다양한 전통놀이 사진을 보며 이야기 나눈다.<br>- 이 놀이는 무슨 놀이일까요?<br>- 이 놀이를 해 본 적이 있나요?<br>- 이 놀이는 어떤 방법으로 하는 놀이일까요?<br>■ 활동 안내<br>• 오늘의 활동을 안내한다.<br>- 오늘은 한국의 전통놀이 까막잡기를 다양한 방법으로 해 볼 거예요.</td><td>- 전통놀이를 유아들이 아는 것뿐만 아니라 평상시 하지 않았던 전통놀이를 구안하게 미리 준비한다.</td></tr>
<tr><td>전개<br>(30')</td><td colspan="4">■ 다양한 전통놀이 하기<br>- 까막잡기 놀이: 지방에 따라 놀이방법이 다양하다.<br><br>편을 나누어서 하는 방법<br>① 두 편으로 나뉘어서 노는 방법으로 각 편에서 한 명씩 나오고, 나머지는 손을 잡고 둥그렇게 원을 만든다. 이 원이 담이 된다.<br>② 앞으로 나온 두 사람이 가위바위보를 해서 이긴 사람은 쥐, 진 사람은 고양이가 되는데 두 명 다 눈을 가린다.<br>③ 고양이의 역할은 쥐를 잡는 것이고 쥐의 역할은 고양이를 피해 도망다니는 것이다. 고양이가 쥐를 잡으면 쥐는 상대편으로 가게 된다. 그리고 고양이 역을 했던 편은 쥐가 되고 반대편은 고양이가 되어 놀이를 계속한다.<br>④ 오래도록 잡히지 않으면 일정한 시간이 지난 다음 무승부로 처리한다. 어느 편이 많이 잡았는가로 승부가 결정되는데, 이기고 지는 것보다 놀이하는 과정을 즐긴다.</td><td>출처: http://www.culturecontent.com/content/contentView.do?content_id=cp020500490001 (한국콘텐츠 진흥원)</td></tr>
</table>

| | | |
|---|---|---|
| | 술래를 뽑아서 하는 방법<br>① 가위바위보로 술래를 한 명 정하고 술래의 눈을 수건으로 가린다.<br>② 다른 아이들은 손뼉 치며 술래의 주위를 돌면서 "날 잡아라, 날 잡아봐라." 하고 놀려댄다.<br>③ 술래는 소리 나는 곳으로 가서 다른 사람을 잡는다.<br>④ 만약 술래가 다른 사람을 잡았다면 잡힌 사람의 얼굴이나 옷맵시를 더듬어 보고, 그 아이의 이름을 대는데 맞히면 술래가 바뀌고 못 맞히면 계속 술래가 된다.<br><br>술래가 주문을 외는 방법<br>① 술래를 한 명 정한 다음 수건으로 눈을 가린다.<br>② 다른 사람은 술래로부터 떨어져서 도망 다니는데, 술래가 부르는 주문에 따라 행동해야 한다(술래의 주문: "노란불"-박수 치며 이동, "파란불"-그냥 이동, "빨간불"-정지).<br>③ 술래는 주위에 사람이 있어서 잡을 수 있다고 여겨지면 "빨간불" 하고 외친다. 이때 잡힐 것 같은 사람은 제자리에 앉기도 하고 소지품을 바꾸기도 한다.<br>④ 술래는 한 사람을 잡으면, 더듬어서 누군지 알아맞혀야 한다.<br>⑤ 나머지 사람들은 술래가 알아맞히지 못하도록 머리띠를 바꾸거나 겉옷을 바꿔 입어도 된다. 술래가 알아맞히면 잡힌 사람이 술래가 되고 못 맞히면 계속 술래를 한다.<br><br>사람 맞히는 방법<br>① 편을 나누지 않고 술래를 한 명 정한다.<br>② 술래의 눈을 가린 다음 나머지 사람들은 빙 둘러앉는다.<br>③ 빙 둘러앉은 사람 중에 한 명이 술래 모르게 원 밖으로 나간다.<br>④ 그러면 술래는 "누가 누가 나갔나."를 외면서 돌아다닌다. 나머지 사람들은 "누가 누가 보이니."를 합창하고, 술래는 "○○가 나갔다."라고 나간 사람의 이름을 댄다. 3번의 기회를 주는데 만약 맞히면 다음 단계로 넘어간다.<br>⑤ 다음 단계에서는 아이들이 "누구 뒤에 숨었니."라고 묻고, 술래는 "○○ 뒤에 숨었다."라고 대답한다. 이때도 3번의 기회를 준다. 여기서 맞히면 그 사람은 술래에서 벗어나고 만약 맞히지 못하면 위와 같은 방법으로 계속 술래를 해야 한다.<br>⑥ 밖으로 나간 사람을 맞히기도 어렵고, 게다가 누구의 뒤에 숨은 것까지 맞히기는 더욱 어렵다. 따라서 여기에서는 단순히 소경이 아니라 점을 치는 소경인 '판수'와 비슷한 구실을 한다고 해서 '판수놀이'라고 한다. | |
| 마무리<br>(5') | ■ 평가하기<br>• 오늘의 활동을 평가해본다.<br>－한국의 까막잡기 전통놀이를 다양한 방법으로 해 보고 나니까 어떤 느낌이 들었나요? | －유아들의 다양한 의견을 들을 수 있도록 기회를 제공한다. |
| 확장활동 | • 유아들과 함께 전통놀이 까막잡기를 변형하여 우리 반만의 창의적인 놀이를 만들어 본다. | |

# 참고문헌


강경희, 전홍주 (2013). 스웨덴, 영국, 프랑스, 핀란드, 한국의 양육지원정책 변화 분석: 현금지원 정책, 보육시설서비스 정책, 조세혜택 정책을 중심으로. **유아교육학논집, 17**(6), 283-304.

강지애, 조부경 (2015). Korean mother's perception of Sure Start children's center in England[영국의 슈어스타트 아동센터에 대한 한국 어머니의 인식]. **비교교육연구, 25**(5), 119-144.

강현구, 이순형 (2014). 한국과 일본 영·유아 보육 제도 비교연구. **아시아리뷰, 14**(1), 139-167.

고형일 (2008). **세계의 수월성 교육**. 한국교육개발원.

곽노의 (1997). 독일의 유아교육 제도와 현황. **교육의 이론과 실천, 2**(1), 153-171.

곽노의 (2015). 핀란드의 유보통합의 실제. **2015년 한국열린유아교육학회 추계학술대회 자료집** (pp. 209-239). 서울교육대학교.

교육개혁위원회 (1997). **세계화·정보화 시대를 주도하는 신교육체제 수립을 위한 교육개혁 방안** (제2차 대통령보고서).

교육부 (2019. 07. 19.). **2019 개정 누리과정 확정·발표**. 보도자료.

교육부, 한국교육개발원 (2017). **2017 교육통계연보**.

교육부, 한국교육개발원 (2019). **2019 교육통계연보**.

국가평생교육진흥원 (2013). 중국과 일본의 평생교육 정책. **글로벌 평생교육 동향, 3**.

국민일보 (2018. 11. 19.) **인형놀이 남자아이, 진흙놀이 여자아이: 성 역할 탈피한 스웨덴의 성중립 교육**. http://news.kmib.co.kr/article/view.asp?arcid=0924030940&code=11141500&cp=nv 에서 인출.

권미량, 하연희 (2019). 한국과 미국 유아교육 교육현장 사례에 대한 탐색적 비교: 교육과정과 운영의 비교문화적 측면에서. **생태유아교육연구, 18**(2), 289-314.

김경철, 김효단 (2019). 한중 유아교육과정 과학영역 교육목표의 비교연구. **인문사회융합멀티미디어논문지, 9**(3), 29-39.

김경철, 성영실 (2017). 한국과 미국의 만 5세 유아교육과정 비교 연구. **유아교육연구, 36**(5), 5-30.

김남순 (1994). **교육행정 및 경영의 이론과 실제**. 교육과학사.

김명순, 박은혜, 신동주, 정미라 (1999). OECD 주요 국가 간의 유아교육제도 비교 분석. **유아교육연구, 19**(2), 119-140.

김명순, 신윤승, 이세원, 서재화 (2016). 영유아교사 전문성 관련체제 고찰: 미국, 영국, 호주를 중심으로. **한국보육지원학회지, 12**(4), 151-181.

김문희 (2010). 외국의 다문화 가정 유아 지원 정책: OECD 국가를 중심으로. **육아정책포럼, 20**, 27-40.

김미숙, 배화옥 (2006). 빈곤아동을 위한 미국 Head Start와 영국 Sure Start 고찰. **국제사회보장동**

향, 겨울호, 129-137.

김옥석 (2002). **우리나라 보육교사의 직무만족도에 관한 실증적 연구**. 경희대학교 행정대학원 석사학위논문.

김은설 (2015). 유·보 통합 전략의 모색: 한-OECD 국제세미나 지상 중계. **육아정책포럼, 44**, 40-48.

김은설, 안재진, 최윤경, 김의향, 양성은, 김문정 (2009). **보육종사자의 전문성 제고 방안 연구**. 보건복지가족부, 육아정책연구소.

김은영, 김길숙, 이연주 (2014). **유치원과 어린이집 교사 자격 및 양성 관련 체제 분석**(연구보고 2014-18). 육아정책연구소.

김인아 (2000). **일본 유아교육·보육 정책 연구**. 이화여자대학교 대학원 석사학위논문.

김인애, 이인선, 이현주, 이성주 (2019). 한국과 미국(ECERS-3) 유아교육기관 평가지표 비교연구. **예술인문사회융합멀티미디어논문지, 9**(7), 37-45.

김재인, 이향란 (2004). **외국의 방과후 아동보육제도 연구**(연구보고서 2004-220-6). 한국여성개발원.

김재인, 이향란 (2005). 스웨덴과 일본의 방과후 아동보육제도 비교연구. **비교교육연구, 15**(2), 111-148.

김정현, 박애경 (2006). 이탈리아 영아보육과 유아교육 행정 체제 연구. **한국보육학회지, 6**(1), 41-62.

김진경 (2011). 영국 및 호주의 국가수준 유아교육·보육 과정. **육아정책포럼, 23**, 24-35.

김혜진, 손유진, 전윤숙 (2015). 일본의 유보통합 현황 분석 및 시사점. **일본근대학연구, 47**, 339-354.

김희진, 박재진 (2018). 영·유아교육·보육기관 통합평가지표의 물리적 환경 평가에 대한 분석: 미국과 호주의 평가 지표와 비교. **한국유아교육·보육복지연구, 22**(4), 61-87.

나정, 장영숙 (2002a). **미국의 유아교육과 보호정책**. 양서원.

나정, 장영숙 (2002b). **영국의 유아교육과 보호정책**. 양서원.

노기호 (2014). 스웨덴 교육복지 법제의 동향과 특징. **유럽헌법연구, 15**, 89-128.

더퍼스트 (2014. 07. 31.). **창의 인성 교육, 세계의 학교를 엿보다 2 [프랑스]**. https://www.thefirstmedia.net/news/articleView.html?idxno=1672에서 인출.

데일리안 (2018. 06. 20.) **스웨덴 화장실에는 남녀 구분이 없다**. http://www.dailian.co.kr/news/view/717141에서 인출.

두산백과 (2019). **산타클로스 마을**. http://www.doopedia.co.kr/doopedia/master/master.do?_method=view&MAS_IDX=101013000926883에서 인출.

문진영 (2004). 사회적 배제의 국가간 비교연구: 프랑스, 영국, 스웨덴을 중심으로. **한국사회복지학, 56**(3), 253-277.

박수진, 김미경 (2017). 한국·미국·영국의 유아교육기관 원장리더십 역량 교육체계 비교분석. **비교교육연구, 27**(4), 255-283.

박신경 (1992). 독일의 유아교육. **신학과 목회, 6**, 125-143.

박은혜, 김명순, 신동주, 정미라 (2000). **세계의 유아교육제도**. 양서원.

박은혜, 장민영 (2014). 통합 요소별로 살펴본 8개국의 유아교육과 보육 통합 현황 비교: 노르웨이, 뉴질랜드, 덴마크, 스웨덴, 영국, 일본, 프랑스, 핀란드. **교육과학연구**, 45(1), 149-180.

박은혜, 장민영 (2015). OECD 국가별 유치원 교사양성제도 분석: 공립유치원 교사를 중심으로. **한국교원교육연구**, 32(4), 327-354.

배소연 (2014). 유아교사교육기준 구성 방안에 관한 연구: 미국 교사교육기준의 분석을 중심으로. **유아교육연구**, 34(1), 275-307.

보건복지부 (2013). **2013년 해외 보육 정책 연수 보고서**.

보건복지부 (2017). **2017 어린이집 평가인증 안내**.

보건복지부 보육정책과 (2016). **2016년 보육사업안내**.

보건복지부, 한국보육진흥원 (2017). **제3차 어린이집 평가인증 안내(통합지표)**.

서문희, 김미숙, 박세경, 최은영, 임정기 (2014). **여성 사회활동 증진을 위한 보육환경 개선방안 연구**. 한국보건사회연구원.

서문희, 이혜민 (2013). **세계의 육아정책동향시리즈 13: 호주의 보육·교육 정책 동향**. 육아정책연구소.

서울경제 (2016. 04. 01.). **스웨덴 아버지의 사랑, 달라호스**.

성원경, 안부금, 전홍주 (2010). 유아교육과정의 현대적 동향: 미국, 영국, 캐나다를 중심으로. **한국육아지원학회 제38차 연구소모임 자료집** (pp. 1-38). 한국육아지원학회.

손지영 (2005). **독일 통일 전후의 유아교육제도 연구**. 세종대학교 교육대학원 석사학위논문.

신동주, 염지숙, 장혜진 (2018). **각 국의 유치원, 어린이집 교사 자질향상 및 전문성 제고방안(일본, 싱가포르, 대만, 영국, 뉴질랜드)**.

신윤정 (2012). 프랑스 영유아 보육 정책 현황과 시사점. **보건·복지 Issue & Focus**, 151, 1-8.

신은수, 황은휘, 김다영 (2012). 미국, 캐나다, 영국의 유아교육과정 내용체계 분석 연구. **사회과학연구**, 17, 1-18.

아시아뉴스통신 (2015. 09. 18.). **한국교원대 길림 프로젝트, 중국 '유아교육의 한류' 이끌어**. https://www.anewsa.com/detail.php?number=892418&thread=09r02에서 인출.

영국 교육부 (2018). *Initial Teacher Training(ITT) Census for the academic year 2018 to 2019, England.* https://assets.publishing.service.gov.uk/government/uploads/system/uploads/attachment_data/file/759716/ITT_Census_2018_to_2019_main_text.pdf.에서 인출.

영남일보 (2011. 06. 13.). **[보육이 미래다 3] 호주 보육교사의 산실 TAFE**. https://www.yeongnam.com/web/view.php?key=20110613.010110730480001에서 인출.

월간유아 by 키드키즈 (2012. 03. 28.). **프랑스의 유아교육**.

위키백과 (2019). **엘렌 케이**. https://ko.wikipedia.org/wiki/%EC%97%98%EB%A0%8C_%EC%BC%80%EC%9D%B4에서 인출.

유선영, 박선혜, 조혜연 (2015). 한국, 미국(NAEYC), 호주(ACECQA) 유아교육기관 평가 지표의 구조적·과정적 질 비교 연구. **비교교육연구**, 25(6), 23-49.

유선영, 이성희 (2017). 한국·미국의 유아교육과 학교교육간의 전이 및 연계 비교. **비교교육연구**, 27(2), 29-51.

육아정책개발센터 (2008). **OECD 영유아 교육·보육정책 Ⅱ**. 한학문화.

윤아영, 박한숙 (2017). 한국과 핀란드의 유아교육제도 비교연구. **학습자중심교과교육연구**, 17(12), 545-572.

이건희, 김정숙 (2013). 북유럽 국가의 유아교육제도 비교: 노르웨이, 덴마크, 핀란드를 중심으로. **유아교육학논집**, 17(1), 455-481.

이규환 (2010). **주요국의 교육제도: 교육적 현실과 실제적 교육문제에 대하여 말하다**. 배영사.

이기숙, 강숙현 (2014). **영유아프로그램 개발과 평가**. 정민사.

이명환 (2001). 독일 상황중심 유아교육에 관한 연구. **열린유아교육연구**, 6(4), 19-26.

이명환 (2003). 독일 유아교육기관의 다양성에 관한 연구. **미래유아교육학회지**, 10(4), 25-62.

이명환, 박수연 (2010). **독일의 육아정책**. 육아정책연구소.

이병진 (1998). 비교교육학. 서울대학교 교육연구소 (편). **교육학 대백과사전** (Vol. 2, pp. 1332-1341). 하우동설.

이성한 (2016). 일본의 유보연계형 인정어린이원 교육·보육요령 탐구: 교육·보육요령의 목표와 내용을 중심으로. **한국일본교육학연구**, 21(1), 37-58.

이시우 (2009). 독일의 교육제도와 교육법의 법원에 관한 소고. **유럽헌법연구**, 6, 87-113.

이윤진, 송신영 (2009). **핀란드의 육아정책**. 육아정책개발센터.

이윤진, 정도상 (2015). **핀란드의 육아정책(Ⅱ)**. 육아정책연구소.

이혜원 (2013). **보육정책의 효과와 개선방향**. 한국조세재정연구원.

이화도 (2012). 핵심역량기반 프랑스 유아교육과정 개혁의 시사점. **비교교육연구**, 22(5), 277-301.

이화도 (2017). 프랑스 교원양성제도 개편에 관한 연구: ESPE를 중심으로. **비교교육연구**, 27(3), 161-184.

장경희 (2014). 일본의 유보연계형 인정어린이원의 문제점 및 과제: 설비·운영 기준, 보육·교육 내용 및 교사자격을 중심으로. **한국보육지원학회지**, 10(6), 391-412.

장원주, 이화도 (2018). 남·북한 유아교육과정 비교. **비교교육연구**, 28(3), 217-242.

장정백 (2009). 유아교육제도의 비교분석(미국, 스웨덴, 한국). **전남도립대학교 논문집**, 11, 81-92.

장혜진 (2014). **유아교육·보육 질 관리 국제비교 연구: 기관 평가를 중심으로**. 육아정책연구소.

정도상 (2011). **북유럽의 외로운 늑대! 핀란드**. ㈜언어과학.

정미라, 황성원 (2003). 프랑스 유치원 교육과정의 비교교육학적 논의-국가수준 교육과정을 중심으로. **열린유아교육연구**, 8(3), 353-375.

정선아 (2000). 프뢰벨 '아동중심' 용어의 의미. **유아교육연구**, 20(4), 189-209.

정일용 (2013). (미국 · 프랑스 · 영국) 교육제도: 그들이 걸어온 교육의 길. 서울대학교 출판문화원.

정일환, 권동택 (2017). 비교교육학의 학문적 영역과 교육학. 비교교육연구, 27(6), 1-24.

조은미 (2009). 한국 유아교육 공교육화를 위한 프랑스 유아교육 시스템 비교분석연구. 성균관대학교 대학원 박사학위논문.

조정봉 (2005). 미국 유치원 교육현장에 대한 참여, 관찰 연구: Tennessee Knox County를 중심으로. 교육학논총, 26(2), 109-131.

주스웨덴대한민국대사관 (2010). 스웨덴의 교육 행정체계. http://swe.mofa.go.kr/에서 인출.

주영한국교육원 (2019). 영국의 교육과정. http://www.koreaneducentreinuk.org/영국교육/에서 인출.

주이탈리아대한민국대사관 (2018). 이탈리아 체류 · 정착 및 생활 안내. ㈜마스터 상사.

주한호주대사관 (2012. 05. 16.). [노벨상 수상자] 호주 노벨상 수상자, 있다? 없다? 노벨상 수상 호주 석학 12인을 만나다! https://studyinaustralia.tistory.com/50에서 인출.

진영남 (2006). 교육환경이 주택가격에 미치는 효과에 관한 실증분석. 건국대학교 대학원 박사학위논문.

최윤경, 김윤환, 이혜민 (2015). 스웨덴의 육아정책(Ⅱ): 교사정책을 중심으로. 육아정책연구소.

최훈 (2001). 유아교육 공교육화에 대한 유치원, 어린이집 교사의 인식 조사. 중앙대학교 대학원 석사학위논문.

탁현주, 박한숙 (2018). 한국과 일본의 유아교육제도 비교. 학습자중심교과교육연구, 18(10), 445-469.

표갑수 (1997). 교육개혁위원회의 유아교육체제 개혁안의 검토. 한국영유아보육학, 9, 149-160.

하경표 (2009). 일본의 [인정어린이원]법에 관한 연구. 한국일본교육학연구, 14(1), 55-72.

한국관광신문 (2011. 07. 22.). 호주 유치원 입학을 위한 팁! http://media.hojunara.com/archives/3629에서 인출.

한국교육개발원 (2006). 외국의 학제 개혁 동향.

한국교육개발원 (2015). 미국의 각 주별 무상 및 의무교육 연령. 교육정책네트워크 교육정보센터.

한국유아교육학회 (2000). 유아교육사전(용어편). 한국사전연구사.

홍금자, 정효정, 이혜영 (2015). 일본의 유보일원화 흐름과 '아동 · 육아 관련 3법'을 통한 한국 보육의 방향. 한국영유아보육학, 91, 91-116.

教育部 (2001). 幼儿园教育指导纲要(试行).

教育部 (2010). 国家中长期教育改革和发展规划纲要. 中国基础教育, 3, 23-29.

具滋亿 (1996). 梁啓超與朴殷植的教育思想比較研究. 东北师范大学.

杜成宪, 王伦信 (1998). 中国幼儿教育史. 教育出版社.

林悠子, 韓在熙 (2019). 일본 보육에 있어서의 국가 책임의 현황과 전망. 한국영유아보육학회 춘계학술대회 특별강연.

孟瑜 (2010). 中澳教育文化差异及其带给教学改革的启示. 科教文汇旬刊, 10, 20-21.

文部省 (1998). 幼稚園教育要領. 東京.

步社民 (2005). 本科学前教育专业的目标定位和课程设置问题. 教师教育研究, 17(3), 20-24.

舒新城 (1961). 中国近代教育史資料. 人民教育出版社.

时丽 (2005). 当前我国幼教师资培养存在的问题及对策. 山东师范大学.

王鉴 (2009). 试论我国少数民族教育政策重心的转移问题. 民族教育研究, 20(3), 18-25.

王利明 (2007). 华东师范大学学前教育专业本科的专业课程设置的调查研究. 华东师范大学.

蒋雅俊 (2006). 论中国学前课程的历史演变. 南京师范大学.

周祝瑛 (2007). 中國大陸教育發展與改革. 研習資訊, 24(6), 13-22.

增田ユリヤ (2010). 핀란드 교사는 무엇이 다른가[教育立國フィンランド流教師の育て方]. (최광열 역). 시대의창. (원저 2008년 출판)

陈瑶 (2008). 清末民初学前教育课程研究. 东北师范大学.

蔡迎旗, 冯晓霞 (2006). 论幼儿教育财政投资体制的重构. 教育研究与实验, 2, 21-24.

Archambault, R. D. (1964). *John Dewey on Education.* Modern Library New York.

Bereday, G. Z. F. (1964a). *Comparative method in education*. New York: Holt, Rinehart and Winston.

Bereday, G. Z. F. (1964b). Sir Michael Sadler's "Study of Foreign Systems of Education". *Comparative Education Review, 7*(3), 307-314.

Bray, M., & Thomas, R. M. (1995): Levels of comparison in educational studies: Different insights from different literatures and the value of multilevel analyses. *Harvard Educational Review, 65*(37), 472-490.

Cavendish, R., & Matsuura, K. (2009). 죽기 전에 꼭 봐야 할 세계 역사 유적 1001[*1001 Historic sites you must see before you die*]. (김희진 역). 마로니에북스. (원저 2008년 출판)

Cnaf(2015). *La branche famille de la Sécurité sociale: Coréen.*

Eckstein, M. A., & Noah, H. J. (1993). *Secondary School Examinations: International Perspectives on Policies and Practice.* Yale University Press.

Eligeeducar (2016. 03. 17.). *9 jardines infantiles que ocupan su infraestructura como herramienta de aprendizaje.*
https://eligeeducar.cl/25-jardines-infantiles-que-ocupan-su-diseno-como-herramienta-de-aprendizaje에서 인출.

EURYDICE (2003). *Key topics in education in Europe* (Volume 3: The teaching profession in Europe-Profile, trends and concerns). European Commission.

Finnish National Board of Education (2010). *National Core Curriculum for Pre-primary*

*Education 2010*.

Finnish National Board of Education (2016). *Pre-school core curriculum 2014* (Rev.).

Gandini, L., & Edwards, C. P. (2001). *Bambini: The Italian to infant/toddler care.* Teachers College Press.

Hilker, F. (1962). *Vergleichende Pädagogik.* Max Hueber.

Key, E. (2009). **어린이의 세기**[*Barnets århundrade*]. (정혜영 역). 지식을 만드는 지식. (원저 1900년 출판)

Kotra (2019a). *Kotra 해외시장뉴스: 국가 · 지역정보 - 핀란드* http://news.kotra.or.kr/user/nationInfo/kotranews/14/nationDetailView.do?natnSn=133&commItemSn=404&area=1#area1에서 인출.

Kotra (2019b). *Kotra 해외시장뉴스: 국가 · 지역정보 - 스웨덴* http://news.kotra.or.kr/user/nationInfo/kotranews/14/nationMain.do?natnSn=124에서 인출.

Levin, R. A. (1991). The debate over schooling: Influences of Dewey and Thorndike. *Childhood Education, 68*(2), 71-75.

Mollenhauer, P., & Rudloff, B. (2000). *Hessisches Kindergartengesetz. Kommentar. 5. Aufl.* Kommunal-und Schulverlag.

Naumann, I., Mclean, C., Koslowski, A., Tisdall, K., & Lloyd, E. (2013). *Early childhood education and care provision: International review of policy, delivery and funding*. Scottish Government Social Research.

OECD (2013). **유아교육과 보육의 질 제고를 위한 정책방안**[*Starting strong III: A quality toolbox for early childhood education and care]* (신동주, 장혜진, 이경옥 역). OECD, 교육부, 경기도교육청, 덕성여자대학교. (원저 2012년 출판)

OECD (2015a). *Education at a Glance 2015: OECD Indicators*.

OECD (2015b). *"Finland", in Education at a Glance 2015.*

Oertel, F. (1993). *Konzept und Methoden elementarer Sozialerziehung.* Weinbeim und München.

Olli-Pekka Heinonen (2019). What's cooking? Recent developments in the Finnish education system and policy. *the 9th International Summit on the Teaching Profession*. Helsinki, Finland.

Schede, H-G. (2000). *Der waldkindergarten auf einen bick.* Kösel Verlag.

Skolverket (2016a). **스웨덴의 유아학교 원장 연수**. http://www.skolverket.se/에서 인출.

Skolverket (2016b). *Läoplan fö grundskolan, föskoleklassen ochfritidshemmet* (Rev ed.).

Skolverket (2019). *Curriculum for the Preschool Lpfö 18*.

The Editors of Encyclopaedia Britannica (2020). *Uno Cygnaeus*. http://www.britannica.com/biography/Uno-Cygnaeus에서 인출.

Tracy, S. J., & Trethewey, A. (2005). Fracturing the Real-Self↔Fake-Self Dichotomy: Moving Toward "Crystallized" Organizational Discourses and Identities. *Communication Theory, 15*(2), 168-195.

UNESCO (2011). *Revision of the international standard classification of education(ISCED).* UNESCO Institute for Statistics.

YLE (2018. 04. 13.). *Finland to introduce new laws to ban bullying at daycare.* https://yle.fi/uutiset/osasto/news/finland_to_introduce_new_laws_to_ban_bullying_at_daycare/10158301에서 인출.

에버러닝 서울특별시교육청 평생학습 포털. http://everlearning.sen.go.kr/intro/lifelongedu.jsp

영국 교육부. https://www.gov.uk/government/organisations/department-for-education

위키백과. https://ko.wikipedia.org/wiki

이탈리아 교육부. www.instruzione.it

주이탈리아대한민국대사관. http://overseas.mofa.go.kr/it-ko/wpge/m_8751/contents.do

주프랑스대한민국대사관. http://fra.mofa.go.kr/korean

주핀란드대한민국대사관. http://fin.mofa.go.kr

주함부르크대한민국총영사관. http://overseas.mofa.go.kr/de-hamburg-ko/index.do

중화인민공화국 교육부.
http://www.moe.gov.cn/srcsite/A02/s5911/moe_621/201602/t20160229_231184.html

프랑스 정부. https://www.service-public.fr/particuliers/actualites/A10782

Ebeneser Foundation. http://www.ebeneser.fi

Economist. https://www.economist.com/news/2019/07/10/the-big-mac-index

Finnish Ministry for Education and Culture. https://minedu.fi/en

Finnish National Agency for Education. https://www.oph.fi

Government Offices of Sweden. http://www.sweden.gov.se

Reggio Children. https://www.reggiochildren.it/?lang=en

Ruusu Päiväkoti. http://reggiokidsinfinland.blogspot.kr

Santa Claus Village. https://santaclausvillage.info/photos-videos/photos

# 찾아보기

## 인명



## 내용

『ㄱ』



『ㄴ』



『ㄷ』



『ㄹ』



『ㅁ』



『ㅂ』

# 저자 약력

**김경철**
중앙대학교 대학원 유아교육전공(문학석사)
중앙대학교 대학원 유아교육전공(문학박사)
現 한국교원대학교 유아교육과 교수
한국교원대학교 유아교육원 원장
한국유아교육학회 회장
前 한국어린이미디어학회 회장

**고진영**
중앙대학교 대학원 유아교육전공(문학석사)
한국교원대학교 대학원 유아교육전공(교육학박사)
現 한국교원대학교, 한국교통대학교, 중국 길림사범대학교 강사

**박혜정**
한국교원대학교 대학원 유아교육전공(교육학석사)
한국교원대학교 대학원 유아교육전공(교육학박사)
現 경기도교육청 소속 공립유치원 교사

**신설아**
한국교원대학교 대학원 유아교육전공(교육학석사)
한국교원대학교 대학원 유아교육전공(박사과정 수료)
現 한국교원대학교 유아교육원 연구원

**이인선**
이화여자대학교 대학원 유아교육전공(문학석사)
한국교원대학교 대학원 유아교육전공(박사과정 수료)
前 대전보건대학교, 경복대학교 강사

**정아림**
한국교원대학교 대학원 유아교육전공(교육학석사)
한국교원대학교 대학원 유아교육전공(박사과정 수료)
現 한국교원대학교 유아교육원 연구원

**비교유아교육**

2020년 2월 20일 1판 1쇄 인쇄
2020년 2월 25일 1판 1쇄 발행

저 자 : 김경철, 고진영
박혜정, 신설아
이인선, 정아림
발행자 : 한 정 주
발행처 : 교육과학사

저자와의 협의하에 인지생략

경기도 파주시 광인사길 71
전화 (031)955-6956~8/팩스 (031)955-6037
Home-page : www.kyoyookbook.co.kr
E-mail : kyoyook@chol.com
등록 : 1970년 5월 18일 제2-73호

낙장 · 파본은 교환해 드립니다.
Printed in Korea.

정가 22,000원
ISBN 978-89-254-1449-2